마음챙김의 윤리적 토대 (상)

이 저서는 2020년 대한민국 교육부와 한국연구재단의 지원을 받아 수행된 연구임
(NRF-2020S1A6A3A01109513)

마음인문학 번역총서 11

마음챙김의 윤리적 토대 (상)

스티븐 스탠리 · 로널드 퍼서 · 니르베이 싱 짓고 엮음
조성훈 · 장진영 · 이은수 · 오지선 옮김

KNOWLEDGE COMMUNITY 공동체

Translation from the English Language Edition:
Handbook of Ethical Foundations of Mindfulness

edited by Steven Stanley, Ronald E. Purser and Nirbay N. Singh

| 저자 서문 |

마음챙김은 점점 치료법, 대중운동, 글로벌 산업이 되어 가고 있다. 그렇다면 우리는 어디에서 마음챙김과 관련된 윤리적 토대를 찾을 수 있을까? 개인적 경험에서, 고전 문헌 속에서, 아니면 우리가 사는 광활한 세상에서 찾을 수 있을까? 우리는 마음챙김에 기반한 프로그램들을 배우면서 '세속적 마음챙김(secular mindfulness)'과 조우하게 되는데, 세속적 마음챙김은 그 본질에서 윤리적이고 또한 도덕적인가? 그리고 '마음챙김'이라는 것은 그 자체로 종교적인가? 세속적인가? 아니면 세속을 뛰어넘어 존재하는가? 본서 『마음챙김의 윤리적 토대(Handbook of Ethicial Foundations of Mindfulness)』에는 세계적 마음챙김 운동의 윤리·도덕적 측면에 관한 국제 연구, 여러 전문 분야가 함께 하는 최근 연구가 담겨 있다. 그렇더라도 이 책은 독자에게 쉬운 답만을 제공하진 않을 것이다. 오히려 도전적인 질문을 여럿 던질 것이다.

이 책을 만들기까지 심리학자와 불교 지도자, 종교학자와 교육자, 조직이론가와 환경사회학자까지, 다양한 분야에서 세계를 이끌어 가는 연구자, 임상가, 지도자들이 함께 했다. 이들은 교육, 비즈니스, 경제, 환경과 같은 여러 활용 영역에서 마음챙김의 윤리와 관련된 현재의 논쟁을 이끌어 갈 것이다. 이 책에는 마음챙김, 윤리, 도덕에 관한 광범위하면서도 비판적인 견해들이 담겨 있고 불교 전통의 배경지식부터 현대사회와 점점 커지는 지구적 위기를 고려한 토론의 장이 제공되어 있다. 총 4부 18장으로 구성되어 있으며, 마음챙김 논쟁의 범위를 치료적 효과로만 한정하지 않았다. 다양하게 체계화되고 해석되는 마음챙김의 윤리적 토대는 동시에 우리가 '어떻게 함께 살아가야 할 것인가?'에 대한 문제이기 때문이다.

스티븐 스탠리(Steven Stanley)
로널드 퍼서(Ronald E. Purser)
니르베이 싱(Nirbhay N. Singh)

| 역자 서문 |

『마음챙김의 윤리적 토대(Handbook of Ethical Foundations of Mindfulness)』는 마음챙김을 둘러싼 윤리·도덕적 문제를 명시적으로 다룬 최초의 학술서이다. 마음챙김은 이제 삶의 깊은 영역인 윤리와 도덕의 문제와 만나고 있기에, 역자들은 이 책을 우리 사회에 소개하게 된 것에 큰 의미를 둔다.

공공재가 된 마음챙김

영적 수행은 공공재가 되었다. 시중에는 명상이나 마음공부 책들이 쏟아지고 있고, 그 중심에 '마인드풀니스(mindfulness)'가 있다. 존 카밧진의 마음챙김 기반 스트레스 이완(Mindfulness-Based Stress Reduction; MBSR) 프로그램을 계기로 대중에 널리 알려진 마인드풀니스는 의학, 심리학, 신경과학, 교육학, 경제학, 정치학을 넘어 군사학에서까지 널리 활용되고 있다. 이러한 마인드풀니스는 불교의 '사띠(sati)'를 영어로 번역한 용어이며, 이를 한국에서 수용하면서 마음챙김, 알아차림 등으로 번역하였다.

서구에서 시작된 '마인드풀니스'는 더 과학적이고 더 세속적인 방향으로 흘러가고 있다. 여기서 세속적(secular)이라는 것은 종교적인 것에 머물지 않고 일상으로 퍼져나가고 있음을 뜻하는데, 불교 용어인 '사띠'가 서구에서 '마인드풀니스'로 힘을 얻어 '마음챙김'으로 우리 곁에 온 것이다.

1세대 마음챙김과 2세대 마음챙김

마음챙김 흐름은 초기의 마음챙김과 최근의 마음챙김으로 나눌 수 있다. 초기의 프로그램들은 **1세대 마음챙김**이라 부르고 최근의 흐름은 대체로 **2세대 마음챙김**으로 불린다.

1세대와 2세대를 가르는 기점은 무엇인가? 『맥마인드풀니스(McMindfulness)』를 꼽고 싶다. 이 책은 『마음챙김의 배신』으로 번역되었고, 현실의 마음챙김이 보여주는 허와 실을 신랄하게 비판하여 마음챙김을 다시 생각해보게 한다.

이는 1세대 마음챙김으로 해소되지 않는 부분이 있기 때문이다. 1세대는 하나의 차선으로 이루어진 마음공부 길이었다면, 2세대는 거기에 새로운 차선을 확장하여 세상의 문제에 가까이 다가서려는 노력이다. 『맥마인드풀니스』의 저자인 로널드 퍼서(Ronald E. Purser)가 이 책의 편집자로 참여한 것은 마음챙김이 세상에 좋은 역할을 하길 바랐기 때문일 것이다. 공동편집자인 스티븐 스탠리(Steven Stanley)와 니르베이 싱(Nirbhay N. Singh) 역시 마음챙김이 인류 사회에 **선한 영향력**을 끼칠 수 있길 바랐을 것이다. 역자들 역시 이에 공감한다.

비판단적 알아차림 vs. 윤리·도덕적 성찰

'있는 그대로'에 대한 바라봄. 이 점이 중시된 흐름이 1세대 마음챙김이다. MBSR은 마음챙김을 정의할 때 **'비판단(non-judgement)'**이라는 용어를 썼다. 그래서 비판단적 알아차림으로 나 자신을 있는 그대로 바라보며 수용하고, 타인의 모습과 세상의 모습까지도 있는 그대로 바라보며 수용하도록 한다.

여기서 문제가 발생했다. 1세대에서 강조하는 비판단적 알아차림이나 순수한 알아차림은 수용과 관용과 같은 선한 힘을 지녔지만, 타자와 세상의 고통을 비판단적으로 바라보면서 혹 '참여자'가 아닌 '관찰자'가 될 수 있다. 편한 의자에 앉아 영화 보듯 세상을 보는 관람자가 되는 것이다.

2세대 마음챙김은 현실의 '참여자'가 되길 바란다. 세상에는 많은 사람이 있기에 수많은 일이 일어난다. 여기에는 시비(是非)가 있고 시비의 이면에는 갖가지 이해(利害)가 상충한다. 1세대에서 언급한 비판단은 이 지점에서만큼은 제대로 힘을 발휘하지 못한다. **더불어**

살기 위해서는 분명 옳음, 선함, 공익과 같은 윤리·도덕적 가치를 진지하게 숙고할 필요가 있다. 이 책의 근본적인 이슈가 이것이다.

이 책은 총 18장으로 구성되어 있고 장마다 다양한 지식과 관점을 제시한다. 특히 각 장의 전문가마다 때론 서로 다른 입장을 제안하기에 이론과 현실 사이에 팽팽한 긴장감이 흐른다. 세 명의 편집자는 첫 장에서 마음챙김의 윤리적 토대에 대한 큰 그림을 그려주고 각 장의 핵심을 요약했다. 어느 장부터 읽어도 좋지만 마음챙김 연구의 세계적 흐름을 파악하는 데 첫 장이 큰 도움을 줄 것이다.

마음인문학과 마음공부

원광대학교 마음인문학연구소는 '마음인문학'을 통해 인류의 희망이 되고자 2010년에 발족하였다. 과학 문명이 발전한 이 시대에도 우리는 갖가지 문제에 봉착한다. 그래서 동서양의 인문학적 사유와 통찰을 수용하여 마음에 대한 학문으로서 마음인문학을 제시하였고 이를 통해 마음의 문제를 고민하고 세상의 아픔을 해소하는 데 일조하고자 한다.

그리고 이 책의 공동편집자인 니르베이 싱에 대해 언급하고 싶다. 그는 존경받는 연구자로, 2010년 세계적 학술지 『마인드풀니스

(Mindfulness)』를 창간한 초대 편집장이다. 연구소에서는 2016년 학술대회에 그를 초청하였고 이를 계기로 그와 인연이 되었다. 이후 연구소는 미국의 니르베이 싱 교수팀과 함께 3년간 유아 마음공부에 관한 국제 연구를 진행했고, 그가 참여한 여러 마음챙김 학술서를 국내에 소개했다.

이처럼 마음인문학연구소에서는 마음공부에 관한 연구를 지속해 왔고, 서구의 마음챙김 이해에 도움이 되는 저술을 여러 권 번역했다. 간단히 소개하면, 미국을 비롯한 서구의 마음챙김을 검토한 『마음챙김, 미국을 깨우다』(2017), 명상을 수용한 심리학 연구를 다룬 『명상의 심리학』(2019), 마음챙김의 교육적 활용을 소개한 『교육상황에서의 마음챙김 핸드북』(2020), 마음챙김의 불교적 근원을 고찰한 『마음챙김의 불교적 토대』(2020)가 있다.

그리고 이 책 『마음챙김의 윤리적 토대』는 최근의 마음챙김 담론을 잘 담아내고 있다. 앞서 1세대와 2세대 마음챙김을 언급하며 마음공부의 길이 확장되고 있다고 밝혔다. 더 넓어진 길은 마음공부의 일상화, 사회화를 뜻한다. 이 책이 그 역할에 도움이 되길 바란다. 그리고 마음공부가 우리를 더 따뜻하고 더 인간적으로 이끌어 주었으면 하는 바람이다.

도움을 준 분들

이 책의 열아홉 명의 저자와 세 명의 공동편집자, 번역 과정에서 도움을 준 유성 연구원, 전유찬 연구원, 정상희 연구원, 원활한 출판을 위해 행정적인 지원을 도맡아 준 신슬기 선생님, 책의 편집과 출판을 맡아준 도서출판 공동체 식구들, 한국연구재단과 원광대학교의 든든한 후원, 마음인문학연구소의 적극적인 지원, 정말 많은 분이 그리고 많은 곳에서 도움을 주었기에 이 책을 번역할 수 있었다. 모두에게 감사할 따름이다. 마지막으로 이 책을 소개해준 니르베이 싱 교수에게도 고마움을 전하고 싶다. 모두에게 고맙다.

역자를 대표하여

조성훈

| 한국 독자에게 |

마음챙김의 학문 연구 및 임상 개입 연구가 급속도로 성장하면서 윤리는 이 분야의 매우 중요한 주제로 부상했다. 이러한 윤리는 **'마음챙김의 윤리**(the ethics *of* mindfulness)'와 **'마음챙김에서의 윤리**(the ethics *in* mindfulness)'라는 두 가지 차원에서 파악해 볼 수 있다.

먼저 **마음챙김의 윤리**는 불교에서 유래한 마음챙김이 종교적 영성에서 분리되면서 세속적 방향으로 다양화되는 문제를 다룬다. 비구 아날라요는 『불교 전통에서의 우월감(Superiority Conceit in Buddhist Traditions)』에서 '세속적 불교(Secular Buddhism)'를 논하며 세속적 다양화가 실질적으로 대부분 몇몇 개인들이 역사적인 붓다의 가르침을 잘못 이해하거나 그 가르침에 대한 후기 주석을 잘못 해석한 글들로 인해 발생했다고 보았다. 그러나 더 시급한 윤리적 문제는 현재 마음챙김에 대한 관심이 붓다의 가르침을 무시하고 개인적 웰빙과 관련된 신체적, 심리적, 정신적 문제의 치료 효과에만 집착할 가능성이 크다는 것이다. 이러한 우려는 마음챙김 기반 프로그램의 특성에서도 확인할 수 있다. '마음챙김 기반 스트레스 완화(MBSR)'과 '마음챙김 기반 인지치료(MBCT)'는 마음챙김의 초기 프로그램으로 서구의 전문가와 환자의 요구를 수용하는 세속적 모습이기 때문에 '1세대 마음챙김 기반 프로그램'으로 분류되며, 그래서 '2세대 마음챙김 기반 프로그램'이 이 문제의 해결책으로 등장한 것이다. 이는 마음챙김의 불교적 기원을 밝히고 붓다의 가르침을 분명한 토대로 삼고 있다는 특징을 보인다.

마음챙김에서의 윤리는 마음챙김 기반 프로그램에서 훈련을 제공하는 교사 개인의 수준과 융통성에 관한 문제이다. 마음챙김 기반 프로그램 개발과 관련된 문제도 있겠지만, 프로그램 교사가 연구 환경이나 지역사회에서 이들 프로그램을 제공하는 데 과학적 증거에서부터 교육과정과 통찰력을 얼마나 적절히 활용하는가가 중요하다. 이들 교사의 상당수가 마음챙김 기반 프로그램에 입문하기 전 임상 전문 분야에서 정식 교육을 받았다. 그래서 그들은 삶 자체에서 얻은 동기와 상황뿐만 아니라, 자신들의 전문적 훈련에서 얻은 것들을 가져와서 이를 마음챙김 기반 프로그램의 표준 커리큘럼에 통합시킨다. 임상 심리학과 같은 일부 직업에서 치료 과정은 프로그램 개발자가 작성한 수동화된 지침을 엄격하게 준수해야 한다. 과학적 증거는 치료 매뉴얼에 제공된 스크립트와 실습을 밀접하게 준수하는 것에 기초하기 때문이다. 하지만 이러한 방식은 경험적이고 교사와 참여자 간의 상호작용을 토대로 하는 마음챙김 기반 프로그램을 지도하는 데 도움이 되지 않는다. 이러한 훈련은 매 수업이 마치 처음처럼 강사와 참가자들이 함께 모여 마음챙김 수행을 나누는 것을 중요시하며 초심자의 마음(a beginner's mind)이라는 개념을 기반으로 한다. 이는 서구의 치료와는 다르다. 그룹 세션에서 교사가 가르치는 것보다는 수행자 공동체인 승가의 발전을 추구한다. 교사와 참여자들은 공동의 삶과 경험을 나누며 풍부한 기여를 할 수 있다.

이 책은 마음챙김과 윤리를 둘러싼 문제를 학술적으로 고찰한 것이다. 특히 마음챙김이 치료 방식으로 제시될 때 발생하는 윤리·도덕적 문제를 광범위하게 다루었다. 그래서 우리 공동편집자들은 이 책이 한국에 번역된 것을 매우 영광스럽게 생각한다. 이 책을 번역한 조성훈, 오지선, 이은수, 장진영은 원광대학교 마음인문학연구소의 연구진으로 자신들의 지혜와 경험을 충실히 담아 각 챕터의 저자들의 생각을 쉽게 읽힐 수 있도록 노력했다. 이들의 공덕이 모두에게 전해지길 바란다.

저자들을 대표하여

니르베이 싱

| 차례 |

제2부

교육과 교수법
Education and Pedagogy

하권

제3부

비즈니스, 경제, 그리고 환경
Business, Economics and Environment

제4부

종교, 세속 그리고 탈세속
Religion, Secularity and Post-secularity

약어 Abbreviations

AN	*Aṅguttara Nikāya*
Dhp	*Dhammapada*
DN	*Dīgha Nikāya*
EN	*Nicomachean Ethics*
Ja	*Jātaka*
MMK	*Mūlamadhyamakakārikā*
MN	*Majjhima Nikāya*
Ps	*Papañcasūdanī*
SN	*Saṃyutta Nikāya*
Thag	*Theragāthā*
Vism	*Visuddhimagga*

C.	Chinese
Gk.	Greek
J.	Japanese
P.	Pāḷi
S.	Sanskrit
Tb.	Tibetan

* 단, 2장의 Ja, MN, Ps, SN의 경우 저자가 직접 번역함.

제1장

마음챙김의 윤리적 토대

스티븐 스탠리(Steven Stanley)
School of Social Sciences, Cardiff University, Cardiff, Wales, UK
e-mail: StanleyS1@cardiff.ac.uk

로날드 퍼서(Ronald E. Purser)
Department of Management, College of Business,
San Francisco State University, San Francisco, CA, USA
e-mail: rpurser@sfsu.edu

니르베이 싱(Nirbhay N. Singh)
Department of Psychiatry and Health Behavior, Medical College of Georgia,
Augasta University, Augasta, GA, USA
e-mail: nisingh@augusta.edu

제1장

마음챙김의 윤리적 토대

Ethical Foundations of Mindfulness

도입

영국 웨일스의 윌리엄 리스 데이비스(Thomas William Rhys Davids, 1843-1922; 이하 '리스 데이비스')는 당대 최고의 불교 문헌 학자로서 불교의 대중화에 공헌하였다. 그는 20세기가 되면서 불교가 유럽 사상에 지대한 영향을 미칠 것을 예견했다. 19세기 말 영국 식민지였던 실론(현재 스리랑카)에서 그는 통역가이자 정부 관료로서 일했다. 빠알리어 학자였던 그는 부인 캐롤린 리스 데이비스(Caroline Rhys Davids)와 함께 빠알리성전협회(Pāli Text Society)를 창설했다. 그는 불교가 역사적 현상으로 여러 나라에 전파되면서 나라마다 조금씩 독특한 특징을 가질 것으로 보았다. 특히 유럽 사회에서 전쟁과 평화, 여성 인권, 신분제와 같은 '사회 문제'에 대한 논의에 영향을 줄 것으로 전망했다(Wickremeratne, 1985). 하지만 그는 불교의 도덕이 현대사회에 실용적이라는 의견에는 회의적이었다. 그는 불교가 윤리적으로 세상을 등진 금욕주의적 삶에 맞게 조율되어 있고, 이타성과 자비로 모든 생명을 대한다는 점에서 오히려 서구의 개인주의와는 맞지 않다고 생각했다.

하지만, 대체로 인문학자들이 미래에 대한 정확한 예측에는 별 소질이 없는 듯이 리스 데이비스도 마찬가지였다. 그는 100년 후의 불교에 대한 예측에 실패했다. 물론 우리는 용서할 수 있다. 100년이 지난 후 불교는 이렇다. (a) 서구에서 종교 그 자체로 이해되기보다는 사회적 문제에 대한 논의에 영향을 미치며 '마음챙김(mindfulness)'과 같은 유용한 치료법들을 포함한 '심리학(psychology)'으로 이해되고 있다. (b) 우리가 정신 건강과 고통을 이해하는데 영향을 주면서 현대의 '행복의 과학(science of happiness)' 즉 긍정심리학과 양립하고 있다. 그리고 (c) 표면상의 '자유로운 중립성(liberal neutrality)'이나 '개방적 태도(open-mindedness)'를 가진 견고한 개인주의로 인해 민주적인 소비자본주의에서 성공적으로 작용하고 있다.[1)]

실제로 리스 데이비스는 대부분의 백인, 중산층, 도시 거주자 사이에서 '마음챙김 운동(mindfulness movement)', 이른바 마음챙김 혁명이 발생하여 현대 치료 문화(therapeutic culture)의 주요 부분이 될 것을 예측하지 못했다(Illouz, 2008). 그의 예측은 빗나갔지만,

1) Cohen-Cole, 2014; Farb, 2014; Schmidt, 2016.

그의 유산과 영향력은 여전히 생명력을 지닌다. 그는 몇 가지 근본적인 방식에서 마음챙김이라는 전문 분야의 마음챙김 윤리에 대해 현재 학자들과 임상가들 사이의 격렬한 논쟁에 대한 해석체계를 제공했다. 실제 그의 영향력은 거의 사라졌지만, 그의 목소리는 한 세기를 넘어 여전히 메아리치고 있다. 심지어 현대 마음챙김 운동의 중요성에 대한 논쟁에서, 특히 지금 이 책에서 다루고 있는 마음챙김의 윤리적 토대에 대한 논의에서 그의 목소리를 들을 수 있다.

윤리와 마음챙김은 그동안 불교 사상 관련 서적이 주된 테마였다.[2] 이 책은 심리학 및 행동과학의 측면에서 현대사회의 치료 양식으로서 마음챙김의 출현을 둘러싼 일부 윤리적·도덕적 문제를 명시적으로 다룬 최초의 학술서이다. 연구 분야로 볼 때, 마음챙김은 비교적 최근까지 대체로 신체적·정신적 건강, 개인의 행복과 관련된 마음챙김의 치료 결과와 효과, 작용 메커니즘 및 그에 따른 영향에 집중해 왔다. 그런 점에서 논쟁의 여지는 있지만, 개인의 행복을 넘어서는 광범위한 사회적 문제를 간과해왔다(Stanley, 2012). 이 책에서는 마음챙김에 대한 연구 자체가 윤리와 도덕을 포함하는 것은 물론, 더 나아가 대중적이고 세계화된 자기계발(자조) 문화(self-help culture)로서 광범위한 마음챙김 운동이나 마음챙김 산업과 연동된 마음챙김의 윤리와 도덕을 주제로 하여 심리학과 의학에만 쉽게 국한될 수 없는 여러 쟁점을 다루고 있다.

2) Badiner, 2002; Harvey, 2000; Keown, 1992.

마음챙김의 대중적 표현에 따르면, 현재 우리가 하고 있는 일에 주의를 잘 기울이는 것만으로도 우리는 기분이 좋아지고 행복해질 수 있다. 잘 알아차리면 우리의 행복도 향상된다는 것이다. 즉 챙기는 마음(a mindful mind)이 곧 행복한 마음(a happy mind)인 셈이다(Killingsworth & Gilbert, 2010). 그리고 대중심리학과 자기계발(자조) 문화에서는 흔히 마음을 잘 챙기면 건강해지고, 건강해지면 행복한 사람이 될 뿐 아니라 좋은 사람이 될 것이라고 제안한다. 좋은 사람은 마음을 잘 사용하고 좋은 삶을 살고자 노력함으로써 양심적으로 더 좋은 자신을 만들어간다. 그러나 이러한 기대들은 오히려 오해의 소지가 있다. 그것은 적어도 한 가지 단순한 이유로 인해 그 전제에 문제가 있다. 즉 우리는 마음챙김으로 주의를 기울이는 동안, '우리가 하고 있는 행위'를 간과한다는 점이다. 마음챙김을 하나의 명상 '기법'으로 여기는 대중적이고 상식적인 관점에서는 지속적인 윤리적·도덕적인 행위 여부와 관계없이 마음을 잘 챙기면(즉, 주의를 기울이고 깊이 관찰하면) 기분이 좋아지고 행복할 수 있다고 여긴다. 다시 말해, 일상이나 직장에서 우리가 생각하고, 말하고, 느끼고, 행동하는 것의 실질적인 내용과는 무관하며, 실제로 우리에게 어떤 일이 일어나고, 시간이 지나면서 다른 사람들이 우리를 어떻게 대하는지와도 상관없다(Smail, 1987). 일부 마음챙김 옹호자들은 바나나라마(Bananarama)라는 영국 팝 밴드의 노랫가사 "당신이 무엇을 하느냐가 아니라 당신이 어떻게 하느냐이다(it ain't what you do, it's the way that you do it)"를 중요하게 여긴다.

이 책은 마음챙김에 대한 대중적인 이해의 문제점이나 개선이 필요한 부분을 바로잡고, 심리학적 문헌에서 간과된 윤리적 이슈를 보완하고자 한다. 가장 넓은 의미에서 우리는 서로를 대하는 방식과 우리가 스스로를 대하는 방식에 따른 결과를 검토할 것이다. 그리고 우리가 이 세상에서 함께 사는 방식과 마음챙김 사이의 관계, 즉 우리는 어떤 세상에서 살고 싶은지, 어떻게 그곳에 도달할 수 있는지, 그리고 이 과정에서 '우리'는 누구인지를 재검토할 것이다.

이 책의 전체 목적은 마음챙김에 대한 전문적인 담론과 학문적인 논쟁에서 윤리적이고 도덕적인 문제를 선도적으로 다루는 것이다. 무엇보다도 마음챙김이라는 신생 연구 분야의 연구자, 임상의, 전문가의 관심을 끄는 일이 중요하다. 이 분야는 주로 (여러 다른 확립된 학계, 임상 및 응용 분야 중에서) 통합의학, 정신의학, 임상 심리학 및 인지신경과학 등 영향력 있는 기관들이 주도하는 다학제적 구조 속에서 이루어진 것이며, 동시에 학생, 훈련생, 의사, 치료사, 상담사, 심리학자, 신경과학자, 인지과학자, 보건 및 사회복지 종사자들과 정책 결정자, 관리자, 비즈니스 리더, 언론인, 독립 컨설턴트, 코치, 트레이너를 포함하는 광범위한 대중의 관심을 받고 있다. "마음챙김과 윤리라는 주제는 과학 분야의 대형출판사가 기존의 주류 학술 담론을 선도하려고 자원을 투자할 정도로 상호 관련성이 충분하다는 바로 그 사실이 중요하다. 매우 다양한 배경에서 (둘 사이에) 신뢰할 만한 여러 가지 견해와 관점이 표현되어 있다는 사실에서도 그렇다."(Kabat-Zinn, 2017, 1126쪽).

우리는 증가하고 있는 마음챙김 관련 주류 문헌을 보완하고 확장하고자 한다. 마음챙김의 주류 문헌은 마음챙김의 윤리적·도덕적 차원에 대한 비판적 관심과 함께 심리학, 생의학, 인지신경과학 영역에서 두드러지게 발전하고 있기 때문이다. 이 움직임은 빠르게 변화하는 현 세계에서 마음챙김, 명상 및 관련 수행의 사회적, 문화적, 정치적, 역사적, 종교적, 영적 측면에 관한 복잡하고 경쟁적인 환경으로 우리를 즉각적으로 끌어들인다. 이러한 연구, 학문 및 실천에서의 전환은 '비판적(critical)', '사회적(social)' 및 '시민적(civic)' 마음챙김 등 다양하게 명명되었으며 우리 시대의 사회, 문화, 정치 및 환경 문제와 관련된 부조리와 불평등의 시급한 문제를 대처하기 위한 보다 포괄적이고 직접적인 시도로서 마음챙김 및 명상 연구의 새로운 분야를 이끈다.[3] 이 중요한 전환에는 주류 '심리학', '신경학', '생의학' 연계 분야, 사회과학 및 인문학, 그리고 사회적, 경제적, 문화적 변화를 위한 사회 운동에 적용되는 행동주의의 세계와 참여불교의 사상과 수행 전반에 걸쳐 도전적인 다학문적 교류 및 협력에 참여하는 것이 포함된다. 이러한 의미에서 이 책은 『마음챙김 핸드북: 문화, 맥락, 그리고 사회적 참여(Handbook of Mindfulness: Culture, Context, and Social engagement)』[4]에서부터 야심차게 시작된 프로젝트의 확장이다. 이 책에 더해 특정 집단에 대한 마음챙김 지도과정에서 발생하는 윤리적 문제를 주로 다루는 『윤

3) Carrette, 2007; Healey, 2015, 21–22쪽; Konik, 2016; Ng, 2016; Walsh, 2016.

4) Purser, Forbes, & Burke, 2016.

리 및 마음챙김 기반 개입에 대한 실무 가이드(Practitioner's Guide to Ethics and Mindfulness-Based Interventions)』[5]를 함께 읽어도 좋다.

이 장은 이 책(마음챙김의 윤리적 토대) 전체의 서론에 해당한다. 우리는 마음챙김의 윤리적 토대에 대한 현재의 논쟁을 구성하는 배경과 역사적 상황 일부를 명확히 밝히며 배경지식을 제공할 것이다. 그리고 이 책을 네 가지 주제로 살펴보고, 이 장(서론)을 제외한 전체 17개의 장(2~18장)을 장별로 간략히 요약한다.

현대 사회의 마음챙김

적어도 18세기와 19세기 산업혁명 이후, 유럽과 영미 사회, 즉 '글로벌 노스(Global North)'[6] 국가들은 급격한 사회 경제적 변화와 정치적 혼란을 겪게 됨에 따라 치유적 삶의 방식으로서 아시아의 심신 수행과 훈련 체제에 눈을 돌리게 되었다.[7] 마음챙김(mindfulness), 즉 불교의 사띠(sati)가 대표적인 예이다. 마음챙김 명상이나 위빠사나(P. vipassanā)는 복합적인 문화 교류, 특히 동남아시아에서의 영국 식민지 확장 과정에서 드러난 것으로 이제는 세계화된 자기계발 산업과 치유문화 현장의 두드러진 특색이 되었다. 북미, 영국, 북유럽 국가들은 아마도 현대 세계에서 마음챙김, 명상, 그

5) Monteiro, Compson, & Musten, 2017.

6) 역자주: 지도상에서 선진국이 대체로 '북반구'에 위치하기에 선진국을 통칭하는 용어로 '글로벌 노스'를 사용한다.

7) McMahan, 2008; Williams, 2015; Wilson, 2014.

리고 관련된 수행의 실천과 보급에 있어서 기하급수적인 성장과 확장의 가장 분명한 사례가 될 것이다.

모로네, 무어, 그리고 그레코[8]의 연구에서는 최근 미국 성인 중 2백만 명 이상이 건강 목적으로 마음챙김 명상을 활용했다고 추정했다. 심리학자, 신경과학자는 존경받는 불교 지도자들과 함께 마음챙김의 주류에서 핵심 대표로 주도적인 역할을 하였다. 그러나 주류에서 마음챙김의 효과 입증에 요구되는 전문적 권위에 관한 한 적어도 표면적으로는 그 무게중심이 종교에서 과학으로 옮겨진 것이 확실해 보인다. 오늘날 마음챙김에 관한 과학적 관심은 놀라운 속도로 증가하고 있다. 2010년 이후 마음챙김에 관한 3,000개 이상의 연구 논문이 발표되었지만, 이러한 출판 추세는 전혀 줄어들 것 같지 않다.[9] 마음챙김 운동이 확산된 것은 때로 '느린(slow)' 문화와 관련이 있는데, 아이러니하게도 이 운동은 매우 빠르게 움직였고 전례 없는 추진력을 얻었다. 아마도 지역공동체와 풀뿌리 주도 활동뿐만 아니라 학술 및 전문 분야로 제도화되었기 때문일 것이다. 이는 특히 영국의 상황에서 더욱 그런 것 같다(Mindful Nation UK, 2015).

현재까지 과학적 출판물과 함께, 마음챙김에 대한 학술적이고 대중적인 논쟁은 윤리적이고 도덕적이라고 여겨지는 광범위한 문제들을 중심으로 이루어지고 있으며, 이는 마음챙김 지지자와 비평가 사이에서 극명하게 양극화하는 특징을 보인다.

---

8) Morone, Moore, & Greco, 2017.

9) American Mindfulness Research Association, 2017; Valerio, 2016.

한편, 1980년대 이후 마음챙김에 관한 심리학 및 신경과학 논문이 증가하고 있는데, 압도적 다수가 마음챙김을 효과적인 치료 도구라는 데 긍정적으로 평가한다. 임상가들은 마음챙김 기반 스트레스 감소(MBSR)와 마음챙김 기반 인지치료(MBCT)[10]의 표준화된 8주 과정이 만성 통증, 스트레스, 불안 및 우울증 완화에 얼마나 효과적일 수 있는지 보여주었다. 영국의 경우 이러한 증거 기반 프로그램이 처음에는 공적 규정으로 도입되지 않았다. 하지만, 2014년 마음챙김 올파티 의회 그룹(Mindfulness All-Party Parliamentary Group; MAPPG)이 설립되었다. MAPPG의 구성원들은 130명의 국회의원과 220명의 웨스트민스터 직원에게 마음챙김을 지도했다. 이는 '풀뿌리' 마음챙김 커뮤니티를 구심으로 마음챙김의 보급에 자금을 지원하고, 보건, 교육, 직장, 형사사법 등 다양한 시민사회 분야에 걸쳐 마음챙김이 전해질 수 있도록 정치인들에게 압력을 가하는 것을 목표로 하였다. MAPPG의 비전은 영국을 '마인드풀 네이션(mindful nation)'으로 변화시키는 것이다. 한편, 국가 지도자들과 초국가적 기업, 특히 첨단기술 기업의 CEO들은 국가 및 세계적 정신건강과 웰빙을 향상시키는 공유 프로젝트를 지원하기 위해 마음챙김을 적극 실천하고 있었다(Davies, 2015). 글로벌 리더들은 스위스 다보스에서 열린 세계경제포럼에 참여해, '세상에서 가장 행복한 사람(happiest man in the world)'으로 알려진 프랑스 태생의 티베트 불교 승려 마티유 리카르(Matthieu Ricard)의 이야기를 경청하였다. 리카르는 미국 영화배우 골디 혼(Goldie Hawn)

---

10) Segal, Williams, & Teasdale, 2013.

과 함께 명상을 가르쳤다. 이후 마음챙김 자기계발서, 잡지, 명상 앱 등이 폭발적으로 쏟아져 마음-몸-영성의 시장에 넘쳐났다. 아마도 기이한 운명의 장난인지 마음챙김 기반 프로그램은 현재 미국과 영국에서 서유럽의 사회민주주의 국가에 퍼졌을 뿐만 아니라 이러한 수행이 시작되고 번성했던 동쪽, 즉 중국, 일본, 한국 등의 동아시아 국가나 스리랑카와 태국을 포함한 동남아시아 국가들의 '글로벌 정신건강(global mental health)'을 촉진하는 자유민주주의 개발 프로그램의 일환으로 역수입되고 있다.[11]

다른 한편, 마음챙김이 세계평화를 위해 중립적이고 보편적인 만병통치약이라고 홍보하는 복음주의적 방식(Tan, 2012)은 반발을 불러일으켰다. 비평가들은 마음챙김이 너무 과잉 판매되었고(Brazier, 2013) 상업적인 맥마인드풀니스(McMindfulness)가 자본주의적 편승 효과를 얻었다고 주장한다(Purser & Loy, 2013). 마음챙김이 개인의 근심·고통·행복에 대한 책임을 개인 각자에게 지게 한다는 점에서 그것이 개인의 각성과 해방을 위한 혁명적 힘인지 혹은 개인을 소비자본주의의 노예로 만들려는 음모인지에 대해, 마음챙김 비평가들은 반론을 제기한다. 특히 목소리를 높인 한 비평가는, 서양 불교의 '알아차림 운동(awareness movement)'이 발전하면서 마음챙김은 분명 '세계 자본주의의 지배 이데올로기(the hegemonic ideology of global capitalism)'로 확립되고 있다. 그것은 명상적 입장에서 "우리가 정신적으로 건전한 모습을 유지하면서 자본주의 동력에 완전히 참여할 수 있는 가장 효율적인 방법"이다(Žižek,

11) Cox & Webb, 2015; Huang, Fay, & White, 2017.

2001, 12-13쪽). 인문학자들은 또한 마음챙김과 같은 아시아의 학문이 어떻게 치료법으로 변형되고 경험과학과 양립할 수 있게 되었는지를 보여주었다. 그들은 명상 자가진단 앱의 개발을 통해 아시아의 종교적 전통이 심리학적으로 '영성(spiritualites)'을 재구성하고 서구 디지털 자본주의 소비자를 위해 상품화된 명상적 수행법을 제시했다. 여기서 헤드스페이스(Headspace), 붓디파이(Buddhify), 캄(Calm)과 같은 앱은 사회적으로 볼 때 분명 불교의 근본과 잠재적으로 모순된다.[12)]

마음챙김에 대한 (또한 유사한 심리적·영적 수행에 대한) 기본적인 사회과학의 입장은 행복과 고통을 소비자본주의 내에서 자율적인 개인의 유일한 책임으로 의료화, 심리화, 개인화하는 신자유주의의 치료적 자기 기술과 유사하다는 것이다.[13)] 이러한 관점에서 1979년 카밧진의 '스트레스 감소 및 이완 프로그램(Stress Reduction and Relaxation Program; SR+RP; 1990년대 MBSR로 개명)'의 출현은 1980년대 미국의 레이건 정부와 영국의 대처 정부의 정치 및 경제 개혁과 밀접하게 관련되어 있다. 마음챙김 수행자들은 위험, 변화, 사회적 파편화의 취약성에 유연하게 대처하고 복지국가나 지역사회 조직의 사회적 지지가 점차 줄어드는 상황에 직면한 '개인 창업자'[14)]이다(Binkley, 2014). 역사적으로 볼 때, 마음챙김은 심리생리

12) Carrette & King, 2005; King, 2016.

13) Arthington, 2016; Barker, 2014; Cohen, 2010; Stanley & Longden, 2016; Rose, 1998.

14) 역자주: 외부에 의존하지 않고 자신의 삶에 스스로 책임지고 삶을 개척해 나가야 한다는 의미에서 '개인 창업자'를 말한다.

학적 스트레스 반응 주기에 관한 의학 연구의 결과물이며 개별적으로 스트레스를 받는 사람들의 몸과 마음을 더 나은 균형과 조화의 상태로 만들기 위한 치료적 이완 기법의 개발 시도로 이해될 수 있다.[15] 비평가들은 마음챙김이 전반적으로 '개인화'의 문화이기에 윤리적으로 도덕적으로 의심스럽게 바라본다.

비평가들은 이러한 사회과학적 연구와 인문학 연구기금을 기반으로 특히 '참여 불교'의 전통과 관련된 사회에 참여하는 마음챙김 기반 개입 프로그램을 개발하고 있다.[16] 마음챙김 명상을 고대의 지혜를 현대화한 것이자 신경과학이 입증한 것으로 시대를 넘어 보편적으로 적용 가능한 스트레스 감소 기법으로 이해하는 게 가장 적합한지, 아니면 탐욕, 증오, 망상을 제거하기 위해 고안된 현대 불교의 종교적이고 영적이며, 윤리적이고 도덕적이며, 사회적 참여를 위한 깨달음의 실천으로 받아들이는 것이 가장 적합한지에 대해 의문을 제기했다.

그러나 하나의 문화 분야 전체로서의 마음챙김 환경은 분명 몇 가지 얽히고 때로는 숨겨진 (또는 적어도 간과된) 역사적 뿌리에서부터 나오는데, 이는 크게 '개인화'보다 더 복잡한 효과를 만들 수 있다. 역사적으로 볼 때, 마음챙김은 복합적이고 혼합적인 문화

15) Jackson, 2013; Nathoo, 2016.

16) Bell, 1979; Bentz & Shapiro, 1998; Bentz & Giorgino, 2016; Doran, 2017; Gonzalez-Lopez, 2011; Lee, 2015; MacNevin, 2004; Purser, Forbes, & Burke, 2016; Stanley, 2012a, 2012b; Stanley, Barker, Edwards, & McEwen, 2015; Stanley, Edwards, Ibinarriaga-Soltero, & Krause, 2018.

장르인 일종의 '문화 방해'[17]로 보인다. 실제로 윌슨(Wilson, 2014, 74쪽)은 마음챙김 운동이 "불교가 아닌 문화에 대한 불교의 승리를 알리는 종소리인가, 아니면 패배의 종소리인가?"라고 질문했다. MBSR은 새로운 불교 '계보'(Cullen, 2011)인가? 아니면 '근본' 불교가 타락한 것인가? 헬더만(Helderman, 2016, 962쪽) 역시 "치료적 마음챙김 수행으로 종교를 번역한 접근법은 자본주의적 세속화의 사례인가? 아니면 세속적 영역을 다시 부흥시키려는 전복인가?"라고 질문했다. 이러한 관점에서 마음챙김 기반 개입은 공공 민간 기관, 특히 학교에서 소위 '트로이 목마', '스텔스 불교' 또는 '숨겨진 불교'라고 하여 세속 종교를 조장한다는 비난을 받고 있다.[18]

논쟁의 여지가 있지만, 마음챙김의 모든 역사적 뿌리가 불교 전통에 있는 것은 아니다(Dryden & Still, 2006). 우리는 위에서 의학적 스트레스 연구의 근원을 언급했다. 그러나 19세기와 20세기 동남아시아에 대한 영국의 식민지 확장과 군사 개입뿐만 아니라, 마음챙김 운동의 뿌리 중 일부는 1960년대의 '반문화', '뉴에이지' 영성, '반정신의학' 운동과 그에 따른 인간 잠재력 운동의 발전 및 심리·영성의 성장, 1970년대의 인본주의 및 자아초월 심리학과 심리치료의 발달에서 발견된다. 이러한 '숨겨진' 뿌리 중 하나를 설명하는 것은 다음의 예시로 충분할 것이다. 1971년 런던의 킹슬리 홀

17) 역자주: 문화 방해(culture jamming)는 기존의 미디어나 문화를 변혁하고자 기존 문화를 방해하며 새로운 메시지(문화)를 만들어 가려는 운동이다.

18) Brown, 2016; Compson & Monteiro, 2016; Purser, 2015.

실험 치료 공동체가 문을 닫은 후 논란이 있었던 급진적인 스코틀랜드 정신과 의사 로널드 랭(Ronald. D. Laing)은 안식년을 보냈고 그 기간 실론의 수도원에서 테라와다 불교 문헌을 연구하고 명상을 배운 후 인도로 여행을 떠났다(Kotowicz, 1997). 랭이 보여준 자기치유에 대한 급진적인 실험, 그리고 정신과 의사들이 정신적 고통의 개인적인 의미를 더 수용적으로 이해하도록 만들려는 랭의 시도는 보완, 대체, 심신 의학 및 치료적 이완 전통의 후속 발전과 유사하고, 1970년대와 1980년대 이후 자유민주주의 사회 전반에 걸쳐 모든 기반을 다진 마음챙김의 발전과도 유사하다.

학자들은 이제 마음챙김의 문제가 신자유주의의가 제시하는 개인화 및 심리화의 주제보다 더 복잡하고 모순적인 것은 아닌지 묻고 있다. 앞서 확인된 마음챙김 분야의 '심리–', '신경–', 생의학적 우위에서 확인된 양상을 확실히 감지할 수 있다. 하지만 더 복잡한 일이 발생하고 있음을 징후로써 알 수 있다. 더 모순되는 주제들이 경험주의적 사회과학 연구, 특히 사회학자, 인류학자, 비판심리학자들에 의해 수행되는 연구를 통해 발견된다. 우리는 이 책의 핵심 주제에 대한 논의로 넘어가기에 앞서 이와 관련된 논의 배경에서부터 세 가지 통찰을 간략히 언급한다.

첫째, 마음챙김이 독립적인 개인주의의 이상에 도전할 수 있다는 증거가 나타나고 있다. 이로써 신자유주의의 한계가 드러난다.[19] 마음챙김 교사들은 학생들에게 자기책임 및 자기계발을 비

19) Carvalho, 2014; Cook, 2016; Mamberg & Bassarear, 2015; Samuel, 2015.

롯해 자기초월과 사회적, 정치적 참여를 장려할 수 있다(Reveley, 2015). 둘째, 마음챙김 기반 과정은 종종 사람들이 눈을 감고 내면을 들여다보며 고통으로부터의 해방과 내면의 평화를 찾도록 하지만, 마음챙김 수행은 또한 일반적으로 소규모 그룹에서 지도되거나 비교적 대규모의 전문적인 컨퍼런스에서 때때로 수백 명까지 한 번에 집단으로도 가르쳐진다(Pagis, 2009). 이러한 양상은 마음챙김 환경에서 단순히 개인화되는 것 이상의 무언가가 발생할 수 있음을 시사한다. 셋째, 마음챙김은 대개 세속적인 치료 기술로만 제시되지만, 종종 영적이거나 성스러운 수행 또는 실제 세속적 환경에서 능숙하게 가르침을 받는 '보편적 다르마'로 제시된다. 이는 마음챙김이 단순히 세속적 문화 영역을 넘어서는 것일 뿐만 아니라 '탈세속'의 맥락을 포함할 수 있음을 시사한다(Arat, 2017, 174-175쪽).

마음챙김은 고대의 지혜에 기반을 두고 있지만, 현대 과학이 마음챙김의 유익함을 입증하면서 대중과 전문가 집단에서 자기 치유를 위한 단순 치료 도구로 계속해서 제시될 가능성이 크다. 하지만 이 책에서는 마음챙김 운동이 전체적으로 더 폭넓게 고려하여 더 중요하고 근본적인 문제들과 더 복잡 미묘한 사회문화적 변화들이 맞물려 진행 중이라고 본다. 다음 섹션에서는 앞서 제공된 불가피하게 부분적이고 개략적인 배경 설명의 기반을 다루고 이어서 이 책이 공헌하려는 방향인 마음챙김의 윤리 및 도덕적 토대에 관한 현재의 논쟁으로 전환할 것이다.

마음챙김의 윤리적 토대

마음챙김의 윤리적·도덕적 기반은 무엇인가? 이 질문은 다양한 측면에서 이해될 수 있고 그 대답도 마찬가지다. 분명히 '마음챙김의 윤리적 토대'라는 주제는 마음챙김이 윤리·도덕적 행동에 기반을 두는 것이 가능하며, 이 기반은 여러 특징으로 구성되어 있다. 마음챙김의 윤리적 토대는 하나가 아니라 여럿이다. 이 논리를 따라가다 보면 마음챙김만으로는 윤리적 기반이 부족하다고 가정할 수 있고 이에 대한 안내는 이 책에서 찾아볼 수 있다. 또는 대조적으로, 윤리적 토대는 마음챙김 자체에 고유하게 내재된 것으로 간주되며 그것이 마음챙김의 핵심적인 특징이나 마음챙김 수업의 일부라고 생각할 수도 있다. 후자의 관점에서 수행 또는 '존재 방식(way of being)'으로 이해되는 마음챙김 과정은 '항상 그리고 이미(always and already)' 윤리·도덕적 문제, 즉 우리가 우리 자신과 서로를 어떻게 대하는지에 민감하게 관여하고 있으며, 이러한 치료의 결과는 시간이 지남에 따라 패턴화된 방식으로 나타난다고 주장할 수 있다.

이러한 근본적인 문제와 관련하여 우리 자신이 어느 지점에 위치되느냐는 부분적으로 우리가 '윤리', '도덕'의 경계선을 얼마나 넓게 그리느냐에 달려 있다. 그리고 실제 현재의 광범위한 문헌 탐구로 잠재적인 경계선의 기본 윤곽을 제공하고 있기에, 우리는 이 책에서 훨씬 깊고 상세하게 본 주제를 탐구할 것이다.

마음챙김 이론과 실천의 분야에서 일반적으로 통용되는 지배적인 입장은 불교 전통에서 마음챙김의 뿌리를 찾을 수 있으며(일반적이고 추상적으로 '고대', '근본', '전통', 고전', 영적' 또는 '명상' 지혜 전통에서 종종 언급됨), 따라서 마음챙김의 윤리적 토대는 이 다면적이고 다원적인 '종교'를 구성하는 다양한 불교 계보에서 가장 잘 파악된다는 것이다. 사실 일반적으로 불교는 '세상에서 가장 윤리적인 종교 중의 하나'(Keown, 1992, 9쪽)로 널리 존경받고 있다. 그러나 마음챙김과 윤리의 의미에 관한 기본적인 질문, '불교'가 단일 현상인지 복합적인 현상인지는 그 자체로 종교(또는 심리학, 철학이나 보편적 다르마)인지 여부, 역사적 붓다 자신이 불교도인지 여부, 그리고 마음챙김과 윤리에 관한 중요하고 시급한 논쟁에서 과학과 비교되는 불교의 상대적 지위와 관련하여 '불교' 전통 안팎에 다수의 관점, 다양한 상황, 깊은 갈등과 의견 불일치가 있다(Williams & Kabat-Zinn, 2011).

그러나 넓게 보면 현대 마음챙김 연구 분야에서 ('상좌부' 또는 '전승'되거나 '근본'되는 가르침으로 여겨지는) 동남아시아의 불교 사상인 테라와다 전통의 초기 빠알리 경전을 아마도 마음챙김과 윤리에 관한 중심적 권위로 보는 일반적인 학문적 경향이 있는 것 같다. 이 전통은 분명 불교 윤리에 대한 가장 광범위하고 풍부한 논의를 포함하고 있다. 결국 빠알리어 학자인 곰브리치(Gombrich, 2009)는 역사적 붓다의 가르침 속에서 "전 우주가 윤리화된다."(35쪽)라고 말한다.

이는 동남아시아의 현대 신위빠사나(neo-Vipassanā)나 통찰명상 학파들이 마음챙김 기반 치료에 그렇게 깊은 영향을 미친 이유를 설명하는 데 도움이 된다. 두 전통 모두 『사띠빳따나 숫따(염처경)』의 영향을 많이 받는 동시에 개혁 운동과 불교 전통에 대한 현대화의 영향으로 많은 논란을 일으키고 있다.[20] 윤리적 분별력과 도덕적 판단력이 결여된 소위 '오직 마음챙김(mindfulness only)' 또는 '순수 알아차림(pure awareness)'(Thera, 1954) 수행에 대한 그들의 주장은 나중에 마음챙김 윤리에 대한 후속 토론에 큰 과제를 남기게 될 것이다.[21] 카밧진(Kabat-Zinn, 1994, 4쪽)은 "의도적으로, 현재 순간에, 그리고 비판단적으로 주의를 기울이는"[22] 것을 통해 발생하는 의식적 알아차림으로 마음챙김의 조작적 정의를 내렸는데, 이는 비판과 논쟁의 중심이 되어 왔다.

최근의 논평가들은 소위 세속적인 현대 마음챙김 담론의 많은 논쟁이 불교의 역사, 특히 논란에 있는 불교 개혁 운동 관련 논쟁을 반영한다고 여긴다.[23] 실제로 카밧진(Kabat-Zinn, 1994)의 정의는 북미의 심리학자이자 명상 지도자인 콘필드(Kornfield, 1977)가 불교의 마음챙김을 "비판단적이고 직접적인 관찰의 태도는 모든 사건이 자연적인 방식으로 일어나도록 해준다. 현재의 순간에 알아차림을 유지하면, 우리는 마음과 신체 과정의 진정한 특성을 점점 더 분명하게 볼 수 있다"(13쪽)라고 묘사한 것과 매우 유사하다.

---

20) Braun, 2013; Jordt, 2007; Houtman, 1999.

21) King, 2016; Wallace & Bodhi, 2006; Williams & Kabat-Zinn, 2011.

22) pay attention on purpose, in the present moment and non-judgmentally.

23) Harrington & Dunn, 2015; Lavelle, 2016; Lindahl, 2015; Sharf, 2015.

마음챙김의 뿌리는 초기 불교 경전에서 찾을 수 있다는 기본 원칙, 즉 이곳이 마음챙김의 윤리적 토대를 찾을 수 있는 곳이라는 기본 원칙과 이러한 담론이 종교 자체보다는 일종의 윤리 심리학을 나타낸다는 견해는 리스 데이비스로 거슬러 올라갈 수 있다. 지금까지 마음챙김과 윤리에 관한 현재의 논쟁과 관련하여 논란의 여지가 있을지 모르지만, 지금까지 제대로 인정받지 못했던 문헌에 관한 그의 중요한 공헌을 언급할 때가 되었다.

리스 데이비스와 불교의 구축

리스 데이비스는 일생 불교를 서구에 전한 선도적인 번역가였다. 그가 서구인들을 위해 불교를 설명한 책은 인기가 많아 잘 알려져 있고 동남아시아 불교에 관해서도 소개하고 있다. 그는 1894년, 1895년 미국의 철학자이자 심리학자인 윌리엄 제임스(William James)의 초청을 받아 하버드 대학교에서 '불교의 역사와 불교 문헌'에 대한 강의를 할 정도로 존경받았다. 그러나 슬프게도, 그가 우려했던 것처럼 소수의 학계를 빼고 그는 거의 잊혀진 인물이었다. 확실히, 마음챙김 명상에 대한 대중적인 설명에서는 웨일즈 출신 리스 데이비스에 대해 그들이 지고 있는 빚을 인정하는 대신 특정 미국 학자를 언급할 가능성이 훨씬 크다. 그는 거의 잊혔을지 모르지만, 적어도 불교 사상에 이바지한 세부적인 내용을 보면 그의 영향력은 현재에도 살아 숨 쉬고 있으며, 우리는 그와 그의 아내의 유산을 기억할 필요가 있다. 그리고 이러한 영향 중 세 가지를 간략히 설명해 본다.

첫째, 초기 불교에 대한 리스 데이비스의 해석은 인본주의적이고 이성적이었다. 그는 불교를 역사적 창시자인 고타마 싯다르타와 함께 종교적 전통에서 파악했다. 1877년 그는 역사적 붓다의 입멸을 기원전 412년으로 최초로 기록했다.[24] 이것은 붓다를 영원한 다르마를 가르치기 위해 세상에 거듭 태어난 많은 붓다 중 한 분으로 여기는 테라와다 불교 전통과 극명한 대조를 보인다(Snodgrass, 2007). 이는 마음챙김 과정에 '보편적 다르마'가 내재하여 있다고 믿는 현대 옹호자들이 채택한 것과 유사한 입장이다. 리스 데이비스 부부는 아시아 종교로서 '불교'를 구축하는 광범위한 프로젝트에서 중요한 인물이다. 많은 세계종교학자가 지적하듯이, 불교는 부분적으로 유럽 동양주의자들과 식민지 개척자들이 19세기에 발명한 것이다.[25] 리스 데이비스 부부는 이후 '프로테스탄트 불교' 또는 '불교 모더니즘'의 주요 대표자로 인식되고 있으며, 역사적으로 최근의 불교 형태는 서양 심리과학의 경험주의, 다윈의 진화론 및 민주적 개인주의와 호환될 수 있도록 만들어졌다.[26] 이 모더니즘 불교는 테일러(Taylor, 1989)가 묘사한 현대의 주관적 전환(subjective turn)의 한 요소로, 시민들은 가르침을 받는 데 외부 권위와 전통을 찾는 대신 자신의 내면을 들여다보고 삶에서 의미를 얻는다. 예를 들어, 제임스(James, 1902)는 종교의 핵심을 개

24) 최근의 시도는 붓다 입멸을 기원전 411년에서 399년 사이에 80세로 추정했다. Gombrich, 1992.

25) 이 개념에 대한 비판적 논의는 Hallisey, 1995 참조.

26) Gombrich, 1988; McMahan, 2008; Sharf, 1995.

인 내면에 존재하는 심리적 경험으로 파악했다. 리스 데이비스는 윌리엄 제임스와 함께 불교를 경험의 권위가 중시되는 종교로 해석하는 데 영향력을 끼친 인물이었다. 실제 그는 초기 불교가 어떻게 세속적 삶과 종교적 삶을 구분하지 않았는지를 잘 보여주었다. 그는 개인적인 삶에서 의도와 업(P. kamma), 무상(P. anicca), 무아(P. anattā)의 불교 교리에 대해 숙고했으며, 가르침의 바구니인 빠알리 니까야에 보존된 '초기 불교'에 대해 평생 개인적으로나 학문적으로 깊은 애착을 보여주었다.[27)]

둘째, 리스 데이비스는 초기 불교에 대한 '문헌적' 이해를 얻는 데 도움을 주었고 특히 불교 가르침을 이해하는 중심적 권위로서 빠알리 경전에 대한 학문을 확립했다. 빠알리학은 현재 소수의 영향력 있는 불교도와 학자들 사이에 살아남아 있으며, 그들 중 몇몇이 이 책에 참여하였다. 리스 데이비스는 런던에서 빠알리성전협회를 설립했고, 빠알리어 학자인 이들 부부는 빠알리 경전을 유럽 언어로 번역한 최초의 사람들이다. 빠알리어는 고대 인도의 언어이고 '붓다의 말씀'은 이 언어로 보존되어 있다. 빠알리 경전에는 마음챙김 확립에 대한 담론인 『사띠빳따나 숫따』가 포함되어 있고, 이 경전의 현대화된 해석은 특히 앞에서 설명한 것처럼 현대 마음챙김 운동의 토대를 마련하는 데 중요한 역할을 하였다.

셋째, 이 책에서 가장 흥미를 끄는 지점은 리스 데이비스가 빠알리 단어 'sati'를 'mindfulness'로 번역한 사람이라는 것이다. 그는 사띠를 불교 전체의 '윤리 심리학' 체계에서 번역하기 가장 어려

27) Carpenter, 1923; Chalmers, 2004; Rhys Davids, 1881.

운 단어 중 하나라고 기록했다. 이 단어의 어원은 '기억(memory)'이며, 실제로 리스 데이비스(Rhys Davids, 1877)는 자신의 첫 책에서 기억을 뜻하는 동사 'sarati'의 의미에서 사띠를 '기억' 또는 '회상(recollection)'이라고 번역했다. 그러나 그(Rhys Davids, 1890)는 빠알리 경전 속의 붓다는 더욱 보편적으로 사띠에 윤리적 의미를 부여한다고 주장하며 "그 마음의 활동, 끊임없는 마음의 현존, 마음의 주의는 태만, 부주의, 자기망각의 적으로 … 그것은 불교 도덕주의자의 매우 지속적인 주제이다."(58쪽)라고 했다. 때때로 사띠를 '자기 자제(self-possession)'로 번역하지만, 현대에는 'sati'를 'mindfulness'으로 번역한 그의 선택을 따르고 있다.

빠알리 경전을 번역할 때 리스 데이비스는 기독교 식민지 상황의 영향을 받았다. 우리는 앞에서 그가 젊은 시절 실론에 주둔한 공무원이었다고 언급했다. 그는 사띠의 번역본을 제공하면서 킹제임스 성경(King James Bible, 1604-1611)의 형용사 'mindful'의 사용에 부분적으로 영향을 받았다.[28)]

> 내 아들아, 너희는 날마다 주 우리 하나님을 생각하여라(be mindful of the Lord our God all thy day). 너희의 뜻이 죄를 짓거나, 그 계명을 어기지 않도록 하여라. 너희의 일생을 정직하게 살며, 불의한 길을 따르지 말아라.
> 그들은 당신의 말씀을 기억하기 위해 자극을 받았으며, 깊은 망각에 빠지지 않고 당신의 선함을 계속 염두에 둘 수 있도록(they might be continually mindful of thy goodness) 빠르게 구원을 받았습니다.

28) Bible: King James Version, 2017 참조.

아마도 이 중요한 빠알리어 불교 단어의 번역과 관련하여, 우리가 마음챙김의 개념을 도덕적으로 선하거나 정의롭게 받아들인 것은 어느 정도 '숨겨진' 기독교의 영향으로 설명할 수 있다. 마음 놓침(mindlessness)과 마음 방황(mind wandering)은 결국 새로운 세속적 죄와 같은 것으로 여겨진다. 세데르스트룀과 스파이서(Cederström and Spicer, 2015)는 『건강 신드롬(The Wellness Syndrome)』[29]에서 이러한 것을 '웰니스 명령(wellness command)'으로 불렀다. 이는 마음챙김, 건강, 도덕적 올바름을 등식적으로 연결하여 개인이 건강하거나 실제 번영하도록 요구하는 도덕적 명령을 의미한다. 그래서 우리가 건강하다면 그러면 우리가 선하다고 추정해야 한다.

19세기에 리스 데이비스는 아시아 불교 명상 수행과 마음의 기능 양쪽을 모두 가리키는 명사로 마인드풀니스(mindfulness)를 제안했고, 이는 마인드풀니스가 나중에 심리학자와 불교학자 양쪽에서 내면의 심적 대상으로 귀중하게 평가되는 토대가 되었다. 이것은 마인드풀니스가 20세기에 심리학적 범주로 취급되고 과학적 조사의 대상이 되는데 필요했고, 심리학자들은 주의, 메타인지 및 심리적 범주에서 가장 파악하기 어려운 의식과 관련된 개념을 마인드풀니스와 비교할 수 있었다(Danziger, 1997). 심지어 마인드풀니스는 권위 있는 과학 저널의 제목이 될 정도로 유명해졌다.

돌이켜보면, 우리는 리스 데이비스가 인습에 얽매이지 않은 학

---

29) 역자주: 앙드레 스파이서, 칼 세데르스트룀, 조응주 역(2016), 『건강 신드롬』, 민들레.

자였고 아마도 시대를 앞서간 존재임을 알 수 있다. 그 시대를 전후로 한 동양학자나 선교사들과는 달리, 영국의 공무원임에도 불구하고 그는 불교를 기독교보다 열등한 종교로 간주하지 않았으며 불교와 불교도를 경멸하는 시선으로 보지 않았다. 그는 식민지 지배자들이 식민지를 착취하는 것에 찬성하지 않았다. 대신 그는 불교문화를 섬세하게 해석하는 학자였다. 그는 싱할라족의 언어인 싱할라어를 배웠으며, 신중하고 존경스러운 번역가이자 초기 불교의 학자였다. 그는 빠알리 경전의 초기 불교와 수도원에서 영감을 받았으며, 특히 빠알리어를 가르쳐준 야뜨라물레 운난세(Yātrāmullē Unnānsē)로부터 큰 영감을 받았다. 그는 불교를 연구하고, 일생을 바쳐 빅토리아 시대의 사회에서 불교를 알렸다.

이런 의미에서, 리스 데이비스는 그의 아버지처럼 순응주의자가 아니었다. 그의 아버지 토마스 윌리엄 데이비스(Thomas William Davids, 1816–1884)는 웨일스 출신 회중교회 목사로, 스완지에서 태어나고 자라서 목회 공부를 위해 런던의 해크니로 이주했고 에식스주 콜체스터에서 목사가 되었다. 그는 '에식스의 주교'라는 애칭으로 불렸고, 대중적인 설교자였을 뿐만 아니라 교회 역사, 특히 비국교도(non-conformist)[30] 기독교 역사의 미래에도 영향을 미쳤다. 종교적 박해에 익숙했던 그의 아들 리스 데이비스는 기성종교에 대한 회중주의적 비판 및 종교적 신념과 권위에 대한 독립적인 의문을 제기하는 자유주의적 의지를 불교로 가져왔다. 리스

30) 역자주: 비국교도(非國敎徒)는 영국성공회 이외의 개신교 교파를 따르는 사람들이다.

데이비스는 명백하게 "제국의 화려함의 상징과 과시물을 조롱하기 좋아했고 장난기 가득한 불손함으로 그렇게 했다"라고 한다(Wickremeratne, 1985, 164쪽).

임상 및 대중적 환경에서 마음챙김의 출현에 대해 기술한 비구 보디(Bodhi, 2011)는 다음과 같이 언급했다.

> 우리는 '마인드풀니스'라는 표현을 너무 당연하게 여겨서, 영어 용어의 정확한 뉘앙스에 대해서는 거의 묻지 않고 그것이 나타내는 본래 빠알리어로서의 의미와 번역 적합성에 대해서도 묻지 않는다. '마인드풀니스'라는 단어 자체는 너무 모호하고 유연하여 우리가 원하는 거의 모든 것을 읽을 수 있는 암호 역할을 한다. 따라서 우리는 사띠에 대한 번역으로 다른 용어가 시도되었다가 부적합한 것으로 판명된 후 특정 시점에 와서야 마인드풀니스가 채택되었다는 점을 거의 인식하지 못한다(22쪽).

리스 데이비스의 목소리는 우리가 마음챙김 지지자와 비평가 사이의 적절한 '중도'를 찾도록 안내한다. 역사적 우발성과 변화를 깊이 이해할 때, 우리는 자아도취적인 독창성과 권리의식에 대한 한계를 인식할 수 있고 이는 과거에 빚을 갚는 데 도움이 될 것이다. 따라서 마음챙김 운동의 모든 후속 발전을 그 자체의 책임으로만 둘 수 없으며, 유럽과 아메리카의 문 앞에서도 그 책임을 묵인할 수 없다. 또한 우리는 종종 유럽계 미국인의 식민주의에 대항하면서 이러한 과정에 참여한 아시아 근대주의자들을 기억해야 한다. 이 책에서는 틱낫한(Thich Nhat Hanh), 레디 사야도(Ledi Sayadaw), 마하시 사야도(Mahasi Sayadaw), 아잔 차(Ajahn Chah), 우바 킨(U Ba Khin), 고엔카(S. N. Goenka)와 같은 인물들과 다른 많은 불교도와 불교학자들에게 빚졌음을 인정해야 한다. 그렇지 않으면 과거와 현재에서 교훈을 얻을 수 없을 것이다.

마음챙김의 윤리적 토대: 현대의 논쟁

이제 마음챙김과 윤리에 관한 현재의 논쟁에 있어서 세 가지 중심되는 방식을 고려하고자 한다. 이러한 논쟁의 특징 일부를 요약하면 (a) '번역으로 잃어버린 것', (b) '본래 내재된 것', (c) '더 넓은 환경의 구축'이며, 이는 마음챙김의 윤리적 토대를 넓게 특성화할 수 있는 주요 입장으로 설명된다. 이러한 주제와 방식들은 이후 다른 장에서 더 깊게 탐구될 것이며, 여기에서는 이들을 차례로 소개하며 논의한다.

번역으로 잃어버린 것

'번역으로 잃어버린 것'에 대한 견해는 현대화되고 세속화된 지금의 마음챙김 훈련(마음챙김 기반 프로그램 모두이거나 기업 방식의 직장 기반 맥마인드풀니스의 변형)이 불교의 종교적 기원 전통과 비교했을 때 받아들이기 어려운 수준으로 '비윤리화'되거나 '비도덕화'되었다고 본다.[31] 이 주장은 종종 마음챙김에 대한 근본이나 전통 불교의 종교적 표현과 현대의 세속적 표현을 구별하는 것을 전제

---

31) 예를 들어 Kirmayer, 2015; Purser & Milillo, 2015; Stanley, 2013, 2015a, b.

로 한다. 번역으로 잃어버린 입장은 불교 지도자, 불교학자, 일부 심리학자 사이에서 인기가 있다. 이들은 특히 초기 빠알리 불교 경전의 '잃어버린' 윤리적 기반을 다시 찾기 위해 수행과 문헌 연구에 참여하는 경향을 띤다. 불교학자들과 심리학자들은 종종 세밀한 문헌 및 개념적 검토를 할 때 마음챙김과 사띠의 범주를 면밀히 살펴보는 유사한 관점을 보인다. 이는 심리학자들에게 마음챙김의 응용적 개입과 심리측정의 발전에 중요한 영향을 미친다.

이러한 주장은 소위 '2세대' 마음챙김 개입의 발전적 기초를 형성하며, 이는 보다 명시적인 불교적 틀에서 마음챙김을 가르치는 개입이다. 쇼닌, 반 고든 및 그리피스(Shonin, Van Gordon, & Griffiths, 2013)는 종교와 영성에 관한 마음챙김 기반 개입(MBIs)의 모호성을 성찰하고 MBIs가 단순히 세속적이라는 주장에 대한 그 윤리와 신뢰성에 도전한다. 그러면서 영국 국민보건서비스(UK NHS)의 맥락에서 MBSR의 잠재적인 '정체성 위기'를 다룬다(또한 Purser, 2015). 이 관점은 앞서 논의한 바와 같이 예상대로 공공기관의 '트로이 목마' 속 스텔스 불교 논쟁에 무게를 실어준다.

불교도인 존 피콕(Peacock, 2014)은 고대 불교의 종교적인 접근법에서의 사띠와 현대 임상과학의 마음챙김 사이에서 최초 분열된 관계자들 간의 상호 의심을 명확하게 언급했다. 후자의 경우 불교적 배경이 마음챙김을 이해하고 실천하는 데 불필요하거나 관련이 없다는 주장이다. 전자의 경우 마음챙김 기반 개입을 "어떻게든 '다르마'의 빛"(3쪽)으로 볼 수 있다. 예를 들어, 영국의 MBCT와 관련하여 길핀(Gilpin, 2008, 228쪽)은 수도원의 종교적 맥락에 근거한 테라와다의 영성적 관점과 '증거 기반' 임상 심리학에 근거한 MBCT의 세속적 관점을 구별했다.

일반적으로, 번역으로 잃어버린 것에 대한 논쟁은 마음챙김과 윤리에 관한 문헌 내에서 다수의 견해로 보이며, 마음챙김의 불교적 뿌리에 대한 앞의 논점과 일치하기 때문에 이 책 전체, 특히 1부에서 이에 대해 집중적으로 다룬다. 또한 3부와 4부에서는 티무스(10장), 루카스(11장), 쉬퍼(12장), 키어니 및 황윤숙(15장) 역시 이 부분을 다룰 예정이다.

본래 내재된 것

마음챙김과 윤리에 대한 다음으로 가장 일반적인 주장은 마음챙김의 실천에 이러한 프로그램의 목적을 충족시킬 만큼 암시적으로 내재된 윤리·도덕적 지향이 포함된다는 것이다. 이는 특히 MBSR 및 MBCT와 같은 마음챙김 기반 과정들의 가르침 속에서 드러난다. 윌리엄스과 카밧진(Williams and Kabat-Zinn, 2011)은 MBSR 및 MBCT와 같은 MBIs가 세속적 환경에서 가르치는 '보편적 다르마'를 포함하는 '다르마 기반 포털'(12쪽)이라고 주장한다(Kabat-Zinn, 2011, 301쪽). 예를 들어 카밧진(Kabat-Zinn, 2017)은 "마음챙김의 주류화(mainstreaming)는 항상 붓다의 근본 가르침의 핵심에 담긴 윤리적 체계에 근거하고 있다"(1125쪽)라고 주장했다. MBSR은 과정 참가자가 '다르마의 보편적 성격'(1130쪽)을 주류화하고 사용할 수 있도록 하는 방편이며, 이는 마음챙김 교사의 체화와 '진정한 현존(authentic presonce)'(1135쪽; 미주15)을 통해 과정 참가자들에게 (명시적이 아니라) 암시적으로 전달된다. 따라서 카밧진의 견해로 보면 현대 마음챙김 과정의 주류화에서 '번역에서 잃어버린 것'은 전혀 없다(또한 Grossman, 2015).

마음챙김 분야에서 영향력을 지닌 '창시자'(Baer, 2017)인 존 카밧진이 암시적으로 내재된다고 자주 언급하여 일부는 이 주장을 지지하지만, 이 입장만 있는 것은 아니다. 마음챙김 교사와 연구자 커뮤니티에서는 카밧진의 입장에 대한 비판이 있다. 맥카운(McCown, 2013)은 대부분의 마음챙김 과정에서 가르치는 세속적 환경을 고려할 때 마음챙김 교육을 근거로 또는 이를 보완하고자 윤리 심리학으로서 불교 사상을 찾는 것은 윤리적으로 부적절하다고 주장했다. 또한 그는 마음챙김 과정의 윤리적 공간에 내재된 '관계 윤리(relational ethic)'가 이미 장착되어 있기 때문에 불필요하다고 본다. 맥카운은 8장에서 이러한 견해를 더욱 발전시킨다.

배어(Baer, 2015)는 다소 다른 어조로 최근 증거 기반의 관점에서 "심리과학은 MBIs의 윤리 관련 문제에 대한 세속적 접근에 관심이 있는 연구자와 임상의에게 더 성숙한 대안을 제공한다"(956쪽)라고 언급하며 '내재적 윤리'의 입장을 제시했다. 임상 환경에서 마음챙김 운동으로 존경받는 창시자들과 주요 지지자들은 최근 마음챙김 과정 교육에 이미 내재된 윤리에 대한 광범위한 주장을 지지했다. 예를 들어 크레인 등(Crane et al., 2017)은 "마음챙김 기반 프로그램(Mindfulness-based Program; MBP) 교사들은 자신의 본래 직업(예 의학, 임상 심리학, 교육 등)에 기반한 전문 윤리 규정 내에서 운영하며, 그들이 시행하고 있는 주류 공공기관의 사조와 윤리에 적합하다"(996쪽)라고 언급했고, "MBP 안에서 구현된 윤리의 실천 요소는 강제되기보다는 실천을 통해 나타나고 배양된다"(995쪽)라고 했다.

더 넓은 환경의 구축

현대의 마음챙김 연구 분야에 공헌하는 사람들을 비롯해 다수의 사회과학자 및 인문학자에게 윤리적·도덕적 문제들은 널리 퍼져 있다. 이러한 문제는 임상 실습 또는 사회적 실천의 구체적인 사항으로부터 쉽사리 분리될 수 없다. 동시에 마음챙김, 주의, 의식과 같은 이른바 심리학적 주제 역시 윤리적·도덕적 삶과 쉽사리 분리될 수 없다. 실제로 해석적 사회과학 및 인문학 분야의 연구자와 학자는 종종 마음챙김과 같은 수행을 연구하여 우리가 살고 있는 더 넓은 사회적, 문화적 세계에 대해 무언가를 말하고자 한다. 그래서 해석학자들은 마음챙김의 윤리적 토대가 더 넓은 사회적·문화적 틀에서 발견되고 이것이 더 넓은 이해의 영역에서 사용되기에 사람들은 이 수행을 이해하기 위해 이러한 틀을 이용한다고 본다. 그런 학자들에게 마음챙김은 결코 독립된 현상이 될 수 없다.

마음챙김의 신자유주의적, 세속적, 종교적 지위에 대한 논쟁은 더 넓은 환경에서 마음챙김이 하나의 실천으로 구축된다는 보다 큰 전제에서 제기된다. 즉, 넓게 보면 많은 사회과학자 및 인문학자들은 마음챙김을 더 넓은 사회문화적 추세에 다시 영향을 주는 산물 그 자체로 여기는 경향이 있다. 실제로, 글로벌 치료 문화나 사조의 부상에 대한 연구는 현재 우리가 살고 있는 더 넓은 환경과 사회적 맥락을 반증한다(Illouz, 2008). 그렇기에 현대 세계에서 불교 사상과 수행에 참여하면서도 우리 자신을 치료가 필요한 심리적 존재로 이해하는 치료 문화에 영향을 주지 않는 것은 거의 불가능하다.

이 책의 저자들은 여러 장에서 마음챙김이 웰빙 이데올로기(9장)와 탈세속성(18장)을 포함한 더 넓은 문화적 환경을 동시에 표현하고 변형시키는 방법을 설명하는 데 관심이 있다. 마음챙김이 더 넓은 환경을 구축한다는 주장은 윤리와 마음챙김에 대한 논쟁을 임상 개입의 실용주의를 넘어 다양하고 복합적인 (사회적, 문화적, 종교적) 맥락의 실천과 마음챙김에 의미를 부여하는 방식을 포괄하려는 시도이다. 이러한 일반적인 방향은 윌슨(Wilson, 2014)에 의해 설명되는데, 그는 우리가 세속적 마음챙김 운동을 말할 때 속으로 생각하는 만큼 종교적인 것과 세속적인 것의 경계가 명확하지 않다고 보며 "마음챙김의 종교적 본질을 제거하기 위해 아무리 큰 노력을 기울여도 그것은 여전히 종교적 방식으로 작용할 가능성을 계속적으로 지니고 있다. 우리는 이것을 세속적 종교라고 부를 수 있다. 이는 초자연적인 것과 사후세계가 결여되어 있지만 가치, 삶의 방향, 유토피아적 비전의 깊은 생물 역할을 하는 종교이다"(185쪽).

이 장의 마지막 섹션에서는 현대적 논쟁의 주요 영역을 반영하여 마음챙김의 윤리적·도덕적 토대에 대한 내용을 다룬다. 이를 반영하여 1부 '마음챙김 윤리의 불교적 토대', 2부 '교육과 교수법', 3부 '비즈니스, 경제 그리고 환경', 4부 '종교, 세속 그리고 탈세속'으로 나누고 각 장을 간략하게 살펴본다.

1부 마음챙김 윤리의 불교적 토대

2장의 비구 아날라요(Bhikkhu Anālayo)는 마음챙김의 윤리적 토대를 팔정도 안에 위치시킨다. 이는 초기 불교의 빠알리 경전, 특히 붓다의 사성제 가르침에 기록되고 보존되어 있기 때문이다. 아날라요는 치밀한 학술적 고찰을 통해 초기 경전에 설명된 마음챙김 수행이 '도덕적인 행동의 확고한 토대'에 어떻게 근거하고 있는지를 밝힌다. 그는 빠알리 경전 속의 역사적 붓다가 금욕주의와 쾌락주의 사이의 '중도(中道)'로서 팔정도를 주장한 이유를 설명하면서, 여기에 "마음챙김의 함양을 위한 윤리적 맥락이 담겨 있다."라고 언급한다.

3장의 데이비드 브레이저(David Brazier)는 마음챙김 확립에 관한 경전인 『사띠빳따나 숫따』를 통해 마음챙김의 토대를 연구한다. 그는 불교적 기원에서 마음챙김의 탈맥락화에 대해 비판적인데, MBSR과 같은 '실용주의적' 마음챙김 수행에서 마음챙김의 본래 의미가 상실될 가능성을 우려한다. 그러나 아날라요와 다르게, 그는 붓다가 주창한 '올바른 마음챙김(正念)' 수행이 그 자체로서 현대 사회에서 요구되는 윤리의 근간이라고 주장한다. 그는 "붓다의 관점에서 윤리의 본질은 규율과 규범이 아니라 행위 그 자체에 있다. 마음챙김이 그 주위의 경계로서 규범을 필요로 하는 것이 아니라 올바르게 이해된 마음챙김 자체가 모든 규범의 토대가 된다."라고 말하고, 이러한 관점에서 마음챙김의 윤리적 토대라는 그 생각 자체가 논쟁의 여지가 있다고 본다.

4장에서 아잔 아마로(Ajahn Amaro)는 마음챙김 윤리 감수성을 함양하기 위한 실질적인 지침을 제공한다. 이를 통해 특히 대인관계에서 용서와 피드백이 요구되는 행위에 적용되는 마음챙김 수행을 위치시킨다. 그는 인간이 함양할 수 있는 능력은 우리가 서로와 자신을 어떻게 대하느냐, 즉 우리의 실제적인 행동에 달려 있다고 강조한다. 그는 "진정한 웰빙으로 이끄는 마음챙김의 한 모습은 현명하게 분별할 수 있다는 것"이라고 기술하고 자신과 타인을 생각하고 판단하는 패턴을 마음챙김으로 조사하는 실용적인 실습을 안내한다. 그리고 행복과 웰빙을 돕는 도덕적 토대(virtuous foundations)로서 불교의 윤리 행동 규범의 적용을 행동의 지침으로 권한다.

5장에서 크리스티안 크래겔로(Christian Krägeloh)는 마음챙김을 측정하는 심리학 연구에서 윤리라는 주제를 어떻게 다루고 있는지에 대한 소개와 개요를 제공한다. 그는 "불교에서는 마음챙김에서 윤리적 평가를 중요하게 보는데 마음챙김을 비판단적 알아차림으로 흔히 묘사하는 일반적인 서구의 개념화에서는 그러한 강조가 없다"라고 주장한다. 크래겔로는 심리학 문헌을 검토하여 마음챙김의 개념화에서 '수용'과 '비판단', '현재 순간'의 알아차림을 강조하는 경향을 설명한다. 심리학 문헌에서 비윤리화된 마음챙김 개념으로 기술될 수 있는 것을 개선하고 해당 분야의 '이론적 혼란'을 해결하기 위해 그는 불교의 '주의심(heedfulness; P. appāmada)' 개념에 대한 검토를 진행한다. 그는 일종의 도덕적 주의심을 뜻하는 불교 개념을 심리학 문헌으로 탐구하고 도입하면서 우리가 "마음챙김의 다양한 측면을 구별"할 수 있고 현재 마음챙김 기반 개입의 개념적 토대에 대한 이해를 풍부하게 할 수 있기를 바란다.

6장의 윌리엄 미쿨라스(William Mikulas)는 역사적 붓다가 설명한 사상의 근본 원리를 담고 있는 본질적인 불교가 철학이나 종교가 아니라 보편적인 심리학이라고 말한다. 그는 팔정도와 윤리적 계문인 오계를 요약하고 불교의 세 가지 승(乘; yana)인 소승(Hinayana), 대승(Mahayana), 금강승(Vajrayana)에 담겨 있는 윤리와 도덕을 고찰한다. "윤리적 행동은 마음챙김의 계발을 촉진하고 마음챙김의 계발은 윤리적이고 적절한 행동을 촉진한다."

7장에서 데보라 오르(Deborah Orr)는 초기 불교 경전과 나가르주나(Nagarjuna)의 사상에 담긴 도덕적 행동과 방편(S. upāya-kauśalya)을 철학적으로 검토한다. 그는 불교 사상에서 연기적 자아의 실체 없는 본성에 관한 지혜를 계발하여 서구의 자기만족과 자율적인 자아에 도전할 수 있는지에 큰 관심을 보인다. 그는 연기와 자비에 대한 불교적 통찰을 공감, 도덕적 발달, 돌봄과 책임 윤리의 연구로 이어간다. 그리고 불교에는 마음챙김의 '윤리적 토대'가 따로 없음에도 불구하고 현대 서양 담론에서 윤리를 이해하려는 의미에서 마음챙김은 "우리의 지식에 영향을 주어 도덕적 행동을 향상시키고 사회적·세계적 문제에 대한 능숙한 해결책 개발을 위한 지혜와 자비를 함양"할 수 있게 한다고 논의한다.

2부 교육과 교수법

8장의 도널드 맥카운(Donald McCown)은 마음챙김 기반 과정의 '공간' 자체가 어떻게 '윤리적 공간'으로 이해될 수 있는지를 보여줌으로써 1부 내용과 다른 관점을 보여준다. 그는 마음챙김 과정에서 교사와 학생들의 실제적인 행동을 기술하고 설명한다. 그리고 개인주의적 관점보다는 집단 자체의 수준에 집중하는 것으로 마음챙김의 윤리에 대한 논쟁을 진전시키고자 한다. "집단에서(두 명이 짝인 집단에서도) 마음챙김을 가르치고 배우는 활동은 교사와 참가자를 동등하게 포함하고 상호 영향을 미치는 지속적인 공동 창조의 과정이다." 그는 마음챙김 기반 개입의 '교육의 공유 활동' 속에 윤리를 공간적으로 배치함으로써 관계적으로 이해되는 윤리적 행동의 세 가지 차원인 행동(doing), 비행동(nondoing), 우정(friendship)을 그려낼 수 있다고 본다. 그는 이 모델이 "교육과정, 교수법 및 교사 훈련의 개선을 고려"할 때 유용할 것이라고 말하며, 마음챙김 과정에서 일어나는 다양한 도덕적 질서와 관련하여 이 모델의 의미에 대해 논의한다.

9장의 제임스 리블리(James Reveley)는 세데르스트룀 및 스파이서(2015)가 대표하는 '조작된 마음챙김(Mindfulness-As-Manipulation; MAM)' 주장에 대해 고찰하고, 이 주장을 의무교육 속의 마음챙김 훈련에 적용한다. MAM은 리블리가 언급한 표현이며, MAM의 주장은 학교에서 마음챙김 훈련을 받을 때 아이들이 자기책임을 느끼고 자신의 건강을 향상해야 할 도덕적 의무를 느낀다면

"건강 신드롬에 빠져 마음챙김 수행의 결과로 인해 고통을 겪게 된다"라는 것이다. 아마도 마음챙김 수행은 의도치는 않겠지만 학생들이 신자유주의적 자본주의에 저항하는 주체성을 계발하는 것을 저해시키는 예방 접종역할을 하여 기본적인 정치적 행동과 사회적 변혁을 차단하는 '백신 접종 효과'를 보이게 된다. 대조적으로 리블리는 학교 기반 마음챙김 훈련의 '파급' 효과로 잠재적 해방 가능성을 포함할 수도 있고, 마음챙김 교사가 아이들에게 정서 관리 전략을 지도함으로써 신자유주의적 자본주의와 억압에 도전하는 것과 같은 "교문 너머의 저항 행위"를 포함하여 "행동주의의 정서적 요구와 도전에 대해 학생들을 준비"시킬 수 있다고 말한다. 리블리는 급진적 인본주의와 돌봄 윤리의 관점을 고려하여 학교에서의 마음챙김 훈련의 잠재적 영향을 탐구한다.

3부 비즈니스, 경제 그리고 환경

10장에서 크리스토퍼 티무스(Christopher Titmuss)는 마음챙김과 윤리를 기업 비즈니스 환경에 적용하는 방법에 대해 탐구한다. 그는 비즈니스의 네 가지 주요 재정적 부패인 기만, 뇌물, 사기, 횡령에 관한 조사 도구를 살펴보기 전에, 먼저 재가자를 위한 불교 윤리 계율을 소개한다. 티무스는 기업의 마음챙김에 대한 대화를 확장하여 기업의 부패를 명상과 윤리적 성찰의 대상으로 삼는다. 그는 자신의 분석을 확대하여 다양한 도덕적 문제에 관한 고찰을 위한 지침으로 계율을 적용하여 실라(윤리·덕)는 "수행이고 훈련이며 … 건강하고 건전한 속성의 계발"임을 밝힌다. "사려 깊은 불교도는 우리 시대의 도덕적 문제를 심도 있게 분석해야 하며, 불교학자나 활동가들의 윤리 분석에서도 배울 필요가 있다."

11장의 마이클 루카스(Michael Lucas)는 마음챙김과 윤리에 대한 탐구를 신고전주의 경제학 패러다임으로 확장한다. 이 패러다임은 사회가 '원자적이고 이기적인 개인'으로 구성된 것으로 가정한다. 그는 이 패러다임이 경제 성장, 물질주의, 소비주의에 대한 집착과 경제적 불평등을 영속시키는 것에 반대한다. 루카스는 불교 세계관과 연민과 친절의 윤리적 미덕과 서구의 정의와 평등 개념을 결합한 '중도'의 불교 경제학을 옹호한다. 그리고 경제 구조조정에 대해 제안한다. 이 제안들은 올바른 생계(正命)와 복지의 기초가 되며, '글로벌 사우스(Global South)[32]' 지역에서 일하는 사람들로부터 배운 아이디어를 포함하여 불교경제학의 대안 구현에 영감을 주는 실제 사례를 제공한다.

12장의 제닌 쉬퍼(Janine Schipper)는 기후 변화, 종의 멸종, 삼림 벌채과 같은 시급한 문제를 배경으로 마음챙김과 윤리에 대한 논의를 자연환경과의 관계로 확장한다. 그는 물 부족이라는 구체적인 문제에 집중하여, 우리가 자연 세계를 지배하는 개인주의적 윤리(사적 기업 이익과 라이프스타일 소비주의의 '철저한 개인주의'[33])로부터

---

32) 역자주: 아프리카, 동남아시아, 남아메리카 등의 가난한 국가들이 상대적으로 '남반구'에 위치하여 쓰이게 된 용어이다.

33) 역자주: '철저한 개인주의(rugged individualism)'는 1290년대 미국의 개인주의로 개인의 힘으로 개척하여 성공할 수 있다는 거칠고 강인한(rugged) 생각을 보여준다.

자연 세계의 청지기가 되는 상호의존적이고 전체론적인 윤리로 실질적으로 전환할 수 있는지를 묻는다. 쉬퍼는 물질주의적 개인주의에 도전하기 위해 '상호존재(interbeing)'라는 불교적 개념과 동적 시스템 이론의 통합을 제안하고, 상상력을 활용한 물 명상을 안내하여 상호의존 윤리를 배양하고 구체화하는 방법을 소개한다. 이러한 마음챙김 실천과 지속가능성 행동주의 및 생태 정의 운동의 결합은 자기관리에만 초점을 맞춘 치료적 마음챙김의 한계를 명확하게 드러낸다.

13장의 라마 까르마(Lama Karma)는 연기(상호연계)라는 관심사를 넘어 마음챙김과 윤리의 논의를 확장하고 무주(無住)의 지혜와 연민의 윤리를 포괄하는 확장된 토론을 이끈다. 그는 대승불교 사상과 수행을 바탕으로 '자비의 진정한 본질은 무주의 공성(空性)'이라고 주장하고 인도 및 티베트 불교의 맥락에서 유래한 사마타(적정)-위빠사나(통찰) 수행이 글로벌 위기에 적절히 대응하고 어떻게 세속적 마음챙김 기반 개입으로 확대되고 성스러움으로 개방될 수 있는지를 보여준다. 라마 까르마는 티베트 불교 사상과 슬라예보 지젝(Slavoj Žižek)의 저작을 포함한 유럽 철학을 종합하여 인간의 집단적 처지에 대한 포착으로 주장되는 낙하의 감정들(feelings of falling)을 조사한다. 그리고 "개인적으로나 집단적으로나 무주에 직면해야만 이 행성의 생명이 지닌 성스러움을 보편적으로 인정하고 존중할 수 있다."라고 말한다.

14장의 휴 윌모트(Hugh Willmott)는 밀스(C. W. Mills)의 '사회학적 상상력', 캐롤 하니쉬(Carol Hanisch)의 '페미니즘 정치학' 및 파울로 프레이레(Paulo Freire)의 '의식화'라는 세 가지 중요한 사회적 사고와 실천 전통을 비판적으로 종합한다. 그리고 이들을 티베트 불교 명상 전통과 결합하여 맥마인드풀니스 훈련의 '유쾌한 로봇(cheerful robot)'이 되는 것에 대해 어떻게 저항할 수 있는지 밝힌다. 명상이 '공적 또는 정치적 참여를 회피하는 내향적 수동성'을 포함한다는 기존의 통념을 깨면서 윌모트는 명상 수행이 개인적인 문제를 공공의 문제로 연결하고 개인적인 문제를 정치적인 문제와 연결하는 구체화된 방법을 제공하고 타자와의 열린 대화를 나눌 수 있는 방법을 보여준다. 그는 명상이 개인적이면서 정치적이라고 본다. 왜냐하면 "명상적 마음챙김의 효과는 지배적인 구조와 권력의 관계에 변화를 가져오는 동시에 자아에 투자된 투쟁에서 벗어나도록 돕기 때문이다." 그는 집단적이고 정치적인 의식 고취를 통해 명상이 현대의 윤리적 문제에 대한 비판적 성찰의 일부로 어떻게 사용될 수 있는지 보여준다.

4부 종교, 세속 그리고 탈세속

15장에서 패트릭 키어니(Patrick Kearney)와 황윤숙(Yoon-Suk Hwang)은 "다르마의 본성으로의 회귀와 붓다의 윤리 이해에 대한 재평가"를 지지한다. 그들은 빠알리어 니까야에 기록된 역사적 붓다의 가르침이 보편적인 인간 가치와 덕 윤리를 포함하는 "본질적으로 세속적인 사업으로 볼 수 있다"는 주장을 한다. 그들의 설명에 따르면 붓다의 가르침은 주로 일인칭의 철저한 경험론과 경험의 현상학적 탐구를 통해 실현되는 인간 성장을 위한 인문학적 프로젝트로 구성된다. "우리가 보기에 붓다는 경험적 데이터에 확고한 기반을 두고 있다. 또한 주로 신앙에 기초한 형이상학적 헌신에 의존하지 않으면서 만족스러운 인간의 삶을 사는 것과 관련되는 다르마를 가르친다. 그러므로 우리는 붓다의 경전 모음집인 니까야에 포함된 주의 훈련의 실용적 기술을 충실히 활용할 수 있을 것이다."

16장에서 킨 청(Kin Cheung)은 윤리적 수양에 관련된 '광범위한 역사적 논쟁에 대한 인식'이 현 시대의 입장을 조명하고 윤리적 행동에 대한 다양한 개념을 이해하는 데 도움이 될 수 있다고 제안한다. 킨은 전근대 중국의 유교 철학자들이 인간 본성과 윤리적 수양 사이의 관계에 대해 어떻게 논의했는지 비교 연구를 통해 설명한다. 그는 이론·실천의 축과 내재·명시의 축을 활용해 자신의 견해를 배치한 후 이를 마음챙김 기반 프로그램의 현대 지지자들의 윤리에 대한 입장과 유사한 점을 설명하는 데 사용한다. 그는 현대 마음챙김 교사들과의 인터뷰를 통해 이들 유사점을 설명한다. "나는 마음챙김 기반 프로그램의 내재적 윤리와 명시적 윤리에 대한 논의에 앞서 마음챙김 기반 수행이 윤리적 행동의 변화를 이끌 수 있는지로 관심을 전환하는 것에 지지를 표명한다."

17장의 리처드 페인(Richard Payne)은 "마음챙김과 윤리 사이의 관계에 대한 서로 상충되는 수사학의 분류"를 확립하고 "종교와 도덕 사이에 동일성이 존재한다는 가정, 즉 논쟁의 근간이 되는 추정"을 문제 삼는다. 마음챙김 훈련 지지자들은 일반적으로 마음챙김 수행에 도덕성이 내재되어 있거나 불교 전통의 도덕성이 마음챙김 수행의 필수적인 부분이라고 주장한다. 다른 사람들은 도덕성이 마음챙김 과정에 내재적이거나 명시적일 수 있다고 제안한다. 페인은 마음챙김과 도덕성 사이의 관계에 대한 이러한 서로 다른 개념이 명시적으로 주제화되는 경우가 거의 없기에 토론자들이 서로 과거에 대해 이야기하고 있으며 대화가 교착상태에 빠졌다고 주장한다. 토론을 진전시키기 위한 시도로 그는 토론의 기반이 되는 종교와 세속성에 대한 보다 근본적인 개념을 논의하는데, 특히 분명한 난제를 만들어내는, 도덕과 종교의 동일시라는 당연한 생각에 대해 논의한다. "마음챙김은 하나의 기술로서 작동되므로 가치중립적이지만 그것이 또한 '종교'라는 범주의 일원이 되면서 도덕적 차원을 갖는 것으로 확인된다." 그는 종교와 도덕에 대한 이러한 동일시가 불교 전통 자체에 뿌리를 둔 것이라기보다는 유럽 및 미국 사회의 문화적 관심사이며 종교개혁과 계몽주의의 유산을 대표한다고 주장한다.

18장의 마렉 설리번(Marek Sullivan)과 알프 아라트(Alp Arat)는 리처드 페인이 제시한 분석 스타일을 확장하여 "현대의 마음챙김 실천은 종교적 공간과 세속적 공간의 경계를 넘어 뚜렷한 현대적인 전통을 형성하며, 이는 탈세속의 개념으로 포착해 볼 수 있다."라고 주장한다. 그들은 베트남 승려 틱낫한의 사례 연구를 활용하여 종교적 형태의 영적 카리스마가 서구 세계에서 소위 세속적 마음챙김 수행의 확산과 어떻게 연관되어 있는지를 보여준다. 그들은 틱낫한이라는 인물과 마음챙김의 대중화에 대한 틱낫한의 역할이 "불교의 권위로부터 세속적 마음챙김을 분리하는 어려움"을 증명한다고 말한다. 틱낫한의 아시아 수도원 공동체는 본질적으로 윤리적 마음챙김에 대한 대중적 표현과 결부되어 있다. "윤리적으로 강화된 존재 방식은 여전히 마음챙김에 대한 대중적인 개념으로 자리 잡고 있다." 그들은 수십 년간의 담론적 축적이 틱낫한과 같은 불교 권위자들을 현대 마음챙김 활동과 접목시켰다고 언급했고, 이러한 역사적 결합은 "불교 전통에서 뿌리내리고 종교적 권위에서 인증된 특정 윤리적 성향과 연결하지 않은 채로 서구에서 마음챙김을 실천하는 것이 불가능하다"라고 주장한다. 그러한 이유로 마음챙김은 세속적이거나 종교적이지 않고 탈세속적이다.

결론

우리는 결론으로, 먼저 이 책의 일반적인 사항을 검토하고 이전 장에서 분명하게 드러난 유사하거나 다른 관점을 고려한 후 향후 연구 및 조사 방법을 제안한다.

총 4부 17장(2~18장)으로 구성된 이 책은 불교, 교육 및 교수법, 비즈니스, 경제 및 환경, 그리고 종교, 세속 및 탈세속 분야에 걸쳐 마음챙김의 윤리적 토대라는 주제에 대한 광범위한 현대적 입장을 제시하고 있다. 이렇게 마음챙김 연구 분야 전체에서 선택된 많은 영향력 있는 목소리를 경청하며 마음챙김의 윤리적 토대가 어떻게 하나가 아니고 여럿인지를 보게 된다. 마음챙김의 윤리적 토대에는 단일한 입장이 없다. 이것은 아마도 예상된 일이다. 저자들은 다양한 관점에서 글을 썼고 또한 매우 다양한 배경에서 참여했기 때문이다. 저자들은 학계의 심리학자에서 불교 지도자, 종교학자에서 교육학자, 조직 이론가에서 환경 사회학자에 이르기까지 다양한 위치를 차지하므로 하나의 통일된 목소리로 말하거나 동일한 지식 기반을 공유하거나 동등한 수준의 전문 지식을 보유할 가능성이 적다.

여러 목소리의 불협화음으로 들릴 수는 있지만, 학술서 편집자들이 일상적으로 직면하는 구조, 일관성, 명확성이 적정 수준을 만드는 데 따른 어려움은 다양한 주제와 연구 분야에서 대개 인정되는 도전이다. 그래서 주제가 마음챙김이라고 해도 특별하지 않다. 그러나 상황은 급변하고 있고 여전히 활발한 분야의 최선봉에서 권위의 목소리를 내려고 하고, 현대 마음챙김의 창시자는 마음챙김이 어떤 영향을 미칠지 "말하기에는 너무 이르다"(Kabat-Zinn, 2017)라고 선언하는 상황에서 이 도전은 더욱 중요하게 다가온다.

마음챙김의 윤리적 토대를 이해하는 기본 원칙에 대한 공통적이고 통일된 합의가 없다는 것은 특히 과학의 관점에서 마음챙김 연구 분야 전체의 고유한 약점으로 크게 해석될 수 있다(Davidson & Kaszniak, 2015). 그러나 이 책에서는 마음챙김의 윤리적, 도덕적 기반을 맵핑하는 전체 프로젝트에 있어서 현재 구성하고 있는 견해와 전제의 차이를 결정적인 결함이나 아킬레스건으로 해석하는 대신, 우리는 불협화음의 혼돈을 '기꺼이' 수용하며 '타자를 환영하는', 특히 우리가 동의하지 않는 사람들의 목소리마저도 환영하는 것이 가능함을 알 수 있다(Sampson, 1993).

우리는 집단적인 소동과 그에 따른 불협화음을 잠시 멈추고 곰곰이 생각하고 명상을 할 수 있다. 우리는 어떤 관점을 용인하기 위해 고군분투하는가? 우리의 평정심과 연민의 경계와 한계는 무엇인가? 우리 자신의 이해충돌은 무엇인가? 마음챙김 분야를 구성하는 타인과 우리 내부의 불일치와 모순에서 무엇을 배울 수 있는가? 결국, 마음챙김의 실천은 종종 어려움에 대한 우리의 경험의 '방향으로' 기수를 돌리는 것이며, 여기에는 마음챙김의 윤리적 문제와 같이 편안하지 않거나 쉽게 접할 수 없는 난제에 직면하는 불편함도 포함된다.

마음챙김의 윤리는 어디에서 찾을 수 있을까? 우리의 개인적인 경험, 옛 문헌, 또는 우리가 사는 더 넓은 사회, 세계에서 찾을 수 있을까? 마음챙김 기반 과정에서 가르치는 세속적 마음챙김은 본질적으로 윤리적이고 도덕적인가? 아니면 우리는 다른 수행과 이론적 통찰로 마음챙김을 보완할 필요가 있는가? 만약 우리가 불교 전통에서 윤리와 도덕을 찾을 필요가 있다면, 우리는 어떤 '불교'를 택할까? 단 하나의 불교가 있는가, 아니면 여러 불교가 있는가? 불교는 종교인가, 철학인가, 심리학인가, 아니면 보편적 다르마인가? 불교는 현대를 위한 보편적 진리를 포함하는 고대의 지혜 전통인가, 아니면 그 자체로 현대의 발명품인가? 마음챙김은 종교적인가, 세속적인가, 탈세속적인가? 아니면 이들 전부인가, 아니면 그 어떤 것도 아닌가? 붓다 자신은 불교도인가, 아닌가? 그게 그렇게 중요한가? 지적 작업과 비판적 분석은 마음챙김, 윤리, 도덕,

지혜, 연민을 기르는 데 절대적으로 필요한가, 아니면 장애물인가? 이 분야에서 우리의 주장을 듣고 받아들이고 믿게 만드는 데 필요한 권위와 힘은 무엇인가? 이 모든 질문들이 문제의 핵심을 간파하고 있는 것인가, 아니면 그냥 방해를 하고 있는 것인가?

이러한 각각의 문제와 여기에서 생각해 볼 공간을 갖지 못한 다른 수많은 문제에 대해 각 장의 저자들은 동의하지 않을 수도 있고 때로 완강하게 동의하지 않을 수도 있다.

그러나 마음챙김의 윤리와 도덕이라는 풍부하고 다원적인 주제에 대한 여러 관점이 있더라도 뚜렷한 공통 주제를 감지할 수 있다. 각 장의 저자들은 마음챙김의 문제가 '더 이상 치료 효과의 유일한 영역으로 축소될 수 없다'라는 것을 당연하게 받아들인다. 마음챙김의 문제는 개인적 또는 주관적 행복에만 초점을 맞추는 것보다 더 깊고 넓다. 마음챙김은 특히 윤리적 측면을 고려할 때 정신건강의 병리, 국가의 행복 또는 주민들의 내적, 심리적 삶보다 훨씬 더 넓은 범위의 문제들을 고려하도록 촉구한다. 실제로 이 책의 몇몇 장은 현대 서구 문화의 만연한 개인주의 정신에 이의를 제기하고 개인주의 성향을 더 강화시킬 수 있는 마음챙김의 해석을 문제 삼는다. 이와 같이 마음챙김의 윤리적 토대는 아무리 다양하게 공식화된 해석을 하더라도 동시에 이렇게 변화무쌍한 세상에서 우리가 어떻게 함께 살아가느냐의 문제와 만난다.

마음챙김의 윤리와 도덕을 말하거나 글로 쓸 때, 우리는 리스 데이비스가 서양의 불교 담론을 특징 지을 것으로 예측한 복잡하고 논쟁적인 영역에 곧장 뛰어들게 된다. 유감스럽게도 우리는 불교가 향후 유럽 논쟁의 주제가 될 것이라는 리스 데이비스의 예언[34]에 별로 관심을 두지 않았다. 그러나 우리는 마음챙김의 문제가 동시에 '사회' 문제일 뿐만 아니라 문화, 경제, 역사, 정치, 환경, 종교 문제라고 강하게 주장했다.[35]

개인이 정치적이듯 마음챙김도 정치적이다. 우리가 이러한 정치를 알든 모르든 마음챙김의 정치에서 벗어날 수 없다. 마음챙김의 정치적 차원은 마음챙김 정치를 육성하고 마음챙김 국가를 건설하려는 최근 몇 년 동안의 시도를 통해 명백해졌다.[36] 우리는 이제 마음챙김의 복잡하고 걱정스러운 정치적 역학을 명시적으로 주제화하고 조사할 위치에 이르렀고, 향후 예상하지 못한 바람직하지 않은 결과가 나타날 수도 있다. 이 책은 마음챙김에 대한 지금의 세계적 추세와 필연적으로 결부되고 있는 윤리적, 도덕적 문제에 대한 보다 상세하고 비판적인 탐구의 문을 열었다. 이 분야는 활짝 열려 있다. 그리고 경험 및 실천 기반의 연구가 시급히 필요하다. 예를 들어 학교, 군대, 감옥과 같은 기관에서 마음챙김의 장소에 관한 연구가 필요하고, 부, 소득 및 권력의 격차가 커지는 환경에서 증가하는 불평등과 부조리의 영속과 완화에 관련한 마음챙김의 역할과 그에 대한 연구가 필요하며, 자동화를 비롯해 삶의 모든 영역에 대한 기업 기술 모니터링과 제어가 전망되는 미래 사

34) 마음챙김, 윤리, 전쟁과 평화, 여성 인권, 사회 계급과 같은 여전히 시급한 문제 사이의 관계.

35) 불교와 관련된 전쟁, 여성, 사회계층의 문제에 대해서는 각각 Victoria, 1997; Findley, 2000; Queen & King, 1996.

36) Mindfulness All-Party Parliamentary Group, 2015; Ryan, 2012.

회에 맞는 마음챙김의 적절한 방법에 대한 연구 또한 필요하다.

마음챙김 연구 분야에서 가장 놀랍고 분명한 특징을 꼽자면 마음챙김의 윤곽선이 학술 연구 이론 및 전문적 실천, 세속성, 종교 및 성스러움, 개인, 제도 및 세계, 또는 개별 단체 및 종교 단체 등 여러 분야에 걸쳐있다는 것이다.[37] 이와 같이 마음챙김과 관련된 학문 및 응용 분야는 솔직히 놀라운 정도로 다양하다. 『현대불교(*Contemporary Buddhism*)』(Williams & Kabat-Zinn, 2011), 『다문화 정신의학(*Transcultural Psychiatry*)』(Kirmayer, 2015), 『미국 심리학자(*American Psychologist*)』(Davidson & Kaszniak, 2015), 『신정치과학(*New Political Science*)』(Ferguson, 2016)과 같은 최근 저널의 특별호에서는 마음챙김의 다학문적 '지형'을 보여주었다. 마음챙김의 주제는 특히 윤리 및 도덕과 짝을 이룰 때 과학과 기술(실험, 임상 및 행동 심리과학, 정신의학, 통합의학, 인지·정서 신경과학, 컴퓨팅), 사회과학(사회학, 지리학, 인류학, 비판심리학, 경제학, 정치학), 인문학(역사, 문학, 철학, 종교학, 신학) 등의 분야에서도 광범위한 영향력을 끼치고 있다.[38] 과학기술과 관련된 사회 연구를 수행하면서 문화, 미디어, 커뮤니케이션, 페미니즘, 젠더 및 탈식민주의 연구를 수행하는 마음챙김 학자들도 존재한다.[39] 이러한 분야의 다양성과 복잡성은 특히 마음챙김 교사, 불교 지도자, 과학자, 사회과학자, 인문학자 사이의

37) Stanley & Kortelainen, 출판 예정.

38) 이러한 다양한 전통의 종합에 대해서는 Varela, 1999; Varela et al., 2017 참조.

39) Purser, Forbes & Burke, 2016.

다학제간 작업을 더욱 필요로 한다. 미래의 마음챙김 연구자들은 윤리적이고 도덕적인 차원을 고려해야 하며, 아마도 경험적 초점과 정교함을 더욱 갖추고 적어도 계속 변화하는 광범위하고 복잡한 영역을 넘나들면서 동료들과 소통할 수 있어야 할 것이다.

어떤 이에게는 마음챙김이 스트레스를 덜 받는 데 도움을 주는 단순한 기술일 뿐이며 서점의 심신·영성 코너에 있는 컬러링북이나 잡지에서 찾아볼 수 있는 것이다. 또 어떤 사람에게 마음챙김은 일상에서 또한 직장 환경에서 스트레스, 불안 및 우울증 등을 효과적으로 완화하는 증거 기반의 가성비 좋은 개입 프로그램이다. 다른 사람들에게 마음챙김은 문명과 지구를 종말론적 붕괴로부터 구하기 위한 최고의 희망이기도 하다. 마음챙김은 이제 '모든 사람에게 모든 것'을 뜻하게 되었다(Wilson, 2014, 194쪽). 마음챙김 분야는 윤리와 도덕의 시각에서 살펴보더라도 학술적인 범위를 한 권 분량으로 쉽게 포착될 수 없을 정도로 넓다. 우리는 마음챙김의 윤리적 토대에서 비롯되는 심오하고 도전적인 문제들의 겉면을 매만지기 시작했을 뿐이다.

| 참고문헌 |

American Mindfulness Research Association. (2017). AMRA Resources and Services. https://goamra.org/resources/. Accessed 12 Sept 2017.

Arat, A. (2017). What it means to be truly human: The postsecular hack of mindfulness. *Social Compass*, 64(2) 174–175.

Arthington, P. (2016). Mindfulness: a critical perspective. *Community Psychology in Global Perspective,* 2(1), 87–104.

Badiner, A. H. (2002). *Mindfulness in the marketplace: Compassionate responses to consumerism.* Berkeley, CA: Parallax.

Baer, D. (2017). The father of mindfulness on what mindfulness has become: An interview with Jon Kabat-Zinn, creator of Mindfulness-Based Stress Reduction. *Thrive Global,* https://journal.thriveglobal.com/the-father-of-mindfulness-on-what-mindfulness-has-become-ad649c-8340cf. Accessed 12 Sept 2017.

Baer, R. (2015). Ethics, values, virtues and character strengths in mindfulness-based interventions: A psychological science perspective. *Mindfulness*, 6, 956–969.

Barker, K. K. (2014). Mindfulness meditation: Do-it-yourself medicalization of every moment. *Social Science & Medicine,* 106(1), 168–176.

Bell, I. (1979). Buddhist sociology: Some thoughts on the convergence of sociology and the eastern paths of liberation. In S. G. McNall (Ed.), *Theoretical perspectives in sociology.* New York, NY: St Martin's Press.

Bentz, V. M., & Giorgino, V. M. B. (2016). *Contemplative social research: Caring for self, being, lifeworld.* Santa Barbara, CA: Fielding University Press.

Bentz, V. M., & Shapiro, J. J. (1998). *Mindful inquiry in social research.* London, UK: Sage.

Bible: King James Version. (2017). https://quod.lib.umich.edu/k/kjv/simple.html. Accessed 12 Sept 2017.

Binkley, S. (2014). *Happiness as enterprise: An essay on neoliberal life.* Albany, NY: State University of New York Press.

Bodhi, B. (2011). What does mindfulness really mean? A canonical perspective. *Contemporary Buddhism,* 12(1), 19–39.

Brazier, D. (2013). Mindfulness reconsidered. *European Journal of Psychotherapy and Counselling,* 15(2), 116–126.

Braun, E. (2013). The Birth of Insight Meditation: *Meditation, Modern Buddhism, and the Burmese Monk Ledi Sayadaw.* London: The University of Chicago Press.

Brown, C. G. (2016). Can "secular"mindfulness be separated from religion? In R. Purser, D. Forbes, & A. Burke (Eds.), *Handbook of mindfulness: Culture, context and social engagement* (pp. 75–94). New York, NY: Springer.

Carpenter, J. E. (1923). The passing of the founder. *Journal of the Pāli Text Society*, 1920–23, 1–21.

Carrette, J. (2007). *Religion and critical psychology: Religious experience in the knowledge economy*. London, UK: Routledge.

Carrette, J., & King, R. (2005). *Selling spirituality: The silent takeover of religion*. London, UK: Routledge.

Carvalho, A. (2014). Subjectivity, ecology and meditation – Performing interconnectedness. *Subjectivity*, 7(2), 131–150.

Cederstrom, C., & Spicer, A. (2015). *The wellness syndrome*. Cambridge: Polity.

Chalmers, R. (2004). Davids, Thomas William Rhys (1843–1922), Rev. Richard F. Gombrich. Oxford Dictionary of National Biography: Oxford University Press. http://www.oxfordnb.com/view/article/32726. Accessed 12 Sept 2017.

Cohen, E. (2010). From the Bodhi tree, to the analyst's couch, then into the MRI scanner: The psychologisation of Buddhism. *Annual Review of Critical Psychology*, 8, 97–119.

Cohen–Cole, J. (2014). *The open mind: Cold war politics and the sciences of human nature*. Chicago, IL: University of Chicago Press.

Compson, J., & Monteiro, L. (2016). Still exploring the middle path: A response to commentaries. *Mindfulness,* 7, 548–564.

Cook, J. (2016). Mindful in Westminster: The politics of meditation and the limits of neoliberal critique. *Journal of Ethnographic Theory*, 6(1), 141–161.

Cox, N., & Webb, L. (2015). Poles apart: Does the export of mental health expertise from the global north to the global south represent a neutral relocation of knowledge and practice? *Sociology of Health & Illness*, 37(5), 683-697.

Crane, R. S., Brewer, J., Feldman, C., Kabat-Zinn, J., Santorelli, S., Williams, J. M. G., & Kuyken, W. (2017). What defines mindfulness-based programs? The warp and the weft. *Psychological Medicine*, 47, 990-999.

Cullen, M. (2011). Mindfulness-based interventions: An emerging phenomenon. *Mindfulness,* 2, 186-193.

Danziger, K. (1997). *Naming the mind: How psychology found its language*. London, UK: Sage.

Davidson, R. J., & Kaszniak, A. W. (2015). Conceptual and methodological issues in research on mindfulness and meditation. *American Psychologist,* 70(7), 581-592.

Davies, W. (2015). *The happiness industry: How the government and big business sold us well-being*. London, UK: Verso.

Doran, P. (2017). *A political economy of attention, mindfulness and consumerism: Reclaiming the mindful commons*. London, UK: Routledge.

Dryden, W., & Still, A. (2006). Historical aspects of mindfulness and self-acceptance in psychotherapy. *Journal of Rational-Emotive and Cognitive-Behavior Therapy*, 24(1), 3-28.

Farb, N.A.S. (2014). From retreat center to clinic to boardroom? Perils and promises of the modern mindfulness movement. *Religions*, 5(4), 1062-1086.

Ferguson, M. (2016). Symposium: Mindfulness and politics. *New Political Science*, 38(2), 201-205.

Findley, E. B. (Ed.). (2000). *Women's Buddhism, Buddhism's women – Tradition, revision, renewal*. Boston, MA: Wisdom.

Gilpin, R. (2008). The use of Theravāda Buddhist practices and perspectives in mindfulness-based cognitive therapy. *Contemporary Buddhism,* 9(2), 227-251.

Gombrich, R. F. (1988). *Theravāda Buddhism: A social history from ancient Benares to modern Colombo*. London, UK: Routledge.

Gombrich, R. F. (1992). Dating the Buddha: A red herring revealed? In H. Bechert (Ed.), *The dating of the historical Buddha*: Part 2 (pp. 237-259). Gottingen, Germany: Vandenhoeck & Ruprecht.

Gombrich, R. F. (2009). *What the Buddha thought*. London, UK: Equinox.

Gonzalez-Lopez, G. (2011). Mindful ethics: Comments on informant-centered practices in sociological research. *Qualitative Sociology*, 34, 447-461.

Grossman, P. (2015). Mindfulness: Awareness informed by an embodied ethic. *Mindfulness*, 6, 17-22.

Hallisey, C. (1995). Roads taken and not taken in the study of Theravāda Buddhism. In D. S. Lopez (Ed.), *Curators of the Buddha: The study of Buddhism under colonialism* (pp. 31-62). London, UK: University of Chicago Press.

Harrington, A., & Dunn, J. D. (2015). When mindfulness is therapy: Ethical qualms, historical perspectives. *American Psychologist*, 70(7), 621-631.

Harvey, P. (2000). *An introduction to Buddhist ethics*. Cambridge: Cambridge University Press.

Healey, K. (2015). Disrupting wisdom 2.0: The quest for "mindfulness"in Silicon Valley and beyond. *Journal of Religion, Media and Digital Culture*, 4(1), 21-22. https://www.jrmdc.com/journal/article/view/86

Helderman, I. P. (2016). Drawing the boundaries between religion and secular in psychotherapists'approaches to Buddhist traditions in the United States. *Journal of the American Academy of Religion*, 84(1), 937-972.

Houtmann, G. (1999). Mental Culture in Burmese Crisis Politics: Aung San Suu Kyi and the National League for Democracy. Tokyo: Institute for the Study of Languages and Cultures of Asia and Africa.

Huang, Z. M., Fay, R., & White, R. (2017). Mindfulness and the ethics of intercultural knowledge-work. *Language and Intercultural Communication*, 17(1), 45-57.

Illouz, E. (2008). *Saving the modern soul: Therapy, emotions, and the culture of self-help*. London, UK: University of California Press.

Jackson, M. (2013). *The age of stress: Science and the search for stability*. Oxford: Oxford University Press.

James, W. (1902). *The varieties of religious experience*. Cambridge, MA:

Harvard University Press.
Jordt, I. (2007). Burma's Mass Lay Meditation Movement: Buddhism and the Cultural Construction of Power. Athens, OH: Ohio University Press.
Kabat–Zinn, J. (1994). *Wherever you go, there you are: Mindfulness meditation for everyday life*. London, UK: Piatkus.
Kabat–Zinn, J. (2011). Some reflections on the origins of MBSR, skillful means, and the trouble with maps. *Contemporary Buddhism*, 12(1), 281–306.
Kabat–Zinn, J. (2017). Too early to tell: The potential impact and challenges—Ethical and otherwise—Inherent in the mainstreaming of dharma in an increasingly dystopian world. *Mindfulness*, 8(5), 1125–1135.
Keown, D. (1992). *The nature of Buddhist ethics*. London, UK: Palgrave.
Killingsworth, M. A., & Gilbert, D. T. (2010). A wandering mind is an unhappy mind. *Science*, 330(6006), 932.
King, R. (2016). 'Paying attention'in a digital economy: Reflections on the role of analysis and judgement within contemporary discourses of mindfulness and comparisons with classical Buddhist accounts of sati. In R. Purser, D. Forbes, & A. Burke (Eds.), *Handbook of mindfulness: Culture, context and social engagement* (pp. 27–46). New York, NY: Springer.
Kirmayer, L. J. (2015). Mindfulness in cultural context. *Transcultural Psychiatry*, 52(4), 447–469.
Konik, A. (2016). Reconsidering Foucault's dialogue with Buddhism. *South African Journal of Philosophy*, 35(1), 37–53.
Kornfield, J. (1977). *Living Buddhist masters*. Kandy, Sir Lanka: BPS.
Kotowicz, Z. (1997). R.D. *Laing and the paths of anti-psychiatry*. London, UK: Routledge.
Lavelle, B. D. (2016). Against one method: Contemplation in context. In R. Purser, D. Forbes, & A. Burke (Eds.), *Handbook of mindfulness: Culture, context and social engagement* (pp. 233–242). New York, NY: Springer.
Lee, M. T. (2015). North central sociological association presidential address: The mindful society: Contemplative sociology, meta–mind-

fulness, and human flourishing. *Sociological Focus*, 48, 271-299.

Lindahl, J. R. (2015). Why right mindfulness might not be right for mindfulness. *Mindfulness*, 6, 57-62.

MacNevin, A. L. (2004). Embodying sociological mindfulness: Learning about social inequality through the body. *Teaching Sociology*, 32, 314-321.

Mamberg, M. H., & Bassarear, T. (2015). From reified self to being mindful: A dialogical analysis of the MBSR voice. *International Journal for Dialogical Science*, 9(1), 11-37.

McCown, D. (2013). *The ethical space of mindfulness in clinical practice.* London, UK: Jessica Kingsley Publishers.

McMahan, D. L. (2008). *The making of Buddhist modernism.* Oxford: Oxford University Press.

Mindfulness All-Party Parliamentary Group (2015). Mindful Nation UK. The Mindfulness Initiative, October. http://themindfulnessinitiative.org.uk/images/reports/Mindfulness-APPGReport_Mindful-Nation-UK_Oct2015.pdf (accessed 10 April 2018).

Monteiro, L. M., Compson, J. F., & Musten, F. (2017). *Practitioner's guide to ethics and mindfulness-based interventions.* Yew York, NY: Springer.

Morone, N. E., Moore, C. G., & Greco, C. M. (2017). Characteristics of adults who used mindfulness meditation: United States, 2012. *The Journal of Alternative and Complementary Medicine*, 23(7), 545-550.

Nathoo, A. (2016). From therapeutic relaxation to mindfulness in the twentieth century. In F. Callard, K. Staines, & J. Wilkes (Eds.), *The restless compendium: Interdisciplinary investigations of rest and its opposites* (pp. 71-80). London, UK: Palgrave.

Ng, E. (2016). The critique of mindfulness and the mindfulness of critique: Paying attention to the politics of our selves with Foucault's analytic of governmentality. In R. Purser, D. Forbes, & A. Burke (Eds.), *Handbook of mindfulness: Culture, context and social engagement* (pp. 135-152). New York, NY: Springer.

Pagis, M. (2009). Embodied self-reflexivity. *Social Psychology Quarterly*, 72(4), 265-283.

Peacock, J. (2014). Sati or mindfulness? Bridging the divide. In M. Bazzano (Ed.), *After mindfulness: New perspectives on psychology and meditation* (pp. 3–22). London, NY: PalgraveMacMillan.

Purser, R. (2015). Clearing the muddled path of traditional and contemporary mindfulness: A response to Monteiro, Musten and Compson. *Mindfulness*, 6, 23–45.

Purser, R., Forbes, D., & Burke, A. (2016). *Handbook of mindfulness: Culture, context and social engagement*. New York, NY: Springer.

Purser, R., & Loy, D. (2013). Beyond McMindfulness. *The Huffington Post* http://www.huffingtonpost. com/ron–purser/beyond–mcmindfulness_b_3519289.html. Accessed 12 Sept 2017.

Purser, R. E., & Milillo, J. (2015). Mindfulness revisited: A Buddhist–based conceptualization. *Journal of Management Inquiry,* 24(1), 3–24.

Queen, S. B., & King, S. B. (Eds.). (1996). *Engaged Buddhism: Buddhist liberation movements in Asia.* Albany, NY: State University of New York Press.

Reveley, J. (2015). School–based mindfulness training and the economization of attention: A Stieglerian view. *Educational Philosophy and Theory*, 47(8), 804–821.

Rhys Davids, T. W. (1877). *Buddhism: Being a sketch of the life and teachings of Gautama, the Buddha.* London, UK: Society for Promoting Christian Knowledge.

Rhys Davids, T. W. (1881). *Buddhist Suttas translated from Pāli*. London, UK: Clarendon.

Rhys Davids, T. W. (1890). *The questions of king Milinda.* Oxford: Oxford University Press.

Rose, N. (1998). *Inventing our selves: Psychology, power, and personhood.* Cambridge: Cambridge University Press.

Ryan, T. (2012). *A mindful nation: How a simple practice can help us reduce stress, improve performance, and recapture the American spirit*. London, UK: Hay House.

Sampson, E. E. (1993). *Celebrating the other: A dialogic account of human nature.* Boulder, CO: Westview Press.

Samuel, G. (2015). The contemporary mindfulness movement and the question of nonself. *Transcultural Psychiatry,* 52(4), 485–500.

Schmidt, A. T. (2016). The ethics and politics of mindfulness–based interventions. *Journal of Medical Ethics*, 42, 450–454.

Segal, Z. V., Williams, J. M. G., & Teasdale, J. D. (2013). *Mindfulness-based cognitive therapy for depression* (2nd ed.). New York, NY: Guilford.

Sharf, R. H. (1995). Buddhist modernism and the rhetoric of meditative experience. *Numen*, 42(3), 228–283.

Sharf, R. H. (2015). Is mindfulness Buddhist? (and why it matters). *Transcultural Psychiatry*, 52(4), 470–484.

Shonin, E., Van Gordon, W., & Griffiths, M. D. (2013). Mindfulness–based interventions: Towards mindful clinical integration. *Frontiers in Psychology*, 4, 194.

Smail, D. (1987). *Taking care: An alternative to therapy*. London, UK: J. M. Dent & Sons.

Snodgrass, J. (2007). Defining modern Buddhism: Mr. and Mrs. Rhys Davids and the Pāli text society. *Comparative Studies of South Asia, Africa and the Middle East*, 27(1), 186–202.

Sointu, E. (2012). *Theorizing complementary and alternative medicines: Wellbeing, self, gender, class*. London, UK: Palgrave.

Stanley, S., & Kortelainen, I. (in preparation). Assembling mindful bodies: mindfulness as a universal "laboratory of practice". In S. Salmanniemi, J. Nurmi, H. Bergroth, & I. Perheentupa (Eds.) *Assembling Therapeutics*. London, UK: Routledge.

Stanley, S. (2012a). Intimate distances: William James'introspection, Buddhist mindfulness, and experiential inquiry. *New Ideas in Psychology*, 30, 201–211.

Stanley, S. (2012b). Mindfulness: Towards a critical relational perspective. *Social and Personality Psychology Compass*, 6, 631–641.

Stanley, S. (2013). Things said or done long ago are recalled and remembered: The ethics of mindfulness in early Buddhism, psychotherapy and clinical psychology. *European Journal of Psychotherapy and Counselling*, 15(2), 151–162.

Stanley, S. (2015a). Mindfulness. In T. Teo (Ed.), *Encyclopaedia of critical psychology* (pp. 1186– 1192). New York, NY: Springer.

Stanley, S. (2015b). Sīla and sati: An exploration of ethics and mindfulness in Pāli Buddhism and their implications for secular mindfulness–based applications. In E. Shonin, W. Van Gordon, & N. N.

Singh (Eds.), *Buddhist foundations of mindfulness* (pp. 89–113). London, UK: Springer.

Stanley, S., Barker, M. J., Edwards, V., & McEwen, E. (2015). Swimming against the stream? Mindfulness as a psychosocial research methodology. *Qualitative Research in Psychology,* 12(1), 61–76.

Stanley, S., Edwards, V., Ibinarriaga–Soltero, B., & Krause, G. (2018). *Awakening psychology: Investigating everyday life with social mindfulness.* SAGE Research Methods Cases, http://dx.doi.org/10.4135/9781526440853.

Stanley, S., & Longden, C. (2016). Constructing the mindful subject: Reformulating experience through affective–discursive practice. In R. Purser, D. Forbes, & A. Burke (Eds.), *Handbook of mindfulness: Culture, context and social engagement.* New York, NY: Springer.

Tan, C.–M. (2012). *Search inside yourself: The unexpected path to achieving success, happiness (and world peace).* London, UK: HarperOne.

Taylor, C. (1989). *Source of the self: The making of the modern identity.* Cambridge, MA: Harvard University Press.

Thera, N. (1954). *The heart of Buddhist meditation.* London, UK: Rider.

Valerio, A. (2016). Owning mindfulness: A bibliometric analysis of mindfulness literature trends within and outside of Buddhist contexts. *Contemporary Buddhism,* 17(1), 157–183.

Varela, F. (1999). *Ethical know-how: Action, wisdom, and cognition.* Stanford, CA: Stanford University Press.

Varela, F., Thompson, E., & Rosch, E. (2017). *The embodied mind: Cognitive science and human experience.* London, UK: MIT Press.

Victoria, B. (1997). *Zen at war.* New York, UK: Weatherhill.

Wallace, B. A., & Bodhi, B. (2006). The nature of mindfulness and its role in Buddhist meditation. http://shamatha.org/sites/default/files/Bhikkhu_Bodhi_Correspondence.pdf. Accessed 12 Sept 2017.

Walsh, Z. (2016). A meta–critique of mindfulness critiques: From McMindfulness to critical mindfulness. In R. Purser, D. Forbes, & A. Burke (Eds.), *Handbook of mindfulness: Culture,context and social engagement* (pp. 153–166). New York, NY: Springer.

Wickremeratne, A. (1985). *The genesis of an orientalist: Thomas William Rhys Davids and Buddhism in Sri Lanka.* New Delhi, India: Motilal Banarsidass.

Williams, J. M. G., & Kabat-Zinn, J. (2011). Mindfulness: Diverse perspectives on its meaning, origins, and multiple applications at the intersection of science and dharma. *Contemporary Buddhism*, 12(1), 1-18.

Williams, R. J. (2015). *The Buddha in the machine: Art, technology, and the meeting of east and west*. London, UK: Yale University Press.

Wilson, J. (2014). *Mindful America: The mutual transformation of Buddhist meditation and American culture*. Oxford: Oxford University Press.

Žižek, S. (2001). *On Belief*. London: Routledge.

제1부

마음챙김 윤리의 불교적 토대

Buddhist Foundations of Ethical Mindfulness

제2장

다르마의 수레를 굴림(轉法輪)

비구 아날라요(Bhikkhu Anālayo)
Numata Center for Buddhist Studies, University of Hamburg,
Hamburg, Germany
e-mail: bhikkhuanalayo.ZfB@uni-hamburg.de

제2장

다르마의 수레를 굴림(轉法輪)

Turning the Wheel of Dharma

도입

초기불교의 마음챙김은 실제 수행의 맥락에서 그 윤리적 특징이 도출된다. 이 맥락은 팔정도(八正道)로 제시되는데, 이는 무명(자아로 인한 고통, self-inflicted pain)과 갈애(감각적 쾌락, sensual indulgence)라는 두 극단에서 벗어난 중도적 가르침이다. 중도(middle path)는 붓다가 깨친 후 가장 먼저 전한 가르침 중 첫째가는 주제이다. 이 중도의 윤리적 맥락을 탐구하기 위해, 이 장에서는 초기불교 문헌의 기록을 통해 깨달음에 대한 붓다의 접근방식에서 명상적이고 윤리적인 특징을 추적할 것이다. 또 다른 관심 포인트는 붓다가 자신의 깨달음을 다섯 명의 첫 제자에게 전하기 위해 고대 인도의 의학적 진단에 해당하는 사성제(네 가지 진리) 체계를 사용했다는 점이다. 종합하면, 위의 두 가지 기록은 초기불교에서 마음챙김의 윤리적 역할을 인정할 수 있는 맥락을 제공한다.

깨달음의 성취

초기경전에서는 붓다의 출가에서 깨달음에 이르는 일련의 사건을 순서대로 설명하지 않는다. 붓다의 생애에 대한 연대적 기술은 후대의 관심사였다. 이 시기는 주로 '보살', 즉 '붓다가 될 자(Buddha-to-be)'[1]의 실제 구도 과정으로 믿어지는 '성인전(본생담)'과 밀접한 관련이 있다. 그러므로 깨달음을 향한 고타마의 구도 과정을 구성하려면, 서로 다른 문헌 구절들 속에서 가장 잘 맞는 부분을 찾아낼 필요가 있다.[2]

특히 "깨달음 이전, 아직 깨닫지 못한 보살일 때(before awakening, when still being an unawakened bodhisattva)"(Anālayo, 2010, 15-21쪽)라고 기술한 사건들이 확실히 일어났는지 여부를 확인할 다양한 구절들이 남아 있다. 이는 붓다가 깨닫기 이전에 묘사한 일화들을 붓다의 체험으로 확실히 받아드릴 수 있도록 한다. 이어서 나는 이러한 구절들을 선별하여 마음챙김(mindfulness)이 이상적으로 수행되어야 할 구조, 즉 팔정도가 초기불교의 관점에서 어떻게 형성

1) 역자주: 여기서 '붓다가 될 자(Buddha-to-be)'로 기술한 '보살'은 깨달음 이전의 고타마 붓다를 칭하는 용어이다.

2) 예를 들어, Ñāṇamoli, 1972/1992, 10-29쪽.

되었는지를 조사할 것이다. 그 외에도 이 장에서 조사된 구절들의 상응본에 대한 비교 연구나 번역을 진행할 것이다. 그리고 젠더 용어를 피하고 이 글이 남성 수행자만을 위한 것이라는 인상을 주지 않기 위해, 원래 비구에게만 지시하고자 의도된 것이 아니란 점을 반영하여 경전의 '비구'라는 용어를 '출가수행자'로 번역할 것이다(Collett & Anālayo, 2014).

첫 번째 구절은 『바야베라와 숫따(Bhayabherava-sutta)』[3]에서 유래했는데, 이 경전과 동일한 한역본(『포해경(怖駭經)』)이 현존한다. 이 구절은 보살이 깨달음을 얻는 과정에서 어떻게 두려움에 직면했는지를 묘사하고 있다. 관련 부분은 다음과 같다.

> 그때 이런 생각이 들었다. "어떤 사문(sāmaṇa)과 바라문(brāhmaṇa)이 그들의 신체적 행동(身行)을 청정히 하지 않은 채 야외의 외딴 숲 속 거처에 머물든지, 그들의 신체적 행동을 청정히 하지 않은 결함 때문에 그 사문과 바라문에게 좋지 않은(unskilled) 두려움과 공포가 유발될 것이다. 그러나 나는 신체적 행동을 청정히 하지 않은 채 야외의 외딴 숲 속 거처에 머물지 않으며, 신체적 행동을 청정히 한 채로 (야외의 숲 속 거처에) 머문다."[4]

『바야베라와 숫따』와 그 상응본에서는 비슷한 방식으로 청정한 언어적 행동, 정신적 행동, 그리고 생활에 필요한 것을 계속해서 설명한다. 신체적·언어적·정신적으로 도덕적인 행동과 윤리적으

---

3) 역자주: 『바야베라와 숫따(Bhayabherava-sutta)』(MN 4), 『두려움과 공포에 대한 경』, 『포해경(怖駭經)』

4) MN 4; Anālayo, 2011, 38쪽; 2016, 14쪽.

로 건전한(좋은, 유익한) 방법으로 생활을 유지하는 것은 '좋지 않은(불선한, 해로운) 두려움과 공포'를 경험하지 않고 은둔적으로(숲 속에서) 명상하는 데 필요한 도덕적 행위의 토대를 세우게 해준다. 이렇게 청정한 행동과 생활과 정화되지 않은 행동과 생활 유형 사이에 윤리적 구별은 마음을 다스리기 위한 보살의 은둔(숲 속) 생활의 기초가 된다.

이러한 도덕성의 토대 외에도, 『바야베라와 숫따』와 그 상응본은 비슷하게 요구되는 몇 가지 다른 특성을 언급하는데, 그 중 하나는 마음챙김(mindfulness)이다. 관련 문구는 다음과 같다.

> 그때 이런 생각이 들었다. '어떤 사문과 바라문이 야외의 외딴 숲 속 거처에 머물든지, 마음챙김(mindfulness)을 잊고 분명한 앎(clear comprehension)이 없다면, 마음챙김을 잊고 분명한 앎이 없다는 결점 때문에 좋지 않은(unskilled) 두려움과 공포가 사문과 바라문에게 일어날 것이다. 그러나 나는 마음챙김을 잊고 분명한 앎이 없는 채 야외의 외딴 숲 속 거처에 머물지 않는다.'[5]

이러한 방식으로, 마음챙김은 깨달음에 필요한 몇 가지 다른 요소들과 함께 특징지어진다. 이 모든 요소들은 도덕적 행위의 확고한 토대에 기초한다. 이는 붓다의 깨달음을 위한 정진 중에 이미 마음챙김의 역할이 있었음을 보여준다.

그러나 이 구절은 단지 마음챙김만을 말하는 것이지, 사념처(four satipaṭṭhānas, 네 가지 마음챙김의 토대) 수행을 말하는 것은 아니

---

5) MN 4; Anālayo, 2011, 39쪽; 2016, 17쪽.

다. 사념처를 통한 마음챙김의 계발이라는 충분히 완성된 계획은 어쩌면 붓다가 깨달음을 얻는 과정에서 겪었던 경험의 결과였을 것이다. 이것은 그가 마음챙김의 수행에 몸(身), 느낌(受), 마음(心), 그리고 법(法)을 총괄함으로써 마음을 번뇌의 오염으로부터 해탈시키는 데 매우 도움이 되는 명상적 접근을 가능하게 한다.

위의 구절에서 제시된 정신적 행동의 청정한 형태와 그 반대의 경우 사이의 윤리적 차이에 대한 더 자세한 인용과 보완을 『드웨다위딱까 숫따(Dvedhāvitakka-sutta)』[6]의 구절에서 살펴볼 수 있다. 이 경전은 상응본인 한역본과 일치하는데, 고타마 보살이 어떻게 자신의 사유를 좋은 것(善)과 좋지 않은 것(不善)으로 구분하였는지를 보여준다. 다음은 관련 부분이다.

> 깨닫기 이전, 아직 깨닫지 못한 보살일 때 나는 생각했다. '나의 생각(사유, vitakka)을 두 가지 유형으로 나누어보면 어떨까?' 그래서 출가자들이여! 나는 감각적 욕망(sensuality), 악의(ill will), 해악(harming)에 대한 생각은 그것이 무엇이든지 한쪽으로 설정하였고, 금욕(renunciation), 선의(non-ill will), 불해(不害, non-harming)에 대한 생각은 그것이 무엇이든 다른 한쪽으로 설정하였다. 정진(diligence), 열의(energy), 헌신(dedication)으로 살고 있는 출가자들이여! 내 안에 감각적 욕망에 대한 생각이 떠올랐다. 나는 이것을 '감각적 욕망에 대한 생각이 내 마음속에서 떠올랐다. 이것은 나 자신을 괴롭게 하고, 타인을 괴롭게 하며, 둘 다 괴롭게 하고, 지혜를 파괴하고, 고난을 일으키며, 열반에 이르지 못하게 한다.'라고 알았다.[7]

---

6) 역자주: 『드웨다위딱까 숫따(Dvedhāvitakka-sutta)』(MN 19), 『두 가지 생각의 경』, 『염경(念經)』

7) MN I 114; Anālayo, 2011, 138쪽.

『드웨다위딱까 숫따(Dvedhāvitakka-sutta)』와 그 상응본에서는 악의와 해악에 대한 생각과 관련해서도 이것이 자기 자신과 다른 사람의 고통을 초래하고 지혜를 파괴하고, 고난을 초래하며, 열반에 이르게 하지 않는다는 것을 보살이 알았다고 기술하고 있다. 두 경전에서는 감각적 욕망, 악의, 해악에 대한 생각이 고통으로 이어져 해탈을 초래하지 않는다는 것에 대한 성찰과 이러한 두 가지 구분(선과 불선)에 기초하여 보살이 그러한 생각을 버렸다고 기록하고 있다.

이러한 설명은 청정(purity)의 측면에서 『바야베라와 숫따』와 그 상응본에서 언급된 기본적인 윤리적 구분을 상세하게 이끌어낸다. 탐욕, 악의, 해악은 자신과 타인에게 고통을 준다. 그들은 지혜를 파괴하고 해탈로 이끌지 않는다. 그러므로 그들은 불선(不善)한 것이고, 마음에서 나타날 때마다 버려져야 할 것으로 분류된다.

『드웨다위딱까 숫따』와 그 상응본은 또한 그러한 금욕이 어떻게 전반적인 마음의 상태에 영향을 미치는지 설명한다. 특정 방식으로 자주 생각하는 것이 마음의 습관으로 이어진다는 설명이다. 예를 들어, 탐욕적 생각에 자주 빠져드는 것은 그에 상응하는 마음의 습관으로 이어질 것이고, 탐욕적 생각과 연관되는 경향으로 이어질 것이다. 반면에 탐욕적 생각을 놓아버리기를 반복한다면, 그러한 경향에 반하는 것이며 점차 탐욕적 습관으로부터 마음을 벗어나도록 이끌 것이다. 악의와 해악도 마찬가지다.

『드웨다위딱까 숫따』와 그 상응본에서는 계속해서 괴롭지 않고 해탈에 도움이 되는 건전한(선한) 생각에 대해 기술하고 있다. 이는 금욕, 선의, 불해에 대한 생각들이다.

두 그룹의 세 가지 생각 사이의 차이는 '목동(cowherd)'의 비유에 관한 두 버전의 이야기에서 발견된다. 먼저 좋지 않은(불선한) 생각의 발생은 곡식이 익어서 소를 주밀하게 감시해야 할 시기에 비유된다. 소가 익은 곡식에 들어가지 않도록 막대기로 소를 계속 쳐야 한다. 그러나 좋은(선한) 생각의 발생은 수확이 끝나서 결과적으로 더 이상 소들이 곡식을 망칠 위험이 없는 상황에서 그 사례를 찾는다. 이런 상황에서 목동은 소들이 거기에 있다는 생각에 자신의 마음을 챙길 뿐이다.

목동의 태도와 관련하여 『드웨다위딱까 숫따』와 그 상응본에서 사용된 용어는 '사띠 까라니얌(sati karaṇīyaṃ, 作是念)'이다. 이는 '마음챙김(sati, 念)'을 언급한 각 문헌에 사용된 용어를 포함한다.

한역본 표현은 "거기에 소가 있다"는 생각을 가진 목동이 마음챙김을 하면서 함께하기 때문에, 맥락에 잘 맞는 성찰의 의미를 담고 있다. 목동은 단지 비개념적 형태의 알아차림을 실천하는 것이 아니라, 오히려 마음챙김을 하는 동시에 거기에 소가 있다는 것을 알고 있는 것이다.

이 비유 부분은 모든 상황을 긴급히 간섭하거나 반응할 필요 없이 모든 상황을 인지하는 수용적이고 열린 정신 자세로 마음챙김의 특성을 표현한 것이라 할 수 있다. 동시에, 그것은 초기불교에서의 마음챙김이 반드시 비개념적인 것이 아니며, 오히려 생각과 함께 작동할 수 있다는 사실을 반영한다.

건전한 생각이 해탈에 도움이 되는 것은 분명하지만, 『드웨다위딱까 숫따』와 그 상응본 역시 이런 식으로 생각을 유지하는 것 자체만으로는 충분치 않음을 분명히 하고 있다. 대신 마음의 집중을 위해서 생각을 가라앉힐 필요가 있다. 『드웨다위딱까 숫따』는 건전한 생각에 관련한 '붓다가 될 자(Buddha-to-be)'의 성찰을 다음과 같이 기록한다.

> 그러나 지나친 생각(vitakka, 尋求)과 고찰(vicāra, 伺察)로 나의 몸은 피곤할 것이고, 몸이 피곤하면, 마음이 긴장될 것이며, 마음이 긴장하면 집중(삼매)에서 멀어질 것이다. 그래서 나는 안으로 마음을 안정시키고, 그것을 가라앉히고, 통일시켜 집중(삼매)에 들었다.[8)]

감각적 욕망, 악의, 해악에 대한 생각을 버렸던 보살들이 어떻게 마음의 집중(삼매)을 기르는지 『우빠낄레사 숫따(Upakkilesa-sutta)』[9)]와 그 상응본에서 확인할 수 있다. 이것들은 보살들이 점차 극복해 나가는 일련의 정신적 장애들(오개)을 의심부터 차례대로 묘사한다. 의심이라는 첫 번째 장애에 관한 항은 다음과 같이 진행된다.

> 그때 나에게 이런 생각이 들었다. '의심 때문에 나의 집중(삼매)이 사라졌다. … 그러므로 나는 다시는 의심이 일어나지 않는 방식으로 행동하겠다.'[10)]

---

8) MN 19; Anālayo, 2011, 139쪽.

9) 역자주: 『우빠낄레사 숫따(Upakkilesa-sutta)』(MN 128), 『오염원 경』, 『수번뇌경(隨煩惱經)』

10) MN 128; Anālayo, 2011, 736쪽.

의심 외에도, 『우빠낄레사 숫따』와 그 상응본은 주의력 결핍, 나태와 혼침, 불안, 자만, 무기력, 에너지 과잉 또는 부족 등과 같은 여러 가지 다른 정신적 장애들을 언급하고 있다.

감각적 욕망이나 혐오를 언급하지 않는 것은 이 두 가지 다소 심한 장애가 이미 가라앉은 상황에서 이들의 묘사가 명상의 단계에 관여하고 있다는 인상을 준다. 이 시점에서 더 깊은 단계의 집중(삼매)을 경험하기 위해서는 다른 정신적 장애들을 남겨둘 필요가 있다. 두 판본 모두 보살은 이러한 정신적 장애를 극복하면서 각기 다른 방식으로 집중(삼매)을 발휘하게 되었고, 하루 종일, 또는 밤낮으로 각각의 선정을 계발했다고 전한다. 이러한 자세한 기술은 『우빠낄레사 숫따』에 묘사된 선정이 붓다가 깨달은 밤(Ps IV 209)에 발생했음을 제시하는 빠알리 주석서이다.

주석서에 의한 이 제안은 경전이 제시하는 바와 일치하지 않는다. 대신, 『우빠낄레사 숫따』와 그 상응본에 묘사된 마음의 계발은 하룻밤 이상의 긴 시간이 걸렸을 것이다. 따라서 붓다가 해탈을 위해 넘어선 밤보다 훨씬 이른 시점에 위치해야 한다.

또한 『아리야빠리예사나 숫따(Ariyapariyesana-sutta)』[11]와 그 한역본(『聖求經』)에서 알라라 깔라마(Alara Kalama)와 웃따까 라마뿟따(Uddaka Ramaputta)라는 이름의 두 스승 밑에서 보살 시절 제자로서 생활을 했다는 설명에도 함축되어 있다. 이 수습 기간 동안 그

11) 역자주: 『아리야빠리예사나 숫따(Ariyapariyesana-sutta)』(MN26), 『성스러운 구함의 경』, 『성구경(聖求經)』

는 몰입(선정)의 능력을 전제로 하는 깊은 집중(삼매)을 얻었다고 한다. 그가 성취한 것은 '무소유처(nothingness)'와 '비상비비상처(neither-perception-nor-nonperception)'라고 불리는 세 번째와 네 번째 비물질적 선정(無色界)인데, 초기불교 명상 이론에 따르면, 선정의 성취를 위해서는 이러한 네 가지 선정(四處定)을 숙달해야만 한다. 이것은 『우빠낄레사 숫따』와 그 상응본에 주어진 기술들이 『아리야빠리예사나 숫따』와 그 상응본에 기술된 수습 기간 이전에 위치해야 할 내용임을 어렵지 않게 확인할 수 있다.

이 수습 기간에 대한 기술 이전에, 『아리야빠리예사나 숫따』와 그 상응본은 또한 '붓다가 될 자'가 깨달음을 추구하게 된 동기에 대한 설명을 제공한다. 관련 문구는 다음과 같이 진행된다.

> 그때 나에게 이런 생각이 들었다. '왜 스스로 태어남에 속박되어 있으면서, 태어남에 속박되어 있음을 구하는가? 스스로 늙음에 속박되어 있으면서, 병듦에 속박되어 있으면서, 죽음에 속박되어 있으면서, 슬픔에 속박되어 있으면서, 그리고 번뇌에 속박되어 있으면서, 또한 늙음, 병듦, 죽음, 슬픔, 그리고 번뇌에 속박되어 있음을 구하는가? 스스로 태어남에 속박되어 있지만, 태어남에 속박되어 있음의 위험을 알았다면, 나는 속박에서 벗어난 최고의 자유, 즉 태어남으로부터 벗어난 열반(Nirvāṇa)을 구할 것이다. 스스로 늙음, 병듦, 죽음, 슬픔, 그리고 번뇌에 속박되어 있지만, 그 늙음, 병듦, 죽음, 슬픔, 그리고 번뇌에 속박되어 있음의 위험을 알았다면, 나는 속박에서 벗어난 최고의 자유, 즉 늙음, 병듦, 죽음, 슬픔, 그리고 번뇌로부터 벗어난 열반을 구할 것이다.[12)]

12) MN26; Anālayo, 2011, 171쪽; 2013a, 25쪽.

한역본에는 태어남에 대한 언급이 없다는 작은 차이점이 있다. 그럼에도 불구하고, 두 판본은 보살이 늙음, 병듦, 죽음, 슬픔, 그리고 번뇌로부터 자유(열반)를 찾아 나섰다는 점에서 동일하다. 마지막으로 언급된 번뇌로부터의 자유라는 주제는 『드웨다위딱까 숫따』에서 앞서 언급된 세 가지 유형의 불선한 생각들, 즉 감각적 욕망, 악의, 해악 중 하나를 상기시킨다.

세 가지 유형의 불선한 생각 중 첫 번째인 감각적 욕망은 『쭐라둑카칸다 숫따(Cūḷadukkhakkhandha-sutta)』[13]와 그 상응본인 한역본(『고온소경(苦蘊小經)』)에서도 나타난다. 디만 여기서 이 묘사가 붓다의 구도 중 깨달음과 명시적으로 연관된 것은 빠알리어 판본뿐이다. 이 글은 다음과 같이 진행된다.

> 내가 깨달기 이전, 아직 깨치지 못한 보살일 때, 나는 감각적 욕망(sensual pleasures)이 만족은 적고, 불만과 혼란은 많으며, 여기에 그러한 불이익이 훨씬 많음을 지혜로써 잘 알고 있었다. 그러나 감각적 욕망과 불선(不善)한 상태, 또는 그보다 더 평화로운 어떤 것에서 벗어난 기쁨과 행복에 도달하지 않는 한, 나는 아직 감각적 욕망의 유혹을 넘어서지 않았음을 알았다.[14]

'감각적 욕망과 불선한 성향(unwholesome qualities)에서 벗어나' 라는 말은 선정의 성취를 소개하는 표준 문구에 해당하므로 위

---

13) 역자주: 『쭐라둑카칸다 숫따(Cūḷadukkhakkhandha-sutta)』(MN14), 『괴로움 무더기의 짧은 경』, 『고온소경(苦蘊小經)』

14) MN 14; Anālayo, 2011, 122쪽.

구절에서 언급한 기쁨과 행복은 그런 집중의 경험을 가리킨다고 결론지어도 무방하다. 따라서 본문의 요점은 비록 선정의 체험이 욕망의 문제를 영원히 해결하지는 못하더라도 감각적 욕망의 유혹에서 벗어나기 쉽게 함으로써 자유(열반)로 가는 길에 상당한 지지를 제공한다는 것이다. 사실 『우빠낄레사 숫따』에 기술된 선정의 성취는 고타마 보살에게 깨달음의 중요한 요소임에는 틀림없지만, 동시에 그의 구도를 완수하기에 충분하지는 않았다.

『아리야빠리예사나 숫따』와 그 상응본에 따르면, 보살은 아마도 선정 수행을 기반으로 늙음, 병듦, 죽음, 슬픔, 그리고 번뇌로부터 자유를 구하고자 했다. 그는 알라라 깔라마가 제안한 '무소유처정'에 대한 가르침에 충분히 끌린 것으로 보인다. 『아리야빠리예사나 숫따』는 '붓다가 될 사람'이 스승(알라라 깔라마)이 깨달은 무소유처정을 곧 성취했다는 데 동의한다. 이 사실을 알게 된 알라라 깔라마는 보살에게 스승의 자리를 공유하고자 그를 초대했다. 그러나 '붓다가 될 사람'은 사양하고 떠났다.

> 그때 나에게 이런 생각이 들었다. '이 가르침은 염오(nibbiā), 이욕(virāga), 소멸(nirodha), 적정(upasama), 직접지(abiññā), 깨달음(sambodha), 그리고 열반(nibbāna)으로 이어지지 않는다.'[15]

보살은 이후 웃따까 라마뿟따 밑에서 수습 생활을 하면서도 같은 패턴을 반복하여 비상비비상처정을 성취한다. 하지만 이것 역시

15) MN26; Anālayo, 2011, 176쪽; 2013a, 28쪽.

그가 찾던 최종 목표는 아니었다. 그는 그가 도달하기로 마음먹은 해탈이라는 최상의 상태로 이끌 수 있는 그 무엇을 찾아 떠났다.

늙음, 병듦, 죽음, 슬픔, 그리고 번뇌에 속박되어 있다는 절박한 문제에 대한 해결책을 찾지 못한 보살은 고행주의를 통해 번뇌와 정면으로 맞서며 자신의 목표에 도달하고자 정진했다. 시도는 『마하삿짜까 숫따(Mahāsaccaka-sutta)』[16]에 기록되어 있으며 산스끄리뜨 단편에도 유사한 내용이 존재한다. 현재의 상황과 직접 관련은 없지만, 붓다가 깨달기 전에 수행했던 금욕(고행)에 대한 『마하삿짜까 숫따』와 그 한역본에 기술된 또 다른 설명이 있다. 『마하삿짜까 숫따』는 그의 신체에 먼지와 흙이 조각조각 떨어질 정도로 쌓였다는 설명과 함께 하루에 세 번 물로 목욕한 일을 언급하고 있다. 같은 경전에서는 그의 나체뿐만 아니라 다양한 종류의 금욕수행복을 입었다고 언급하고 있다.

이러한 방식은 어느 정도 상호 배타적인 금욕적 수행에서만 가능한 것이다. 그것은 보살이 금욕생활을 했다고 기록되어 있는 몇 년의 기간에는 잘 맞지 않는다. 게다가 이 기간 동안 그는 훗날 그의 첫 제자가 된 다섯 남자와 함께 있었다. 그러나 『마하삿짜까 숫따』에 따르면 그는 멀리서 인간을 보자마자 숨을 정도로 완전히 은둔 생활을 했다고 한다.[17]

16) 역자주: 『마하삿짜까 숫따(Mahāsaccaka-sutta)』(MN 36), 『삿짜까 큰 경』, 『살차가대경(薩遮迦大經)』. 삿짜까(saccaka, 薩遮迦)라는 니간타(자이나 교도)에게 수행에 대해 설한 경전이다.

17) MN 36; Anālayo, 2011, 116쪽.

이 매우 어려운 질문에 대한 해답은 자타카(본생담)에서 찾을 수 있다. 붓다가 전생에 나체의 고행자(Ja 1 390)로서 이러한 금욕수행을 한 것이다. 이전의 금욕생활 동안, 더 긴 시간은 의례적 목욕을 하면서 보내고, 얼마간은 씻지 않고 나체로 수행하며, 다른 금욕수행복 등을 입는 것이 실제로 가능했을 것이다. 따라서 『마하삿짜까 숫따』와 그 상응본에 기술된 금욕적 수행은 붓다가 이 경전에서 그의 전생에 대해 설명하는 다른 여러 이야기들과 같은 범주에 속한 것으로 보인다. 이러한 이유로, 이 책들은 고타마로서의 마지막 생애 동안 깨달음에 이르기 위한 그의 정진의 일부를 선별한 것이 아니다. 알라라 깔라마와 웃따까 라마뿟따를 떠난 후 행해진 금욕적 수행은 『마하삿짜까 숫따』와 산스끄리뜨본 단편에 따르면 강제적 정신 통제, 다양한 형태의 호흡 조절, 단식 등이다. 다음은 붓다가 악기웨사나(Aggivessana)에게 주는 『마하삿짜까 숫따』에서 나온 첫 번째 묘사이다.

> 악기웨사나여! 마치 힘센 사람이 약한 사람의 머리나 어깨를 잡고 억누르고 제압하고 항복시키는 것과 같이 나는 이를 악물고 혀를 입천장에 대며 마음으로 마음을 억누르고 제압하고 항복시키자, 나의 겨드랑이에서 땀이 흘렀다. 악기웨사나여! 나의 정진심은 더욱 강해졌고, 마음챙김을 잊지 않고 확립했지만, 이 고통스러운 정진 때문에 내 몸은 너무 긴장되었고 진정되지 않았다. 악기웨사나여! 심지어 내 마음 속에 그런 고통스러운 느낌이 일어나지만, 그것이 내 마음을 가득 채우지 않고 그대로 남아 있다.[18]

18) MN 36; Anālayo, 2011, 236쪽.

이를 악물고 마음을 다스리려는 시도가 땀을 많이 흘리게 했다는 묘사는 이 접근법이 강렬했다는 인상을 준다. 이런 식으로 마음의 번뇌를 억지로 제거하려는 시도가 성공하지 못했다는 것을 깨달은 보살은 숨을 참으며 다양한 형태의 '호흡하지 않는 명상(breathingless meditation)'을 펼쳤다. 이 또한 그가 꿈꾸던 목표를 달성하지 못하자, 그는 단식 수행에 참여하기로 결심했다. 앞서 '명상적 초월(meditative transcendence)'의 길을 시도했던 그가 이제는 강제적인 통제를 통해 자신의 뜻을 이루기 위해 다각도로 노력했다. 이러한 묘사에서 눈에 띄는 점은 그가 자신의 수행을 마음챙김으로 계속 관찰했다는 점이다. 그로 인해 고통스러운 느낌에 압도당하지 않은 채 (금욕수행을) 경험할 수 있었다. 결국 이 역시 해탈의 길이 아님을 알게 된 것은 바로 이러한 마음챙김의 관찰에 의한 것이다.

지금까지의 일을 돌이켜보면, 보살은 다음과 같이 묘사하고 있다. 그리고 마침내 그가 젊은 시절에 체험했던 첫 선정 경험을 떠올렸다. 『마하삿짜까 숫따』는 이를 다음과 같이 보고한다.

> '나는 아버지가 삭까족의 행사(농경제 의식)를 진행할 때 잠부나무(Jambu-tree)의 시원한 그늘에 앉아 감각적 욕망에서 벗어나고 불선한 성향(unwholesome qualities)에서 벗어나게 되었을 때, 나는 첫 번째 선정에 들어갔던 기억이 떠올랐다. 그것은 첫 번째 선정이었고, 벗어남으로부터 기쁨(희열)과 행복이 일어났다. 이것이 깨달음의 길이 될 수 있지 않을까?' 악기웨사나여! 그때 나는 마음속 회상에 따라 '이것이 진정한 깨달음의 길이다.'라고 의식하게 되었다.
> 악기웨사나여! 그때 이런 생각이 들었다. '왜 나는 감각적 욕망과 불

선한 성향과는 상관없는 그 행복을 두려워하는가?' 악기웻사나여! 그 때 이런 생각이 들었다. '나는 감각적 욕망과 무관하고 불선한 성향과는 상관없는 그 행복을 두려워하지 않는다.'[19]

이 구절은 관점의 변화를 묘사하고 있다. 두말할 나위 없이, 위에서 말한 깨달음의 의미는 깨달음의 길이 단지 첫 번째 선정의 성취일 뿐이라는 것이다. 바로 이 구절에 따르면, 이러한 보살의 성취는 이미 훨씬 이전에 얻어진 것이었다. 예를 들어, 그의 스승 알라라 깔라마와 웃따까 라마뿟따도 첫 번째 선정 없이는 무소유처(nothingness)와 비상비비상처(neither-perception-nor-nonperception)의 성취에 도달할 수 없었을 것이다.

위의 구절이 의미하는 관점의 변화는 오히려 첫 번째 선정에서 경험한 행복에 대한 평가에서 찾을 수 있다. 사실 위의 구절은 지금까지 보살의 태도가 어떤 유형이든 행복을 두려워해왔음을 분명히 함축한다. 이것이 그가 스스로에게 "어떻게 내가 그 행복을 두려워할까?"라고 묻는 이유이다. 그의 구도 과정에서 볼 때, 어떤 종류이든 행복의 유혹에 대한 굴복은 늙음, 병듦, 죽음, 슬픔, 그리고 (번뇌의) 염오로부터 해탈에 이르는 데 방해가 될 수 있다는 점에서 그러한 태도를 이해할 수 있다. 이 보살에 대한 과거의 추론은 사실 『보디라자꾸마라 숫따(Bodhirājakumāra-sutta)』(보디 왕자 경)에 명시되어 있다. 관련 내용은 다음과 같은 방식으로 진행된다.

19) MN 36; Anālayo, 2011, 240쪽.

> 내가 깨달기 이전, 아직 깨치지 못한 보살일 때, 내게 이런 생각이 들었다. '행복은 행복으로 얻는 것이 아니라, 행복은 고통을 통해 얻는 것이다.'[20]

이러한 유형의 추론은 해탈의 진정한 행복은 쾌락적인 접근법을 통해 도달할 수 없다는 것을 암시한다. 오히려, 그것은 금욕주의의 고통을 필요로 한다. 이것이 바로 보살이 마음을 다스리고, 호흡을 조절하고, 단식 등 금욕적 행동을 하게 된 배경으로 보인다.

『마하삿짜까 숫따』에 반영된 관점의 변화는 이러한 가정에서 벗어나고 있다. 이것은 무엇이 불건전하고 무엇이 건전한지를 구별하는 데 중요하다. 행복의 경우에 이를 적용하면, 깊은 집중의 행복 등 두려워할 필요가 없는 행복이 있다는 것을 의미한다. 이러한 이해가 깨달음의 길을 성취하게 하였다. 내가 보기에는 이것이 보살이 『마하삿짜까 숫따』에서 "이것이 바로 깨달음의 길이다."라고 진술한 것의 함의일 것이다. 그 구절 자체는 신비한 면이 있지만, 제시된 해석은 서술적 맥락에 적합하며, 다른 경전 구절과 걱정이 필요 없을 만큼 절약의 법칙(the law of parsimony)에 따라 간단한 해법을 제공한다.

이러한 방식은 『드웨다위딱까 숫따』(두 가지 생각의 경, MN 19)와 그 상응본에 기술된 기본적인 윤리 분류방식이다. 이는 생각에만 적용되는 것이 아니라 행복의 유형에도 적용이 가능한 것으로 보인다. 이는 보살 자신의 깨달음 탐구에 결정적이었던 것처럼, 초기

20) MN 85; Anālayo, 2011, 481쪽.

불교의 접근에서 명상에 대한 윤리적 차원을 결정하게 만든다. 금욕적 수행과 행위의 바탕이 된다는 가정과 달리 이것이 결국 해탈에 이르게 한다는 점에서 마음의 성향(선과 불선)에 대한 좀 더 정제된 구분이 요청된다. 이러한 구분을 실천하기 위해서는 자기 안에서 무슨 일이 일어나고 있는지를 알아차리기 위한 마음챙김의 확립이 기초가 되어야 한다. 이는 자신의 내적 경험의 평가를 위해 건전함(선)과 불건전함(불선)의 근본적인 구분을 기준점으로 한다.

『끼따기리 숫따(Kīṭāgiri-sutta)』와 그 상응본은 감정적인 어조보다는 선한 성향에 기초한 감정의 결정적인 차이를 예시한다. 여기서는 붓다가 즐거운 감정과 관련하여 다음과 같은 방식으로 이러한 구분을 설명한다(물론 괴로운 감정에도 유사하게 적용된다).

> "여기 있는 누군가가 불선한 성향이 높아지고 선한 성향은 쇠퇴하는 그런 종류의 즐거운 느낌을 느낄 때, 그것은 내가 알고, 보고, 경험하고, 깨닫고, 지혜로 접촉하기 때문이다." 그러므로 "그런 종류의 즐거운 느낌을 버려라"고 말한다. "여기 있는 누군가가 불선한 성향이 줄어들고 선한 성향이 높아지는 그런 종류의 즐거운 느낌을 느낄 때" 그러므로 나는 "그런 종류의 즐거운 감각에 들어가 머무르라"라고 말한다.[21)]

이러한 설명은 보살들이 마침내 두려워할 필요가 없는 선정의 행복으로 대표되는, 불선함과 선함의 구별에 대한 근본적인 깨달

---

21) MN 70; Anālayo, 2011, 378쪽.

음의 결과인 것이다. 감각적 욕망과 불선한 성향과는 별개이기 때문에 두려워할 필요가 없다. 이 결정적인 이해를 통해 보살은 마침내 해탈의 길을 찾게 되었다.

체력을 회복하기 위해 약간의 영양분을 섭취하고 일찍이 익혔을 네 번째 선정의 성취를 바탕으로 그는 자신의 전생을 회상했다. 이것은 선정 성취의 또 다른 이점, 즉 통찰력의 발생에 대한 기초로서 마음의 안정을 반영한다. 지난 생의 회상은 그가 여러 번 실패한 깨달음의 시도에서 마침내 젊었을 때의 선정 경험을 기억했던 현재의 회상과 일맥상통한다. 관찰의 범위를 더 넓혀서, 그는 이제 자신의 전생에 대한 기억에 접근한 것이다. 『마하삿짜까 숫따』와 산스끄리뜨어 단편에 따르면, 이것은 그가 깨달은 밤의 첫 번째 시간(初更)에 증득한 앎이었다. 『마하삿짜까 숫따』는 다음과 같이 묘사한다.

> 나는 나의 많은 전생을 회상했다. 즉, 한 생, 두 생, 세 생, 네 생, 다섯 생, 열 생, 스무 생, 서른 생, 마흔 생, 쉰 생, 백 생, 천 생, 십만 생, (우주의) 수많은 겁, (우주의) 수많은 수축의 겁, 그리고 (우주의) 수많은 팽창의 겁에 '나는 이런 이름으로, 이런 종족으로, 이런 외모로, 이런 음식을 먹으며, 이런 행복과 고통을 경험했고, 이런 수명을 가졌으며, 그곳에서 죽어서 다른 어떤 곳에서 다시 태어났다. 또 그곳에서는 이런 이름으로, 이런 종족으로, 이런 외모로, 이런 음식을 먹으며, 이런 행복과 고통을 경험했고, 이런 수명을 가졌으며, 그곳에서 죽어서 이곳에 다시 태어났다.'[22]

22) MN 36; Anālayo, 2011, 243쪽.

그가 깨달은 밤의 두 번째 시간(二更)에서 '붓다가 될 자'는 '신성한 눈(divine eye)'을 계발한 것으로 기록되었다. 신성한 눈은 다른 생명체가 죽었다가 다시 태어나는 것을 볼 수 있는 능력(天眼通)을 상징한다. 이것은 같은 원리가 자신뿐만 아니라 타인을 위해서도 작동한다는 것을 보여줌으로써 자신의 삶에 대한 보살의 기억을 보완한다. 『마하삿짜까 숫따』의 설명은 다음과 같다.

> 나는 인간을 능가하는 청정한 신성한 눈(divine eye)으로 생명체가 죽었다가 다시 태어나는 것, 열등하거나 우월한 것, 잘 생기거나 못 생기는 것, 운이 좋거나 운이 나쁜 것을 보았다. 나는 중생들이 업보에 따라 가는 것을 알았다.
> 나쁜 육체적 품행, 나쁜 언어적 품행, 그리고 나쁜 정신적 품행이 부여되어, 성자를 비방하는 이 가치 있는 생명체는 잘못된 견해(邪見)를 가지고 잘못된 견해로 행동하며 육체가 파괴되어 죽은 뒤 소멸처, 악계, 지옥에서 다시 태어나고 있다.
> 그러나 훌륭한 육체적 품행, 훌륭한 언어적 품행, 그리고 훌륭한 정신적 품행이 부여되어, 성자를 비방하지 않는 이 가치 있는 생명체는 올바른 견해(正見)를 가지고 올바른 견해로 행동하며 육체가 파괴되어 죽은 뒤 선계, 천상에 다시 태어나고 있다.[23]

이 구절은 선함과 불선함 사이의 구별이 널리 퍼져 있음을 확인하는 깨달음의 설명이다. 그것은 서로 다른 삶에 대한 업보의 운영이 같은 원칙에 근거한다는 것을 보여준다. 덕행을 쌓는 자들이 천상을 기대하는 것처럼 부당한 행동을 한 자들은 따라 그들의

23) MN 36; Anālayo, 2011, 243쪽.

행동에 대한 쓰라린 응보를 경험할 것이다.

이는 모든 면에서 선함과 불선함의 기본적인 윤리 구분에 대한 완전한 깨달음에 바탕을 두고 있다. 구도의 과정에서 얻은 명상적 집중력과 통찰력을 통해 보살이 삼일야(三日夜)에 완전히 깨달았음을 알 수 있다. 『마하삿짜까 숫따』와 그 상응본은 사성제에 대한 통찰의 관점에서 깨달음에 의한 실질적인 앎을 묘사하고 있다.

> '이것이 괴로움이다'라고 있는 그대로 직접 알았고, '이것이 괴로움의 발생이다'라고 있는 그대로 직접 알았고, '이것이 괴로움의 소멸이다'라고 있는 그대로 직접 알았고, '이것이 괴로움의 소멸에 이르는 길'이라고 있는 그대로 직접 알았다.
>
> '이것이 번뇌다'라고 있는 그대로 직접 알았고, '이것이 번뇌의 발생이다'라고 있는 그대로 직접 알았고, '이것이 번뇌의 소멸이다'라고 있는 그대로 직접 알았고, '이것이 번뇌의 소멸에 이르는 길이다'라고 있는 그대로 직접 알았다.
>
> 이와 같이 알고 이와 같이 보고 나의 마음은 감각적 욕망에 의한 번뇌에서 해탈하였고, 내 마음은 존재에 의한 번뇌(有漏)에서 해탈하였고, 내 마음은 무지에 의한 번뇌(無明漏)에서 해탈하였다.[24]

다음 장에 제시하는 것은 사성제(네 가지 고귀한 진리)의 의미에 관한 것이다.

---

24) MN 36; Anālayo, 2011, 243쪽.

사성제

사성제는 붓다가 그와 함께 수행했던 다섯 사람에게 처음 가르침을 주었던 것이다. 이 다섯 사람은 그의 금욕적인 노력이 헛수고였다는 것을 깨달은 후, 그가 노력을 포기하고 방종한 삶으로 돌아갔다고 믿고 그를 떠나보냈다.

『아리야빠리예사나 숫따』와 그 한역본은 붓다가 깨달았을 때, 그가 해탈의 길을 발견한 것을 누구와 먼저 공유했는지를 기록하고 있다. 그의 첫 번째 선택은 그의 전 스승들인 알라라 깔라마와 웃따까 라마뿟따였다. 하지만 그는 곧 그들이 이미 죽었다는 것을 알게 되었다. 그래서 그는 함께 고행을 했던 다섯 명의 수행자에게 가기로 결심했다. 그들을 만나러 가는 길에, 붓다의 태도에 매우 감명 받은 것으로 보이는 한 고행자를 만났다. 그 고행자는 그의 스승이 누구냐고 물었다. 그러나 붓다가 스승 없이 완전히 깨어났다고 선언했을 때, 이 고행자는 납득하지 못하고 그냥 떠났다.

이 일은 붓다가 깨달음의 성취에 필요한 고행을 포기했다고 믿었던 다섯 수행자에게 좋은 전달 방법을 찾으라는 경고였다. 그렇게 깨달은 것만으로는 충분치 않았다. 대신, 그가 어떻게 깨달음에 도달했고 그것이 무엇을 수반하는지 이해할 수 있는 방식으로 표현될 필요가 있었다. 사실 붓다가 그의 깨달음을 다섯 사람에게 공개했을 때, 그들의 첫 반응은 『아리야빠리예사나 숫따』에 따르면, 다음과 같다.

> 도반 고타마여! 너의 행동, 너의 수행, 그리고 너의 고행(금욕주의)의 과정에서도 너는 평범한 사람들보다 더 나은 조건, 즉 성자에게 맞는 지식(知)과 견해(見)의 특징을 증득하지 못했다. 네가 정진을 포기하며 풍요로운 삶으로 되돌아간 지금, 너는 어떻게 평범한 사람들보다 더 나은 조건, 즉 성자에게 맞는 지식과 견해의 특징을 증득할 수 있는 것인가?[25)]

이러한 배경에서 붓다의 첫 가르침의 첫 부분이 그 의미를 갖게 된다. 『초전법륜경(Dhammacakkappavattana Sutta)』에 따르면 이는 다음과 같이 진행된다.

> 비구들이여! 출가자가 따라가서는 안 되는 두 가지 극단이 있다. 무엇이 둘인가? 그것들은 저열하고 어설프고 세속적이고 성스럽지 못하고 이롭지 않은 감각적 욕망에 탐닉함으로써 육체적 쾌락을 추구하는 것과 괴롭고 성스럽지 못하고 이롭지 않은 자기 고행에 몰두하는 것이다. 여래(Tathāgata)는 이 두 극단의 길을 가지 않고, 평온, 직접지, 깨달음, 열반에 이르는 견해를 낳고, 지식을 낳는 중도를 깨달았다.
> 비구들이여! 여래가 평온과 직접지와 깨달음과 열반에 이르는 견해를 낳고, 지식을 낳는 중도란 무엇인가? 이것은 올바른 견해, 올바른 의도, 올바른 말, 올바른 행동, 올바른 생계, 올바른 정진, 올바른 마음챙김, 올바른 집중 등 이 고귀한 여덟 가지의 길(팔정도)이다.[26)]

『초전법륜경』의 기록에 따르면, 이런 방식으로 붓다는 다섯 사람에게 금욕을 포기한 것이 풍요로 돌아가는 것이 아니란 점을 분

25) MN 1 172; Anālayo, 2011.
26) SN 56:11; Anālayo, 2015, 356쪽.

명히 했다. 대신, 그는 금욕과 쾌락 사이에서 중도(中道)를 택했다. 이 중도는 이 장의 시작에서 언급한 바와 같이 마음챙김의 함양을 위한 윤리적 맥락을 제공하는 팔정도로 공식화될 수 있다. 그러나 이 고귀한 팔정도를 좀 더 자세히 탐구하기 전에 사성제의 전체적인 체계를 검토해야 한다.

사성제의 가르침은 고대 인도의 의학적 진단 체계를 모델로 한 것으로 보인다. 석가모니 당시 고대 인도 의학이 이러한 제도를 사용했다는 명백한 증거는 없지만, 현존하는 고대 인도 의학이 초기 불교의 경전보다 후기에서 비롯되었다는 점에 비추어 볼 때 근거가 부재함을 고려할 필요가 있다. 다만 네 가지 진리의 가르침과 의학적 진단 사이의 유사성을 명시하는 여러 구절들을 미루어 볼 때, 그러한 진단 체계가 적어도 대중적인 수준에서는 존재했을 것이라고 보는 것이 타당하다(Anālayo, 2015, 33쪽). 이 의학적 진단과 아마도 가장 중심적인 불교 교리의 상관관계는 다음과 같이 시각화될 수 있다.

질병: 괴로움
병인: 괴로움을 발생시키는 갈망
건강: 열반, 괴로움의 소멸
치료법: 고귀한 팔정도

종종 '괴로움(suffering)'으로 오해를 불러일으키는 '둑카(dukkha)'라는 용어는 말 그대로 고통스러운 것에서부터 불만족스러운 것에 이르기까지 그 의미가 넓다(Anālayo, 2003, 243쪽). 현재의 맥락과 관련 있는 것은 『초전법륜경』의 둑카에 대한 정의에서 태어남, 늙음, 병듦, 죽음, 슬픔을 언급하기 때문에 보살이 『아리야빠리예사나 숫따』에 대한 탐구를 시작하게 된 동기에 대한 설명과 상당히 겹친다.

그런 괴로움(둑카)의 징후를 규명하고 나면 네 가지 진리의 진단 계획은 다양한 형태로 괴로움의 병폐를 초래하는 '병인(pathogen)'의 주범으로서의 갈망(craving)에 초점을 맞추어 진행된다. 이는 자신의 경험에서 괴로움의 발생에 기여하는 것은 바로 자신의 갈망이라는 점에서 괴로움에 대한 책임을 스스로에게 직접 돌리게 된다. 그러나 이러한 혼란스러운 진실과 함께, 사성제와 같은 가르침은 열반의 성취를 통한 최상의 건강과 고귀한 팔정도라는 실질적인 치료를 제시한다.

『초전법륜경』과 그 상응본의 서술 배경 안에서, 고대 인도에서 인기 있는 의학에서 영감을 받은 것으로 보이는 이 진단 계획의 사용은 피해야 할 두 극단에 대한 서술이다. 즉 붓다의 깨달음을 쉽게 이해할 수 있는 방식으로 제시하는 것과 같은 목적을 제공한다. 이 첫 번째 가르침은 다섯 명의 남자들에게 쉽게 이해될 수 있었다. 『초전법륜경』과 그 상응본은 사실 붓다의 가르침이 '그전에는 듣지 못했던' 것이었음을 분명히 한다. 그가 왜 새로운 표현 방법을 찾아야 했는지 설명이 되는 대목이다.

그의 깨달음을 적절히 전달하는 무언가를 찾는 과정에서, 붓다는 분명히 다른 종교 교리와 철학보다 의학으로부터 진단 체계를 취하였다. 그는 이미 알려져 있지만 다른 맥락에서 적용되는 개념과 아이디어를 통해 그의 깨달음을 표현할 수 있었다. 이는 다른 경전에 나타나는 경향과도 일치한다. 붓다가 일반적으로 알려진 용어를 다른 용법으로 사용하는 것을 묘사하여, 청중들이 그것을 성찰하고 더 깊이 이해하도록 한다. 현재의 경우, 그의 깨달음을 표현하기 위해 의학 진단을 사용한 전체적인 결과는 이 첫 번째 가르침이 괴로움(dukkha)에 대한 심리적, 어쩌면 치료적 태도를 직접적으로 가리킨다는 것이다.

또한 『초전법륜경』과 그 상응본은 다섯 중 한 명이 첫 번째 깨달음의 단계에 도달했기 때문에 이러한 교육 방식이 성공적이었음을 보여준다. 이러한 표현 방식의 성공은 붓다가 『마하삿짜까 숫따』와 그 상응본에서 깨달음을 설명할 때 그의 마음속에 사성제, 또는 네 가지 다른 통찰로서 체계화되기 시작했음을 의미하지는 않는다. 그가 깨달은 밤, 자신의 전생을 회상하고 '신성한 눈(divine eye)'을 계발한 후 깨달은 것은 열반의 경험이었다. 열반의 실현은 동시에 괴로움에 대한 소멸의 실현이다. 그러한 경험을 통해 괴로움은 결국 완전히 이해된다. 열반의 완전한 실현은 갈망의 발생을 근절하는 것이며, 이는 도의 마지막 완성을 구성한다. 이것이 바로 네 가지 고귀한 진리(사성제)의 전체 구도가 강조하고 표현하려 했던 열반의 실현이다.

이는 『초전법륜경』과 그 상응본에서도 잘 드러나는 사실이다. 여기서는 붓다가 사성제와 관련하여 실행되어야 할 세 번의 전환(three turnings)이라는 관점에서 깨달음을 나타낸다. 각각의 진리에 대한 첫 번째 앎을 첫 번째 전환으로 삼고, 두 번째 전환에서 괴로움이 이해되어야 하고, 괴로움이 근절되어야 하고, 괴로움의 중단이 실현되어야 하고, 팔정도가 계발되어야 할 필요성을 반영한다. 이 일이 완료되어야만 세 번째 전환을 수행할 수 있다. 세 번째 전환은 열반이 완전히 실현되었을 때, 즉 괴로움이 완전히 이해되고 갈망이 제거되고 팔정도가 완전히 계발되었을 때 일어난다.

『초전법륜경』과 그 상응본의 세 가지 전환에 대한 강조는 사성제에 기반을 둔 진단 체계가 단순한 이론적 이해를 넘어설 필요성을 강조한다. 이론적인 인식은 단지 첫 번째 전환일 뿐이다. 이는 수행에 전념해야 하는 두 번째 전환으로 이어져야 하며, 당면한 과제에 전념한 후에야 해탈을 통한 과제 완성이라는 세 번째 전환으로 이어질 수 있다.

네 가지 진리와 세 가지 전환의 진단 계획은 붓다의 첫 가르침의 바탕이 되는 철저하게 실용적 태도를 전달하는 데 집중한다. 같은 실용적 태도 또한 중도의 가르침에서 그 표현을 발견할 수 있다. 이것은 붓다가 깨달음을 추구하는 다른 측면의 반영으로 간주될 수 있다. 목록 형태로 제시된 이 중도의 가르침은 다음과 같이 구성된다. 올바른 견해, 올바른 의도, 올바른 말, 올바른 행동, 올바른 생계, 올바른 정진, 올바른 마음챙김, 올바른 집중이 그것이다.

이 중 첫 번째, 올바른 견해는 다름 아닌 사성제에 포함된 바로 그 진단적 자세이다. 괴로움의 존재를 바르게 알고 괴로움 발생의 원인 중 하나인 자신의 갈망을 책임지려는 자세이다. 이러한 방식의 올바른 견해는 전체 수행과정을 알려주는 것과 다른 수행과정들이 '올바른(sammā)' 또는 문자 그대로 '한 곳으로 집중된' 혹은 '하나로 연결된' 것이라는 점을 알려준다(Anālayo, 2003, 74쪽). 이러한 결합은 올바른 견해를 통해 이루어진다. 사실 『마하삿짜까 숫따』와 그 상응본은 올바른 견해를 수행법의 첫 출발로 언급한다. 다음은 올바른 의도와 관련하여 올바른 견해가 기능하는 방법이다.

> 출가자여, 어떻게 하면 올바른 견해가 먼저 오는가? 잘못된 의도(사유)가 '잘못된 의도'가 되는 것을 이해하고, 올바른 의도가 '잘못된 의도'가 되는 것을 이해하는 것이 자신의 올바른 견해다. 출가자여, 뭐가 잘못된 의도인가? 탐욕의 의도, 악의의 의도, 해악의 의도이다. 출가자여! 이것들은 잘못된 의도이다.[27]

이것은 『드웨다위딱까 숫따』와 그 상응본에서 앞서 언급한 유사점들과 관련이 있다. 여기서 보살은 깨달음으로 나아가는 과정에서 탐욕, 악의, 해악에 대한 생각과 반대되는 생각, 즉 금욕, 선한 의지, 불해(不害)를 설정했다. 그러한 금욕, 선한 의지와 불해에 대한 생각이 실제로 올바른 의도의 유형을 정의한다.

올바른 견해와 올바른 의도 위에 세워진 팔정도는 『바야베라와 숫따』에 기록된 이 장의 첫 구절에서 이미 언급된 선행, 즉 올바른 말, 올바른 행동, 올바른 생계이다. 이 세 가지는 남에게 해를 끼치지 않고 건전한 방법으로 행해져야 한다.

올바른 노력은 불선한 마음 상태를 극복하고 선한 마음 상태

---

27) MN III 72; Anālayo, 2011, 658쪽; 2013a, 298쪽.

를 배양하기 위한 노력의 필요성을 반영한다. 『마하삿짜까 숫따』와 그 상응본에서 보이는 바와 같이, 무력으로 마음을 다스리려는 보살 자신의 노력을 따를 필요는 없다. 불선한 생각을 극복하는 일련의 다른 방법들이 실패로 끝난 후, 『위딱까산타나 숫따(Vitakkasaṇṭhāna-sutta)』와 그 상응본에서는 불선한 (마음의) 상태에 대한 보다 점진적인 접근을 보여준다.[28)]

올바른 집중의 마지막 요소는 보살로 하여금 각성의 길을 발견하게 한 깨달음, 즉 깊은 집중(삼매)의 즐거움과 평안을 두려워할 필요가 없다는 것이다. 비록 명상 초월(선정)의 길이 저절로 깨달음으로 이어지는 것은 아니지만, 선정의 성취는 해탈의 길에 상당한 기여를 한다.

마음챙김이 팔정도의 필수요소가 되는 것은 다른 7가지 요소의 맥락 안에서이다. 그러한 마음챙김은 네 가지 염처(念處)의 형태를 취한다. 한역본과 대조하여 『사띠빳타나 숫따(Satipaṭṭhāna-sutta)』에 관한 유사성 연구에서, 이 네 가지의 중요성은 몸(身), 느낌(受), 마음(心)의 진정한 본성에 대한 이해와 각성을 가능하게 하는 마음의 상태를 배양하는 것으로 보인다(Anālayo, 2013b) 이러한 측면은 위에서 조사한 보살 자신의 깨달음 탐구에 대한 설명에서 비롯된 것이다.

이미 『바야베라와 숫따』와 그 상응본은 숙련되지 않은 상태로 두려움 없이 은둔 생활을 할 수 있도록 적절한 덕행의 기초와 더

---

28) MN 1 120; Anālayo, 2011, 142쪽; 2013b, 153쪽.

불어 마음챙김 확립의 필요성을 언급하고 있다. 이러한 마음챙김의 확립은 사실 보살들의 특정 행위가 어떤 영향을 미치는지, 그리고 이것이 그를 얼마나 각성시키는지에 대한 것이다. 그 마지막 측면은 네 번째 염처(다르마)에 대한 실천적 대응으로 보인다.

『아리야빠리예사나 숫따』와 그 상응본에서 '붓다가 될 자'가 그의 구도 시작에 동기를 부여하는 힘이라 할 수 있는 현존하는 몸의 영속성은 『사띠빳따나 숫따』에 기술된 첫 번째 마음챙김의 토대로서 몸에 대한 관찰이라는 주제와 관련이 있다. 자신의 몸에 대한 관찰에서는 납골당에서 부패의 여러 단계를 거치는 시신을 비교해야 한다.[29)]

두 번째 마음챙김의 토대는 느낌(受)에 대한 알아차림을 염두에 두고 그들에게 반응하지 않고 감정을 인식하는 것을 요구한다. 이것은 『마하삿짜까 숫따』와 그 상응본과 관련이 있는데, 보살은 그의 다양한 금욕생활 동안 생긴 고통스러운 감정이 그의 마음에 스며들지 않고 남아있다고 명시했다.

『드웨다위딱까 숫따』에 그려진 불선한 마음과 선한 마음 상태 사이의 유사성은 『사띠빳따나 숫따』에서 언급되는 마음의 상태와 그 유사점에 대해 알려준다.[30)] 『우빠낄레사 숫따』와 그 상응본에는 보살들이 여러 가지 정신적 장애들을 점진적으로 극복해나가는 것을 뒷받침하는, 집중된 마음의 상태와 집중되지 않는 마음의 상태를 다루고 있다.

---

29) MN 1 58; Anālayo, 2011, 84쪽; 2013b, 97쪽.

30) MN 1 59; Anālayo, 2011, 87쪽; 2013b, 142쪽.

이러한 방식으로 처음 세 개의 마음챙김 토대(念處)들은 보살들의 탐구와 관련이 있는 것으로 보인다면, 네 번째 마음챙김 토대의 기본 방향은 첫 번째 선정부터 깨달음의 밤까지 내내 관련이 있었던 것으로 보인다. 이러한 지향은 어떤 것이 실제로 '염오, 이욕, 소멸, 평온, 직접지, 깨달음, 열반'으로 이어진다면, 마음속 검사에서 그 표현을 발견한다. 그리고 『아리야빠리예사나 숫따』와 그 상응본에 사용된 용어들을 사용한다. 이는 초기불교 사상에서 마음챙김 수행을 알리는 전반적인 가르침이며, 이는 그것이 염오(한멸), 이욕, 소멸, 평온, 지접지, 깨달음, 열반으로 이어지는 과정을 윤리적 맥락에서 제공한다.

| 참고문헌 |

Anālayo, Bh. (2003). *Satipaṭṭhāna: The direct path to realization.* Birmingham, UK: Windhorse.

Anālayo, Bh. (2010). *The genesis of the bodhisattva ideal.* Hamburg, Germany: Hamburg University Press.

Anālayo, Bh. (2011). *A comparative study of the Majjhima-nikāya.* Taipei, Taiwan: Dharma Drum Publishing Corporation.

Anālayo, Bh. (2013a). *Madhyama-āgama studies.* Taipei, Taiwan: Dharma Drum Publishing Corporation.

Anālayo, Bh. (2013b). *Perspectives on satipaṭṭhāna.* Birmingham, UK: Windhorse.

Anālayo, Bh. (2015). *Saṃyukta-āgama studies.* Taipei, Taiwan: Dharma Drum Publishing Corporation.

Anālayo, Bh. (2016). *Ekottarika-āgama studies.* Taipei, Taiwan: Dharma Drum Publishing Corporation.

Collett, A., & Anālayo, Bh. (2014). Bhikkhave and bhikkhu as gender-inclusive terminology in early Buddhist texts. *Journal of Buddhist Ethics,* 21, 760-797.

Ñāṇamoli, Bh. (1972/1992). *The life of the Buddha according to the Pali canon.* Kandy, Sri Lanka: Buddhist Publication Society.

제 3 장

윤리적 토대로서 마음챙김

데이비드 브레이저(David Brazier)
International Zen Therapy Institute, Order of Amida Buddha, Cher, France
e-mail: dharmavidya@amidatrust.com

제3장

윤리적 토대로서 마음챙김

Mindfulness as Ethical Foundation

도입

불교에서 마음챙김(mindfulness)은 깨달음의 요소 중 하나지만, 주의(attention)는 그렇지 않다는 관점에서 논의를 시작해 보자. 최근 '마음챙김'과 '주의'라는 두 용어가 거의 동의어처럼 사용되지만, 원래 그런 것은 아니다. 본래 '주의'는 마음챙김의 한 요소나 차원에 불과한 것이며, 마음챙김 전체를 특징짓는 것도 아니었다. '주의'는 의식적인 정신 활동이라는 특징을 갖지만, '마음챙김'은 더 넓은 차원에서 무의식적인 요소까지 포함한다. 원래 의미에서 '마음챙김'은 마음이 무언가로 가득 차 있거나 고루 펴져있는 것을 의미한다. 따라서 어떤 특정한 종류의 영향력이 깔려있어서 의식적인 마음으로 나타나고, 이후 우리가 관심 있는 것에 마음이 끌려가게 된다.

지금 여기(here-present) 이 순간(in-this-moment)의 감각에 대한 의식적이고 의도적인 주의(conscious, deliberate attention)라는 마음챙김에 대한 최근의 개념은 본 논의에서 '실용적 마음챙김(utilitarian mindfulness)'으로 언급될 것이다. 마음챙김에 대한 이런 최근 개념은 마음챙김을 일종의 치료나 중재 역할을 할 수 있는 의도적인 의식 활동으로 제시된 것이다. 현재 이런 기법으로서 마음챙김의 장점과 효능을 언급한 글은 엄청난 양에 이른다. 하지만 이 글에서는 불교 기원에서의 마음챙김의 원래 의미에 주로 관심을 갖고자 한다. 이러한 본래의 불교적 용법은 약 20년 전 표준영어의 용법[1)]과도 크게 다르지 않았다. 이후 마음챙김은 새롭게 발전되었고, 여러 분야에 적용되고 변화하는 과정에서 대중적인 용법으로서 새로운 의미가 부여되었다.

초기불교의 경전 자료에 대한 나의 해석은 일반적인 해석과는 조금 다르다. 아마도 가장 중요한 것은 불교의 핵심 경전인 『염처경(Satipaṭṭhāna Sutta)』이 단순히 '마음챙김의 토대(the setting up of mindfulness)'일 뿐만 아니라, 더 나아가 '마음챙김이 토대로 하는 것(what mindfulness sets up)'에 대해서도 언급하고 있다는 점이다. 나는 경전 서두에 언급된 수행들이 마음챙김을 정의한다고 생각하지 않는다. 그것은 이미 확립된 마음챙김 대상을 가지고 하는

1) 역자주: 영어 mindfulness는 기본적으로 '마음(mind)'이 무언가로 '가득찬(be full of)' 것을 의미한다.

수행으로 이는 마음챙김을 계속 유지해야 할 대상을 먼저 배우게 한다. 뿐만 아니라 스스로 마음챙김의 대상을 새롭게 정하거나 구할 수도 있다.

내가 알기로는 마음챙김 자체는 대부분의 시간 동안 대체로 무의식적이지만 방금 언급한 종류의 수행, 즉 마음챙김이 있을 때는 의식적이고 의도적으로 몸(身), 감각(受), 그리고 마음(心)에 무슨 일이 일어나는지 알아차림으로써 마음챙김의 기능을 어느 정도 활용할 수 있다. 여기서 '마음챙김이 있을 때'란 실제 '올바른 마음챙김(right mindfulness)'이 있을 때를 뜻한다. 어떤 의미에서 보면, 마음이 항상 무언가로 가득 차 있다는 뜻에서 마음챙김은 늘 존재한다. 불교의 가르침은 훈련되지 않고, 수양이 안 된, 깨닫지 못한 마음은 쓰레기, 특히 탐욕, 증오, 망상으로 가득 차 있다는 것이다. 반면 훈련된, 수양된, 깨달은 마음은 지혜, 자비, 사랑, 연민, 그리고 평정심으로 가득 차 있으며 이런 유익한 상태와 과정들로 인해 나타나는 모든 선한 마음현상(心所)과도 같다.

그러한 '올바른 마음챙김'은 깨달은 삶을 정의하는 팔정도(또는 더 정확하게는 여덟 가지로 구성된 길)의 하나이다. 나는 고귀한 것들에 대한 네 가지 진리(사성제, 고집멸도)에서 네 번째 '도(道)'가 처음 세 가지 '고집멸(苦集滅)'의 결과라고 제안하는데, 이는 일반적으로 받아들여지는 해석에서는 다소 벗어난 것이다. 이 해석에 대한 나의 정당성은 『감성 붓다(The Feeling Buddha)』[2](Brazier 2002)에서 찾을

---

2) 역자주: 『감성 붓다: 길－목적이 있는 고귀한 삶』이라는 제목으로 2016년 국내에 번역되었다.

수 있다. 어쨌든 대부분의 권위자들은 팔정도가 붓다가 권장하는 삶의 종류에 대한 정의적인 설명이라는 데 동의할 것이다. 더 나은 것은 없다. '올바른 마음챙김'은 올바른 견해, 올바른 태도, 올바른 의도, 올바른 말, 올바른 행동, 올바른 생계, 올바른 노력, 올바른 집중과 함께 이 도(道)의 일부이다. 여기서 팔정도의 다른 부분들까지 살펴볼 필요는 없다. 이것이 불교적 관점에서 올바른 삶의 전형이라는 점을 주목하는 것만으로도 충분하다.

실용적 마음챙김은 윤리적으로 중립적인가?

실용적 마음챙김은 널리 실천되고 있다. 최근에는 대중적 심리학 영역뿐만 아니라 산업, 정치, 군대에서도 많은 관심을 받고 있다. 그것은 놀라운 속도로 우리 문화에 침투하여 현대 생활의 많은 부분에 영향을 미치고 있다. 아마도 현대의 초고속 생활에서 오는 스트레스와 우리 사회에 급속히 확산되고 있는 우울증에 대한 걱정, 그리고 과학과 영성에 대한 대중적 관념 사이의 심각한 격차에 대한 염려 등 현대사회의 수많은 문화적 우려에 대한 답변일 것이다.

마음챙김이 인기를 끌게 된 데에는 존 카밧진(Jon Kabat-Zinn)의 명성과 그의 업적이 밀접하게 관련되어 있다. 그는 불교 명상 수련회에 참석한 경험에서 마음챙김 관련 아이디어를 도출했다. 자신이 근무했던 병원의 환자들, 특히 기존 의학이 제공할만한 것이 거의 없어 보이는 환자들의 고통을 완화하기 위해 마음챙김을 적용한 것이다. 동료 의료진이 마음챙김을 받아들일 수 있도록 불교적 기원을 탈맥락화하고자 부단한 노력을 기울였다. 이 과정에서 마음챙김에 관한 상당한 재정의가 이뤄졌다. 마음챙김은 이제 '지금 여기에서 감각에 영향을 미치는 현상에 대한 의도적이고 의식적이며 비판단적인 주의'가 되었다. 이렇게 정의된 실용적 마음챙김은 '과학적 태도(scientific attitude)'와 매우 유사하다. 과학은 감각으로 감지할 수 있는 증거에 대한 비편향적인 조사에 관심을 두어야 한다. 과학의 발전은 엄청난 가치가 있음이 입증되었으며, 이는 우리 문화에서 과학과 그 방법론의 명성을 높였다. 많은 사람들이 과학적 태도에 의해 감지할 수 있는 것만이 실재하고 참된 것으로 간주할 수 있다고 믿게 되었다. 따라서 과학적 태도와 유사한 형태로 정의된 이 새로운 형태의 마음챙김은 일부 과학계에서 충분한 지지를 얻게 되었다. 그 결과 마음챙김에 대한 많은 과학적 논문이 출판되었다. 이처럼 실용적 마음챙김은 우리 문화의 중심축 중 하나인 과학계와 연결될 수 있었다.

여기까지는 좋다. 하지만 최근 몇 가지 우려가 나타나기 시작했다. 보통 과학은 가치 배제적인 활동으로 여겨진다. 과학 성과는 치료하거나 죽이는데, 건설하거나 파괴하는데, 그리고 발전시키거나 부패시키는 데 사용할 수 있다. 우리 문화가 직면한 가장 큰 딜레마는 대부분 이 사실에서 비롯된다. 과학은 인류에게 엄청난 확장을 가져다주었다. 과거에는 사망했을지 모르는 신생아들이 현재는 생존할 수 있게 되었다. 이것은 좋은 일이다. 그러나 그 결과 인류는 이제 거의 지속 불가능한 수준까지 도달했다. 과학은 석

탄, 석유, 원자력과 같은 새로운 형태의 에너지를 사용할 수 있게 해주었다. 결과적으로 많은 종류의 산업이 활성화되고 가정은 따뜻하게 유지된다. 이것도 좋다. 그러나 오염 문제는 위험한 수준에 이르렀고, 원자력 과학은 지금까지 알려진 것 중 가장 파괴적인 무기를 만들게 했다. 과학, 그보다는 거기서 파생된 기술은 인류에게 전례 없는 수준의 편리함을 준 반면, 동시에 인류의 생존을 가장 심각하게 위협하는 듯하다.

과학에 대한 논의는 여기까지로 충분하다. 그럼 마음챙김은 어떤가? 지금 일어나는 감각적이고 측정할 수 있는 것에 대한 의도적이고 의식적인 훈련은 불쾌한 의료 절차에 직면한 환자나 병적인 강박관념에서 벗어나려는 사람뿐만 아니라 저격수, 강도, 암살자, 사냥꾼에게도 가치가 있다는 것이 알려졌다. 사실, 그것은 전자보다 후자의 그룹에 더 적합할 수 있다. 알아차림(awareness)은 신중함(wariness)과 관련되며, 사람이 가장 예민하고 의식적으로 주의를 기울이는 것은 위험한 상황에 처했을 때이기 때문이다. 여기에는 자신의 잘못된 활동이 발각될 위험에 처해 있거나 파괴적인 전투에 참여한 경우도 포함된다. 실제로 실용적 마음챙김이 일반적으로 선(善)으로 간주되는 활동보다 악으로 간주되는 활동이나 그 자연적 기원에 더 밀접하게 연관되어 있을 가능성은 없는가? 그 대답이 무엇이든 간에, 이것은 우리의 주의를 끌 만한 분명한 대답을 가진 질문이다. 이 간단한 사실은 이제 우리가 새로운 실용적 마음챙김의 윤리적 기준이 무엇인지를 신중하게 고려하게 만든다.

실용적 마음챙김은 윤리적 중립을 주장하는 것처럼 보이기 때문에 윤리적 스펙트럼 전체에 걸쳐있는 여러 목적을 위해 사용될 수 있다. 이것은 올바른 마음챙김에 관한 원래의 불교적 형태는 아니다. 우리 사회에서 실용적 마음챙김이 수용되는 과정이 이런 변화를 가져왔다. 그러나 그 과정에서 원본의 다른 측면들도 함께 사라지거나 변경되었다.

분명 윤리적 중립성에 대한 주장은 그 자체로 비판의 여지가 있다. 그 기술은 아마도 살인, 절도 등에 관한 윤리성이나 다른 측면에서는 중립적일 수 있지만, 그렇다고 해서 가치의 영향에서 완전히 벗어났다는 것을 의미하지는 않는다. 그것은 과학적 태도 자체에 내재한 가치를 지니고 있으며, 의식, 감각적 경험, '지금 여기(here and now)'에 존재함, 신중함, 그리고 주의에 대한 평가와 같은 판단을 수반한다. 이 가치들은 모두 일반적으로 우리 문화에서 확립된 것들이며, 실용적 마음챙김의 출현은 분명한 추가검증을 필요로 한다. 그러나 이들은 모두 논쟁의 여지가 있는 가치들이다.

또한 불교에 대한 서구의 현대적 해석은 일반적으로 후자의 가치들(과학적 태도 자체에 내제한 가치들)이 불교 메시지의 본질적이고 중심적인 부분이라고 받아들이는 경향이 있음도 주목할 만하다. 암묵적인 서구적 가치와 불교 교리의 명백한 특징이 외견상 일치하는 것처럼 보이는 것은 불교가 서구 사회의 일정 부문에서 호의를 얻을 수 있었던 이유 중 하나였다. 그러나 이것이 불교에 대한 오해가 아닌지, 혹은 서구의 가정에 따른 불교에 대한 무의식적인 강요는 아니었는지 의문이다. 의식, 합리성, 숙고, 즉각성에 대한 서구의 편견 자체가 무의식적이고 비합리적이며 인정받기 어려울 뿐 아니라 이것이 긴 역사적 뿌리를 두고 있다는 사실도 모순적이다.

마음챙김, 알아차림, 탐구

살라야타나(육처)의 해설이라는 경전(『살라야타나 숫따(Salāyatana Sutta)』(MN 137)에서는 마음챙김이 확립된 좋은 스승은 만족하든 않든 흔들리지 않는 사람이라고 설명한다. 그는 자비심에서 나온 가르침을 준다. 만약 사람들이 그들을 따른다면, 그는 만족할 것이고, 그렇지 않는다면 실망할 것이다. 하지만, 어느 경우든, 그는 흔들리지 않는다. 이것은 무엇을 의미하는가? 확실히 원하는 결과를 얻거나 그렇지 못하는 것에 대한 즉각적인 만족이나 불만이 있을 수 있지만, 안정감을 주는 장기적인 관점도 있다는 것이다. 마음챙김은 '큰 마음(big mind)' 즉 더 넓은 관점에 가깝다. 마음이 크거나 마음이 넓은 사람은 많은 일을 순조롭게 헤쳐나갈 수 있고, 성공과 실패에 동요하지 않는다. 그것은 키플링(Kipling)의 시에 나오는 충고와 같다. "만약 당신이 승리와 재앙을 마주하고, 그 두 사기꾼을 똑같이 대할 수 있다면…" 마음챙김은 본래의 불교적 의미에서, 더욱 장기적인 관점에 기반한 안정된 마음의 토대이다. 그것은 즉각적인 것으로는 얻을 수 없는 마음이며, 즉각적인 현상의 이면을 꿰뚫어 본다. 많은 불교 가르침의 중심이며 종종 '지혜'로 번역되는 'Prajñā(반야)'라는 용어는 그리스어 'diagnosis(진단)'와 그 어원이 같다. 문자 그대로 '꿰뚫어' 또는 '저 너머를 보는' 능력을 의미한다. 이러한 능력은 장기적인 관점의 마음챙김에 달려 있다. 붓다는 사람들을 건강하지 못한 삶으로 이끄는 무지한 가정에 우리가 속을까봐 염려한다.

이상적인 불교도는 "마음챙김을 확립한다."(MN 69.14). 만약 그에게 마음챙김이 확립되어 있지 않다면, 아무것도 배우지 못했다는 비판을 받을 것이다(MN 69.14). 마음챙김을 확립했다는 것은 무엇을 의미하는가? 그것은 "오래전에 행한 일과 말한 것을 기억해 내고 회상한다."(MN 53. 16)는 것을 의미한다. 그는 이런 오래된 지혜의 마음챙김과 함께 알아차림을 수행한다. 알아차림은 마음챙김의 주인이 아니라 하인이다. 따라서 수행자는 "마음챙기고 알아차린다(mindful and aware)"라고 언급된다. 경전은 종종 이 두 용어를 함께 사용하는데, 여기에는 중복되는 것이 없다. 이들은 동의어가 아니며, 함께 작동하도록 고안된 별도의 기능이다.

알아차림(awareness)은 두 가지 방식으로 마음챙김(mindfulness)과 함께 기능한다. 첫째, 보호와 통제로서, 우리는 마음챙김에서 멀어질 위험을 깨닫기 위해 알아차림을 한다. 『메추라기 비유의 경』(MN 66)에서 붓다는 다양한 비유를 통해 사람은 사소한 것에 강하게 집착할 수도 있고 그리 집착하지 않을 수도 있으며, 중요한 것이지만 그렇게 집착하지 않을 수도 있고, 반대로 강하게 집착할 수도 있음을 설명한다. 사람들이 종종 이 문제에 대해 잘못 생각하고 있으며, 자신의 집착이 강하기 때문에 그 대상이 강하거나 약하다고 생각한다는 점을 지적한다. 이어서 대상에 대한 집착이 강하든 약하든 그 사람은 여전히 '속박되어 있다'고 말한다. 따라서 그는 두 가지 요점을 말하고 있다. 첫째, 완전히 집착하지 않는 것만이 진정한 해탈이다. 둘째, 집착하는 사람 중에서도 집착하는 것이 무엇이냐보다는 집착의 정도가 강한지 약한지에 따라 더 나은 상태와 그렇지 않은 상태가 있다. 그는 해탈에 가장 가까운 사람은 무엇인가에 집착하고 있다는 것을 알아차렸을 때, 마치 열이 물방울을 증발시키듯이 마음챙김의 과정을 통해 집착이 사라지게 할 수 있다는 것을 보여준다. 이러한 사람은 아직 여러 종류의 집착에 취약하기 때문에 완전히 깨달은 것은 아니다. 하지만 집착하고 있음을 알아차렸을 때, 배운 것을 기억하고 회상하며 그것을 극복할 수 있다. 이런 기억과 회상이 바로 마음챙김이다.

알아차림이 마음챙김과 함께 기능하는 두 번째 방식은 살핌(investigation)을 돕는 것이다. 『살라야따나 숫따』(MN 137)로 돌아가면, '수행자는 내적인 탐구를 하고 닦는다'고 설명한다. 특히 이 경전에서 그는 기쁨, 슬픔, 그리고 평정심이라는 3가지 마음을 일으키는 대상을 탐구(exploration)한다. 이는 명상의 '첫 번째 선정(first dhyāna)' 단계이다. 우리에게는 6개의 감각이 있기 때문에, 이것은 18개의 가능성을 제공한다. 그러나 18개 각각에 집착(attachment)과 단념(renunciation)의 두 가지 태도가 가능하므로, 붓다는 36처(處)라고 불렀다. 집착의 태도는 "마음의 대상(mind-object)을 초월할 수 없는 것"(MN 137, 14)에서 비롯된다. 즉 지혜의 부족은 마음챙김이 부족하기 때문이다. 마음챙김은 마음의 대상에 대한 알아차림을 의미하는 것이 아니라 그 알아차림과 관련된 지혜를 말한다.

'살라야따나(P. Salāyatana, 六處)'라는 용어는 보통 '6가지 감각'으로 번역되며, 살라야따나를 가리킨다. 그러나 문자 그대로 해석하면 '통제할 수 없는 6가지'를 의미한다. 이 경에서 이야기하고 있는 것은 제어할 수 있는 것과 제어할 수 없는 것에 관한 것이다. 대상이 감각에 영향을 미치는 것을 막는 것은 불가능하다. 그러나 영향력의 정도에 따른 자신의 행동을 통제하는 것은 가능하다. 그 감각된 것들(impressions)은 사람을 집착 또는 비집착으로 이끌 수 있고, 궁극적으로는 집착에서 벗어남으로써 '웨다나(P. vedanā, 受, 감각/느낌)'와 '삼즈냐(P. saṃjñā, 想, 지각/심리적 형성)'를 버리게 할 수 있다(MN 137, 26). 즉 평범한 인간이 그를 둘러싼 세계에 사로잡히고 도취되는 방식을 버리는 것이며, 마음챙김이 그 차이를 만든다. 붓다가 사물을 보았듯이 자기 감각에 미치는 영향을 알아차리는 주된 가치는 우리가 집착에 빠지지 않게 해준다는 것이다. 이런 알아차림이 무상에 대한 마음챙김(mindfulness of impermanence)과 결합하게 되면, 우리는 현혹되지 않고 해탈할 수 있다. 마음챙김은 지혜의 요소로, 알아차림과 결합하여 기능하면서 우리를 해탈(liberation)로 이끈다.

마음챙김은 깨달음의 7가지 요소(七覺支) 중 첫 번째인데, 그 이유는 다른 요소들이 그것에서 비롯되었다고 볼 수 있기 때문이다. 『입출식념경(入出息念經, Ānāpānasati Sutta)』(MN 118, 29-40)에 따르면 각각의 요소가 다음 요소를 발생시킨다. 여기서 기본적인 요점은 만약 사람이 훈련을 받지 않고 성찰하지 않는다면, 즉각적이고 표면적인 인상(immediate, superficial impressions)에 사로잡혀 영원한 구원(permanent succor)을 보장하지 않는 무상(無常)한 것들에 집착하기 쉽다는 것이다. 경청(hearing)과 살핌(investigation)과 현명한 성찰(wise reflection)을 통해 배웠던 것을 잊지 않고 챙김으로써, 이런 식의 덫에 빠지는 것을 피할 수 있다. 그러므로 마음챙김과 살핌은 서로에게 도움이 된다. 마음챙김이 확립되면, 사람은 살피기 시작한다. 살핌은 마음챙김을 더욱 깊게 하는 이해(앎)를 낳는다. 무상함을 의식하고 감각 현상을 탐구하며, 그것이 영원하지 않고 신뢰할 수 없다는 것을 알게 된다. 이 경험적인 확인은 마음챙김을 강화한다. 알아차림(awareness)과 주의(attention)는 살핌(investigation)에서 유용한 역할을 한다. 하지만 그것들이 결과적으로 이해를 완전히 구성하거나 그 이해에 있어서 가장 중요한 지속적인 마음챙김을 완전히 구성하는 것은 아니다.

단순한 의미에서, 우리는 이러한 탐구와 살핌이 사물의 작용원리를 알아내는 것이라고 말할 수 있다. 이는 사물이 단순히 현재의 순간에 어떻게 발생하는지를 의미하는 것이 아니라, 때때로 현혹될 수 있는 현재 상태가 아닌, 장기간에 걸쳐 더 깊은 어떤 영적 법칙에 따라 어떻게 발생하는 지를 의미한다. "지혜로운 자(wise man)"(MN 129. 30)는 조용히 성찰할 때, "그의 과거 선행이 그를 덮고, 감싸고, 안아주고 있다."라고 알게 된다. 그리고 "나는 악하고 잔인하고 사악한 행동을 하지 않았다. 나는 선하고 온전한 것을 행하였다. 나는 괴로움을 피할 은신처를 마련해 두었다."라고 생각한다. 그리고 그는 죽으면 좋은 운명을 맞이할 것을 안다. 이것은

"지혜로운 자가 지금 여기에서 느끼는 일종의 즐거움이자 기쁨" (MN 129. 30)이다.

우리는 이 대목에서 설명하고 있는 것이 지금 여기에만 국한된 주의(attention)가 아니라, 오히려 지금 여기에서 만족을 가져다주는 성찰임을 알 수 있다. '지금 여기(here and now)'는 한순간을 의미하는 것이 아니라 인생의 현재 단계를 가리키는 것이다. 그것은 기쁨과 만족을 가져다주는 일에 대한 전반적인 분위기나 배경을 의미한다. 우리는 또한 사이클(cycle)이 있다는 것을 알고 있다. 관찰(알아차림)과 회상(마음챙김)은 무상과 그 결과에 대한 이해를 돕고, 이 이해(반야)는 우리가 자연스럽게 윤리라고 부르는 행동을 지향하도록 알려준다. 윤리적 행동은 성찰하는 것(마음챙김)이며, 이는 만족과 안녕을 가져온다. 마음이 행복하고 안녕하면 알아차림과 성찰(반조)이 더 쉽게 다가온다. 따라서 배우고 성장하는 과정은 자기 강화의 사이클(cycle)이다. 의미상 그 반대도 사실이다. 해로운 행동에 휘말릴수록 마음이 어지럽고 성찰은 더 어려워지며 실수가 잦아진다. 따라서 우리는 올바른 행동이 올바른 마음챙김의 기초이며 그 반대도 마찬가지임을 이해해야 한다.

염처경(念處經, Satipaṭṭhāna Sutta)

현대의 마음챙김 수행자들이 주로 사용하는 불교 문헌은 『염처경(Satipaṭṭhāna Sutta)』(MN 10)이다. 그러므로 그것을 좀 더 폭넓게 살펴볼 가치가 있다.

마음챙김을 활성화하는 것과 마음챙김이 활성화하는 것

우선 경전의 제목을 살펴보자. '사띠(sati)'라는 단어는 빠알리어이다. 산스끄리뜨어로는 '스무르띠(smṛti)'에 해당한다. 그것은 마음챙김(mindfulness)을 의미한다. 그것은 기억(remembrance)을 의미하는 단어에서 유래했다. '빳타나(P. paṭṭhāna)'는 활성화(activation)를 의미한다. 그래서 경전의 제목은 종종 '마음챙김의 설정(The Setting up of Mindfulness)'으로 번역된다. 우리는 많은 불교 가르침과 마찬가지로 그것을 원형으로 받아들일 수 있다. 여기서 가르치는 것은 마음챙김을 설정하고 마음챙김에 의해 설정되며, 마음챙김을 활성화하고 마음챙김에 의해 활성화된다. 이것이 불교적 방법의 보편적이고 핵심적인 탐구 방식이다.

이 경전은 매우 중요하다. 대부분의 경전이 붓다와 방문자 사이에서 즉석으로 일어난 대화를 기록하거나 어떤 상황에 대한 붓다의 반응을 기록한 것이다. 그러나 몇몇 경전들은 강의나 설법을 기록하고 있다. 『염처경』은 후자에 속하며, 붓다가 제자들을 불러 모아 중요한 것을 설명한다. 이 경전의 2절에서는 "이것이 모든 존재를 정화할 직접적인 길(This is the direct path for the purification of beings)"이라고 선언한다. 붓다가 가르친 37가지 항목(37助道品, 혹은 37菩提分法) 중에서 이것(사념처)이 먼저고, 팔정도(올바른 마음챙김도 포함)가 그 마지막이다. 수행법 전체는 마음챙김에서 시작하여 팔정도에서 절정에 이른다. 그러므로 이것이 중요하다는 것은 의심의 여지가 없다.

경전의 3절에서는 그 문제를 요약한다. 몸(身)을 있는 그대로의 몸으로 보고, 웨다나(P. vedanā, 受)를 웨다나로 보고, 찟따(P. citta, 心)를 있는 그대로 찟따로 보고, 담마(P. dhamma, 法)를 있는 그대로 담마로 보는 것이다. 정확한 번역은 논쟁의 여지가 있기 때문에 나는 여기에 세 가지 용어를 번역하지 않은 채 남겨두었다. 우리는 그것들의 본래 의미가 무엇이었는지 파악하려고 노력하는 것이 더 낫다. 일반적으로 각각 '느낌(feelings)', '마음(mind)', '마음 대상(mind-objects)'으로 번역되지만, 이 표현들은 문제가 있다.

따라서 이 경전이 수행자에게 제시한 목적은 사물을 있는 그대로, 특히 기능적인 것으로서 무상(無常, impermanence)과 연기(緣起, 인과관계성, causality-consequentiality)로 특징지어지는 것들을 인식하는 것이다. 그렇게 하는 것이 '존재를 정화하는' 방법이기 때문에 우리는 이것이 본질적으로 윤리적인 작업이라고 받아들일 수 있다. 그것이 바로 마음챙김의 목적이다.

열의를 가지고 마음을 챙기며 알아차리기

또한 붓다는 보는 행위들(acts of seeing) 각각에 이 세 가지 특성을 연결한다. 즉 그 행위들은 '열의를 가지고(ardent)', '알아차리고(aware)', '마음챙기는(mindful)' 방식으로 이루어져야 한다(MN 10, 3). 이 세 가지 특성에 대해 최근에는 'mindful'과 'aware'를 동의어로 취급하는 경향이 있다. 나는 이것에 대한 어떤 정당성도 찾을 수 없다. 'ardent'와 'aware'도 동의어가 아니다. 물론 붓다는 이 세 가지를 중요 경전에 나열함으로써 서로 다른 것들을 함께 모아 놓으려는 의도를 가지고 있다. 우리는 또한 경전의 이 부분이 열의, 알아차림 및 마음챙김의 계발에도 기여하지만, 항상 이들이 이미 확립된 상태에서 수행된다는 것도 알 수 있다. 이것이 위에서 언급한 가르침의 순환적(circular) 의미이다. 만약 무언가 있다면, 이 가르침은 이들 수행이 마음챙김의 기반이 되는 것이 아니라 오히려 마음챙김이 이들 수행의 기반이 되는 것임을 강조한다. 이것은 다음 구절에서 분명히 드러난다.

몸은 몸일 뿐

4절에서 붓다는 몸을 몸으로 관조하는 것에 관해 이야기하기 시작한다. 수행자는 "숲으로 가거나" 혹은 텅 빈 곳에 가서, 빈틈없는 자세로 앉아, "그의 앞에서 마음챙김을 확립하고", "마음챙기며 숨을 쉰다." 여기서 분명한 요점은 그가 호흡을 성찰해야 한다는 것이다. 여기서 마음챙김은 단순한 알아차림(awareness)이 아닌 성찰(reflection)이다. 그것은 순수한 주의(bare attention)라기보다는 사유(thought)의 본질에 해당한다. 여기서 사유는 이미 주어진 가르침을 기억하는 것과 현재 경험에 대한 새로운 탐색이 혼재된 것이다. 이러한 방식으로 수행자는 어느 정도 통제력을 습득하게 될 것이다. 여기서 마음챙김은 '숙련된 선반공'이 돌아가는 선반 위에서 나무 제품을 만드는 방법을 제어하는 것처럼 '몸의 작용(P. kāyasaṅkhāra)'을 제어하기 위해 몸의 기능을 이해하는 것을 의미한다(MN 10, 4). 무슨 의미가 있으며, 왜 이 특별한 비유를 사용하는가? 까야(P. kāya)는 몸이고 상카라(P. saṅkhāra)는 심리적 형성작용이다. 까야상카라는 우리가 몸 안에서 일어나는 일에 기초하여 마음속을 확인하는 것이다.

마음과 몸 사이에는 밀접한 연관성이 있으며, 이것은 우리가 호흡에 주의를 기울일 때 특히 분명해진다. 호흡 과정은 교감신경계와 부교감신경계 모두가 참여하기 때문이다. 결과적으로 호흡은 의식적인 주의를 기울일 필요 없이 지속되지만, 의식의 상태에도 즉시 반응한다. 겁을 먹으면 숨이 가빠진다. 기쁘거나 슬플 때, 재미있을 때, 호흡은 그것을 반영한다. 그러므로 호흡에 대한 연구는 몸과 마음의 연결에 대한 많은 것을 밝혀준다. 붓다는 왜 우리가 이것을 배우기를 원할까? 우리의 마음(heart-mind)에서 만드는 것을 통제할 수 있기 때문이다. 선반은 좋은 비유이다. 선반은 힘에 의해 움직이지만, 어떤 것을 조잡하고 무익하며 쓸모없는 것을 만들지, 유익하고 쓸모 있고 아름다운 것을 만들지는 장인의 기술에 달려 있다. 몸은 우리의 마음에 힘을 주지만, 마음으로 무언가를 기능적이고 아름답게 만드는 기술을 계발하는 것은 우리에게 달려 있다. 이것은 마음챙김이 무엇을 의미하는지를 보여주는 또 다른 방법이다. 이러한 탐구는 마음을 숙달하는 기술로 이어져 유용하고 아름다운 것들을 만든다. 불교적인 관점에서 아름답고 유용한 마음은 자연스럽게 선한 것이다. 자연스럽고 자발적인 방식으로 도덕적이지만, 규칙을 준수한다는 의미로 보면 윤리적인 것은 아니다.

5절에서는 우리에게 몸에 관한 객관적 진실에 도달하라고 말한다. 우리는 이 몸이 단지 몸일 뿐이라는 사실을 잊지 않고 챙기면서(mindful) 무주성(independence)을 얻고 '집착'에서 자유로워진다

(MN 10, 5). 이것은 긴장의 이완을 위해 몸의 상태를 알아차리는 것과 다르다. 후자(긴장의 이완)는 좋은 경험이고 가치 있는 일이지만, 이 경전에서 언급하는 것은 아니다. 이 경전에서 중요한 것은 고귀한 방식으로 집착을 떼어낼 수 있는 마음챙김을 성취하는 것이다. 몸은 단지 몸일 뿐이다. 이런 점에서 내 몸은 남의 몸과 다를 바가 없다. 언젠가는 죽을 것이다. 그 일부는 부패한다. 무상(無常)한 것이다. 이러한 무상한 것에 대한 성찰이 마음챙김이다. 그것은 우리에게 평정심(equanimity)을 제공한다. 그러한 평정심은 사람들이 선하고 건전한 일을 하는데 용기를 내도록 한다. 그리고 인생의 과정에서 굴곡이 있을 때나, 사회적 압력이나 조작, 자아도취적 불안 또는 다른 형태의 도덕적 약점이 있을 때도 인생의 경로에서 벗어나지 않도록 한다.

6절부터 9절까지 우리는 호흡의 관찰뿐만 아니라 몸의 모든 움직임을 관찰함으로써 그러한 지식에 도달할 수 있다는 것을 배운다. 이를 위해서는 예리한 알아차림이 필요하다. 따라서 올바른 방법으로 이 가르침을 이해하는 것이 중요하다. 알아차림은 배우고 이해하는 데 도움이 된다. 그리고 우리가 배우고 이해하는 것들은 그때 마음챙김하는 것들이다. 우리는 마음챙기면서 계속해서 더 많이 배우고 이해하게 된다. 이것이 올바른 방식으로 돌아가는 것이다. 알아차림이 대상이고 알아차림 자체가 마음챙김을 구성한다는 생각은 마치 그릇을 만드는 것이 선반의 동력인 양 장인의 기술(마음가짐)을 무시한 채 잘못된 방향으로 가르침을 돌리는 것과 같다. 마음챙김은 아름다운 마음을 만들어내는 기술이다.

10~31절에서는 그 목적이 배움과 이해의 한 형태라는 사실을 잘 알 수 있다. 10절과 11절에서 우리는 신체의 구성요소, 장기, 체액 및 그 내용물, "고름, 피, 땀, 지방, 눈물, 유분, 침 등"을 관찰한다. 이들은 몸을 해부하지 않는 한 직접적인 감각 대상은 아니다. 이것은 단순히 지금 이 순간에 감각하는 인식의 문제가 아니다. 그것은 일정 기간의 연구와 관찰을 통해 알게 된 것에 대한 성찰의 문제이다. 12절과 13절에서는 그 문제를 훨씬 더 개념적으로 다루는데, 흙, 물, 불, 공기의 사대(四大)로 몸을 생각한다. 이것은 객관적인 성찰을 돕는 인지적 훈련이다. 그러나 인지만으로는 충분하지 않다. 이 문제 또한 경험적이어야 한다. 14절에서 30절까지는 붓다가 우리를 납골당에 보내서 죽은 자의 시체가 부패하는 단계를 관찰하게 한다. 붓다의 목적은 분명하다. 우리에게 중요한 점을 파악하도록 한 것이다. 그것은 영원하길 바랬던 몸이 무상하고 불완전하다는 것이다. 왜냐하면 그것을 염두에 두는 것이, 새로운 관점을 제공하기 때문이다. 그리고 위험에 직면하거나 도덕적 약점 때문에 부정당한 행동을 하는 것을 피할 수 있게 해줄 것이다. 그는 육신의 안락을 위해 영혼을 파는 것이 가치가 없음을 보여줌으로써 우리의 도덕성을 강화시킨다. 이것은 도덕에 관한 실습이다.

인식과 심리적 형성

32절에서 우리는 웨다나(P. vedanā, 受)를 단지 웨다나로 관찰한다. 일반적으로, 웨다나는 '느낌(feelings)'으로 번역된다. 그것은 종종 자극에 대한 즉각적인 반응을 말한다. 우리가 어떤 것을 의식하게 되면 그 의식은 색깔을 띠게 된다. 그것은 가치를 가지고 있다. 우리는 초콜릿케이크를 보고 매력을 느낄 것이다. 하지만 파리 떼가 초콜릿케이크 위에서 내려오는 것을 본다면 거부감을 느낄 것이다. 또 한 예로 우연히 고개를 돌려 창밖의 잔디밭을 바라본다면, 아마도 특별한 느낌없이 고요함을 느낄 것이다. 이러한 느낌의 상당 부분이 몸에서 일어나기 때문에, 이 부분은 물론 앞서 말한 것들과 관련이 있다. 그러나 마음과 전혀 무관한 것은 아니다. 웨다나라는 단어는 문자 그대로 '(감각적) 인식(knowingness)'을 뜻한다. 그것은 우리가 어떤 것을 이러저러한 것으로 인식하기 때문이며, 우리의 의식이 이미 축적된 연상 더미를 가지고 특정 방식으로 대상을 채색하기 때문이다. 만약 초콜릿케이크와 유일한 연관성이 누군가가 다치거나 굴욕을 당한 경우라면, 그 사람의 초기 반응은 매력이 아니라 혐오와 두려움이었을 것이다. 그러므로 32절과 33절에서 붓다는 그러한 인식(앎)이 어떻게 자의적이고 인위적으로 생겨나는가에 대해 이해하기를 원한다. 케이크가 본질적으로 매력적인 것은 아니다. 매력은 보는 사람의 눈에 달려있다. 파리가 본질적으로 혐오스럽거나 잔디가 중립적인 것도 아니다. 그것은 모두 마음, 특히 상카라(P. saṅkhāra, 行)에 있다. 붓다는 우리가 상카라의 비실체성을 이해하고, 단지 우리 자신의 구성물인 것들을 실체로서 받아들이는 것의 위험성을 잘 알기를 원한다. 우리가 염두에 두어야 할 것은 이 비실체성(insubstantiality)과 불확실성(unreliability)이다. 이런 식으로 마음챙김을 한다면 우리는 편견으로부터 자유로워지고 사물의 원래 모습을 볼 수 있으며, 올바른 견해를 갖고 첫인상에 사로잡히지 않을 것이다.

따라서 여기서의 수행은 우리에게 몸의 불확실성과 (몸에 대한) 인식에 기초한 느낌의 덧없음 뿐만 아니라 마음 자체의 불확실성을 보여준다. 34절과 35절을 통해 우리는 마음이 단지 마음일 뿐이라는 사실을 탐구한다. 여기서 마음이라는 용어는 찟따(P. citta)이다. 그것은 영어의 'mind'와 다른 의미이다. 찟따의 기본 개념은 대상에 대해 지각하고 인지적으로 포착하는 것이다. 그러한 인지는 우리가 흔히 정서(emotion)라고 생각하는 특정한 색깔(coloring)을 갖는 인지(cognition)이다. 찟따는 항상 현실이든 상상이든 어떤 대상을 가지고 있으며, 그 대상에 대해 행복, 분노, 슬픔, 열정 등으로 반응한다. 대부분의 마음의 대상에서, 색깔은 친숙하고 당연하게 여겨지기 때문에 거의 주목받지 못하고 있다. 따라서 우리는 이 색깔이 대상 자체의 일부라고 가정하는 경향이 있지만, 사실, 그것은 지각하는 마음의 구성인 상카라(行)의 일부이다. 그래서 여기서 수행자가 알아야 할 것은 그의 내부 카메라가 편향되어 있다는 것, 그리고 그것이 대상(사물)을 포착하는 방식은 대상 그 자체가 어떻게 보이느냐가 아니라 찟따 자체에 의해 구성된 색깔을 포함한다는 것이다. 가장 기본적인 색깔은 좋거나(끌림) 싫거나(거부)이다. 좀 더 대중적이고 통속적인 말로는, 욕정(lust)과 증오(hate)이다. 이 경전은 수행자가 이해할 수 있도록 이러한 요점을 연속해서 다루고 있다.

우선, 누군가 찟따가 욕정과 증오로 인해 오염되었는지 여부를 인지하는 법을 배우고, 그런 다음 망상(delusion)에 오염되었는지 여부를 확인한다. 여기서 망상은 한편으로는 자만과 오만을, 다른 한편으로는 낙담과 자기 비하를 의미한다. 모두가 자신의 실제 모습보다 더 중요하게 여기는 것들이다. 이 세상에 존재하는 대상들은 대부분 자신에 대한 참조가 아니라 그들 자신만의 이유로 존재한다. 탐욕, 증오, 망상의 세 가지 중 어느 것에 의해 마음이 오염된다면, 그것(존재)은 고정되거나 위축된다. 수행자는 이러한 일들을 어떻게 인지할 것인지를 배워야 한다. 그는 그것의 중요성을 잊지 않고 챙기기 때문에 그 기법을 배우게 된다. 그리고 그것을 배우는 것은 이후의 마음챙김을 용이하게 한다. 또한, 마음이 어떤 대상에 고착되어 있을 때, 그 대상에 의해 쉽게 산만해진다. 그러므로 수행자는 또한 비슷하게 산만함을 인지하는 법을 배운다.

누군가 찟따의 이러한 잘못된 기능을 인지하는 것을 배울 때, 그는 순수한 방식으로 찟따가 기능하는지를 인지할 수 있는 위치에 있을 것이다. 고귀한 것과 고귀하지 않은 것, 집중된 것과 집중되지 않은 것, 자유로운 것과 구속된 것을 구별할 수 있을 것이다. 따라서 수행자는 찟따가 무엇을 하는지를 알아차리는 데 능숙해진다. 무주성(independence)과 무집착(non–clinging)은 마음이 단지 마음일 뿐이며, 마음이 할 일을 한다는 마음챙김에서 비롯된다. 찟따는 일어나서, 잠시 지속하다가, 다른 색깔을 가진 다른 대상을 발견하면서 사라진다. 우리는 이것이 어느 정도의 통제가 가능하다는 것을 배우지만, 마음은 하나의 대상을 그리고 그 다음 대상을 자연스럽게 비추며, 그 다음 다른 대상에 대해서도 그렇게 한다. 이것이 자연스럽게 일어나는 방식을 마음챙김하면, 찟따를 동일시하는 일이 약해진다. 찟따는 단지 옵션을 제공하는 유용한 기능이 된다. 우리에게 모든 옵션을 선택할 의무는 없다. 찟따가 부과하는 모든 색깔을 믿어야 할 의무도 없다. "그것이 수행자가 찟따를 찟따로 관찰하는 것에 머무는 방법이다."(MN 10, 35).

다르마 관찰(명상)

36절에서 45절까지는 담마(P. dhamma)에 대한 관찰(명상)에 관한 것이다. 이것은 경전의 최고점에 해당한다. 마음챙거서 담마를 관찰하며, 담마에 대한 관찰이 마음챙김이다. 불교에서 마음챙김은 마음을 담마로 가득 채우는 것이다. 담마는 무엇인가? 담마는 근본적인 것이다. 불교의 많은 해석에서 '담마(S. dharma)'라는 단어가 여러 의미를 갖지만, 나는 동의하지 않는다. 담마는 근본적인 것을 의미한다. 영어로 된 불교 서적에서는 붓다의 가르침을 언급할 때는 흔히 산스끄리뜨어로서 대문자 다르마(Dharma)를 쓴다. 반면에 '마음의 대상(mind-objects)'과 같이 쓰거나, 세상의 사물을 언급할 때는 첫 글자가 소문자인 담마(dhamma) 또는 다르마(dharma)를 쓰는 관습이 있다. 그러나 이것들은 모두 단순한 기본 사례들이다. 붓다는 근본을 지적하고 가르쳤다. 그는 우리에게 겉모습에 속지 말고, 무엇이 진실이며 근본적인 것인지 보라고 가르쳤다. 불교는 보다 깊고 근본적인 관점을 깨닫는 것이다. '근본주의자(fundamentalist)'라는 단어가 현대 담론에서 그렇게 부정적인 색채를 띠게 된 것은 불행한 일이다. 왜냐하면 문자 그대로, 평이하고 채색되지 않은 영어의 사용에서 다르마는 근본주의이며, 근본이 무엇인지에 대한 가르침이며, 실용적인 수준에서 무엇이 정말 근본적인 것인지 탐구하는 중요성과 방법론에 대한 가르침이기 때문이다.

그래서 이 경전의 최고점에 해당하는 이 절은 근본적인 것과 관련이 있다. 그리고 자기 삶에서부터 확장하여 다른 사람들의 삶에 이르기까지, 무엇이 그렇게 근본적인 것으로 인식되고 이해된 것인지, 그리고 발견되고 탐구된 것인지를 알아차리는 다양한 방식들과 관련이 있다. 왜일까? 그렇게 함으로써 한편으로는 망상에 빠지거나 욕정에 사로잡히지 않고 다른 한편으로는 타인을 깊이 이해하고 자비심을 가질 수 있기 때문이다. 이러한 다양한 탐구 방식들은 붓다가 제시한 주요한 방법과 형식이며, 불교도들이 잊지 않고 챙겨야 할 것들이다. 5가지 장애물(five hindrances, 五蓋)(MN 10, 36), 스칸다(P. skandhas, 蘊, MN 10, 38), 감각 의식(根)과 그 대상(境)과의 관계(MN 10, 40), 7가지 깨달음의 요소(七覺支, MN 10, 42), 성스러운 4가지 진리(四聖諦, MN 10, 44)가 그것이다. 이 장에서는 각 항목에 대해 자세히 설명할 여유가 없다. 그들을 언급하려면 각각의 요소마다 적어도 한 챕터 이상의 분량이 필요할 것이다. 이 항목들이 불교의 핵심 가르침이라고 해도 충분하다. 이 항목들은 일상적인 의미에서 지금 여기의 관심 대상은 아니며, 경험적, 성찰적, 증거 기반, 철학적, 영적 탐구, 분석 및 이해를 위한 프로토콜이다. 이들은 반야로 가는 길 혹은 입구이다. 또한 대상의 기만적이고 매력적인 표면 아래에서 삶의 근본으로 들어가는 통로이다. 확고한 기반 위에 자신을 두는 것은 불교의 가르침이고 믿음의 근본이다. 그렇게 확립된 사람은 해탈하게 된다. 해탈은 자연스럽게 삶을 더 큰 지혜, 올바른 집중력, 올바른 생각, 올바른 말, 그리고 올바른 행동으로 유도하므로 이는 근본적으로 윤리적이다. 그것은 단순한 순응(compliance)이 아닌 윤리성으로 이어진다.

아나빠나사띠

우리를 가장 매료시키는 것은 자기 참조(self-reference)를 암시하는 것들이다. 붓다의 방법은 우리가 더 객관적이고, 따라서 평정심(equanimity)을 갖도록 도와준다. 평정심은 불교적인 방식에 분명히 필수적이다. 예기치 않은 일이 일어날 때 평정심의 정도를 확인할 수 있다. 어떤 것이 깨지거나 실패하거나 '잘못될' 때, 그 사람이 평정심을 가지고 있는지 아닌지가 분명해진다. 평정심은 삶의 모든 시간적 배경이다. 그것은 우리가 주의를 기울일 때만 존재하는 것이 아니다. 인생은 괴로움(P. dukkha)으로 가득 차 있다. 둑카는 종종 예기치 않게 그리고 개인적인 통제를 벗어난 방식으로 발생한다. 태어남, 병듦, 늙음, 죽음, 사랑하는 것과 이별, 혐오하는 것과 만남, 그리고 둑카를 구성하는 모든 것들, 그것들은 대부분 우리의 통제 밖에서 발생한다.

그러므로 『라훌라에 대한 충고 경(Mahārāhulovāda Sutta)』(MN 62)에서 라훌라는 아나빠나사띠에 대해 묻는다. 아나빠나사띠는 '들숨과 날숨에 대한 마음챙김(breathing in and out mindfulness)'을 의미한다. 일반적으로 호흡에 주의를 기울이는 훈련을 말한다. 그러나 라훌라가 아나빠나사띠를 어떻게 하는지 구체적으로 묻는 이 경전에서 호흡에 대한 주의는 잠깐 언급되었을 뿐이며, 사실 나중에 추가되었을 수도 있다는 점은 주목할 만하다. 그렇다면 우리는 어떻게 아나빠나사띠를 이해해야 할까? 아마도 '항상 마음챙김(all the time mindfulness)'일 것이다. 숨을 들이쉬고 내쉬는 것은 의식적이든 무의식적이든, 생명이 지속되는 한 결코 멈추지 않는다. 붓다는 우리가 멈추지 않는 마음챙김을 갖길 원한다. 라훌라는 이것이 어떻게 가능한지 알고 싶어했다. 그 의미는 확실히, 마음챙김은 호흡과 마찬가지로 의식적이든 무의식적이든 계속되어야 한다는 것이다. 이것이 어떻게 가능한 것인가? 여기서 마음챙김은 마음(mind or heart)에 잘 확립되어 있는 것과 관련되기 때문이다. 어떤 것을 완전히 안다면, 그 지식은 그것에 주의를 기울이는 것을 멈추라고 해서 사라지지 않는다. 그 목적은 분명 단순하게 주의를 기울이는 능력이 아니다. 주의는 배움에 대한 수단이며, 붓다는 그것이 누군가의 피와 뼈의 일부가 되는 그런 가르침을 추구한다. 그래야만 호흡만큼이나 마음챙김도 잘 확립된다. 오직 그때야 비로소 아나빠나사띠가 된다.

붓다의 답변에서 주요 내용은 아난다가 흙, 물, 불, 공기와 같은 요소들에 대한 일련의 깊은 성찰을 거치게 한다. 붓다는 아난다에게 깨끗하고 더러운 것들이 그들에게 던져지더라도 그것에 의해 방해받지 않을 것이므로 요소들처럼 되라고 가르친다. 그러므로 이것은 평정심을 훈련하는 것이다. 좋은 것이든 나쁜 것이든 무엇이 던져지더라도 온전한 대지와 같을 때, 우리는 붓다가 가르치고자 하는 것을 배우게 되고 우리는 마음을 챙기게 된다. 우리의 마음은 옳은 것들로 가득 차 있기에 무슨 일이 일어나더라도 그것들은 도움이 될 것이다.

『맛지마니까야(Majjhima Nikaya)』에서 118번 경전은 『입출식념경(入出息念經, Ānāpānasati Sutta)』으로 불린다. 그것은 분명히 염처(念處, satipatthāna)의 가르침 뒤에 나온다. 그것은 붓다의 공동체인 승가의 진전을 기뻐하는 것에서 시작한다(MN 118, 1–14). 그런 다음 그는 아나빠나사띠(入出息念)가 사띠빳따나(念處)를 충족시키고 사띠빳따나가 7가지 깨달음의 요소(七覺支)를 충족시키며 일곱 가지 요소가 해탈을 보장한다고 말한다(MN 118, 15). 확실히 붓다의 가르침에서 아나빠나사띠는 근본적인 것이다. 그것은 다르마(Dharma)이다. 그것은 단순한 기술이 아니다. 물론 붓다는 호흡에 대한 주의와 알아차림을 포함한 기술을 가르치기는 하지만, 이것들은 몸과 마음에서 일어나는 것을 평정시키는 수단으로 가르친다(MN 118, 16–22). 그런 다음 『염처경(Satipatthāna Sutta)』의 요점을 반복하며 간략히 정리하고, 이것이 어떻게 7가지 요소(MN 118, 29)를 충족시키는지 묻는다.

붓다는 자신의 질문에 답하면서 사띠빳따나가 '간단없는 마음챙김(unremitting mindfulness)'(MN 118, 30)을 낳는다고 주장한다. 그러므로 위에서 제안한 바와 같이, 나는 아나빠나사띠와 '간단없는 마음챙김'을 동의어로 본다. '간단없는 마음챙김'은 숨을 쉬는 것만큼이나 간단없는 마음챙김이다. 이제 붓다는 수행자가 그러한 간단없는 마음챙김이 확립된 상태에서 바로 그 상태를 깊이 있게 살펴야 한다고 제안한다. 이러한 관찰은 두 번째 요소를 구성한다(MN 118, 31). 분명히 첫 번째 요소 없이는 두 번째 요소가 불가능하다. 따라서 일곱 가지 요소는 서로 독립적인 것이 아니라 연속적이다. 많은 불교의 가르침과 마찬가지로 이 목록은 첫 번째에서 두 번째로, 두 번째에서 세 번째로 이어지는 형식으로 되어 있다.

물론 살피는 대상이 가치가 있으려면 사전에 명확히 알 수 없는 것이라야 한다. 살핌이 간단없는 마음챙김에 대한 것이라면, 그것은 지금 하나로 확립되었더라도 완전히 의식하지 못한 것에 대한 것이다. 마음챙김은 단순히 의식적인 주의(conscious attention)나 의식적인 알아차림(conscious awareness)이 아니다. 그것은 마음에 깊이 확립된 다르마(dharma)이다.

붓다는 그러한 살핌은 '지치지 않는 에너지(tireless energy)'(MN 118, 32)를 낳는다고 말한다. 그리고 다음에는 '황홀감과 평온함'을 낳으며(MN 118, 33~34), 그 다음에는 '집중력'을 낳는다(MN 118, 35)고 한다. 이렇게 집중된 마음으로, 관찰함으로써 평정을 낳는다(MN 118, 36). 왜 그럴까? 집중력은 산만함에 대한 면역력을 의미한다. 산만함은 탐욕, 증오, 망상의 대상에 대한 집착과 도취에서 발생한다. 따라서 이 모든 가르침은 그러한 산만함으로부터 자신을 지키는 수단으로 볼 수 있다. 그리고 이를 달성하는 백신은 '간단없는 마음챙김', 즉 아나빠나사띠이다. 의식적이고 의도적인 주의는 깊은 이해와 지혜(prajna)로 이어지는 학습 과정의 일부이다.

그 이해는 일이 없어 쉴 때나 다른 활동을 참여할 때에도 사라지지 않는다. 마음챙김은 살핌과 경험적 학습에서 발생하는 깊은 이해가 확립될 때만 들숨과 날숨처럼 '간단없는' 것이 된다. 하지만 그것은 우리가 의식할 때도 의식하지 않을 때도 존재한다. 그것은 현명하고 자연스럽게 윤리적인 삶의 토대가 된다.

마음챙김과 윤리

현대 사회에서는 윤리(ethics)를 활동(activity)의 틀로 이해하는 경향이 있다. 그래서 윤리는 활동이 어떻게 실행되고 사용되어야 할지에 대한 한계로서 제시된다. 이러한 사고방식에서 윤리와 활동은 본질적으로 서로 다른 요소이다. 다만 하나(윤리)가 다른 하나(활동)에 제한을 두는 점에서는 관련이 있다.[3] 이것은 우리가 어떤 활동을 본질적으로 윤리적인 내용과 무관하게 구조화하는 경향이 있음을 의미한다. 하지만 동시에 윤리를 필수적으로 중요하게 여기면서도 별도로 구성되어 있다고 간주한다. 그래서 서구에서는 마음챙김의 방법에 있어 윤리를 제거하고 중립적인 방식으로 사용되었음에도 불구하고, 그 활동들(처음에는 심리치료와 의학)은 윤리적 규범에 묶여 있었다. 이제 마음챙김은 이 두 분야의 한계에서 벗어나 다른 많은 맥락에서 나타난다. 그렇기 때문에 사람들은 마음챙김 그 자체에 윤리적인 코드를 첨부해야 하는지 묻기 시

3) 역자주: 윤리와 활동은 서로 별개의 개념이지만, 윤리가 활동에 제한을 두는 역할을 한다는 점에서는 연관성이 있다.

작했다. 그리고 이것은 원래 불교적인 것이어야 하는지, 또는 현대의 세속적이거나 인본주의적인 것이어야 하는지에 대해 약간의 논쟁이 있다. 그것은 만약 그렇다면, 왜, 그리고 어떻게 그랬는지? 즉 어떤 의미에서, 어떤 부분이 의도적으로 제거되었고, 나중에 누락되었는지 밝히고 이제는 그것을 어떻게 되돌려 놓을 것인지에 대한 논쟁으로 확대되고 있다.

『사마가마 숫따(Sāmagāma Sutta)』(MN 104)에서 붓다는 그의 가르침을 다음과 같이 요약한다. "4가지 마음챙김의 토대(四念處), 4가지 올바른 노력(四正勤), 4가지 영적 힘의 기초(四如意足), 5가지 능력(五根), 5가지 힘(五力), 7가지 깨달음의 요인(七覺支), 8가지 공부길(八正道)"과 같은 37개 항목은 일반적으로 인정된 요목들이다. 마음챙김은 37개 항목 중 6개 항목에 명시적으로, 그리고 다른 몇몇(아마도 모든) 항목 중에도 암시적으로 포함되어 있다. 이는 가장 눈에 띄는 항목이다. 같은 경전에서 붓다의 시자인 아난다는 붓다의 제자들 사이에 이 항목에 대한 논쟁은 없었다고 주장한다. 아난다는 비록 이러한 점들에 대해 일반적인 합의가 있지만, 붓다의 열반 후 불교 사회의 삶의 방식이나 윤리적인 규칙에 대해 논쟁을 일으킬 수도 있다는 것이 걱정된다고 계속해서 언급한다. 이 시점에서 붓다는 37개 항목에 대한 분쟁은 '인간과 천신의 손해, 해악, 고통(the loss, harm and suffering of humans and gods)'을 가져오는 심각한 문제이지만, 삶의 방식이나 윤리적 규칙에 대한 분쟁은 '하찮은(trifling)' 문제일 뿐이라고 말한다(MN 104, 5).

이를 통해 우리는 붓다가 경계(boundary)보다는 실체(substance)에 더 관심을 가졌음을 알 수 있다. 붓다의 입장에서 윤리성의 본질은 규율이나 규칙이 아니라 활동 자체에 있다. 마음챙김은 그것을 둘러싼 경계로서 규칙(code)이 필요한 것이 아니라, 오히려 올바르게 이해된 마음챙김 그 자체가 모든 규칙의 기반이 된다는 것이다. 붓다의 마음챙김은 윤리의 근본이다. 불교적 관점에서 진정한 윤리성은 사실주의의 자연스러운 결과이다. 즉 있는 그대로 대상을 지각하는 것, 무상성을 실제 있는 그대로 지각하는 것, 고통을 실제 있는 그대로 지각하는 것, 몸, 감각, 느낌, 감정, 마음을 실제 있는 그대로 지각하는 것, 그리고 탐욕, 증오 그리고 망상의 불길에 휩싸인 세상의 위험을 실제 있는 그대로 이해하는 것이다. 이러한 사실주의는 탐구(exploration, 擇法覺支)와 마음챙김(mindfulness, 念覺支)이 함께 작용하는 데서 비롯되며, 이를 통해 정진(energy, 精進覺支), 환희(rapture, 喜覺支), 평온(tranquility, 輕安覺支), 집중(concentration, 定覺支), 그리고 평정(equanimity, 捨覺支)이 나타난다. 그렇게 7가지가 확립된 상태에서 윤리적 삶은 자연스러운 결과이다. 왜냐하면 수행자는 다른 활동을 했을 때의 단점을 분명히 알기 때문이다.

윤리에 대한 불교의 개념 틀은 죄악(sin)이 아니라 무지(ignorance)이다. 일신교(monotheistic religions)에서 윤리의 토대는 심판의 날이며 믿는 자는 신 앞에서 자신을 정당화해야 한다. 선한 행동의 동기는 심판에 대한 두려움과 신과 멀어지는 것에 대한 두려움이다. 옳고 그름을 분별하고 그에 따라 행동하는 것은 지옥에 가지 않기 위해 필수적이다. 이를 바탕으로 포스트 유신론(post-theistic) 시대에도 서구 사회는 규율을 준수하는 것이 중요한 사법 체계라는 생각을 명확히 유지한다. 나쁜 행동은 죄악이고, 신에 대한 불경이다. 반면 불교에는 심판하는 신도 없고 심판하는 날도 없다. 결과는 자연스러운 것이다. 불쾌감을 느끼는 신에 의해 외적으로 강제되는 것이 아니다. 무언가 잘못되었다면 어떠한 활동이 불리한 결과를 초래했기 때문으로 여긴다. 따라서 불교에서 중요한 것은 외적인 규율이 무엇인지 아는 것이 아니라, 활동 자체가 본질적으로 선(善)한 행위가 되도록 어떻게 그것이 작동하는지를 이해하는 것이다. 무슨 일이 일어나고 있는지 이해하지 못하면, 당신은 곤경에 빠지게 될 것이다. 그것을 알아내는 방법은 좋은 선생님에게 배우는 것과 스스로 알아내는 것의 혼합이며, 이 둘은 함께 한다. 마음챙김이 핵심 요소이다. 하나는 자신이 배운 것을 잊지 않고 챙기는 것이다. 게으른 수행자에게 최악의 말은 그가 시간을 낭비하고 아무것도 배우지 못했다는 것이다. 수행자는 배운 것을 잊지 않고 챙기며 더 자세히 살펴야 한다. 그러므로 마음챙김은 첫 번째 요인이 되고, 탐구는 두 번째 요인이 된다. 여기서 가치 있는 것들이 모두 자연스럽게 흘러나온다. 이러한 관점에서 보면, 규율과 규칙은 임시적인 설명일 뿐이다. 결코 그것들로 모든 상황을 설명할 수 없으며, 간단하고 유용한 지침에 불과하다. 중요한 것은 외부의 틀에 순응하는 것이 아니라 사랑과 연민, 지혜와 숙련된 행동이 자연스럽게 흘러나오는 내적인 이해이다. 규칙을 혼동하는 것은 사소한 문제이지만, 잘못된 방식으로 활동하는 것은 인간과 신에게 해악과 고통을 가져다준다.

그러므로 불교에서는 올바른 마음챙김(right mindfulness)이 윤리의 토대이다. 서구적 방식에 맞는 무언가를 만들기 위해 마음챙김을 왜곡하는 것은 발을 신발에 넣기 위해 신발 끈을 빼는 것과 같다. 끈이 없으면 신발이 맞지 않는다는 것을 발견하고 나서야 끈이 떨어지지 않도록 바깥쪽에 끈을 묶는다. 원래의 마음챙김(original mindfulness)은 완벽하게 잘 작동했고 신발 끈을 풀 필요가 없었다. 새로운 문화적 맥락에서 무언가를 받아들이려면, 기존의 편견에 영합하는 것이 때로는 필요하다. 하지만 원본의 본질이 완전히 상실되지 않는 범위에서 그러한 왜곡이 어디까지 갈 수 있는지 질문할 수 있어야 한다. 원래의 마음챙김은 불교, 즉 올바른 견해(正見)와 올바른 이해(正思惟)에 기초한 해탈의 길에서 중심적이고 중요한 역할을 한다. 마음챙김이 비록 그러한 알아차림을 사용한 탐구에서 얻은 지식과 경험에 의존한다 하더라도 그것은 단순한 알아차림의 기술이 아니다. 그리고 현재의 순간에 국한되지 않으며, 주로 감각에 대한 즉각적인 영향에 관한 것은 아니다. 현재 그러한 알아차림의 광범위한 사용은 당연하게도 원래 마음챙김의 일부로 되돌아갈 것이며, 윤리에 대한 새로운 접근법이 생겨날 것이다. 그러나 이것은 여전히 두고 볼 일이다.

| 참고문헌 |

Brazier, D. (2002). *The feeling Buddha: A Buddhist psychology of character, adversity and passion.* New York, NY: St. Martin's Griffin.

제 4 장

용서: 자타의 관계에서 유익한 판단하기

아잔 아마로(Ajahn Amaro)
Amaravati Buddhist Monastery, Hemel Hempstead, UK
e-mail: dharmavidya@amidatrust.com

제4장

용서: 자타의 관계에서 유익한 판단하기

Forgiveness: Making Beneficial Judgements in Relation to Self and Others

도입

붓다는 특별한 명상 수행 한 가지를 설명했다. 이는 그가 깨달음에 이르기 전 실천했던 매우 단순한 수행법으로 『맛지마니까야』의 『두 갈래 생각의 경(The Two Kinds of Thinking; Dvedhāvitakkasutta)』(MN 19)에 기술되어 있다. 그 방법은 앉아서 명상을 할 때 마음에서 떠오르는 생각(thoughts)을 관찰하고 그 생각을 두 가지 범주로 나누는 것이었다. 첫 번째 범주는 자신과 타인에게 선하고 유익한 것으로 판단되며 선한 마음과 연결된 생각이다. 반면 다른 범주는 감각적 욕망, 해로움이나 부정성, 그리고 선한 의도의 결핍 등으로 인한 불선함(unwholesome)과 연결된 생각이다. 그는 전자의 생각과 태도를 의도적으로(deliberately)[1] 계발하고 유지하였으며, 후자의 부정적이거나 파괴적인 생각에는 노력이나 관심을 주지 않아 점차 사라지게 했다.

그는 이렇게 구별하는 이유를 아주 간단한 명제로 제시했다. "무엇이든 자주 생각하고 깊게 생각하는 것이 마음의 성향(inclination)이 된다."(MN 19.6). 어떤 면에서 보면 이것은 자명한(self-evident) 진리로 보일 수 있다. 그러나 이 간단한 말은 고대 명상 수행과 현대 신경과학 모두를 아우르는 방대한 내용을 함축하고 있다. 2500년 전, 붓다가 마음 작용을 관찰하여 발견한 마음의 모습이 지금 신경과학자들의 연구로 확인되고 있다는 점은 흥미로운 사실이다. 현재 우리는 어느 정도까지는 생각의 궤적을 그려낼 수 있는 뛰어난 장비의 축복을 받고 있다. 그래서 MRI 스캐너 등을 통해 특정 뇌 구조의 발달이나 축소, 또는 특정 영역에서 측정된 활동 수준에 대한 증거가 나타나고 있다.

예를 들어, "버스 운전자에 비해 런던 택시 운전자들은 중간-뒤쪽 해마(mid-posterior hippocampi)의 회백질 부피가 더 크고, 앞쪽 해마(anterior hippocampi)의 부피가 더 작았다."라는 연구가 보고되었다.[2] 즉, 우리가 규칙적으로 깊게 생각하는 것이 바로 마음이 가는 방향이 될 것이다. 이것은 길에 파인 홈으로 설명할 수 있는데 바퀴가 계속 특정한 길을 지나다보면 그 길에 홈이 파이고

---

1) 역자주: 이 장에서 deliberately가 자주 사용되는데, 이를 '의도적으로'라고 번역했다.

2) Maguire, Woollett, & Spiers, 2006.

바퀴는 쉽게 그 홈에 빠지게 된다. 마찬가지로 우리가 특정한 사고방식이나 태도를 발전시키면 그 결과는 단지 정신적 습관화(a mental habituation)뿐 아니라 뇌에도 물리적 영향[3)]을 미칠 수 있다. 그러므로 우리의 판단이라는 것은 정신적으로나 신체적으로 깊게 뿌리박힌(ingrained) 것일 수 있으며, 자신과 타인에 대한 비판은 이러한 고착화(engraining)의 일부가 된다. 여기에서 붓다가 제시한 명상 수행은 이로운 바퀴 자국과 해로운 바퀴 자국을 구별하여 전자를 강화하고 후자를 약화시키는 것을 목표로 한다.

이런 방식으로 마음을 지켜보는 능력을 계발함으로써 개인은 다음과 같이 인지할 수 있게 된다. "이러한 가혹한 자기 비판적 생각은 진실에 기초한 것도 아니며, 이것이 진정한 나의 모습도 아니다. 만약 이를 믿고 따른다면 더 많은 고민과 스트레스가 뒤따르니, 그것을 내려놓아라(let it go)." 또는 타인에 대해서도 같은 맥락으로 "이러한 불평과 비판적인 태도는 진실에 기초한 것이 전혀 아니며, 이것이 그 사람의 진정한 모습도 아니다. 만약 이를 믿고 따른다면 더 많은 고민과 스트레스가 뒤따를 것이니 그것을 내려놓아라."

이것은 모든 판단이 본질적으로 스트레스를 유발한다는 의미가 결코 아니다. 실제로 그렇지 않다. 또한 그런 판단에 근거하여 결코 행동을 취해서는 안 된다는 의미도 아니다. 오히려 이러한 실천은 판단이 마음챙김이 없는 '반사적인(reactive)' 상태와 마음챙김

---

3) 역자주: 사고방식이나 태도가 뇌의 물리적 구조(예 택시 운전자의 해마)를 변화시킬 수 있다는 의미이다.

이 있는 '반응적인(responsive)' 상태일 때를 구별할 수 있도록 돕는다.[4] 따라서 이 두 태도 간의 차이는 전통적인 불교의 관점에서 매우 중요한 의미를 가진다.

비판적인 생각과 용서

반사적이고 비판적인 생각을 어떻게 내려놓을지에 대한 고찰은 우리를 용서의 영역으로 인도한다. 이 방법의 핵심은 그 비판적인 생각과 우리 자신에 대한 그 판단들을 관찰하는 것이다. 이것은 단지 조용하고 고요한 명상의 형식으로 한정하지 않고, 평범한 하루 동안의 여러 일을 거치면서 이루어진다. "난 어리석어.", "정말로 내가 무슨 말을 하는지 모르겠다.", "사람들은 나를 정말 좋아하지 않아.", "나는 수행자로서 더 많이 성취해야 해."와 같은 생각들을 주의 깊게 살펴볼 수 있다. 우리는 이런 자신을 비판하며 용서하지 않는 생각들을 지켜보고, 그 안에 부정성의 요소, 즉 가혹함(harshness)이 있다는 것을 알아차릴 수 있다. 그럼 우리는 이렇게 물어보며 반응할 수 있다. "이걸 믿고 그 태도를 강화할 필요가 있을까?", "그걸 따를 필요가 있나?", "그게 전체 이야기라고?", "이게 '진짜' 나일까?". 세갈, 윌리엄 및 티즈데일[5]이 지적했듯이, "… 부정적인 생각과 감정은 현실을 정확하게 반영하는 것도 아니

---

4) 역자주: reactive는 반사적이고 자동적인 반응이라면 responsive는 상황에 맞게 반응하는 것을 뜻한다. 그래서 reactive와 responsive의 의미를 구분하여 문맥에 따라 '반사적(인)'과 '반응적(인)'으로 번역했다.

5) Segal, Williams and Teasdale, 2013, 36쪽.

며 자아의 중심적인 부분도 아닌 그저 마음속에서 스쳐가는 순간적인 사건으로 볼 수 있다." 우리는 이렇게 마음을 챙겨(mindfully) 성찰하고, 부정적인 판단들이 떠나도록 마음을 훈련할 수 있다. 간단히 말해, 실제로 인식되는 결점이 있든 없든 우리는 스스로를 용서할 수 있다. '마음챙김(mindfulness)'이라는 원리는 특히 우리의 주의력(watchfulness)을 통해 구체화된다.

마찬가지로 인간 사회에서 우리는 자신을 비판하는 것 외에도 남의 문제점을 불평하는 데 능숙한 편이다. 때때로 우리는 꽉 찬 통근 열차에 올라타거나 붐비는 도로에서 차를 운전하게 되지만 이때 우리는 '자신'을 군중과 교통 체증의 일부로 보지 않고, "나는 심각한 교통 체증에 갇혔어.", "지하철 안의 '사람들' 때문에"라고 생각한다. 이런 상황에서 우리는 종종 교통 체증의 원인, 즉 문제의 원인이 '그들(they)'이라고 생각하지만 분명 우리 자신도 교통 체증의 일부이다. 그러나 "아차, 이런! 여기있는 좋은 사람들이 중요한 곳에 가야 하는데 내가 이 공간을 다 차지하고 있다니. 미안합니다."라는 생각을 하는 경우는 드물다.

또한 우리 중 일부는 다른 사람들의 특정한 행동과 태도에 대해 불평하고 비판하는 데 상당히 능숙하다. "어떻게 그럴 수 있어?", "내가 누군지 몰라?", "어떻게 그 사람이 나를 그런 식으로 대할 수 있어?", "그 사람이 그 옷을 입고 왔다니, 너 믿을 수 있겠니?". 하지만 우리는 이런 생각을 관찰하고 다음과 같이 생각할 수 있다. "이것은 유익한 태도인가?", "이것은 고귀한가?", "이것이 나와 다른 사람들에게 유익을 주는가?", "이 원한을 계속 품는다면, 그 결과는 어떨까?". 실제로 결점이 있든 없든, 우리는 다른 사람을 용서하는 마음도 키울 수 있다.

자비롭고 고통스러운 판단

『두 갈래 생각의 경』에는 주의력에 대한 흥미로운 이야기가 나온다. 오늘날의 서구 사람들에게는 조금 낯설 수 있지만, 목동(cowherd)에 대한 이야기는 붓다의 시대와 장소에서는 흔한 비유이다. 붓다는 마음이 선한(wholesome) 상태에 머무르고 있다면, 그것은 농작물을 다 수확한 후 소들이 그곳에서 자유롭게 풀을 뜯어 먹는 시기와 비슷하다고 말했다. 그리고 그 소들은 농작물을 망칠 일이 없다. 그래서 당신은 나무 아래에서 낮잠을 청하고 소들은 자유롭게 돌아다녀도 좋다. 즉 이러한 생각과 태도에서는 대체로 이로움(benefit)만이 발생할 가능성이 크기 때문에, 자신이나 타인에게 해를 끼칠 것을 너무 경계할 필요가 없다는 의미이다.

반면 마음이 불선한(unwholesome) 상태로 기울어진다면 작물 성장기를 고려한 목동의 역할이 필요해진다. 그때는 보호해야 할 귀중한 농작물이 있기 때문에 소들을 매우 주의 깊게 지켜봐야(watch) 한다. 소들이 논에 들어가서 작물을 파괴하지 않도록 주의 깊게 지켜봐야 하며 낮잠을 청할 여유가 없다. 목동이 소들을 지켜보는 것처럼, 우리는 부정적인 마음 상태를 주의 깊게 지켜봐야 한다. 소들이 벼 이삭을 먹게 되면 큰 피해가 발생하고 모두가 손해를 입는다. 이는 자신과 타인에게 해를 끼칠 가능성이 있으므로 불선하고 고통을 주는 생각과 태도에 대해 주의를 기울이지 않으면 안 된다.

정보에 입각한 현명한 분별

이렇게 마음을 다룰 때 중요한 것은 이 부분에서 판단(judgment)을 하게 된다는 것을 이해하는 것이다. 판단은 곧 분별(distinction)로 이루어지며 이때의 마음은 건전하고 유익한 상태와 불건전하고 해로운 상태 사이의 상대적인 차이(relative difference)를 인식한다. 고대와 현대의 불교 가르침에서는 종종 차별을 두지 않고, 편견 없고, 공정하고, 비판단하는(non–judgemental) 자세를 갖는 것에 대해 이야기한다. 그러나 진정한 행복(well–being)[6]을 이끄는 마음챙김에는 지혜롭게 분별하는(discriminate) 능력이 중요하다는 점도 이해해야 한다. 예를 들어, "저것은 문이고, 저것은 벽이다. 방을 나가려면 문을 목표로 해야 한다. 벽을 목표로 하면 매우 곤란해진다. 나는 벽이 싫지 않다. 벽을 통과하는 것이 가장 쉬운 방법이 아닐 뿐이다."라고 인식한다. 또 다른 간단한 예로는 교차로를 생각해 볼 수 있다. 만약 내가 런던에 있고 스코틀랜드로 가려 한다면, 마음을 챙겨 남쪽보다는 북쪽으로 향하는 도로를 택할 것이다. 남쪽 도로에 대한 부정적인 감정은 없다. 단지 목표하는 방향이 아닐 뿐이다.

이러한 판단과 분별은 해로운 것이 아니다. 우리가 하는 일은 도움이 될지 해로울지에 대한 마음의 상태를 분별하는 것이다. 그

---

6) 역자주: 웰빙(well–being)은 '행복한 삶의 질'을 뜻하며 문맥에 따라 '행복', '안녕' 등으로 번역했다.

리고 (벽이 아닌) 문을 통해 가듯이 스트레스와 고통으로 이어지는 마음의 상태보다는 자신과 타인에게 행복과 만족을 가져다주는 마음의 상태를 주의깊게(mindfully) 선택하는 것이다.

이 과정을 용서의 관점에서 요약해 볼 수 있다. 첫째, 우리는 마음챙김과 주의(attention)라는 특성을 활용하여 일어나고 있는 마음의 상태를 관찰한다. 둘째, "이것은 유익하고 선하다" 또는 "이것은 해롭고 불선하다"를 인식한다. 셋째, 자신이나 타인에 대한 비판적이고 불선한 마음의 상태들이 일어났을 때, 용서라는 적극적인 실천을 통해 그러한 상태에 따라가지 않도록 마음을 훈련한다. 이것은 주로 자신이나 타인을 향해 내적인 문구[7]를 구사함으로써 실현되는데, 이들 문구는 원한이나 가혹한 비판을 더는 담아두지 않는, 즉 내려놓는(letting go) 특성을 강화한다.

고통을 주는 생각과 태도에 대한 자각

현대 미국인 스님이자 불교 지도자인 아잔 수메도(Ajahn Sumedho, 2014)는 내려놓음(letting go)의 과정을 뒷받침하는 구체적인 방법 한 가지를 제시한다.

> 당신이 무언가를 정말 두려워한다면, 의식적으로(consciously) 두려워하라. 그것으로부터 단지 물러나려 하지 말고, 그것을 제거하려는 경향을 그대로 확인하라. 당신이 두려워하는 것을 완전히 표현하고, 그것을 매우 의도적으로 생각하라. 그리고 당신의 생각을 경청하라. 이

7) 역자주: 예를 들어, '이 또한 지나가리라(This too will pass)'는 내려놓기를 돕는 문구가 될 수 있다.

것은 분석하기 위한 것이 아니라 두려움을 그 어리석음의 끝까지 가져가서, 그것이 너무나 우스꽝스럽게(ridiculous) 되어 당신이 그것을 웃음으로 받아들일 수 있게 만드는 것이다. 욕망의 미친 소리를 들어 보라. '나는 이걸 원해. 저걸 원해. 저걸 반드시 가질거야. 이게 없으면 안 돼. 그리고 나는 저게 필요해.' 때때로 마음은 외친다. '이걸 원해!' 그리고 당신은 그 소리를 들을 수 있다.

이렇게 하면, 우리는 이 문제들이 개인적인 문제라고 여기지 않는다. 대신 두려움과 분노를 심리적으로 어이없는 수준(absurd position)[8]까지 가져가서, 이것들을 단지 자연스러운 생각의 연속으로 보이게 만든다. 우리는 무의식적이 아닌, 실제로 그것들을 마음의 상태로 지켜보고 경청하며 생각하길 꺼리는 모든 것들을 의도적으로 생각한다. 이것들은 생각의 연속일 뿐 개인적인 실패나 문제가 아니다.

이제 이 실천에서, 우리는 생각들을 내려놓기 시작한다. 특정한 것을 찾아 헤맬 필요는 없다. 하지만 계속해서 일어나는 생각들을 귀찮게 여기고 그것들을 없애려고 하면, 그럴수록 생각들이 더욱더 떠오를 것이다. 의도적으로 생각하고 경청하라. 나는 이것들을 완전히 의식하고 있다. 이들 사소한 생각들은 그저 사소하기 때문에 당신은 그것들을 무심히 떨쳐낼 수 있다. 그리고 사람들은 삶의 사소한 것들로 귀찮아지는 것을 싫어한다. 하지만 우리가 그것들을 신경 쓰지 않으면 그 모든 것이 억압되어 문제가 된다. 우리는 불안감을 느끼기 시작하고 우리 자신이나 다른 사람들에게 혐오감을 느끼거나 우울해질 수 있다. 이 모든 것들은 상태들, 사소한 것들, 또는 끔찍한 것들이 자각되는 것을 거부함으로써 발생한다.

당신이 습관적인 생각(habitual thinking)에 사로잡혀 있다면, 생각이 어떻게 나타나는지를 보지 못할 것이다, 그렇지 않은가? 당신은 그것을 볼 수 없다. 당신이 생각하고 있다는 것을 깨달은 후에야 생각을 포착할 수 있다. 그러므로 생각(a thought)이 실제로 생기기 전에 의도

8) 역자주: 극단적이거나 말이 안 되거나 비논리적인 상황(입장)을 뜻한다.

적으로 생각하기(think) 시작하고, 그 생각의 시작을 포착하라. 생각의 시작(beginning), 형성(forming), 끝(end), 그리고 생각 주변의 공간(space)까지 보게 될 것이다. 당신은 단지 생각과 개념에 반사하는(reacting) 것이 아니라 그것들을 조망하면서(perspective) 바라보게 될 것이다.

당신이 누군가에게 화가 나 있다고 가정해보라. 당신은 이렇게 생각할 것이다. '그 사람이 그런 말을 했어. 그는 이렇게 말했고, 저렇게 말했어. … 너무 이기적이야. ….' 이처럼 한 가지 생각은 다음 생각으로 이어지지 않는가? 당신은 반감이 주도하는(motivated by aversion) 생각의 연속에 갇혀있다. 그러니 그 관련된 생각이나 개념의 흐름에 사로잡히는 것이 아니라 의도적으로 이렇게 생각하라. '그 사람은 내가 만난 사람 중 가장 이기적이다!' 그리고 그 생각이 끝나는 것에 주목하라. '그는 썩은 계란이고 더러운 쥐야. 그는 이것을 했고 저것도 했어.' 그리고 그 생각이 끝나는 것에 주목하라. 그럼 당신은 모든 것이 매우 웃겨(funny) 보일 것이다.
그것을 의도적으로 자각하고, 볼 수 있도록 만들어라. 그것을 우스운 것으로(absurd) 만들어라. 그런 다음 당신이 그것에 대해 조망하면, 그것은 상당히 재미있게 느껴질 것이다. 당신은 코미디가 무엇인지 이해하게 될 것이다! 우리는 자신을 너무나도 진지하게 받아들인다. '나는 매우 중요한 사람(Very Important Person)이고, 내 삶은 굉장히 중요하기 때문에 모든 순간에 대해 매우 진지해야 한다.' … 사람들은 자신을 어떻게든 중요한 존재로 생각하므로, 의도적으로 '나는 매우 중요한 사람이고 나의 문제는 매우 중요하고 진지하다'라고 생각해보라. 당신이 의도적으로 그렇게 생각해보면 그것은 웃기게(silly) 들릴 것이다. 왜냐하면 당신은 자신이 그리 중요하지 않음을 깨닫게 되기 때문이다. 우리는 모두 그렇다. 그리고 우리가 삶에서 만들어내는 문제들은 사소한 것들이다. 어떤 사람들은 끝없이 문제를 만들어내고, 그 모든 것을 너무나도 진지하게 받아들여 자신의 삶을 망치곤 한다.

> 당신이 사랑과 관대함을 가진 존재가 되고 싶다면, 그러면 어떠한 형태의 비열함(meanness)이나 질투심(jealousy) 혹은 인색함(stinginess)이든 당신의 마음에서 모두 억제하거나 소멸시켜야 할 것들이다. 그래서 당신이 당신의 삶에서 가장 두려운 것이 무엇인지, 그것이 당신 자신이 될 수도 있다는 것을 생각하고, 그것을 지켜보라. 그리고 고백하라. '나는 폭군이 되고 싶다!' … 또는 그것이 무엇이든지. 우리는 더 이상 그것의 질적인 측면에 대해 걱정하는 것이 아니라 그것이 단지 변할 수 있는(無常, impermanent) 특성이라는 점, 그리고 그것이 어떠한 차원에서도 진정으로 만족시키지 못한다는 점, 즉 그것이 불만족스럽다는(苦, unsatisfactory) 점에 집중하게 된다. 그것은 오고 갈 뿐이다(It comes and it goes). 그래서 무아(無我, not-self)이다(2권, 41-45쪽).

마음챙김, 자애, 용서

이 방법은 매우 효과적이고 해방감(liberating)을 줄 수 있다. 그러나 일부 사람들에게는 자신을 가혹하게 대하는 습관이 특히 강하게 자리잡고 있다. 이런 사람들은 자주 이렇게 말한다. "나는 모든 존재에게 자애(loving-kindness)를 보내는데 아무런 문제가 없다. 단 하나, 나 자신을 제외하고는." 아이러니하게도, 때로는 마음이 더욱 선하고 자비로운 사람일수록 그들 자신에 대해 더 가혹하게 비판하는 경향이 있다. 불교적 시각에서 보면, 진정한 마음챙김은 자애라는 요소를 내재해야 한다. 카밧진(1994)은 마음챙김을 '의도적이고 비판단적인 알아차림(intentional and non-judgmental awareness)'과 '특별한 방식, 즉 의도적으로 현재의 순간에 비판단적으로 주의를 기울이는 것(paying attention in a particular way; on purpose, in the present moment, and non-judgmentally)'으로 정의했다(4쪽). 이를 전통적인 불교 이해에 비추어 볼 때, '판단하지 않음'이라는 요소(the nonjudgmental element)는 자애의 자질을 내재하고 있다고 말할 수 있다. 이는 '사랑한다(love)'라는 말을 '좋아한다(like)'라는 말과 동일시하나 두 단어는 동의어가 아닌 것과 비슷하다.

> 영어에서 '사랑(love)'이라는 단어는 종종 '내가 좋아하는 것(something that I like)'을 뜻한다. 예를 들어, '나는 찹쌀을 좋아해(I love sticky rice)', '나는 달콤한 망고를 좋아해(I love sweet mango)'라는 식이다. 우리는 그것을 정말로 좋아한다(like)는 의미이다. 좋아하는 것은 우리가 정말 좋아하거나 즐기며 먹는 음식 같은 것에 애착하는 것을 말한다. 그것을 사랑하는 것은 아니다. 자애(Mettā)는 적을 사랑한다는(love) 의미이다. 이것은 적을 좋아한다는(like) 뜻이 아니다. 만약 누군가 당신을 죽이려고 하는데 당신이 '나는 그들을 좋아해요.'라고 말한다면 그건 어리석은 일이다. 하지만 우리는 그들을 사랑할 수 있다. 이는 우리가 불쾌한 생각이나 복수심으로 그들을 상처 주거나 파괴하려는 욕망으로부터 자제할 수 있다는 것을 의미한다. 비록 당신이 그들을 좋아하지 않더라도, 그들이 불쌍하고 비참한 사람이더라도, 당신은 여전히 그들에게 친절하고 관대하고 자비로울 수 있다. 만약 어떤 주정뱅이가 이 방에 들어왔는데 그가 불쾌하고 역겹고 추하고 병들어 있어서 그에게 매력이 전혀 없다면, '나는 이 사람을 좋아해'라는 것은 우스꽝스러울 것이다. 그러나 그 사람을 사랑할 수는 있다. 즉, 그에 대한 불쾌감을 반사하거나 혐오감에 빠지지 않을 수 있다. 그것이 바로 우리가 말하는 자애(Mettā)이다(Ajahn Sumedho, 2권, 33쪽).

'근본적 수용(radical acceptance)'이라는 말은 이러한 비판단적인 태도를 설명하는 효과적인 방식이다. 그러나 명확히 말하면 이러한 '수용(acceptance)'은 '승인(approval)'을 의미하지 않는다. 우리가 살인, 강간, 잔인함, 사기, 절도를 승인해야 한다는 가정은 전혀 없다. 이것은 오히려 우리가 좋아하든 싫어하든 그러한 행위들이 인간 세상의 일부라는 것을 인지하고 있다는 의미이다.

내부적으로 보면 이러한 근본적 수용은 우리 자신에게도 적용될 수 있다. 우리는 자신의 단점과 약점을 승인하거나 변명하지 않아도 그로 인해 자기혐오(self-hatred)를 발생시키지 않으면서 위선적이지 않게 그것을 받아들일 수 있다. 대신 우리는 그러한 약점과 결점에 대한 혐오감에 빠지지 않으며, 그것을 개인적인 문제로 받아들이지 않고 오히려 자연 질서의 일부로 인식할 수 있다.

이러한 근본적 수용을 돕기 위해 몇몇 유용한 명상법을 동원해 볼 수 있다. 가령 당신의 이름이 제인 큐(Jane Q)라고 해보자. 만약 당신이 자기에게 비판적인 감정을 느낄 때, 예를 들어, 충분히 노력하지 않았거나 충분히 잘하지 못했다고 느낀다면, 잠시 자신에게서 한 걸음 벗어나 상황을 다시 바라보라. 당신이 제인의 가장 친한 친구라고 상상해 보자. 그녀가 당신에게 다가와 "나는 정말로 끔찍한 사람이야. 나는 내가 척하는 것만큼 잘하지 못해. 나는 충분히 노력하지도 충분히 잘한 적도 없어. 나 자신이 너무나도 끔찍하게 느껴져."라고 말한다면, 당신은 어떻게 반응할까? 소중한 친구 제인에게 당신의 첫 반응은 무엇일까?

약 20년간 수백 명의 학생이 이 생각 전환하기(substitution) 방법을 경험했다. 생각 전환하기 방법을 권장하면서 학생들은 즉시 용서(forgiveness), 친절(kindness), 연민(compassion)과 같은 태도를 갖게 되었다고 말한다. 사람들은 자신의 자비심(self-benevolence)이 얼마나 자연스럽게 나타나는지에 대해 종종 깜짝 놀라곤 한다. "너는 사랑스러운 사람이야. 괜찮아! 너무 자책하지 마." 이 명상 방법은 게슈탈트(Gestalt)의 '빈 의자(empty chair)' 기법에서 유래하였다.[9]

축복의 공유

자기비판(self-criticism)의 습관과 달리, 어떤 사람들에게는 다른 사람에 대한 부정적인 태도가 더 지배적인 습관일 수 있다. 이는 마찬가지로 조망하기 어려울 수 있다. 이런 생각에 치우친 사람들은 종종 이렇게 말하곤 한다. "나는 모든 존재에게 자애를 보내는 것에는 아무런 문제가 없는데. 그런데 … 한 명만 제외하면요. 헤어진 전 애인과 같은 사람을 제외하면 말이죠."

앞서 언급한 고통을 주는 생각과 태도를 자각하는 방법에 덧붙여, '생각 전환하기' 실습도 사용할 수 있다. 이 경우, 마음을 챙기면서 미워하거나 두려워하거나 아니면 다른 사람에게 비난받을 만한 사람의 입장에 자신을 위치시키는 것이다. 이 실습을 발전시키기 위해 우리는 의도적으로 상대방이 되는 상상을 하고, 그들의 동기(motivations)가 무엇일지 탐구한다. "나는 잭 지(Jack Z)이고, 제인에게 이렇게 대하는 이유는 … 이다." 이는 성찰적인 실습(reflec-

9) Pens, Hefferline, & Goodman, 1994.

tive exercise)이다. 상대방의 잘못된 행동이나 해로운 견해를 나열하기 위한 것이 아니라, 상상력을 활용해 상대방을 체험하며 놀라움에 대비하는 것이다. 때로 우리는 불공정하거나 부당하거나 아니면 고통스러운 행동의 영향을 받았더라도, 그들의 선한 의도에 일시적이라도 공감할 수 있다는 것에 놀랄 수 있다.

이 과정에서 핵심적인 요소는 마음챙김의 특성인 깨어있는 알아차림(wakeful awareness)이다. 반사적인(reactive) 패턴에 대해 마음챙김하고 그것들에 대한 이해를 얻기 위해 상상력을 활용함으로써, 우리는 무아중심적인(nonself centered) 더 넓은 관점을 향해 문을 열 수 있다. 이런 방식으로 고통을 초래하는 행동과 불건전한 행동과 마주하게 될 때, 우리는 그들을 다른 존재(otherness)로 보지 않고 두려워하거나 증오하거나 공격하거나 파괴할 필요가 없다. 대신 우리는 그것에 단순히 '반사하는(react)' 것이 아니라 그것에 '반응하는(respond)' 방법을 배우게 된다.

태국, 스리랑카, 미얀마, 라오스, 캄보디아와 같은 남방 불교 국가에서는 거의 매일 전통적인 불교 경문을 읊고 이를 성찰한다. 이 경문들은 「나눔과 염원의 게송(The Verses of Sharing and Aspiration)」이라고 불린다. 이 구절에서 붓다는 이기적이고 파괴적인 존재를 비난하거나 이들을 마치 초월적인 관점에서 관찰하는 것처럼 참아내는 대신, 우리의 좋은 소망과 선행으로 얻게 된 축복을 다른 사람들과 나누는 것을 권장한다. 이렇게 나눌 대상에는 해롭고 불선한 이들과 자비롭고 선한 이들이 모두 포함된다.

친절한 사람들이나, 무관심한 사람들, 혹은 적대적인 사람들일지라도
모든 존재들이 나의 삶의 축복을 받기를,
그들이 곧 세 가지 행복[10]을 얻기를(*Amaravati Chanting Book*, 1권, 33쪽).

이 목록에는 혐오스럽게 여기는 세계 지도자와 공인, 그리고 우리에게 상처를 준 과거의 연인이나 다른 사람들도 포함된다. 이 수행에서 주목할 점은 이러한 해로운 행위를 용인하는 것이 아니라, 그 행위를 한 이들(perpetrators)에게 이른바 마땅한 증오(reasonable hatred)를 쌓아가는 것이 고통과 혼란의 원인을 불필요하게 증폭시킬 뿐이라는 사실을 인식하는 것이다.

이 실습을 통해 추구하는 태도는 감사하고 이타적이며 개방적인 시각을 갖는 것이다. 이는 모든 인지된 잘못에 대한 완전한 용서(complete forgiveness)와 다투지 않는 태도(noncontention)를 개발하는 것이다. 이것은 마음이 시간, 장소, 상황, 그리고 관련된 사람들에 대해 편견 없이 조화롭게 어울리는 것을 의미한다. 이러한 조화로부터 비롯되는 모든 행동은 상황이 자신과 타인 모두에게 최상의 행복(the fullest quality of well-being)으로 발전하는데 최선의 행동으로 이해된다.

---

10) 역자주: 세 가지 행복(threefold bliss)이란 인간락(worldly or human happiness), 천상락(celestial or heavenly happiness), 극락(transcendent happiness or Nibbana)을 말한다.

선천적으로 실수하기 쉬운 존재: 인정과 노력

붓다가 전한 또 다른 가르침은 우리가 실제로 실수를 저지르고, 그런 상황에서 어떻게 죄책감(guilt), 수치심(shame), 자기합리화(self-justification)와 연관시키는지에 관한 것이다. 우리의 말과 행동은 다른 사람과 우리 자신에게 고통스러운 결과를 초래할 수 있다는 점에서, 우리는 모두 잘못을 저지를 수 있는 존재이다. 잘못을 저지를 수 있다는 점에서 우리가 대처하는 방식은 매우 다양할 것이다. 여기에는 두 가지 극단적인 상황이 있다. 하나는 "나는 끔찍한 사람이고, 가망이 없어. 내 죄는 너무 끔찍해서 용서받을 수 없어. 절대 용서받을 수 없어."이고, 반대는 "내 행동이 마음에 들지 않는다면, 그건 당신 문제일 뿐. 나는 나 자신에 대해 전혀 문제없다."라는 태도이다. 불교적인 관점에서, 이 두 가지 태도는 모두 고통을 야기하는 불건전한 생각에 대한 집착으로 볼 수 있다. 그런데 붓다가 권장하는 것은 온전하고 무아중심적인(mindful and nonself-centered) 알아차림에 근거한 중도(中道, Middle Way)이다. 이것은 양 극단을 모두 내려다보고 상황을 공정하게 판단하는 메타-주의(meta-attention)를 포함하고 있다.

> 자신의 잘못(transgression)을 인정하고, 진리에 맞게 바로 잡고, 미래에 책임지고 통제할 수 있을 때, 영적 성장이 있기 때문이다(MN 140. 33).[11)]

11) 역자주: 『육계에 대한 분별의 경(Dhātuvibhaṅga Sutta)』(MN 140). 상응본은 『분별육계경(分別六界經)』(중아함 162).

붓다는 우리가 자신의 실수를 있는 그대로(as such) 바라보고 인정하도록 격려한다. “그렇다. 그것은 잘못된 일이다. 그때 나의 말이 부적절했고 행동이 불친절했다.” 혹은 “나는 정직하지 않았다. 진정 내 것이 아닌 데 내 것으로 삼았다.” 본질적으로 그 행위가 불건전하고 고귀하지 않았음을 바라보고, 그 인식의 고통을 통해 미래에 더욱 마음을 챙기도록 격려하는 것이다.

우리가 실수를 하고 이를 잘못으로 인정하는 순간, 그것은 감정적으로 고통스럽다. 만약 내가 거짓말을 했거나 불친절했거나 이기적이었던 것을 떠올린다면, 그런 감정을 직시하게 되면 고통스러울 것이다. 그러나 그것은 어떤 면에서는 좋은 아픔(good pain)이고 교훈을 주는 아픔(informative pain)이다. 마치 어둠 속에서 벽에 부딪혀 문이 아님을 깨닫는 것처럼. 이런 정서적 고통의 ‘교훈적(informative)’ 면모는 행복(well-being)의 계발에서 윤리의 역할을 고려하여 더욱 자세히 살펴볼 것이다.

우리의 실수를 그대로(as such) 인식하고, 미래에 더 나은 모습을 위해 노력하는 이 과정은 불교 중도 개념의 또 다른 측면을 보여준다. 이는 감정 상태에 주의를 기울이려는 노력에 도움을 주는 원칙으로, 특히 실패에 어떻게 대처하는지를 다룬다. 이는 실수를 저지르는 경험과 ‘완벽하지 않음(not being perfect)’을 인식하고 마음을 기울이는 노력을 의미한다. 이러한 잘못에 대한 온전한 알아차림(mindful awareness)은 우리가 “그래, 나는 그것을 잘못했다. 그래, 나는 방금 거짓말을 했다.”라는 인식을 포함한다. 그러나 더 중요한 것은 “나는 거짓말한 것을 인식하고 있고, 지금 후회를 느낀다. 가능한 한 빨리 그 거짓을 인정하고 사과하며, 그런 실수를 다시는 하지 않도록 노력하겠다." 즉, "나는 그것을 인식한다. 하지만 그 때문에 자기혐오(self-hatred)를 만들어낼 필요는 없다. 나는 그것을 내려놓고, 앞으로는 더 잘하려는 목표를 세울 수 있다."라는 말이다. 그럼으로써 행동이 능숙하지 않고 불선하다는 것을 인식하고, 그 인식에서 생기는 아픔을 통해 우리가 더 마음을 챙기며 행동하도록 독려하는 것이다.

우리는 특히 우리의 말과 행동에 대한 정보를 얻기 위해 정서적인 고통(emotional painfulness)을 사용하지만, 그것은 앞서 언급한 '생각 의식화하기(making thoughts conscious)'와 '생각 전환하기' 실습과 마찬가지로 파괴적인 비판적 태도에 대해서도 비슷한 방식으로 사용할 수 있다. 타인과 자신에 대한 가혹한 비판적인 태도를 품는 것이 가져오는 고통 자체를 인지하면, 그것만으로도 내려놓음을 촉진하는 데 충분하다. "나는 자신에게 너무 혹독하게 대하고 있다. 왜 계속 이래야 하지? 난 결코 다른 사람을 이런 식으로 대하지 않을 것이다."라고 인식하면, 내려놓음이 가능해진다.

아잔 수메도(Sumedho, 2014)는 이러한 마음의 측면에 대해 다음과 같이 언급했다.

> 나는 '내면의 폭군(inner tyrant)'이라고 부르는 나쁜 습관을 가지고 있었다. 이것은 항상 나 자신을 비난하는 데서 생긴 습관이다. 이것은 진짜 폭군이었다. 이 세상에서 나를 더 폭력적이고 비판적이고 심술궂게 대한 사람은 나 자신을 빼놓으면 아무도 없었다. 나에게 많은 사

람들이 상처를 주고 고통스럽게 만들었지만, 이 내면의 폭군만큼 끊임없이 나를 비참하게 만들었던 적은 없다. 이 폭군은 뭐라도 하면 거기에 찬물을 끼얹는 사람이다. 내가 뭘 하든, 그것은 결코 만족스럽지 않았다. 모두가 '수메도 스님. 대단한 강연이었습니다.'라고 말하더라도, 내면의 폭군은 '그런 말을 하지 말았어야 했어. 그렇게 말하지 말았어야 했어.'라고 말한다. 이것은 비판과 허물을 찾는 끝없고 끊임없는 비난으로 이어진다. 그러나 그것은 단지 습관일 뿐이다. 나는 이런 습관에서 나의 마음을 해방시켰다. 이제 그것은 어떤 영향력도 가지지 않는다. 나는 그것이 무엇인지 정확히 알고, 더는 그것을 믿지 않고, 그것을 없애려고도 하지 않는다. 나는 그것을 쫓아가지 않고, 그저 고요히 사라지게 둘 뿐이다(4권, 134–136쪽).

용서 구하기: 의례와 실천

남방불교 국가의 승가 전통에는 내려놓기(letting go), 용서하기(forgiveness), 윤리적 변화(ethical reform)를 촉진하는 일련의 관습이 있다. 예를 들어, 매년 10월 보름날에는 3개월간의 우기 안거(Rains Retreat)를 마치면서 이를 기념하는 카마띠 의식(khamati ceremony)이 열린다. 승가 공동체 모두가 지난 3개월 동안 함께 생활하고, 안거의 공식적인 수행을 종료한 후에는 공동체 구성원들이 관례적으로 유행을 떠나 각자의 길을 가게 된다. 승가든 아니든 여러 사람과 일정 기간 함께 지내다 보면 공동체의 구성원 사이에 어느 정도의 마찰이 생기게 된다. 사람들 사이에는 마찰이 생기기 마련이다.

용서 구하기

붓다는 이런 마찰을 신속하게 인정하고 그로 인해 생겨난 부정적인 감정을 내려놓는 의식(ceremony)을 제정하였다. 이것은 모든 사람이 후회(regrets), 원한(grudges), 상처(hurts) 또는 어떤 종류의 악감정(hard feelings) 없이 자신의 길을 계속 나아갈 수 있도록 기회를 제공하는 것을 목표로 하며 의례(ritual)의 방식으로 과거의 잘못을 정화하는 것이었다.

공식적인 의식은 그룹의 연장자를 중심으로 진행된다. 공동체의 다른 구성원들은 존경의 표시를 하고 다음의 구절을 암송한다.

> 몸과 입과 마음으로 (당신들께) 무심코 저지른 모든 죄에 대해 우리를 용서하소서.

당신이 자기도 모르게 타인에게 해로운 행동이나 말을 했을 수 있다는 것을 인정하는 이 과정이 중요하다. 이 과정을 통해 당신은 공식적으로 (a) 당신의 행동이 다른 사람들에게 영향을 미친다는 것, (b) 당신이 실수할 수 있다는 것, (c) 당신이 모든 행동이 어떻게 해석되는지를 통제할 수 없다는 것, (d) 당신이 야기한 어떠한 상처에 대해 책임을 지고 겸손하게 용서를 구하는 것을 인정한다.

높은 지위에 있거나 또는 비난할 수 없을 정도로 영적 명성을 가진 연장자라 할지라도, 그는 항상 다음과 같이 응답한다.

> 나는 당신을 용서합니다. 당신도 나를 용서하소서.

이 의식은 모든 참가자들이 함께 다음과 같이 말하면서 마무리 된다.

우리는 당신을 용서합니다.

이처럼, 완전히 깨달은 존재로 여겨지는 사람도 그들이 여전히 불편함을 주고 사람들의 감정을 상하게 할 수 있다는 사실을 인정한다. 그들은 위대한 지혜, 자비, 그리고 순수한 의도를 지니고 있다고 해도, 붓다가 그랬던 것처럼 사람들이 불쾌하거나 불편하게 느낄 수 있는 방식으로 말할 수 있다. 빠알리 경전을 읽어보면 붓다는 꽤 많은 사람들을 기분 나쁘게 만들었음을 알 수 있다.

이것은 용서의 의례(a ritual of forgiveness)이다. 그러나 이런 실천이 의미를 지니고, 진정한 안녕을 가져다주려면, 이런 실천에 생명을 불어넣는 것이 중요하다. 우리는 입으로 "내가 몸과 입과 마음으로 무슨 일을 했든지…"라고 말할 수 있지만, 실제로는 생각이 완전히 다른 곳에 있을 수 있다. 그러므로 어떤 의례든지 의미 있게 만들려면, 그것을 우리 스스로의 적극적인 마음챙김 주의와 관심(active mindful attention and interest)을 통해 유효하게 만드는 것이 필요하다. 그리고 이렇게 주의를 기울이는 것이 바로 이런 의례에 생명을 불어넣는 방법 중 하나이다. "그저 공허한 의식(empty ceremony)일 뿐이다. 나는 이 오래된 불교의 관습에 대해 알 필요가 없다."라고 말할 수 있지만, 그런 태도라면 이런 과정이 크게 도움이 되지 않을 것이다. 반면, "이것은 내가 말이나 행동으로 상처를 줬을지도 모르는 것에 대해 돌아보고, 그것을 바로잡는 좋은 기회이며, 나 자신이 어떤 원망을 품고 있는지 확인하는 기회이다. 그러니 여기에 집중하자."라고 생각한다면, 이것은 당신과 다른 사람들에게 큰 이익을 가져다 줄 수 있는 성찰적인 실천이 될 수 있다.

또한 당신의 태도가 관심(interest)과 진심(sincerity)으로 가득 차 있다면, 이런 생각이 들 때에도 이러한 의례를 통한 교류(ceremonial exchange)는 의미가 있다. "'나는 당신을 용서합니다.'라고 말하고 있지만, '사실' 용서하기 싫은 부분이 있습니다. 나는 당신에 대한 원망을 계속 품고 있고 아직 그것을 내려놓지 못하고 있습니다." 가끔은 그것을 내려놓지 못할 때가 있다. 그것이 얼마나 어리석은지 알고 그 불쾌함에 연연하지 않아야 한다는 것을 알고 있지만, 그것은 어떤 도움도 주지 않는다. … 그런 경우에는, 마음이 굳어져 "아니! 용서할 수 없습니다."라고 말하더라도, 당신 내부에 용서하기 싫은 무언가가 있다는 것을 인식하는 것이 중요하다. 바로 그 순간에 '불선한 태도에 대한 마음챙김(mindfulness of an unwholesome attitude)'이 존재한다. 그 마음챙김의 존재가 바로 우리가 그 생각의 패턴에 응답하고 그것을 그대로 받아들일 수 있게 해주며 그것을 믿거나 억압하는 대신에 그에 대응하는 능력을 갖게 해준다.

현대의 승려이자 명상 스승인 아잔 차(Ajahn Chah, 2011)는 이 분야에서 가장 유익한 말씀 하나를 남겼다.

> 우리가 우리의 기분(moods)을 알고 그 기분에 집착하고 있음을 인지하는 정도의 꾸준함을 가지고 있다면, 이것은 이미 상당한 진전이다. 즉 우리는 그것을 알아차리고 있으며 현재 무슨 일이 일어나는지를 알고 있지만, 아직 그것을 내려놓지 못한다. 선과 악에 대해 매달리는 우리 자신을 보고, 우리는 그것을 알고 있다. 우리는 선에 집착하는 것이 올바른 실천이 아닌 줄을 알지만, 여전히 그것을 내려놓지 못한다. 이것은 이미 수행의 50%에서 70%를 이룬 것이다. 아직 해방은 이루어지지 않았지만, 만약 우리가 내려놓을 수 있다면 그것이 평화로 가는 방향임을 알고 있다. 우리는 좋아하는 것과 싫어하는 것, 찬양과 비난이 모두 동등하게 해로운 결과를 낳을 수 있음을 끊임없이 인지한다. 어떤 상황이든 마음은 이렇게 일정하게 유지된다(30쪽).

당신이 그것을 놓아버리지 않을 것을 알고 있고, 그것을 놓지 않는 것이 어리석은 일임을 알고 있지만, 마음챙김은 바로 이 순간에 우리가 그것을 내려놓을 수 없다는 것을 알아차리는 것이다.

용서(forgiveness) 속에 담긴 'give': 아바야다나(Abhayadāna)

의례화된 교류(ritualized exchange)에서 주목할 점은 겸손함(humінity)과 더불어 관대함(generosity)이 포함되어 있다는 것이다. 겸손함은 "나는 완벽하지 않으며 때때로 실수를 저지를 수 있다. 대부분은 실수로, 때로는 고의적으로 해로운 말을 하거나 행동을 했을 수 있다. 그 원인이 무엇이었든, 나는 용서를 구한다."라는 인식에 내재되어 있다. 관대함은 그러한 겸손함과 내려놓음의 결과로서 나오는 이익이며, 이는 자신과 타인 모두에게 이로움을 준다.

'용서(forgiveness)'에 '주다(give)'라는 단어가 포함되어 있는 것은 우연이 아니다. 두 단어는 서로 연관되어 있다. 여기에는 관대함이 있고, 우리는 다른 사람들이 우리에게 가한 상처와 우리 자신의 단점(단지 인식된 것이든 실제든)을 내려놓을 준비가 되어 있기에, 우리는 심리적 여유(psychological space)라는 선물을 제공한다. 우리는 자신이나 타인을 비난하며 살아가지 않고, 원망이나 자기혐오를 조장하지 않는다. 이러한 부정성(negativity)의 포기는 우리 자신과 우리 주변 사람들에게 더 큰 편안함(ease)을 가져다준다. 붓다는 이러한 효과를 '아바야다나(abhayadāna)'[12]라고 불렀다. 이는 문자 그대로 '두려움을 없애 주는 것(the giving of fearlessness, 無畏施)'이며, 그 효과를 "(수행자는) 한량없는 중생들에게 두려움, 원한, 고통으로부터 자유를 준다."(AN 8.39) 따라서 여기서 '주는 것(giving)'은 우리 자신과 다른 사람들이 심리적으로나 사회적으로 자유롭게 움직일 수 있는 공간(room to manoeuver)을 주는 것이다.

'용서 구하기(asking for forgiveness)' 의식은 지금까지 불교 승가의 우기 안거에서 공식적인 해제식의 일부로만 묘사되었다. 하지만 이는 또한 비구니나 비구가 다른 곳에 살기 위해 기존의 거주지를 떠날 때마다 일 년 내내 빈번하게 실시되었다. 이 의례는 떠나기에 앞서 공식적으로 깨끗이 정화하고 미처 처리하지 못한 부분을 해결하는 방식이기 때문에 동일한 형식과 정신을 갖추고 있다.

이 의례는 오직 승가 환경에만 국한되어서는 안 된다. 예를 들

12) 역자주: 보시(dāna, 布施)에는 물질적인 보시(āmisadāna, 財布施), 불법을 널리 알리는 보시(dhammadāna, 法布施), 두려움을 없애 주는 보시(abhayadāna, 無畏施) 등이 있다.

어 10일 명상 수행을 함께하는 승가에 속하지 않은 수행자들이 어떤 장소에서 훈련을 가졌다면, 그들은 함께 보낸 시간을 마무리하는 방법으로 이 의례를 실시할 수 있다. 훈련 지도자는 출가자일 수도 있고 재가자일 수도 있다. 이때에도 의식은 비슷하게 진행될 것이다.

또한 이 의례는 부모와 자식들 사이에(예 캘리포니아주 스피릿 록 명상 센터의 가족 훈련에서) 적용되기도 하였다. 각 참가자는 다른 참가자에게 용서를 청하고 용서를 해주었는데 이 경우에는 어느 한 쪽에서 연장자의 역할을 담당하지는 않았다. 비슷하게 이 의례는 부부 사이에서도 유익한 실천으로 쓰이는데, 그것은 결혼식에서 축복이나 그동안의 결혼 생활을 재확인하는 부부의 의례로 사용되었다. 이 모든 상황에서 동일한 기본적인 방법론(methodology)과 목적(purpose)이 존재한다. 단점에 대해 겸손하게 인정하고 과거의 문제를 깨끗이 정화하고, 이러한 자애로운 행동과 의도로부터 생겨나는 심리적 공간을 만드는 것이다.

비판적 피드백으로 초대하기: 빠와라나(pavāraṇā) 의식

우기 안거를 마칠 때 연례 의례의 일부로 승려들은 순차적으로 피드백을 제공받기 위한 공개적인 '초대하기(invitation)'를 진행했다. 이를 '빠와라나(pavāraṇā)'라고 하는데, '용서 구하기'와 달리 '초대하기'의 의례 구조는 공동체에서 연장자 말씀에 기반을 두지 않는다. 대신 승려마다 다른 사람들로부터 비판적인 피드백을 받을 수 있도록 한다. 이 의식에서 사용되는 표현은 다음과 같다.

공동체에 충언을 청합니다. 본 것, 들은 것 또는 의심스러운 것에 대해 자비로운 마음(compassion)으로 저에게 조언해 주소서.

이와 같이 '제약이 없는(carte blanche)' 제안을 하기에, 이 의식이 매우 긴 행사가 될 것이라고 생각하기 쉽다. 그러나 일반적인 관례에서는 개별적으로 의견을 제시하는 것이 바로 그 자리에서 모두 이루어지는 것은 아니므로 그렇지 않다. 모든 피드백을 한 번에 진행하는 것보다는 자주 여러 날에 걸쳐, 어떤 불안, 원망, 또는 상처가 있다면 그 사람과 개인적으로 상황을 해결할 수 있는 기회를 찾는다. 그래서 상황을 정화하고 더 나은 분위기를 만들 수 있다.

'용서 구하기' 의식과 마찬가지로 '초대하기' 의례는 강력한 심리적 도구로 이해되며, 개인의 마음챙김의 계발을 촉진하면서 태도, 행동, 사회적 관계에 대한 유익한 판단에 도움을 준다. 이 부분에서, '용서 구하기'처럼 진정으로 타인의 피드백을 초대하는 데 따른 많은 저항감이 생길 수 있다. "간절히 충언을 청합니다."라고 암송하는 동안에 "당신이 '감히' 나를 비판한다고."와 같은 생각이 동반될 수 있다는 것이다. 이것은 의도적인 초대의 행위이기 때문에 무슨 일이 일어나고 있는지에 대한 주의력(watchfulness)을 필요로 한다. 온전한 주의(mindful attention)를 통해 입을 꽉 다물거나 복부를 긴장하는 등의 반응에 주목할 수 있다. 즉, 당신이 비판적인 피드백에 개방적이고 싶지 않은 것에 대한 마음챙김을 할 수 있다. 그리고 이러한 마음챙김은 그 불선한 태도에 대하여 우리가 생각의 패턴에 강박적으로 집착하여 고통을 야기하는 결과로 이끄는 것이 아니라, 그에 대해 반응할(respond) 수 있게 만드는 것이다.

사람들이 (표면적인 사실에 근거하고 친절한 태도로 제공되더라도) 비판적인 피드백에 자동적으로 감사하는 일은 드물다. 그러나 불교 가르침에서는 이에 대한 감사의 마음을 기르는 것을 장려한다. 붓다의 상수제자인 사리뿟따(Sariputta)는 친구로부터 비판적인 피드백을 받으면 그들이 숨겨진 보물을 드러내는 것처럼 그들과 가까이 지내야 한다는 놀라운 발언을 했다.

> 당신의 허물을 보는 자, 당신을 꾸짖는 지혜로운 자를 볼 때,
> 숨겨진 보물이 드러난 것처럼 그 뛰어난 자와 가까이 지내야 한다.
> 그런 사람과 가까이 있으면
> 상황은 더 나아지고, 더 나빠지지 않는다(Thag 993).

그는 또한 그러한 피드백이 어떻게 가장 유익하게 제시될 수 있는지에 대한 조언도 제공한다. 자신이 비슷한 잘못이 없고 상황에 대해 잘 알고 있고 관련 계율(laws)에 정통한지 확인한 후에, "(나는 다음을 고려해야 한다.) (a) 나는 불편한 때가 아니라 양측에게 적절한 때에 말하겠다. (b) 나는 거짓이 아닌 입증된 사실에 따라 말하겠다. (c) 나는 거칠지 않게 부드럽게 말하겠다. (d) 나는 해로운 것이 아니라 이익이 되는 방식으로 말하겠다. (e) 나는 증오를 품지 않고 자애로운 태도로 말하겠다."(AN 10.44)

'용서 구하기'가 전통적인 출가환경에서 현대의 일상으로 쉽게 변환될 수 있는 것처럼, '초대하기'의 실천도 효과적으로 변환될

수 있다. 이 두 가지 실천은 모두 우리가 서로에게 미치는 영향에 대한 주의 깊은 인식(mindful recognition) 및 생각과 태도의 능숙한 관리를 통해 어떻게 우리 자신과 상호작용하는 다른 사람들의 행복의 질(the quality of well-being)을 향상시킬 수 있는지를 포함한다.

행동의 영향: 윤리와 행복

개인과 타인의 상호작용과 이러한 상호작용이 행복에 미치는 영향에 대한 이슈는 이 책의 지배적인 주제이자 이 글에서 마지막으로 고찰할 핵심 주제이다. 이는 마음챙김의 실천에서 윤리의 역할과 인류의 번영에 대한 중요성에 대한 것이다.

우린 서로에게 영향을 미친다. 우리의 말과 행동은 함께 살고 일하며 소통하는 사람들에게 영향을 미친다. 서로가 서로에게 미치는 영향에 대한 존중에서 출발하는 불교 수행에서는 우리의 말과 행동이 자신뿐만 아니라 타인의 행복에 기여할 수 있는 명확한 행동지침을 제공한다. 이러한 윤리적 지침은 계(戒, sila)라고 불리며, 덕행(virtue)이나 도덕(morality)으로도 번역된다.

현대 사회에서는 덕행이나 도덕은 고사하고 윤리(ethics)와 같은 단어들이 거의 비난적인 어조를 띠기도 한다. 그것들은 구시대적인 개념으로 보일 수 있다. 하지만 부정적인 판단을 섣불리 내리기 전에, 이러한 지침이 어떻게 우리에게 이익을 가져다주고 스트레스에서 벗어나게 하며, 또한 다른 사람들과의 관계를 개선하는 강력한 심리적 도구(psychological tools)가 될 수 있는지 고려해보는 것이 유용할 수 있다.

윤리적 감수성과 결과에 대한 이해

우리가 일반적으로 부도덕한 사람들(예 살인, 강간, 사기, 절도에 손쉽게 빠지는 사람들)이 아니더라도, 그렇다고 해서 윤리적 감수성(ethical sensitivity)이 우리 삶에 무관하다는 의미는 아니다. 붓다의 가르침에 언급된 '참(慚, hiri)'과 '괴(愧, ottappa)'라는 한 쌍의 자질(qualities)이 이 주제와 밀접하게 연관되어 있다. 참(hiri)은 양심(conscience) 혹은 결과에 대한 깊은 이해력(intelligent appreciation of consequences)으로 해석될 수 있다. 마치 도로의 끝에 다다라서 길을 건너가기 전에 자동차를 살피는 것처럼, (보행자인) 당신과 도로를 달리는 운전자들에게 지속적인 안전(well-being)을 바라는 마음은 건강한 경계심(sense of caution)을 촉발한다. 만약 최근에 부주의하게 길을 건너가려다 차를 갑자기 멈추게 했다면, 그 운전자의 분노와 당신의 심장이 빠르게 뛰는 강렬한 느낌을 경험하면서 다음에는 도로 가장자리에 가까워질수록 더 조심스러워질 것이다. 이와 같은 더욱 신중한 조심스러움(caution)은 참(hiri)에서 비롯된다.

따라서 거짓말을 하거나 해를 끼쳤을 때 참(hiri)은 그것을 기억할 때 느끼는 정신적 고통(mental pain)이다. 괴(ottapa)는 조금 다른 개념이다. 경전마다 해석이 다르지만 가장 유용한 해석은 다른 사람들의 해로운 행위와 태도를 목격할 때 느끼는 고통이다. 당신이 누군가가 불선하거나 해로운 방식으로 행동하는 것을 보았을 때, 괴(ottapa)는 마음속에서 그것을 거부하며 다른 사람들의 미숙함(unskillfulness)과 타인에게 상처를 주는 행위(hurtfulness)에 대해 고통을 느끼는 것이다. 이것이 바로 우리의 도덕적 감수성(moral sensitivity)이다.

붓다는 이 두 가지 특성인 참(hiri)과 괴(ottappa)를 '세상의 수호자(Guardians of the World)'라고 불렀다. 이 둘은 고통을 야기하고 해로운 것과 선하고 유익한 것을 인식하는 데 도움을 주는 자질이므로, 개인의 삶의 세계를 보호하는 수호자로 여겨지며 우리가 삶을 더욱 행복하게 이끌어 나가는데 도움을 준다. 그래서 마음챙김을 위한 든든한 버팀목(sturdy supports)이다. 각 개인이 이처럼 반응적이고 책임감 있는(responsive and responsible) 동기를 선택할수록 의견 차이와 개인적 선호로 인하여 갈등을 일으키는 대신 평화적인 방법으로 처리하고 해결할 수 있으므로 이들은 더 큰 세계의 수호자로 인식된다.

앞서 말했듯이, 우리는 그러한 감수성을 가지고 싶지 않을 수도 있다. 즉 어떤 이유로든 후회하는 것을 절대 원하지 않을 수 있다. 그러나 우리의 행동이 초래하는 고통스러운 결과에 대한 주의 깊은 이해(mindful appreciation)가 자기혐오로 이어질 필요는 없다. 참(hiri)은 우리가 기회를 놓쳤다는 것을 알려주고 미래에 더 나아질 수 있도록 우리를 격려해 준다. 이것은 자기중심적인 사고를 포함할 필요가 없는 마음의 자질이다. 이것은 원인과 결과 관계의 자연스러운 부분이라고 할 수 있다. 지혜의 모음집으로 깊이 존경받는 『법구경(Dhammapada)』의 개시 부분에서 붓다는 이렇게 말했다.

> 마음은 모든 행동의 전조라네.
> 모든 행위는 마음이 이끌고, 마음으로 짓는 것.
> 타락한 마음으로 말하거나 행동하면 고통이 따른다네.
> 바퀴가 수레를 끄는 소의 발자국을 따르듯이.
> 마음은 모든 행동의 전조라네.
> 모든 행위는 마음이 이끌고, 마음으로 짓는 것.
> 평온한 마음으로 말하거나 행동하면 행복이 따른다네.
> 자신의 그림자처럼 반드시 따른다네(Dhp 1–2).

자기중심적인 습관이 나타나서 그 판단(appreciation)을 장악하면 그것은 빠르게 독성 있고 파괴적인 죄책감으로 변모할 수 있다. 그러나 그럴 필요는 없다. 왜냐하면 사고의 과정에서 더 많은 마음챙김이 있을수록 우리가 문제를 바라보는 방식도 더욱 개선할 수 있기 때문이다. 우리는 우리의 결점을 인정할 준비가 되어 있다는 것을 발견하게 된다. 우리는 그것들을 부정하거나, 정당화하거나, 곰곰이 되새김하면서 그것들에 몰두하는 것이 아니다. '결과에 대한 깊은 이해(intelligent appreciation of consequences)'는 부정적이거나 파괴적인 판단이 아니다. 이것은 우리의 마음이 어떻게 구성되어 있는지 우리가 상황을 보다 능숙하게 운전할 수 있다는 것을 인지하는 실질적인 자각으로 우리 자신과 타인 모두의 이익을 위한 것이라는 사실을 깨닫게 해준다. 원한이나 후회에 대해 마음챙김하는 것이 그것들에 대해 아무것도 할 필요가 없다는 것을 의미하지는 않는다. 대신 우리는 마음챙김을 통해 갈등을 해결하고 덜 후회하게 하는 행동을 선택할 수 있다.

유해한 행동, 윤리적 감수성, 그리고 용서

우리가 용서라는 자질을 더욱 발휘할수록 즉, 우리가 감정 상태(emotional states)에 대해 더욱 마음챙김을 하고 과도한 부담감(over-burdened)이나 과민한 반사적인(reactive) 반응 없이 그것에 주의를 기울일수록, 이는 긍정적이든 부정적이든 유익한 것이든 해로운 것이든 삶의 상황에 반응할(respond) 수 있는 마음의 여유 공간(the mind space)을 더 많이 제공한다.

솔제니친(Solzhenitsyn, 1973)은 한때, 악이 절대적인 존재이고 만약 우리가 그것을 격리시켜서 척결할 수 있다면 아주 간단한 일이라 생각했다. “만약 모든 것이 그렇게 단순하다면! 만약 어딘가에서 악행을 저지르는 사람들이 있다면, 그리고 그들을 우리들과 분리하고 파괴하는 것만으로 충분하다면, 하지만 선과 악의 경계선은 모든 인간의 마음속을 가로질러 있다. 그렇다면 누가 자기 마음의 일부를 파괴하는 데 기꺼이 나설 수 있을까?”

분명히 붓다의 가르침은 절대악이라는 것이 존재하지 않음을 말해주고 있다. 불교 신화에 따르면, 붓다의 십대제자 중 한 명인 마하목갈라나(Maha-Moggallana, 大目犍連)는 자신의 이전 삶(前生)에서 한 번은 마라(Mara)였다(MN 50.8). 이런 위대한 성자, 완전히 깨달은 존재가 어느 시점에는 거짓의 군주, 즉 사탄이었다. 또한 앙굴리말라(Angulimala)의 사례도 있다. 그는 연쇄 살인범이었으나 붓다의 제자가 되어 결국에는 깨달음을 얻었다.

이 모든 것은 우리가 결코 돌이킬 수 없을 정도로 상실(irremediably lost) 할 수 없다는 것을 나타낸다. 이러한 예시들이 단지 동화 같은 이야기로 들릴지라도 그 상징성은 강력하다. 이는 "내 마음의 두려움, 불안, 욕망, 그리고 우울함의 깊이"에 대한 우리의 염려가 아무리 강렬하더라도, 어떤 심리적인 얽힘(psychological entanglement)도 완전히 탈출 불가능한 것은 아니라는 것을 암시한다.

이러한 해방(emanicipation), 즉 우리의 행복이라는 잠재력을 실현시키는 열쇠는 마음챙김을 이용해 솔제니친이 섬세하게 묘사한 그 경계선에 주의를 기울이는 것이다. 윤리적 측면에서 이는 생각과 태도, 말과 행동이 그 경계선의 불선한 측면에 있는지를 인식하고 그러한 생각과 행동을 따르면 고통스러움과 해로움이 초래되는 것을 인지하며 그 고통을 각성(wakefulness)하고 미래에 더 선한 행동을 장려하는 자극제로 활용하는 것을 의미한다. 우리는 타인과 우리 자신의 결점을 용서하지만, 이는 결코 그것들을 용인한다는 의미가 아니다. 목표는 그러한 결점으로부터 배우고 그 배움을 미래에 더 유익한 태도와 행동을 지향하는 데 활용하는 것이다.

행복의 기초로서의 윤리

불교 경전에서 기술하는 심리적 메커니즘 중 하나는 실라(sila)의 기반 위에서 해탈(liberation) 혹은 깨달음(enlightenment)으로 알려진 영적인 해방의 포괄적인 행복을 발전시키는 자연스럽고 인과적인 과정을 개요화한다. 경전에서는 다음과 같이 이 패턴을 설명한다.

> 도덕적인 사람, 윤리적 규범을 따르는 사람에게는 회한(remorse)에서 벗어나는 자유가 생기는 것이 당연하다. … 회한에서 자유로워진 사람은 … 몸이 이완될 것이 당연하다. … 몸이 편안한 사람은 만족감을 느끼는 것이 당연하다. … 만족하는 사람의 마음은 쉽게 집중되는 것이 당연하다. … 정신이 집중된 사람은 사물을 있는 그대로 보게 될 것이 당연하다. … 사물을 있는 그대로 보는 사람은 환멸(disenchanted)과 냉정(dispassionate)을 갖게 되는 것은 당연하다. … 환멸과 냉정을 느끼는 사람은 해탈에 대한 지식과 통찰을 깨닫게 될 것이 당연하다(AN 10.2).

윤리적이고 책임감 있는 삶을 통해 우리는 회한에서 자유롭게 된다. 후회할 만한 일을 하지 않으면 우리는 그 일을 기억할 필요가 없다. 회한에서 자유로워짐으로써 자존감과 기쁨이 생겨나며 이는 신체적인 안락함과 몸의 이완을 가져온다. 이 신체적인 안락함은 깊은 만족감을 이끌어내고, 이는 다시 정신적 집중(사마디)을 이끌어낸다. 정신적 집중은 자연스럽게 통찰력(지혜)으로 이어지고, 이는 다시 모든 경험 영역에서 얽매임 없이 참여하는 내려놓음을 이끈다. 이는 다시 완전한 심리적 행복을 뜻하는 해탈로 이어진다.

마음챙김의 윤리적 감수성 계발은 이러한 인과적 과정의 토대로 볼 수 있다. 이것이 바로 이 발달 단계의 순서가 견실하게 뿌리내리는 기반이다.

여기서 이 과정에 대한 설명은 어느 정도 선형적인 면이 있으나 이는 최종적으로 위대한 깨달음의 경험을 내포하는 독특한 사건을 가리키는 것이 아니다. 오히려 이는 개인의 마음 상태가 순간순간 어떻게 변화하는지를 그리며 진행되는 지침이다. 또한 이 과정의 다양한 요소들은 서로를 보완하며 강화된다. 예를 들어, 집중력(定, concentration)이 향상되면 마음챙김이 더욱 도움을 받을 수 있고, 더 깊은 마음챙김(慧, mindfulness)은 윤리적 기준을 향상시키며, 더욱 향상된 윤리적 기준(戒, ethical standards)은 회한으로부터의 더 큰 자유를 가져오고, 이는 다시 집중력의 향상으로 이어진다. 이러한 방식으로 계속 진행된다.

다섯 가지 위대한 선물, 오계(五戒)

법, 규칙, 윤리적 혹은 도덕적 규범 등의 존재는 종종 우리의 자연스러운 자유를 제한하는 것으로 간주된다. 자기중심적인 시각에서 이들은 우리의 자유를 침해하거나 우리의 행복을 줄이는 것처럼 쉽게 해석될 수 있다. 그러나 불교적 관점에서 이러한 것들은 반드시 그런 방식으로 볼 필요가 없으며, 오히려 우리와 타인에게 더 큰 행복과 자유를 제공하는 원천으로 볼 수 있다.

이는 앞서 인용한 부분("(수행자는) 한량없는 중생들에게 두려움, 원한, 고통으로부터 자유를 준다.", AN 8.39)에서 정말 잘 묘사되고 있다. 이 말은 붓다의 가르침에서 나온 것이다.

> 이것들은 여덟 가지 축복의 흐름, 선의 흐름, 행복의 영양분이다. …

이들은 소망하고, 바라며, 즐겨하는 것으로 이끈다. 그리고 안녕과 행복으로 이끈다.

붓다는 말했다.

다섯 가지의 선물이 있으니, 이 선물은 위대하고 원시적이고 오래되고 전통적이며 고대의 순수하며 … 그리고 현명한 수행자들에게 거부당하지 않는 선물이다. 그 다섯 가지 선물은 무엇인가?

(1) (수행자는) 생명을 빼앗는 것을 삼감(abstaining)으로써, 무한한 존재들에게 두려움, 적개심, 고통으로부터의 자유를 준다. (수행자는) 결국 두려움, 적개심, 고통으로부터 헤아릴 수 없는 자유를 누린다. 이것은 첫 번째 선물이다. 위대하고 원시적이고 오래되고 전통적이며 고대의 순결하며 … 지혜로운 수행자들에 의해 거부되지 않는 선물이다.

(2) 도둑질을 삼감으로써, … 이것은 두 번째 선물이다. …

(3) 불건전한 성행위를 삼감으로써, … 이것은 세 번째 선물이다. …

(4) 거짓말을 삼감으로써, … 이것은 네 번째 선물이다. …

(5) (수행자는) 부주의로 이어지는 술과 마약을 삼감으로써, 수많은 존재들에게 두려움, 적개심, 고통으로부터의 자유를 준다. (수행자는) 결국 두려움, 적개심, 고통으로부터 헤아릴 수 없는 자유를 누린다. 이것은 다섯 번째 선물이다. 위대하고 원시적이며 오랜 전통과 고대로부터 순결하며 … 지혜로운 수행자들에 의해 거부되지 않는 선물이다(AN 8.39).

여기 나열된 원칙들은 불교에서 '오계(Five Precepts)'라는 명칭으로 알려져 있으며, 붓다가 권장하는 개인의 이상적인 행복을 위한 삶의 방향과 타인과 조화롭게 사는데 필요한 기본 행동 강령을 설명하고 있다. 승려의 삶을 택한 사람들은 이 규범의 세부사항을 다양하게 채택하지만 이 오계는 근본적인 윤리적 체계를 구현하고 있다.

이러한 오계를 자유를 주는 위대한 선물로 여길 때, 윤리가 삶에서 차지하는 부분은 성취를 제한하는 것이 아니라 성취를 돕는 것으로 인식된다. 우리가 원하는 목적지로 가기 위해 신뢰할 수 있는 차량의 브레이크가 필요한 요소이듯, 이 오계가 제공하는 유익한 행실의 틀은 우리에게 삶의 무한한 다양성을 제공하여 편안하게 여행할 수 있는 자유를 준다.

그럼 우리는 이 여행이 우리를 어디로 데려갈지 기대할 수 있는가?

수행자들은 스스로의 헌신으로서 오계를 재확인하는 기회를 요청하는데, 이는 많은 불교 수행자들이 매주 또는 더 자주 실천하는 것이다. 그리고 이 의식의 마지막에 다음의 짧은 구절을 낭송한다.

> 이것은 오계이고, 덕(virtue)은 행복의 근원이다.
> 덕은 존재의 풍요로움의 근원이며, 덕은 평화의 근원이다.
> 그러므로 덕을 정화하라.[13]

13) Amaravati Buddhist Monastery, *Amaravati Chanting Book*, 2015, 1권, 130쪽.

| 참고문헌 |

Amaravati Buddhist Monastery. (2015). *Amaravati chanting book*. Hemel Hempstead, UK: Amaravati Publications.

Chah, A. (2011). *The collected teachings of Ajahn Chah*. Tamil Nadu, India: Aruna Publications.

Kabat-Zinn, J. (1994). *Wherever you go, there you are: Mindfulness meditation in everyday life*. New York, NY: Hyperion.

Maguire, E. A., Woollett, K., & Spiers, H. J. (2006). London taxi drivers and bus drivers: A structural MRI and neuropsychological analysis. *Hippocampus, 16*, 1091–1101.

Perls, F. S., Hefferline, R., & Goodman, P. (1994). *Gestalt therapy*: Excitement and growth in the human personality. Gouldsboro, ME: The Gestalt Journal Press.

Segal, Z. V., Williams, J. M. G., & Teasdale, J. D. (2013). *Mindfulness-based cognitive therapy for depression: A new approach to preventing relapse* (2nd ed.). New York, NY: Guilford Press.

Solzhenitsyn, A. (1973). *The gulag archipelago*. New York, NY: Harper & Row.

Sumedho, A. (2014). *The anthology*. Hemel Hempstead, UK: Amaravati Publications.

제 5 장

마음챙김, 주의심 그리고 윤리

크리스티안 크래겔로(Christian U. Krageloh)
Department of Psychology, Auckland University of Technology,
Auckland, New Zealand
e-mail: chris.krageloh@aut.ac.nz

제5장

마음챙김, 주의심 그리고 윤리

Mindfulness, Heedfulness, and Ethics

도입

현대의 건강 개입으로서 마음챙김의 체계적인 도입은 매사추세츠 의과대학의 존 카밧진(Jon Kabat-Zinn)의 연구로 거슬러 올라간다. 그는 1979년 마음챙김 기반 스트레스 완화(MBSR) 프로그램을 시작했다. 이 구조화된 프로그램은 불교 명상과 마음챙김 수행에서 영감을 받았으며, 본래 전통적인 의료 및 심리치료에 잘 반응하지 않는 사람을 돕기 위한 것이었다(Kabat-Zinn, 2003). 이후 마음챙김은 많은 종류의 치료법에 통합되었고 주류 심리학에서 확고한 지위를 얻게 되었다. 특히 지난 10년 동안 마음챙김에 관한 학술 출판물의 수가 급격히 증가했으며(Williams & Kabat-Zinn, 2011),

2010년 이후 전체 학술지가 이 주제에 전념하고 있다(Singh, 2010).

심리학적 개입에서 마음챙김의 효과적인 적용은 필연적으로 상당한 이론적 논쟁을 불러왔다. 본 논의에서는 심리학적 개입에서 일반적으로 마음챙김을 정의하고 측정하고 적용하는 방식에 대한 개요를 제시한 후 불교학자와 특히 윤리적인 측면의 결여를 비판한 심리학 문헌의 최근 이론적 주장을 다룰 것이다. 심리학의 마음챙김 개념이 가져오는 혼란 중 일부는 다양한 불교 전통의 마음챙김 관련 가르침을 비체계적으로 적용하고 통합하는 것과 연관이 있어 보인다. 또한, 불교 수행의 미묘함을 표현하기 위해 불교 전통에서 사용 가능한 풍부한 어휘와는 대조적으로, 영어로 기술된 심리학 문헌에서는 단 하나의 용어만 사용된다.[1] 본 논의는 불교의 '주의심(heedfulness; S. apramāda; P. appamāda)'[2] 개념을 통해 마음챙김의 이론적 혼동을 해결하는 방법을 제안하는 것으로 진행한다.[3] 주의심에는 주의 조절, 윤리 및 현재 마음챙김의 일반적 정의에서 빠져있는 목적성(purposefulness)의 측면도 포함한다. 이 논의는 마음챙김 연구가 현재 비체계적이고 광범위한 방식으로 포괄적인 용어인 마음챙김을 사용하는 대신 '주의심'과 같은 용어를 선택하여 얻게 되는 이익이 클 것이라는 결론을 도출할 것이다.

---

1) Shonin, Van Gordon, & Singh, 2015.

2) 역자주: 'heedfulness'에는 주의, 주의심, 불방일(不放逸) 등의 의미가 있는데, 이 장에서는 주의(attention), 알아차림(awareness) 등과 구분하기 위해 '주의심'으로 번역했다.

3) Cullen, 2011; Shonin et al., 2015.

심리학적 개입과 연구에서 본 마음챙김

MBSR 과정은 현재 전 세계 많은 곳에서 제공되고 있다(Cullen, 2011). 여기서 참가자들은 현재에 대한 지속적인 알아차림의 향상을 통해 과거를 숙고하거나 미래를 걱정하는 데 많은 시간이 낭비되는 것을 멈출 수 있도록 체계적인 지도를 받는다. MBSR 참가자는 보통 최소 8주 동안 저녁마다 그룹 모임을 하고 프로그램 중반에 1일 워크숍을 갖는다(Carmody & Baer, 2009). 프로그램 진행자는 통찰 명상, 요가 및 호흡 실습, 바디스캔 또는 마음챙김 걷기 및 마음챙김 먹기와 같은 다양한 명상과 마음챙김 기법을 가르친다. 참가자들은 일기를 작성하는 것뿐 아니라 매일 과제와 실습을 하며 이러한 기법을 일상생활에 적용한다. 카밧진(Kabat-Zinn, 2003)은 MBSR의 효과가 단순한 이완이 아니라 메타인지 기법의 발달에 영향을 준다고 강조한다. 랜캐스터, 클라인, 나이틀리[4]의 최근 연구는 MBSR과 이완 훈련의 차이를 확인시켜준다. MBSR은 불안 장애[5] 또는 다양한 만성 질환 환자[6]가 질병 증상과 관련된 고통과 장애에 대처하는 데 도움이 되기 때문에 광범위한 심리적 문제와 건강 문제에 대해 임상적으로 유의미한 긍정적 결과로 연결된다. MBSR의 인기가 높아지며 여러 유사한 프로그램이 개발되었는데, 프로그램마다 약간 다른 초점이나 목표를 가지고 있

4) Lancaster, Klein & Knightly, 2016.

5) Miller, Fletcher, & Kabat-Zinn, 1995.

6) Grossman, Niemann, Schmidt, & Walach, 2004.

다. MBSR을 포함한 이러한 개입을 일반적으로 마음챙김 기반 개입(mindfulness-based interventions; MBIs)이라고 한다(Cullen, 2011).

치료에서 마음챙김의 성공을 고려하여, 마음챙김이 건강에 유익한 영향을 미치는 메커니즘을 탐구하는 데 점점 더 연구의 초점을 맞추고 있다. 이러한 연구는 종종 마음챙김이 다른 심리적 구조, 특히 심리적 행복에 이롭다고 알려진 구조와 어떻게 관련되는지를 조사하는 접근법을 취한다. 예를 들어, 에반스와 세거스트롬(Evans & Segerstrom, 2011)은 대학생을 대상으로 횡단연구를 진행하여 높은 수준의 마음챙김이 걱정과 반복적인 생각을 덜 발생시키는 것과 관계가 있음을 발견했다. 피터스, 피어스 등(2012)은[7] 마음챙김과 자기조절(self-control) 사이의 연관성을 탐구했고 마음챙김 설문지에서 높은 점수를 받은 대학생들도 일반적으로 덜 충동적이라는 점을 발견했다. 대학생 대상의 또 다른 연구에서는 마음챙김이 자기결정력의 향상 또는 개인적인 목표를 뒷받침하는 동기와 관련이 있으며, 이는 다시 그들의 행복을 증진시켰다. 다른 연구에서는 마음챙김과 여러 심리적 변인들 사이의 관계를 탐구하기 위해 경로 분석을 사용했다. 예를 들어, 마음챙김은 대학생들이 자신의 경험을 더 잘 이해하도록 도와주었고, 이것은 결국 그들이 자신의 부정적인 감정을 더 잘 관리할 수 있게 해주었다[8]. 대규모의 학생을 표본으로 한 최근의 두 연구에서는 마음챙김과 우울 및 불안 증상의 관계에서 탈중심화(decentering) 변인의 매개

7) Peters, Erisman, Upton, Baer, & Roemer, 2012.
8) Coffey, Hartman, Fredrickson, 2010.

적 역할에 대한 증거를 발견했다.[9] 흔히 MBIs에서 명시적으로 가르치는 탈중심화는 생각이 일시적일뿐 영구적이지 않다고 간주하면서 비판단과 비집착의 방식으로 관찰하는 능력을 말한다. 대학생 표본으로 연구된 이러한 마음챙김의 건강 이익 메커니즘 모델은 임상 상황에서 보고된 결과와 일치한다.[10]

심리학에서 마음챙김 연구와 이론의 임상적 뿌리를 고려할 때 마음챙김의 조작적 정의가 일반적으로 MBIs에서 가르치는 기술과 관련이 있다는 것은 놀랄 일이 아니다. 심리학 문헌에서 가장 일반적으로 인용되는 마음챙김 정의 중 하나는 카밧진(1994)이 제시한 "특정 방식으로, 즉 의도적으로 현재 순간에 비판단적으로 주의를 기울이는 것"(4쪽)[11]이다. 특히 비판단적 알아차림에 해당하는 부분은 심리치료에서 마음챙김을 사용할 때 명시적으로 가르치는 측면이다(Mace, 2007). 심리치료의 내담자들이 이전의 실수에 대해 자신을 비난하는 것과 같은 부정적인 자기 대화를 중단하는 법을 배우는 때와 같이 그리고 자신의 생각과 감정을 바꾸려고 하기 전에 받아들이는 법을 배우는 때처럼 자기연민(Neff & German, 2013)의 계발을 배울 때에도 비판단적 시각이 요구된다. 그러한 이유로 임상 상황에서 마음챙김은 때때로 수용과 동의어

---

9) Brown, Bravo, Roos, & Pearson, 2015; Pearson, Brown, Bravo, & Witkiewitz, 2015.

10) Keng, Smoski, & Robins, 2011.

11) paying attention in a particular way: on purpose, in the present moment, and non-judgmentally

로 간주된다.[12)]

수용(acceptance)은 비숍 등(Bishop et al. 2004)이 제공하는 보다 상세한 정의에서 강조되는 측면이기도 하다. "우리는 마음챙김이 현재의 경험에 애쓰지 않는 알아차림의 수준과 호기심, 경험적 개방성, 수용성을 가지고 자신의 경험과 관계를 맺는 수준을 만들기 위해 주의를 조절하는 과정으로 본다. 우리는 또한 마음챙김은 자기 마음의 본성에 대한 통찰을 얻는 과정으로, 생각과 감정에 대한 중심점을 이동해 보면서 생각과 감정의 주관성(대 필요 타당성)과 일시성(대 영속성)을 경험할 수 있게 해주는 것으로 이해한다."(234쪽). 현재 순간의 사건에 대한 알아차림에 초점을 두는 것은 내담자가 일반적으로 우울과 불안과 관련된 지나친 반추와 반복적인 사고를 중단하도록 돕기 때문에 MBIs의 구별되는 특징이기도 하다(Mace, 2007). 트랜 등(Tran et al. 2014)과 같은 설문연구는 비숍 등(Bishop et al., 2004)의 주장을 일부 지지한다. 이러한 두 가지 측면이 반드시 자연적으로 상관관계가 있는 것은 아니며 각각 조금은 다른 개념을 나타낼 수 있다는 점을 시사하는 다른 증거가 있지만, 마음챙김은 두 가지 측면의 개념, 즉 현재 중심의 알아차림(present-centered awareness)과 경험의 수용(acceptance of experience)으로 보아야 한다(Coffey et al., 2010).

마음챙김의 정의가 다양하게 제안되었으며, 비숍 등(Bishop et al., 2004)과 카밧진(Kabat-Zinn, 1994)이 앞에서 언급한 두 가지 정

12) Block-Lerner, Salters—Pedneault, & Tull, 2005.

의와 유사하게, 흔히 인용되는 또 다른 정의는 일반적으로 비판단적 또는 비평가적 알아차림을 의미할 뿐 아니라 현재의 경험에 개방적이다(Baer, 2003; Brown & Ryan, 2003). 특정 속성이 마음챙김의 정의에 대한 일부분이 되어야 하는지 또는 이러한 측면이 마음챙김의 일부라기보다는 마음챙김의 결과인지 여부에 대한 상당한 논쟁이 여전히 진행 중이다(Cofey et al., 2010). 예를 들어, 브라운과 라이언(2004)은 마음챙김의 정의가 수용에 대한 명시적인 언급을 포함할 필요는 없다고 주장한다.

심리학에서 마음챙김은 일반적으로 개인의 안정적인 특성으로 간주되며, 심지어 내재적 역량으로도 간주된다.[13] 높은 수준의 마음챙김을 가진 개인은 사건이 발생할 때 직접 마음챙김에 접촉할 수 있고 따라서 습관적 사고에 오염되지 않는 세계에 대한 인식을 가질 수 있다. 동시에 사람의 마음챙김 능력은 훈련을 통해 향상될 수 있다고 이해되는데, 이때 마음챙김은 특질(trait)보다는 기술(skill)로 묘사되는 경향이 있다. 예를 들어 변증법적 행동치료(DBT)에서 마음챙김은 비판단적이고 수용적이며 현재 중심적인 방식으로 세상을 관찰하고, 주목하고, 묘사하고, 참여할 수 있는 기술로 간주된다(Dimidjian & Linehan, 2003). 다른 경우에는 마음챙김을 상태(state)로 본다(Lau et al., 2006). 여기서 연구자들은 마음챙김으로 반응하는 일반적인 경향이 아니라 특정 시점에서 개인의 실제 경험에 관심을 보인다.

13) Baer, 2003; Brown & Ryan, 2003.

참가자가 호흡의 수를 세어서 주의와 마음챙김을 평가받는 몇 가지 방법이 있지만[14], 가장 일반적으로 마음챙김은 자기보고 척도를 통해 평가된다. 여기서 질문지의 다양성은 사용 가능한 마음챙김 정의의 다양성과 일치한다. 마음챙김을 상태로 평가하는 토론토 마음챙김 척도(Toronto Mindfulness Scale; Lau et al., 2006)와 같은 몇 가지 예외를 제외하고, 자기보고 마음챙김 질문지의 대부분은 특질에 대한 측정이다. 논문 인용 건수[15]로 판단했을 때, 현재 가장 널리 사용되는 특질 마음챙김 척도는 마음챙김 주의 알아차림 척도(MASS)[16]이다. 모든 질문은 부정문으로 기술되어 있는데, 이는 참가자의 마음챙김보다는 마음챙김의 미흡함을 평가한다는 것을 의미한다. 질문지는 현재 순간에 깨어있는 마음 상태(presentmindedness)보다는 방심하는 마음 상태(absentmindedness)를 경험할 가능성이 높은 일반 모집단의 참가자에게 주로 사용되기 때문에 이 방법이 유리하다는 주장이 제기되었다(Brown & Ryan, 2003). MAAS는 일차원적이므로 알아차리면서 행동하는 것으로 묘사될 수 있는 단일의 심리적 논리 구성을 평가한다. 라쉬(Rasch) 분석을 사용하여 MAAS를 자세하게 검사한 최근 연구[17]에서는 심리측정 특성이 강하다는 이전 연구 결과를 확인했으나[18] 15개

14) Frewen, Unholzer, Logie-Hagan, & MacKinley, 2014; Levinson, Stoll, Kindy, Merry, & Davidson, 2014.

15) Medvedev, Sigert, Feng, et al., 2016.

16) Mindfuld Attention Awareness Scale; Brown & Ryan, 2003.

17) Medvedev, Siegert, Feng, et al., 2016.

18) Park, Reilly-Spong, & Gross, 2013.

항목 중 2개 항목을 삭제하는 것이 가장 바람직하다는 결과가 나왔다.

일차원적인 MAAS와는 대조적으로, 39개 항목의 켄터키 마음챙김 기술 척도(KIMS)[19]는 4개의 분리된 하위척도에 대한 점수를 제공한다. 개인이 외부 사건 및 내부 감정에 어느 정도 주의를 기울이는 경향이 있는지 '관찰(observe)'하고, 말로 표현할 수 있는 자신의 경험을 '묘사(describe)'하고, 현재 순간에 주의를 기울이는 정도를 포착하여 '알아차림이 있는 행동(act with awareness)'을 하며, 자신의 행동과 감정을 판단하는 정도를 측정하는 '비판단적 수용(accept without judgment)'을 하는 4가지이다. 이러한 하위척도는 일반적으로 DBT에서 학습한 기술을 반영하기 위한 것이다(Dimidjian & Linehan, 2003). KIMS의 효용성은 분명히 DBT의 진보를 평가할 수 있는 능력에 있지만, 다른 맥락에서 KIMS를 사용하는 것은 마음챙김과 심리적 건강 사이의 관계에 대한 일반적인 발견에 일부 불일치가 있을 수 있고(Christopher & Gilbert, 2010), 문화 간 요인 구조의 복제가 불가하다.[20] 또한, KIMS 하위척도 간의 상관관계는 높지 않아(Baer et al., 2004) KIMS가 실제로 단일 기본 구조를 포착하는지에 대해선 의문이 제기된다.

자기보고 질문지를 사용하여 마음챙김을 측정하는 연구 분야는 분명히 계속 발전하고 있다. KIMS(Baer et a1., 2004)가 일반적

19) Kentucky Inventory of Mindfulness Skill; Baer, Smith, & Allen, 2004.

20) Christopher, Charoensuk, Gilbert, Neary, & Pearce, 2009.

으로 사용되는 유일한 질문지는 아니며, 5요인 마음챙김 척도(FFMQ)[21]는 현재 MAAS[22]의 인기에 필적한다. FFMQ는 5개의 기존 마음챙김 질문지의 항목을 통합한 후 가장 적합한 항목을 추출하고 가장 적합한 요인 구조를 확립하는 요인분석을 진행하여 개발되었다. '관찰', '묘사', '알아차림', '비판단'은 KIMS와 유사하다. 여기에 '비반응성(nonreactivity)'으로 불리는 다섯 번째 요인에서는 생각과 감정에 휩쓸리지 않으면서 생각과 감정이 알아서 일어나고 사라지도록 하는 능력을 평가한다. 이는 베어 등의 요인분석 접근법과 대조적이다(Baer et al., 2006). 베르고미, 차허, 쿠퍼 등(2013a)은[23] 다양한 설문지에서 (1) 관찰, 경험에 대한 주의, (2) 알아차리며 하는 행위, (3) 경험의 비판단 및 수용, (4) 자기수용, (5) 자신을 경험에 노출시키는 의지와 준비 및 회피하지 않음, (6) 경험에 대한 비반응성, (7) 자기 경험에 대한 탈동일시, (8) 통찰력 있는 이해, (9) 라벨링 및 묘사와 같은 9가지 주제를 개념적으로 추출했다. 이제 이러한 주제들이 질문지의 하위척도와 함께 모두 평가될 필요가 있는지 아닌지가 논쟁거리가 되었다. 즉 앞에서 언급한 바와 같이, 이러한 측면 중 일부는 마음챙김 그 자체보다는 마음챙김의 결과일 수 있다.[24] 그러나 MAAS와 같은 단차원 측정이

21) Five Facet Mindfulness Questionnaire; Baer, Smith, Hopkins, Krietemeyer, 2006.

22) Medvedev, Siegert, Feng, 2016.

23) Bergomi, Tschacher, and Kupper, 2013a.

24) Brown & Ryan, 2004; Coffee et al., 2010.

KIMS[25]와 같은 일차원 측정보다 심리측정으로 더 잘 수행되지만, 이것이 반드시 일차원 측정을 선호한다는 의미는 아니다. 잘 측정되는 척도를 목표하면서 개념의 변형을 초래할 정도로 질문의 다양성을 줄이다 보면 오히려 마음챙김의 일부로 생각되는 여러 측면을 놓치게 된다.[26]

윤리와 마음챙김

MBIs는 일반적으로 세속적이고 따라서 비종교적인 방식으로 전달되지만, 그러한 프로그램은 여전히 근본적으로 불교 전통에 기반을 두고 있다(Kabat-Zinn, 2003). 따라서 심리학에서의 마음챙김과 불교 철학에서의 마음챙김 사이의 비교는 타당하며 최근 몇 년 동안 점점 더 많이 일어나고 있다(Shonin et al., 2015). 현대 서양에서 마음챙김 용어를 사용하는 것에 대한 불교학자들의 많은 비판은 비판단적 개념화, 즉 윤리적 고려의 적용을 배제하는 것에 있다. 불교에서는 마음챙김이 계율과 함께 안내되는 반면 MBIs에서는 윤리와 도덕이 언급되지 않거나 매우 지엽적인 역할만 하는 것이 대조적이다.[27] 윤리를 명시적으로 가르치지 않는 이유는 참가자들이 매우 다양한 문화적, 종교적 배경을 가질 수 있기에 참가자의 신념 체계와 MBIs의 과정 내용 사이의 모순을 피하기 위함이다(Cullen, 2011). 현재의 논의는 군사 훈련과 같은 윤리적으로 논

25) Medvedev, Sigert, Feng, et al., 2016.
26) Bergomi, Tchacher, & Kupper, 2013b.
27) Monteiro, Musten, & Compson, 2015.

란이 많은 상황에서 마음챙김을 가르쳐야 하는지에 대한 질문에 초점을 맞추지 않고, 대신 MBIs에 명시적인 윤리적 내용이 부족하여 마음챙김에 대한 불교적 이해와 비교하여 마음챙김의 개념이 바뀌었는가 하는 문제에 초점을 맞추고 있다.

불교의 빠알리 경전에서는 마음챙김을 올바르고 건전하고 완전한 마음챙김을 뜻하는 '삼마사띠(P. sammāsati)'로 기록하고 있으며, 따라서 이는 고에서 해탈하는 팔정도의 요소가 된다. 팔정도는 '올바른 견해', '올바른 생각', '올바른 말', '올바른 행동', '올바른 생계', '올바른 노력', '올바른 마음챙김', '올바른 집중'의 여덟 가지이며(Rahula, 1974), 여기서 처음 두 요소는 '쁘라즈냐(지혜)', 다음 세 가지는 '실라(윤리적 행동)', 마지막 세 가지는 '사마디(집중)'와 관계된다. 불교 수행에서 팔정도의 개별 요인들은 서로 간에 영향을 미친다. 예를 들어, 윤리적인 행위는 고통받지 않는 마음을 가지기 위해 필요하며, 따라서 마음챙김의 실천에 필요하지만, 반대로 윤리적인 행위는 결국 어떤 건전한 행동을 해야 하는지를 계속 기억하는 마음챙김에 의존한다(Kang & Whitingham, 2010).

마음챙김은 불교 수행자들이 윤리적으로 건전한 행동을 하도록 돕는데 중요한 역할을 한다고 보기에, 마음챙김을 비판단적 알아차림만으로 개념화하기에는 어려움이 있어 보인다. 반대로 불교 수행자들은 건전함을 함양하고 불건전함을 막기 위해 자신의 심리 상태를 적극적으로 분별하고 평가해야 하며(Bodhi, 2011), 그러한 지침은 불교 경전에서 분명히 발견된다(Dreyfus, 2011). 드레이퍼스는 반추적이고 우울한 사고 패턴을 지닌 내담자가 자기수용과 비판단적 태도를 개발할 수 있도록 마음챙김을 가르치는 것이 심리적 개입으로서 그 역할을 할 수 있다고 주장한다(Dreyfus, 2011). 그러나 불교에서는 이것이 일상생활에서 상대적으로 작은 부분만을 구성할 뿐이며, 자기수용보다는 인지적 전환(cognitive transformation)에 중점을 둔다.

그러나 MBIs에서 비판단적 알아차림에 초점을 맞춘 이유는 심리적 개입으로서의 목적 때문만이 아니라 그 기원에서도 찾을 수 있다. MBIs의 개발자들은 현대 불교, 특히 위빠사나 운동에 상당한 영향을 받았다(Samuel, 2015). 가장 영향력 있는 위빠사나 또는 통찰명상 수행처는 미얀마 승려 마하시 사야도(Mahāsi Sayādaw)와 『사띠빳따나 숫따(Satipatthāna Sutta)』의 가르침과 연결되어 있다(Mahāsi Sayādaw, 1990). 특히 이 접근법에서 초보자를 위한 수행은 현재 순간의 알아차림에 초점을 맞춘다(Gilpin, 2008; Mahāsi Sayādaw, 1990). 이러한 통찰적 방법에 따르면, 그 목표는 경험과 기대에 기반한 선입견에 영향을 받지 않고 대상을 정말 있는 그대로 인식하는 것을 배우는 것이다(Nyanaponika, 1989). 순수한 주의(bare attention)에 대한 이러한 가르침의 대부분은 마하시 사야도 밑에서 훈련을 한 독일 태생의 테라와다 승려 냐나뽀니까 테라(Nyanaponika Thera; Bodhi, 2011)를 통해 서양으로 들어왔다. 다른 학자들과 교사들은 순수한 주의와 비판단적 알아차림의 맥락에서 마음챙김을 도입하여 불교의 가르침을 서양에 전파했다(Getin, 2011). 그러나 비구 보디(Bodhi, 2011)가 주장했듯이, 순수한 주의는 불교에서 마음챙김을 가르치는 다양한 방법 중 하나일 뿐이며, 교육 방법은 개념의 이론적 정의와 혼동되어서는 안 된다.

확실히 불교의 가르침을 서양에 적응시키는 것은 복잡하고 역동적인 방식으로 일어났다. 또한 통찰명상 이외에도 동아시아 불교 역시 중요한 역할을 한 것으로 보인다. 예를 들어, 카밧진은 한국 선사(Harrington & Dunne, 2015)에게 훈련을 받았다. 그 당시를 살펴보면 크게는 선(禪) 수행의 비개념적이고 경험적인 측면을 강조한 스즈키 다이세츠(鈴木大拙; Daisetz Teitarō Suzuki; Kitagawa, 1967)의 유명한 저술들에 영향을 받아 이미 선은 서양에 널리 알려졌다. 불교 전통에 대한 이러한 현대적 해석 중 다수는 종교 문헌 연구를 덜 강조하고 재가자의 생활방식에 직접적으로 호소한다는 점에서 상당히 급진적이라고 볼 수 있다(Sharf, 2015). 구원의 실천에서부터 일종의 행복 과학이라 할 수 있는 불교로의 인식의 전환(Sharf, 2015)은 치료에서 일반적인 웰빙으로 그리고 이제는 직장에서의 업무성과와 같은 영역까지 마음챙김을 넓게 확산시키는데 영향을 준 것으로 보인다.[28] 이러한 광범위한 적용의 단점은 상업화에 따른 부정적인 부작용이다. 퍼서와 로이(Purser & Loy, 2013)는 이러한 추세를 '맥마인드풀니스(McMindfulness)'라고 표현했다. 한편, 포장을 다르게 하여 일반 대중에게 마음챙김을 전하는 것은 하나의 방편이면서 그 결과로 참여하지 않았을 사람들을 마음챙김 수행에 참여하게 하는 우회적인 방법으로 볼 수 있다(Farb, 2014). 그러나 다른 한편, 이익이나 이윤을 중시하는 프로그램은 본래 불교 윤리의 의도와 일치하지 않는 것으로 보인다. 게다

28) Hyland, Lee, & Mills, 2015.

가 주류 대중을 위한 이러한 맞춤식은 프로그램 개발자가 견고하고 철저하게 시간의 테스트를 견뎌내는 대신에 현재 인기 있고 유행하는 것에 초점을 맞추는 데로 이끌릴 수 있다는 위험성을 내포하고 있다.

마음챙김이 주류 사회로 퍼지면서 함께 성장한 긍정 심리학(Rusk & Waters, 2013)은 기업의 무대에 성공적으로 진입했다(Froman, 2010). 긍정 심리학에서 종종 연구되는 개념 중 하나는 '음미하기(savoring)'이며 이는 사람의 긍정적인 정서적 경험을 유지하거나 향상하는 방법이다. 마음챙김은 현재 순간에 집중하고 이 경험과 무관한 생각을 가라앉힐 수 있도록 하여 음미하기를 촉진하는 역할을 하는 것으로 보인다.[29] 음미하기와 같은 개념이 결합된 마음챙김은 윤리, 평정심, 통찰 및 지혜와 관련이 밀접한 개념 대신 주로 건강, 웰빙 및 심지어 쾌락주의를 위한 도구로 인식될 수 있다.[30] 브레이저(Brazier, 2013a)와 퍼서(Purser, 2015)가 지적한 대로 불교는 대체로 영적 수행을 중심으로 하며 이완과 즐거운 경험을 주된 목적으로 두지 않는다. 마음챙김이 현재 순간의 알아차림과 다소 동의어로 묘사되는 현대 서구적 마음챙김 운동의 경향은 '지금-여기주의(here-and-now-ism)'로 이름 붙여졌다.[31] 그러나 삶의 목적, 비전 및 수행 맥락의 중요성이 약화되면서 고통의 근본적인 원인에 대

29) Evans & Segerstrom, 2011; Quoidbach, Berry, Hansenne, & Mikolajczak, 2010.

30) Brazier, 2013b; Chiesa, 2013.

31) Brazier, 2013b; Purser, 2015.

한 통찰은 계발되지 않는다(Purser, 2015). 지금 순간에 있다는 개념은 덧없고 철학적으로 방어하기 어려울 뿐만 아니라, 불교 내부에서도 현재 순간의 알아차림에만 초점을 맞춘 수행은 불건전한 결과를 가져온다는 보고가 있다(Purser, 2015).

다양한 불교의 가르침을 활용하는 것이 서양에서 마음챙김을 전파하는 데 도움이 되었을 수도 있지만, 이러한 '혼합물'이 개념에 대한 우리의 과학적 이해를 설명하는 단일 지식 체계로 보인다면 그것은 상당한 이론적 혼란의 원인이 될 수 있다. 던(Dunne, 2015)이 잘 설명한 것처럼, 특히 대승불교에서 발견되는 불이(不二) 전통의 맥락에서 볼 때, 비판단적 알아차림은 불교의 마음챙김과 반드시 일치하지는 않는다. 이와 유사한 상태는 불성(佛性)과 관련이 있는 '마하무드라(Mahāmudrā)' 문헌에서 설명되어 있는데, 이는 붓다의 자질이 배움을 통해 얻어지는 것이 아니라 공간, 시간, 실체를 분별하는 인식을 버림으로써 얻어지는 것이다(Dunne, 2015). 일반적으로 대승불교 전통의 특징인 이와 같은 철학은 본래의 분별없는 마음이 인지적 노력과 집착과 편향됨 없이 자연스럽게 작용한다는 견해이며(Allen, 2010), 때때로 심리학에서는 이를 마음챙김의 '상태'로 묘사하곤 한다.

마음챙김과 같은 지식 체계를 한 문화에서 다른 문화로 적용할 때는 새로운 독자층이 이미 알고 있는 용어를 사용하는 경향이 있다(Brazier, 2013b). 스즈키 다이세츠는 모든 종류의 성찰과 개념화의 바탕이 되는 '깨달음의 의식(enlightened consciousness)'을 언급하기 위해 윌리엄 제임스(Feenberg, 1999; Kozyra, 2007)로부터 '순수 경험(pure experience)'이라는 용어를 차용했다. 스즈키의 친구이자 교토학파(Kyoto School)라는 영향력 있는 철학 운동을 창시한 니시다 키타로(西田幾多郎, Kitaro Nishida)는 이 개념을 더욱 발전시켜 동아시아 철학의 중심 측면으로 삼았고, 이 개념을 통해 서양의 철학적 사고와 소통했다(Feenberg & Arisaka, 1990). 니시다는 순수 경험을 정의하며 "의도적인 분별이 조금도 추가되지 않은 그대로의 경험 상태라고 했다. 예를 들어, 색을 보거나 소리를 듣는 순간은 그 색이나 소리가 외부 객체의 활동이라는 생각이나 그것을 감지하고 있다는 생각보다도 우선하고, 또한 색이나 소리가 무엇인지에 대한 판단보다도 우선한다. 이런 점에서 순수 경험은 직접 경험(direct experience)과 동일하다. 자신의 의식 상태를 직접 경험할 때, 아직 주체나 객체가 없으며, 아는 것과 그 대상은 완전히 통일되어 있다."(Nishida, 1990, 3쪽). 표면적으로는 이것이 명상 과정을 시작하면서 가르치는 비판단적 알아차림이나 순수한 주의와 유사할 수 있지만, 이 철학적 개념은 경험적이고 궁극적으로는 존재론적 원리를 언급하기 위한 언어적 장치로 더 많이 사용된다(Feenberg & Arisaka, 1990). 절대적인 공성(眞空)이라는 불교 원리에 바탕을 둔 니시다의 철학에서 순수 경험은 주체와 객체의 분별 이전에 있으며, 존재와 비존재 모두에 기초하고 그 모두를 통합시키는 근본적인 원천이다. 따라서 심리학에서 개인의 마음챙김 수행과 관련하여 순수 개념을 논의하는 것은 주체와 객체의 분별이 이미 발생한 현상적 진리의 세계에 이 개념을 적용하는 실수를 범할 가능성이 있다.

윤리와 주의심

앞에서 설명한 바와 같이, 마음챙김이라는 용어는 심리학 문헌에서 매우 다양한 방식으로 사용된다. 마음챙김은 때로 사람의 비교적 안정적인 '특질(trait)'로 여기고, 또는 습득한 '기술(skill)'의 집합으로 여기고, 또는 마음의 '상태(state)'로 여기고 측정한다. 이처럼 마음챙김에 대한 여러 정의는 이론적 혼란을 불러오기에, 마음챙김이 심리적 건강의 이익과 정확히 어떻게 관련되어 있는지 더 나아가 윤리와 어떻게 관련될 수 있는지를 정확히 파악하는 것을 목표로 하는 연구의 진행을 방해할 가능성이 있다. 마음챙김과 명상 수행을 중심으로 미묘한 의미와 늬앙스를 표현하기 위해 다양한 용어가 사용되는 불교학과 달리, 심리학 문헌에서는 동일한 용어인 '마음챙김'이 모든 측면을 포괄하는 데 사용된다.

'mindfulness'라는 영어 용어의 기원은 일반적으로 19세기 후반 리스 데이비스(Rhys Davids)의 번역 작업과 관련이 있다(Gethin, 2011). 빠알리어인 'sati'는 처음에 기억(memory)으로 이해되었지만, 불교 경전에서 사띠의 의미가 점차 추가되면서 결국에는 'mindfulness'로 번역하기로 결정되었다. 사띠(sati)와 마음챙김(mindfulness)이라는 용어의 현대적 사용이 동등한지 아니면 적어도 비슷한지에 대한 논의가 많이 이루어졌다. 불교에서 사띠는 자신의 수행을 기억하는 것으로 이해될 수 있는데 이는 삶의 목표와 목적을 정기적으로 회상하는 것을 의미하기에, 심리학에서 자주 소개되는 마음챙김의 순수하고 비판단적이고 현재 순간의 알아차림이 될 수 없다. 팔정도는 삼마사띠 또는 건전한 마음챙김을 언급하는데 이는 윤리적 판단을 요구한다(Kang & Whitingham, 2010).

비판단과 무분별의 마음을 강조하는 불교의 가르침에서도 다른 학파와 다름없이 윤리를 중요하게 여긴다. 1967년 세계불교승가회(World Buddhist Sangha Council)에서 다양한 불교 전통이 공통으로 가지고 있는 근본적인 가르침에 합의했는데, 여기에는 삶의 목적으로서의 연민(compassion)과 윤리적 요소가 포함된 팔정도가 들어간다(Kim, 2003). 초기 동아시아 불교의 상당수의 문헌은 종종 상반된 진술로 사용되었기에 액면 그대로 받아들이면서 문맥을 무시하고 해석해서는 안 된다(Sharf, 2014). 또한 공(空)에 대한 언급은 허무주의로 잘못 해석되기 쉬운데(Cooper, 2002), 이는 색(色)과 대비되는 공을 제대로 인식하지 못하고 또한 이들을 초월하는 진공(眞空)과 구분하지 못하는 데서 생긴다(Abe, 1975). 진공의 입장으로 보면, 규범적 진술이 비개념적 인식과 모순된다는 가정에 기초하여 윤리의 관련성을 무시하는 것은 범주적 오류가 될 것이다(Lin, 2014). 따라서 불교 수행자들은 존재론적 무분별적 자성(自性; 佛性)에 대한 통찰을 구속받지 않는 행동에 대한 구실로 오해하지 말라는 충고를 자주 받는다(Chung, 2003).

심리학에서 개념적 혼란을 막고자 마음챙김을 재정의하는 시도를 할 수 있지만, 현실적으로 말해 그러한 모험의 가장 가능성 있는 결과는 현재 정의의 다양성에 또 다른 개념을 추가하는 것일 뿐이다. 실제로 비숍 등(2004)은 합의 접근 방법을 통해 조작적 정의를 개발했지만, 그들이 도출한 정의는 완전하게 지지받지 못하고 있다(Ciesa, 2013). 따라서 비판단과 현재의 순간에 대한 알아차림의 맥락에서 마음챙김이라는 용어의 확립된 사용을 고려할 때, 특히 그러한 개념화가 완전히 부적절하지 않기 때문에 용어에 대한 현재의 공통된 이해를 유지하는 것이 최선일 수 있다(Gäng, 2003). 독일어 단어인 'Achtsamkeit'와 관련하여, 갱(Gäng, 2003)은 이 단어가 영어 단어인 'mindfulness'와 유사하게 '조심(caution)'과 '배려(care)'의 의미를 포함한다고 언급한다. 따라서 마음챙김을 재정의하는 것보다 윤리적 행동과 같은 마음챙김의 다른 측면이 관련 용어를 통해 더 적절하게 표현될 수 있는지 탐구하는 것이 유용할 수 있다.

마음챙김의 일부 특정한 측면을 표현하는 불교 용어에 압빠마다(P. appamāda)가 있다. 때로 '경계심'(vigilance; Kudesia & Nyima, 2015), '주의심'(heedfulness; Cullen, 2011), '신중함'(earnestness; Murphy & Easwaran, 2001)으로 번역되는 이 개념은 자신의 목표나 지침에서 벗어나지 않도록 인식을 모니터링하는 감각이다. 불교 수행의 맥락에서, 이 목표는 영적인 길을 따르고 불교의 가르침과 윤리적 지침을 따르는 것이다. 로마스와 쥬냐나와짜(Lomas & Jnanavaca, 2015)는 압빠마다에 대한 광범위한 정의를 "윤리적 지침에 … 비추어 자신의 행위를 알아차리는 것, 즉 자신의 행위가 이러한 권고사항에 부합하는지 그렇지 않은지를 성찰하는 것"(302쪽)으로 제시하고 있다. 사띠와 압빠마다는 밀접하게 연결되어 함께 수행되지만, 영적 수행의 초기 단계에는 '사띠'가 더 중요할 수 있고, 이후 '압빠마다'로 이어지고, 최종적으로는 통찰과 명확한 이해를 기반으로 한 목적의식의 측면을 나타내는 '삼빠자나(P. sampajañña)'가 더 관련될 수 있다(Lomas & Jnanavaca, 2015).

다른 글에서 논의된 바와 같이(Krägeloh, 2016), 윤리적 고려는 MBIs에서 항상 공식적이고 명시적으로 강조되지는 않아도 여전히 관련성이 있다. 따라서 도덕적 주의(watchfulness)의 맥락에서 압빠마다를 이해(Lomas & Jnanavaca, 2015)했더라도 현대의 심리적 개입과 무관하다고 즉시 결론지을 수는 없다. 특히 ACT는 내담자의 특정 목표를 도출하는 장기적 가치를 공식화하도록 권장한다(Hayes, 2004). 내담자가 자신의 행동이 이러한 목표와 어느 정도 일치하는지 모니터링하기 위해 마음챙김을 사용한다고 말하는 대신, 이제 어쩌면 '주의심(heedfulness)'이라는 용어를 사용하기 시작할 수 있다. (작업 기억에 저장된) 개인 목표와 일치하지 않는 생각에 대한 이러한 종류의 모니터링 또는 스캔은 전두엽 피질의 실행 기능 프로세스에 의해 조절될 수 있다(Kudesia & Nyima, 2015). 따라서 심리학 연구는 뇌에서 일어나는 과정에 대한 매우 구체적인 가설을 통해 주의심의 기능을 탐구할 수 있다. 심리학의 향후 연구는 성격 변수의 맥락에서 주의심을 탐구하여 더 높은 수준의 자기조절과 마음챙김[32] 또는 더 높은 수준의 양심과 마음챙김[33] 간의 연관성을 다시 구성하여 이를 주의심과 관련시킬 수 있다.

비록 MBIs의 토대가 불교 철학에 기인하기에 불교와 서양적 개념의 마음챙김에 대한 비교 연구가 정당화된다고 하더라도, 이것

32) Black, Semple, Pokhrel, & Grenard, 2011.

33) de Vibe et al., 2015; Heinz, Heidenreich, Wenhold, & Brand, 2011.

은 반드시 어떤 희생을 치르더라도 용어의 등등성을 성취해야 한다는 의미는 아니다. 불교 학파의 다양성과 이러한 학파들이 마음챙김을 제시하고 토론하는 다양한 방식과 맥락을 고려할 때, 이러한 목표를 이루는 것은 어려울 것이다. 또한 다른 언어의 용어 번역은 종종 맥락에 따라 정확하게 전달되는 의미를 가진 구체적인 용어에 지나치게 의존한다(Murphy & Easwaran, 2001). 마음챙김이라는 용어 자체는 (일반적으로 일상 대화에서 사용되는) 주의심의 측면을 내포하고 있으며, 이는 리스 데이비스가 그 용어를 선택했을 때 의도했었을 것이다(Getin, 2014). 마음챙김이 점차 전문적인 심리학 용어가 되면서, 비판단적이고 현재의 순간에 대한 알아차림은 추가적인 의미를 갖기 시작했으며, 이는 그것을 원래의 사용 방식에서 벗어나게 만들었다.

불교 용어와 일대일로 대응되는 동등한 심리학 용어를 확립하는 것이 유리하지 않은 또 다른 이유는 이것이 심리학 분야가 다른 문화와 전통에서 표현되는 유사한 개념에 대한 지식을 도출하는 데 덜 개방적으로 구성되었기 때문이다. 그리스 정교회의 '넵시스(nepsis)' 개념이 그 예가 될 것이다. 이 개념은 종종 '주의(watchfulness)' 또는 '경계(vigilance)'로 번역되는데(Paloşan, 2012; Pieris, 2010), 압빠마다와 몇 가지 흥미로운 유사점이 있다. 그리스 정교회의 영성에 따르면, 통찰력 있는 사람은 "하나님께서 만물 속에서 항상 일하시는 것을 끊임없이 마음에 두고 지켜본다."(Pieris, 2010, 39쪽) 그리고 '넵시스'는 어떠한 사악한 생각도 통과시키지 않는 마음의 수호자로서의 개념화에 윤리적 차원도 포함한다(Paloşan, 2012).

마음챙김과 더불어 압빠마다와 넵시스와 같은 개념을 사용하는 것은 심리학적 문헌에서 현재 하나의 용어로 표현된 마음챙김의 다양한 측면을 구별하는 길이 될 수 있다. 하지만 불교는 마음챙김을 상태(state), 특질(trait), 기술(skill), 수행(practice) 또는 특성(characteristic)으로 명확히 구분하지 않으며(Getin, 2014), 넵시스 문헌에서도 마찬가지로 명확한 구분을 하지 않는다(Paloşan, 2012). 그러나 대조적으로 심리학에서는 이론 발전과 실험적 개입에서 측정이나 조작의 대상을 명확하게 파악하기 위해서 구별짓는 것이 중요하다. 예를 들어, 주의심이라는 용어가 채택되면 마음챙김은(현재 자주 사용되는 것처럼) 비판단적이고 현재 순간에 대한 알아차림의 상태를 나타내는데 사용될 수 있다. 그러나 주의심은 특질이나 기술로서 보다 정확하게 설명될 수 있는 평가, 자기조절, 목표지향, 윤리의 측면을 표현하는데 사용될 수 있다. 따라서 마음챙김과 주의심은 나란히 작용하게 되며, 이 둘은 높은 상관관계를 보이지 않을 수 있다. 초심자들에게는 주의심에 큰 노력이 필요할 것이다. 예를 들어 원불교의 가르침에 따르면, 주의(注意, heedfulness)는 "어떤 상황에서도 우리가 해야 할 것과 하지 말아야 할 것을 꼭 잊지 않고, 살얼음 위를 밟는 것처럼 경계심을 기르는 마음 상태"이다(Chwasan, 2012, 277쪽). 그런데 불교 수행이 계속됨에 따라, 더 적은 노력으로 마음챙김이 이루어질 수 있다(Lomas & Jnanavaca, 2015). 뇌 이미징 연구는 또한 숙련된 명상수행자의 경우 경계심을 가질 필요가 점점 더 줄어든다는 견해를 지지하는 것으로 나타난다(Claxton, 2006).

결론

마음챙김은 1970년대에 심리학에서 심리학적 개입으로 도입된 이래 급격한 인기를 누렸다. 그러나 지금까지 개념의 적절한 정의와 마음챙김을 평가하기 위해 설계된 척도에 의해 포착되어야 하는 구체적 요소에 대한 명확한 합의가 이루어지지 않았다. MBIs는 원래 불교 수행과 철학에 기반을 두고 있기에 불교학자들은 이 문제에 관심을 가지고 어떻게 마음챙김이 본래의 의미로부터 점차 벗어나기 시작했는지를 비판해 왔다. 윤리적 평가가 마음챙김의 중요한 역할을 하는 불교와 달리, 마음챙김이 비판단적 알아차림으로 종종 묘사되는 일반적인 서구 개념화에서는 그러한 점이 강조되지 않는다. 대중적인 주류 마음챙김에 대한 비판 중 일부는 심리학 분야 자체에서 비롯되었으며, 이러한 비판에 심리학의 마음챙김이 현재 순간에 대한 알아차림을 지나치게 강조한다는 견해도 포함된다.

서양의 마음챙김 개념화를 둘러싼 일부 이론적 혼란은 다양한 뉘앙스를 설명하기 위해 단 하나의 용어만 사용된다는 사실과 분명히 관련이 있다. 따라서 마음챙김은 특정한 마음의 상태로 표현되기도 하고, 특질이나 기술, 때로는 수행으로도 표현되었다. 현재의 논의는 심리학 분야가 마음챙김의 다양한 측면을 구별할 수 있도록 주의심과 같은 추가적인 개념을 차용하는 것이 유익하다는 점을 보여주었다. 비판단적이고 현재 순간에 대한 알아차림 상태라는 확립된 의미를 갖기 시작한 마음챙김과 달리, 대신 주의심은 개인의 마음챙김 수행의 목표와 목적에 부합하지 않는 행동을 모니터링하는 등 특질과 같은 자기조절 측면을 지칭할 수 있다. 다양한 뉘앙스를 표현하기 위해 더 정교한 전문 용어를 사용하는 것은 향후 마음챙김 연구의 발전에 분명히 필요하다.

| 참고문헌 |

Abe, M. (1975). Non-being and mu: The metaphysical nature of negativity in the East and the West. *Religious Studies*, 11(2), 181-192.

Allen, B. (2010). The virtual and the vacant—Emptiness and knowledge in Chan and Daoism. *Journal of Chinese Philosophy*, 37(3), 457-471.

Baer, R. A. (2003). Mindfulness training as a clinical intervention: A conceptual and empirical review. *Clinical Psychology: Science and Practice*, 10(2), 125-143.

Baer, R. A., Smith, G. T., & Allen, K. B. (2004). Assessment of mindfulness by self-report: The Kentucky inventory of mindfulness skills. *Assessment*, 11(3), 191-206.

Baer, R. A., Smith, G. T., Hopkins, J., Krietemeyer, J., & Toney, L. (2006). Using self-report assessment methods to explore facets of mindfulness. *Assessment*, 13(1), 27-45.

Bergomi, C., Tschacher, W., & Kupper, Z. (2013a). Measuring mindfulness: First steps towards the development of a comprehensive mindfulness scale. *Mindfulness*, 4(1), 18-32.

Bergomi, C., Tschacher, W., & Kupper, Z. (2013b). The assessment of mindfulness with self-report measures: Existing scales and open issues. *Mindfulness*, 4(3), 191-202.

Bishop, S. R., Lau, M., Shapiro, S., Carlson, L., Anderson, N. D., Carmody, J., … Devins, G. (2004). Mindfulness: A proposed operational definition. *Clinical Psychology: Science and Practice*, 11(3), 230-241.

Black, D. S., Semple, R. J., Pokhrel, P., & Grenard, J. L. (2011). Component processes of executive function - Mindfulness, self-control, and working memory - And their relationships with mental and behavioral health. *Mindfulness*, 2(3), 179-185.

Block-Lerner, J., Salters-Pedneault, K., & Tull, M. T. (2005). Assessing mindfulness and experiential acceptance: Attempt to capture inherently elusive phenomena. In S. M. Orsillo & L. Roemer (Eds.), *Acceptance and mindfulness-based approaches to anxiety: Conceptualization and treatment* (pp. 71-99). New York, NY: Springer.

Bodhi, B. (2011). What does mindfulness really mean? A canonical perspective. *Contemporary Buddhism: An Interdisciplinary Journal,* 12(1), 19-39.

Brazier, C. (2013a). Roots of mindfulness. *European Journal of Psychotherapy and Counselling,* 15(2), 127-138.

Brazier, D. (2013b). Mindfulness reconsidered. *European Journal of Psychotherapy and Counselling,* 15(2), 116-126.

Brown, D. B., Bravo, A. J., Roos, C. R., & Pearson, M. R. (2015). Five facets of mindfulness and psychological health: Evaluating a psychological model of the mechanisms of mindfulness. *Mindfulness,* 6(5), 1021-1032.

Brown, K. W., & Ryan, R. M. (2003). The benefits of being present: Mindfulness and its role in psychological well-being. *Journal of Personality and Social Psychology,* 84(4), 822-848.

Brown, K. W., & Ryan, R. M. (2004). Perils and promise in defining and measuring mindfulness: Observations from experience. *Clinical Psychology: Science and Practice,* 11(3), 242-248.

Brown, K. W., Ryan, R. M., & Creswell, J. D. (2007). Mindfulness: Theoretical foundations and evidence for its salutary effects. *Psychological Inquiry,* 18(4), 211-237.

Carmody, J., & Baer, R. A. (2009). How long does a mindfulness-based stress reduction program need to be? A review of class contact hours and effects sizes for psychological distress. *Journal of Clinical Psychology,* 65(6), 627-638.

Chiesa, A. (2013). The difficulty of defining mindfulness: Current thought and critical issues. *Mindfulness,* 4(3), 255-268.

Christopher, M. S., Charoensuk, S., Gilbert, B. D., Neary, T. J., & Pearce, K. L. (2009). Mindfulness in Thailand and the United States: A case of apples versus oranges? *Journal of Clinical Psychology,* 65(6), 590-612.

Christopher, M. S., & Gilbert, B. D. (2010). Incremental validity of components of mindfulness in the prediction of satisfaction with life and depression. *Current Psychology,* 29(1), 10-23.

Chung, B. (2003). *The scriptures of Won Buddhism: A translation of the Wŏnbulgyo Kyojŏn with introduction.* Honolulu, HI: University of

Hawai'i Press.

Chwasan. (2012). *The principle and training of the mind.* Iksan, South Korea: Residence of the Prime Dharma Master Emeritus.

Claxton, G. (2006). Nirvāṇa and neuroscience: The self–liberating brain. In D. K. Nauriyal, M. S. Drummond, & Y. B. Lal (Eds.), *Buddhist thought and applied psychological research – Transcending the boundaries* (pp. 93–111). New York, NY: Routledge.

Coffey, K. A., Hartman, M., & Fredrickson, B. L. (2010). Deconstructing mindfulness and constructing mental health: Understanding mindfulness and its mechanism. *Mindfulness,* 1(4), 235–253.

Cooper, D. E. (2002). Emptiness: Interpretation and metaphor. *Contemporary Buddhism,* 3(1), 7–20.

Cullen, M. (2011). Mindfulness–based interventions: An emerging phenomenon. *Mindfulness,* 2(3), 186–193.

de Vibe, M., Solhaug, I., Tyssen, R., Friborg, O., Rosenvinge, J. H., Sørlie, T., ··· Bjørndal, A. (2015). Does personality moderate the effects of mindfulness training for medical and psychology students? *Mindfulness,* 6(2), 281–289.

Dimidjian, S., & Linehan, M. M. (2003). Defining an agenda for future research on the clinical application of mindfulness practice. *Clinical Psychology: Science and Practice,* 10(2), 166–171.

Dreyfus, G. (2011). Is mindfulness present–centred and non–judgmental? A discussion of the cognitive dimensions of mindfulness. *Contemporary Buddhism: An Interdisciplinary Journal,* 12(1), 41–54.

Dunne, J. D. (2015). Buddhist styles of mindfulness: A heuristic approach. In B. D. Ostafin, M. D. Robinson, & B. P. Meier (Eds.), *Handbook of mindfulness and self-regulation* (pp. 251–270). New York, NY: Springer.

Evans, D. R., & Segerstrom, S. C. (2011). Why do mindful people worry less? *Cognitive Therapy and Research,* 35(6), 505–510.

Farb, N. A. S. (2014). From retreat center to clinic to boardroom? Perils and promises of the modern mindfulness movement. *Religions,* 5(4), 1062–1086.

Feenberg, A. (1999). Experience and culture: Nishida's path "to the things themselves". *Philosophy East and West*, 49(1), 28–44.

Feenberg, A., & Arisaka, Y. (1990). Experiential ontology: The origins of the Nishida philosophy in the doctrine of pure experience. *International Philosophical Quarterly*, 30(2), 173–205.

Frewen, P. A., Unholzer, F., Logie-Hagan, K. R.-J., & MacKinley, J. D. (2014). Meditation breath attention scores (MBAS): Test-retest reliability and sensitivity to repeated practice. *Mindfulness*, 5(2), 161–169.

Froman, L. (2010). Positive psychology in the workplace. *Journal of Adult Development*, 17(2), 59–69.

Gang, P. (2003). *Meditationstexte des Pāli-Buddhismus* I. Berlin, Germany: Buddhistischer Studienverlag.

Gethin, R. (2011). On some definitions of mindfulness. *Contomporary Buddhism: An Interdisciplinary Journal*, 12(1), 263–279.

Gethin, R. (2014). Buddhist conceptualizations of mindfulness. In K. W. Brown, J. D. Creswell, & R. M. Ryan (Eds.), *Handbook of mindfulness – Theory, research, and practice* (pp. 9–41). New York, NY: Guilford Publications.

Gilpin, R. (2008). The use of Theravada Buddhist practices and perspectives in mindfulness-based cognitive therapy. *Contemporary Buddhism: An Interdisciplinary Journal*, 9(2), 227–251.

Gregoire, S., Bouffard, T., & Vezeau, C. (2012). Personal goal setting as mediator of the relationship between mindfulness and wellbeing. *International Journal of Wellbeing*, 2(3), 236–250.

Grossman, P., Niemann, L., Schmidt, S., & Walach, H. (2004). Mindfulness-based stress reduction and health benefits: A meta-analysis. *Journal of Psychosomatic Research*, 57(1), 35–43.

Harrington, A., & Dunne, J. D. (2015). When mindfulness is therapy: Ethical qualms, historical perspectives. *American Psychologist*, 70(7), 621–631.

Hayes, S. C. (2004). Acceptance and commitment therapy, relational frame theory, and the third wave of behavioral and cognitive therapies. *Behavior Therapy*, 35, 639–665.

Heinz, K., Heidenreich, T., Wenhold, F., & Brand, R. (2011). Achtsamkeit und Akzeptanz – Grundlagen und Perspektiven eines neuartigen Ansatzes sportpsychologischen Trainings fur den Leistungssport. *Zeitschrift fur Sportpsychologie*, 18(4), 145–154.

Hyland, P. K., Lee, R. A., & Mills, M. J. (2015). Mindfulness at work: A new approach to improving individual and organizational performance. *Industrial and Organizational Psychology*, 8(4), 576–602.

Kabat–Zinn, J. (1994). *Wherever you go, there you are*. New York, NY: Hyperion Books.

Kabat–Zinn, J. (2003). Mindfulness–based interventions in context: Past, present, and future. *Clinical Psychology: Science and Practice*, 10(2), 144–156.

Kang, C., & Whittingham, K. (2010). Mindfulness: A dialogue between Buddhism and clinical psychology. *Mindfulness*, 1(3), 161–173.

Keng, S.–L., Smoski, M. J., & Robins, C. J. (2011). Effects of mindfulness on psychological health: A review of empirical studies. *Clinical Psychology Review*, 31(6), 1041–1056.

Kim, Y.–P. (2003). An intra–Buddhist dialogue between Theravāda and Mahāyāna: A hermeneutical search for common unity. *International Journal of Buddhist Thought and Culture*, 3, 145–167.

Kitagawa, J. M. (1967). Daisetz TeitarōSuzuki (1870–1966). *History of Religions*, 6(3), 265–269. Kozyra, A. (2007). Nishida Kitarō's logic of absolutely contradictory self–identity and the problem of orthodoxy in the Zen tradition. *Japan Review*, 20, 69–110.

Krageloh, C. U. (2016). Importance of morality in mindfulness practice. *Counseling and Values*, 61(1), 97–110.

Kudesia, R. S., & Nyima, T. (2015). Mindfulness contextualized: An integration of Buddhist and neuropsychological approaches to cognition. *Mindfulness*, 6(4), 910–925.

Lancaster, S. L., Klein, K. P., & Knightly, W. (2016). Mindfulness and relaxation: A comparison of brief, laboratory–based interventions. *Mindfulness*, 7(3), 614–621.

Lau, M., Bishop, S. R., Segal, Z. V., Buis, T., Anderson, N. D., Carlson, L., … Devins, G. (2006). The Toronto mindfulness scale: Development and validation. *Journal of Clinical Psychology*, 62(2), 1445–1467.

Levinson, D. B., Stoll, E. L., Kindy, S. D., Merry, H. L., & Davidson,

R. J. (2014). A mind you can count on: Validating breath counting as a behavioral measure of mindfulness. *Frontiers in Psychology*, 5, 1202. https://doi.org/10.3389/fpsyg.2014.01202

Lin, C.-K. (2014). Nishitani on emptiness and historical consciousness. *Dao*, 13(4), 491-506.

Lomas, T., & Jnanavaca. (2015). Types of mindfulness, orders of conditionality, and stages of the spiritual path. In E. Shonin, W. Van Gordon, & N. N. Singh (Eds.), *Buddhist foundations of mindfulness* (pp. 287-310). New York, NY: Springer.

Mace, C. (2007). Mindfulness in psychotherapy: An introduction. *Advances in Psychiatric Treatment,* 13(2), 147-254.

Mahāsi Sayādaw. (1990). *Satipatthana Vipassana insight through mindfulness.* Kandy, Sri Lanka: Buddhist Publication Society.

Medvedev, O. N., Siegert, R. J., Feng, X. J., Billington, D. R., Jang, J. Y., & Krageloh, C. U. (2016). Measuring trait mindfulness: How to improve the precision of the mindful attention awareness scale using a Rasch model. *Mindfulness*, 7(2), 384-395.

Medvedev, O. N., Siegert, R. J., Kersten, P., & Krageloh, C. U. (2016). Rasch analysis of the Kentucky inventory of mindfulness skills. *Mindfulness*, 7(2), 466-478.

Miller, J. J., Fletcher, K., & Kabat-Zinn, J. (1995). Three-year follow-up and clinical implications of a mindfulness meditation-based stress reduction intervention in the treatment of anxiety disorders. *General Hospital Psychiatry*, 17(3), 192-200.

Monteiro, L. M., Musten, R. F., & Compson, J. (2015). Traditional and contemporary mindfulness: Finding the middle path in the tangle of concerns. *Mindfulness*, 6(1), 1-13.

Murphy, P., & Easwaran, E. (2001). The Dhammapada: A work in motion. *Translation Review*, 62(1), 50-57.

Neff, K. D., & Germer, C. K. (2013). A pilot study and randomized controlled trial of the mindful self-compassion program. *Journal of Clinical Psychology*, 69(1), 28-44.

Nishida, K. (1990). *An inquiry into the good* (M. Abe & C. Ives, Trans.). New Haven, CT: Yale University Press.

Nyanaponika. (1989). *Satipatthana, Geistestraining durch Achtsamkeit.*

Konstanz, Germany: Verlag Christiani.

Paloşan, F. (2012). Watchfulness – The leading path towards the enhancement of the Christian virtues. *The Scientific Journal of Humanistic Studies*, 4(7), 253–259.

Park, T., Reilly–Spong, M., & Gross, C. R. (2013). Mindfulness: A systematic review of instruments to measure an emergent Patient–Reported Outcome (PRO). *Quality of Life Research,* 22(10), 2639–2659.

Pearson, M. R., Brown, D. B., Bravo, A. J., & Witkiewitz, K. (2015). Staying in the moment and finding purpose: The associations of trait mindfulness, decentering, and purpose in life with depressive symptoms, anxiety symptoms, and alcohol–related problems. *Mindfulness*, 6(3), 645–653.

Peters, J. R., Erisman, S. M., Upton, B. T., Baer, R. A., & Roemer, L. (2012). A preliminary investigation of the relationships between dispositional mindfulness and impulsivity. *Mindfulness*, 2(4), 228–235.

Pieris, A. (2010). Spirituality as mindfulness: Biblical and Buddhist approaches. Spiritus: *A Journal of Christian Spirituality*, 10(1), 38–51.

Purser, R. (2015). The myth of the present moment. *Mindfulness,* 6(3), 680–686.

Purser, R., & Loy, D. (2013). Beyond McMindfulness. *The Huffington Post*. Retrieved from http:// www.huffingtonpost.com/ron–purser/beyond–mcmindfulness_b_3519289.html

Quoidbach, J., Berry, E. V., Hansenne, M., & Mikolajczak, M. (2010). Positive emotion regulation and well–being: Comparing the impact of eight savoring and dampening strategies. *Personality and Individual Differences*, 49(5), 368–373.

Rahula, W. (1974). *What the Buddha taught*. New York, NY: Grove Press.

Rusk, R. D., & Waters, L. E. (2013). Tracing the size, reach, impact, and breadth of positive sychology. *Journal of Positive Psychology,* 8(3), 207–221.

Samuel, G. (2015). The contemporary mindfulness movement and the question of nonself. *Transcultural Psychiatry,* 52(4), 485–500.

Sharf, R. (2014). Mindfulness and mindlessness in early Chan. *Philosophy East and West*, 64(4), 933–964.

Sharf, R. H. (2015). Is mindfulness Buddhist? (and why it matters). *Transcultural Psychiatry,* 52(4), 470–484.

Shonin, E., Van Gordon, W., & Singh, N. N. (2015). *Buddhist foundations of mindfulness.* New York, NY: Springer.

Singh, N. N. (2010). Mindfulness: A finger pointing to the moon. *Mindfulness,* 1(1), 1–3.

Stanley, S. (2013). 'Things said or done long ago are recalled and remembered': The ethics of mindfulness in early Buddhism, psychotherapy and clinical psychology. *European Journal of Psychotherapy and Counselling,* 15(2), 151–162.

Tran, U. S., Cebolla, A., Gluck, T. B., Soler, J., Garcia-Campayo, J., & von Moy, T. (2014). The serenity of the meditating mind: A cross-cultural psychometric study on a two-factor higher order structure of mindfulness, its effects, and mechanisms related to mental health among experiences meditators. *PLoS One,* 9(10), e110192.

Williams, J. M. G., & Kabat-Zinn, J. (2011). Mindfulness: Diverse perspectives on its meaning, origins, and multiple applications at the intersection of science and dharma. Contemporary Buddhism: *An Interdisciplinary Journal,* 12(1), 1–18.

제6장

불교 윤리, 영적 수행 그리고 세 가지 승(乘)

윌리엄 미쿨라스(William L. Mikulas)
Department of Psychology, University of West Florida, Pensacola, FL, USA
e-mail: wmikulas@uwf.edu

제6장

불교 윤리, 영적 수행 그리고 세 가지 승(乘)

Buddhist Ethics, Spiritual Practice, and the Three Yanas

도입

나는 이 글을 시작하면서 붓다의 근본적인 가르침이 서양의 범주에서는 종교나 철학이 아닌 심리학에 해당된다고 제안한다. 이러한 관점에서, 윤리적 원칙은 불교의 세 가지 주요 흐름인 세 가지 야나(yana, 乘), 즉 히나야나(소승), 마하야나(대승), 와즈라야나(금강승)에 걸쳐 개인적·정신적 수행의 지침이 된다. 각 승의 발전을 더 넓은 맥락에서 표현하고자 나는 대지의 어머니인 가이아(Gaia)의 깨달음을 은유로 사용한다.

근본 불교

나는 '근본불교'라는 표현을 전통적으로 붓다에게 귀속되며, 세 가지 야나(乘) 모두에게 기본이 되는 불교사상의 근본원리를 의미하는 데 사용한다(Mikulas, 2007). 근본불교 중 일부는 붓다가 되기 전에 학습하고 수행했던 고타마 싯다르타(Siddhartha Gautama)에서 유래되었다. 어떤 것들은 깨달음의 길로서 마음챙김에 대한 강조와 연기(緣起)처럼 붓다의 독창적인 것일지도 모른다. 근본불교에 관한 주요 원전은 빠알리어 경전이다(Bhikkhu Bodhi, 2005).

나를 포함한 많은 불교 신자들은 본질적인 불교의 기본 원칙은 보편적이고 모든 사람들에게 적용가능하다고 제안할 것이다. 본질적인 불교에 대한 통찰력 있는 이해는 붓다부터 현 달라이 라마까지 지속적으로 강조되어 왔다.

종교도 아니고 철학도 아닌 것

근본불교는 종교가 아니다. 붓다는 자신이 인간 이외의 존재라고 주장하지 않았고, 자신이 신(神)이라고 주장하지도 않으며, 어떤 신이나 외부 권력으로부터 영감을 얻었다고 주장하지도 않았다(Rahula, 1974).

붓다는 단지 사람이었기 불교의 '세 가지 보물(三寶)' 중 하나가 되었다. 그리고 그가 깨달음을 성취한 것은 누구나 알 수 있다. 근본불교에는 개인적인 신이나 비인격적인 신, 교리나 신조, 의식이나 예배, 구세주, 그리고 믿음을 취할 것이 없다. 오히려, 그것은 가르침의 진리와 유용성을 직접 보기 위한 실천과 자유로운 탐구이다. 붓다는 분명히 종교를 세우길 원하지 않았다. 그리고 붓다의 공동체는 종교적이기보다는 교육적이었다. 구성원들은 종교 활동의 참여가 금지되었고 바라문 사제들(Brahmin priests)과 경쟁하지 않았다. 하지만, 근본불교 이후 불교의 가르침을 기반으로 불교의 공동체가 형성되었으며, 전 세계 불교 신자들의 대다수는 불교를 종교로 접근한다. 불교는 대부분의 주요 종교처럼 그것이 옳고 다른 종교가 틀렸다고는 주장하지 않는다.

근본불교는 철학이 아니다. 붓다는 철학자와 토론하는 것을 피했다. 그는 특히 사변적인 형이상학적 질문을 피했다. 예를 들어, 그는 세상이 영원한지, 영혼이 육체와 같은지, 사후에 붓다가 존재하는지는 논하지 않았다. 그는 그러한 철학이 가르침을 전하는데 유용하다고 생각하지 않았다. 오히려 삶을 깨끗이 하고 마음을 단련하는 것이 더 중요하다. 철학보다 실천이 더 중요하다. 게다가, 현재 근본불교에서 발전된 불교 철학은 매우 풍부하다. 여기에는 나가르주나(龍樹, 150?–250?)와 도겐(道元禪師, 1200–1253)과 같은 매우 영향력 있는 세계적인 철학자들이 포함되어 있다.

그러므로 나는 서양적 개념화에서 근본불교는 종교나 철학이 아닌 심리학이라고 제안하고 싶다. 근본불교는 감각, 지각, 감정, 동기, 인지, 정신, 자아, 의식과 같은 심리적인 주제를 다룬다. 불교 전반이나 마음챙김을 구체적으로 이야기하거나 가르칠 때(Mikulas, 2014, 2015) 이러한 구별(종교도 아니고 철학도 아닌 것)이 매우 중요하다. 이는 종교적 신념에 의해 야기될 수 있는 장애나 왜

곡에 의해 손상되지 않은 마음의 기본적인 역학을 직접 접할 수 있게 해준다. 붓다는 견해, 의견, 의례, 그리고 관습에 집착하는 것을 경고했다. 붓다는 자신의 주된 일은 괴로움을 줄이는 것이라고 말했다. 달라이 라마는 불교에 대한 그의 접근방식은 행복을 증가시키는 것이라고 거듭 강조한다.

미국의 주류 학계에서 불교는 종교 또는 철학으로 인식되며 일반적으로 그러한 학부에서 불교를 가르친다. 따라서 심리학자들은 종종 불교가 심리학과 무관하거나 심리학에 부적절하다고 인식하여 강력한 심리학적 요소들을 놓친다. 근본불교는 서양심리학과의 통합에 있어서 많은 기여를 한다(Mikulas, 2007).

위의 구별은 북미와 서유럽에서 발견되는 서구적 사고에 적용된다는 점에 유의하자. 이러한 차이는 덜 분절되고 덜 전문화된 아시아적 사고에서는 꼭 옳은 것은 아니다. 예를 들어 인도와 중국에서 심리학과 철학은 더 통합적이라서 철학적 기반에 충분한 주의를 기울이지 않으면 건전한 심리학을 할 수 없다. 그리고 심리적인 함의가 없는 철학은 제한적이고 무기력하다.

영적 수행

전 세계적으로 제도화된 종교는 그 단체의 지지와 얽혀 있는 윤리적 행동을 정의하고 촉진하는 데 주요한 힘을 가진다. 이것은 주로 좋은 행동에 대한 좋은 사후세계의 약속(예 천당, 좋은 환생)과 나쁜 행동에 대한 나쁜 사후세계의 위협(예 지옥, 좋지 않은 환생)에 의해 이루어진다. 나는 이것의 타당성에 대한 지식이나 의견은 없지만, 윤리적이고 비윤리적인 행동의 영향에 대한 추가적인 이해를 지지한다.

만약 근본불교가 종교가 아닌 심리학이라면, 윤리는 개인적/영적 성장에 영향을 미치는 주요 요소로 이해될 수 있다. 윤리적 행동은 몸/마음/정신(영)에 영향을 미치는 전반적인 영적 수행의 일부이다. 윤리적으로 좋은 행동은 생물학적 건강, 심리적 안녕과 기능, 깨달음을 향상시킨다. '깨달음'에 의해 나는 개인적 수준의 자아(self)와 마음의 내용을 동일시하여 더 넓은 의식 영역으로 나아가는 개인적/영적 성장 과정에 대한 쉬운 비유를 들고 있다(Mikulas, 2014). 우리가 꿈에서 깨어나 꿈속에서 실재(reality)를 위해 취했던 것들이 그저 마음의 구성물일 뿐임을 깨닫는 것과 비슷하다.

많은 사람들은 깨달음이 불교 수행의 주요 목표라고 주장한다. 그리고 마음챙김의 계발은 일반적으로 윤리적 행동의 영향을 많이 받는 불교 수행으로 이해된다. 현재 미국에서 가르치고 있는 마음챙김 방식에 대한 일반적인 비판은 윤리에 주어진 적절하지 못한 관심에 관한 것이다.

불교 혹은 마음챙김에 대해 논할 때, 나는 위에서 만든 구별을 강조하는 것이 매우 유용하다는 것을 알게 되었다. 많은 사람들, 특히 내가 사는 성경을 중시하는 전통(Bible belt)에서는 윤리가 언급되는 것을 정신적으로 꺼린다. 지옥의 위협 등 불쾌한 종교적 연관성 때문이다. 이들은 심리-영적(psycho-spiritual) 성향으로부터 종종 윤리에 대해 자유로운 편이다.

정신적, 육체적 행동의 결과를 포함하여 업보와 관련된 유사한 접근법이 취해질 수 있다. 이것은 보통 일생 너머까지 생각되지만 일생 안에서 이해될 수도 있다. 서양 심리학은 자기실현적 예언(self-fulfilling prophecy) 등 다양한 문헌을 가지고 있는데, 자기실현적 예언은 때때로 업보가 어떻게 작용하는지 다루고 있다. 나는 많은 사람들이 업보가 공공연한 행동이 아닌 의도(intention)에 기반을 두고 있다는 불교적 이해에 매우 긍정적인 반응을 보인다는 것을 알게 되었다. 같은 행동이라도 선한 의도 혹은 불선한 의도로 행해지기도 하고, 자비로운 마음 혹은 그렇지 않은 마음으로 행해질 수 있다. 그러므로 근본불교에서 의도에 대한 마음챙김은 업보와 윤리적 행동에 기본이 된다.

일반적으로 윤리, 특히 불교 윤리에 대한 비판적이고 종종 간과되는 이해는 윤리적 원리의 놀라운 폭과 깊이이다(예 Aitken, 1984). 예를 들어, 도둑질은 생각을 훔치는 것과 다른 사람의 시간을 빼앗는 것을 포함하는 것으로 이해될 수 있다. 살생을 피하는 것은 일부 티베트 불교, 아메리카 원주민, 하와이 원주민에서 볼 수 있듯이 모든 생명에 대한 존중과 관련이 있을 수 있다. 그리고 살생을 피하는 것은 마음속에 공격성과 증오심을 지닌 채 일하지 않는 것을 포함할 필요가 있다.

좋은 연설은 거짓말, 허영심, 또는 험담을 포함하지 않는다. 그것은 건설적이고 도움이 되어야 한다. 자극적인 대화 주제는 이것이 문자 메시지와 소셜 미디어와 어떻게 관련되는가 하는 것이다.

좋은 실습은 다음과 같이 일주일 동안 좋은 말을 실천하는 것이다. 말하거나 말하려고 하는 모든 것에 대해, 스스로에게 물어보자. "이것이 사실인가? 이것이 좋은가? 이것이 필요한가?" '필요한' 질문은 특히 미묘하게 드러나는데, 종종 자아 중심 행동이나 애착을 드러낸다.

좋은 생각은 인지 행동 치료(cognitive behavior therapy)와 관련되며, 생각이 다른 행동으로 이어질 때, 그리고 생각이 다른 행동의 결과일 때와 관련이 있을 수 있다. 『담마빠다(법구경)』는 다음과 같이 시작한다. "모든 경험은 마음이 앞서고, 마음이 이끌며, 마음이 만든다. 같은 마음으로 말하거나 행동하면 고통이 뒤따른다. … 평화로운 마음으로 말하거나 행동하면 행복이 따라온다." (Fronsdal, 2008, 3쪽).

히나야나(소승)

아시아에서, 가이아(대지의 어머지)의 첫 번째 위대한 각성은 기원전 500년(적어도 앞뒤로 100년 이내)이었다. 전통적인 영성을 넘어서서, 의식의 깊이를 탐험하고, 초개인적인 현실에 도달하는 시간이었다. 이 시대의 많은 발견들은 오늘날에도 여전히 유효하다.

인도에서는 자이나교(Jainism)의 개혁가 마하비라(Mahavira)의 시대였다. 중국에서, 그것은 중국 사상의 매우 기본적인 음양에 관한 강력한 예시인 노자와 공자의 시대였다. 여기에는 유교의 사회적, 도덕적 가르침과 도교의 신비적 관점이 포함된다. 고타마 싯다르타가 지금의 네팔인 북인도에서 태어난 것은 이 시기였다. 그는 붓다가 되고 수 세기 후에 '불교'라고 불리게 될 승단을 창시하게 된다. 많은 힌두교도들에게 붓다는 비슈누(Vishunu)의 화신이자 브라만주의의 개혁자였다.

히나야나(소승)는 붓다의 가르침과 실천에 가장 가까운 불교 교파이다. 오늘날에는 동남아시아와 스리랑카에서 발견되는 테라와다(Theravada)로 대표된다. 테라와다의 사고와 실천에 큰 영향을 준 두 가지 주요 문헌은 대장경(Tipitaka)과 『청정도론(Visuddhimagga)』이다. 대장경은 세 부분으로 구성되어 있는데, (1) 경장, 붓다와 직계 제자들의 언행, (2) 율장, 출가자들을 위한 규칙, 그리고 (3) 논장, 오랜 세월 동안 발전된 추가적인 가르침 등이다.

도덕성

붓다에 따르면, 부도덕한 행동은 종종 탐욕, 증오 또는 망상에 의해 동기가 부여된다. 도덕적 행동은 보시(generosity), 자애(loving-kindness), 그리고 지혜(wisdom)에 의해 동기 부여될 수 있다(Bhikkhu Bodhi, 2005, 145-147쪽). 그는 또한 해를 끼치지 않는 것의 중요성을 강조했다.

『청정도론』은 기원후 5세기에 붓다고사(Buddhaghosa)가 편찬한 불교 수행의 백과사전이다. 그것은 계학(virtue), 정학(concentration), 혜학(understanding)의 세 부분으로 나뉘는데, 불교 수행에서 도덕성의 중요성을 크게 강조한 것이다.

이것은 계(sila), 정(samadhi), 혜(prajna)의 상호작용에 대해 가르치는 일반적인 테라와다와 관련된 것이다. 계(습관, 행동, 천성, 성격)는 윤리, 덕행, 도덕을 포함한다. 정(확립, 안정)은 집중 훈련의 결과물이다. 그리고 혜(지혜, 통찰)는 즉시 경험된 직관적인 지혜로, 자신의 존재를 변화시키는 방식으로 사물의 근본적인 본성을 유념하고 깊이 들여다보는 것을 포함한다. 이 장과 관련하여, 요점은 윤리적 행동이 집중력과 통찰력의 개발을 촉진한다는 것이다. 그리고 통찰력과 집중력의 함양은 윤리적 행동의 발달을 촉진한다는 것이다.

지혜는 근본불교 수행의 주요 목표이자 깨달음의 열쇠이다. 마음챙김은 지혜를 여는 주요한 방법으로 간주된다. 테라와다의 핵심수행은 위빠사나이다. 위빠사나는 새롭고 다양하고 특별한 방법으로 명확히 관찰하는 것을 의미하며, 지혜를 이끌기 때문에 종종 '통찰 명상(insight meditation)'이라고 불린다. 마음챙김은 위빠사나의 가장 중요한 특징이다. 따라서 윤리적 행동은 마음챙김의 발달을 촉진하며, 마음챙김은 지혜(prajna)로 이어지며, 지혜는 깨달음으로 이어진다.

팔정도

팔정도는 사성제(네 번째 고귀한 진리)와 불교 수행에 대한 가장 근본적인 설명이다. 그것은 많은 윤리적 요소들을 포함한다. 팔정도의 각 부분은 같은 단어(P. 'samma', S. 'samyak')로 시작되는데, 이것은 보통 '올바른'으로 번역된다. 원래의 의미를 더 잘 포착한 단어에는 '완벽한', '전체의' 그리고 '온전한' 등이 포함된다.

불교를 처음 접하는 사람들은 때때로 어떤 도그마적 의미로 옳고 그름을 생각하여 '옳음'마저 유보하려고 하는데, 그것은 아니다. 나의 독특한 접근법은 '올바른'의 의미를 매우 상황적으로 고려하는 것이다. 때로는 고통을 가장 잘 줄여주는 것, 때로는 마음챙김을 가장 용이하게 하는 것, 때로는 깨달음으로 가장 잘 이끄는 것, 때로는 마음을 가장 잘 여는 것 등 다른 많은 가능성을 의미한다. 바첼러(Batchelor, 2015, 223쪽)는 붓다의 윤리에 대한 접근법이 어떻게 상황적이었는지를 논했다. 붓다는 보편적으로 적용되는 일정한 도덕적 규칙을 가지고 있지 않았다. 오히려, 무엇이 옳은지는 상황에 달려 있다. "이런 특별한 경우에 가장 현명하고 사랑스러운 것은 무엇일까?"

잘 알려져 있지만, 완성도를 위해서 팔정도의 여덟 부분을 반복할 가치가 있을 것이다. 이러한 것들은 보통 설명되거나 고려되는 것보다 훨씬 더 깊이 있고 폭넓게 이해될 수 있다는 이전의 주장을 기억하라.

1. **올바른 견해(正見).** 사성제에서 기술한 바와 같이 현실과 고통이 어떻게 얽혀 있는지 이해한다. 무상(impermanence), 무아(nonself), 연기(dependent origination)와 같은 다른 기본 원칙들을 이해하는 것. 이러한 가르침에 대한 실제적인 동일성과 그에 따라 행동하겠다는 결심이다.
2. **올바른 의도(正思).** 욕망, 악의, 무자비함도 없는 올바른 동기와 올바른 의도. 생각, 동기, 의도, 그리고 그것에 영향을 미치는 욕망에 대한 주의력이다.

3. **올바른 말(正語).** 거짓말, 뒷담화, 거친 욕설, 경솔한 말을 피한다. 폭력, 감각적 추구(sensation seeking) 또는 방심(mindlessness)에 대해 다른 사람들을 선동하는 말을 피하는 것이다. 건설적이고 도움이 되는 것이다.
4. **옳은 행동(正業).** 다음에 논의된 교훈과 같은 기본적인 도덕적 지침을 따른다. 고통을 주는 게 아니라 마음챙김과 자비심을 가지고 행동한다.
5. **올바른 생계(正命).** 정의롭고 자신과 타인에게 유용한 삶을 추구한다. 다른 사람에게 고통이나 불의를 야기하는 직업은 피하고, 거래할 때는 정직하고 윤리적이다.
6. **올바른 노력(正精進).** 끈기있게 매달리고 마음챙김을 개발하는 것을 포함하여, 그 길을 따라가는데 지속적인 헌신, 중도(middle way)를 이해하고 결국 무위법(無爲法)의 미묘함을 이해한다.
7. **올바른 마음챙김(正念).** 몸, 느낌, 마음 및 마음현상들에 대한 인식의 명확성과 폭을 적극적으로 극대화한다. 관련된 생각, 반응, 정성에 있어 길을 잃는 것을 최소화하면서 의식에서 일어나는 모든 것을 알아차린다.
8. **올바른 집중(正定).** 한 사람의 주의 초점에 대한 학습된 통제력을 개발한다. 마음의 특정 내용에 대해 다양한 수준의 심일경성(心一境性)을 가지고 스스로 알아차림을 유지하는 것이다.

계

테라와다 전통에는 적절하고 윤리적인 행동에 대한 다양한 계문들이 있다. 여기에는 붓다가 모든 사람에게 권고한 다섯 계문, 특히 종교행사나 훈련에서 지켜야 할 계문 등이 포함되어 있다.

영적 수행의 일환으로, 계문을 지키는 것은 고통을 줄이고 깨달음을 용이하게 한다. 깨달은 사람이나 진급한 수행자는 윤리적이지 않은 행동에 저항할 정도로 '선한' 사람이 되지는 않는다. 오히려, 그러한 사람에게 윤리적 행동은 너무도 명백하며 애쓰지 않으며 자발적인 것이다.

1. **살생을 하지 마라(Avoid killing).** 불필요하고 부주의한 살생을 피하라. 모든 생명에 대한 경외심을 길러라. 살생과 관련된 생각이나 감정에 더 주의를 기울이라(마음을 챙기라). 일부 태국불교의 재가자와 출가자는 곤충을 죽이거나 동물의 살을 먹지 않을 것이다. 일부 수도자는 식물의 생명을 파괴하지 않으며, 여과되지 않은 물을 마시지 않을 것이다.

   하지만 지금은 붓다의 시기보다 훨씬 더 복잡하다. 인간의 건강을 위해, 우리는 박테리아와 모기 같은 많은 생물들을 쉽게 죽인다. 테러리스트들 중 다수는 종교적 이유로 무고한 사람들을 죽인다. 미국에서는 총기에 대한 강박관념이 있는데, 정치적으로 매우 강력한 전미총기협회(National Rifle Association)가 있다. 경찰과 군의 역할과 훈련은 매우 복잡한 문제를 제기한다.

   중요한 요인은 살생 이전이나 살생하는 동안에 마음의 의도와 상태, 그리고 마음챙김과 관련성 등이다. 음식을 위해 동물을 죽일 때 그 동물에게 큰 존경심과 감사함을 가졌던 북미 원주민을 생각해 보라. '스포츠'를 위해 동물을 공격적으로 죽이고 자기중심적인 트로피로서 동물의 일부를 벽에 거는 사람과 대조해보라.

2. **도둑질을 하지 마라(Avoid stealing).** 물건, 생각, 그리고 다른 사람들의 시간을 포함하여, 당신의 것이 아닌 것을 가져가는 것을 피하라. 여기에는 부주의한 차입, 부정한 사업 거래, 직원 과소 지급 등이 포함된다. 물건, 돈, 시간을 주면서 보시심(generosity)을 기르라. 보시심을 손상시키는 애착에 대한 마음챙김을 양성하라.

3. **부정한 성행위를 하지 마라(Avoid sexual misconduct).** 여기에는 부적절한 사람이나 상황(예 근친상간, 간음)과 부적절한 접근(예 강간, 욕망의 충족)이 포함된다. 그것은 성적 풍자와 포르노그래피의 역할을 포함한다. 영적 수행으로서, 그것은 성적 욕망, 생각, 행동과 관련된 매우 강력한 욕망과 애착을 염두에 두는 것을 포함한다.
시난 몇 십 년 동안, 미국에서, 불교, 힌두교, 요가, 그리고 기독교인, 매우 유명하고 존경 받는 많은 영적 지도자들 사이에서 엄청나게 부적절한 성적 행동이 지속적으로 있어 왔다. 미성년 소녀와 소년, 제자, 매춘부와의 부적절한 성관계 등이 이에 해당한다. HIV에 걸린 한 불교 지도자가 이 병에 걸렸다는 사실을 밝히지 않은 채 학생들과 무방비로 성관계를 맺은 사례도 있다. 생명이 파괴되었고, 지역사회는 분열되었다. 심지어 영적으로 진보했다고 주장하는 사람들 사이에서도 욕망의 힘은 과소평가 될 수 없다!

4. **거짓말을 하지 마라(Avoid lying).** 비록 그것이 정당하거나 해롭지 않은 것처럼 보일지라도, 거짓으로 말하는 것을 피하라. 당신이 그렇지 않다면, 주의 깊게 듣고 있다거나 동의한다는 인상을 주지 마라. 올바른 말을 하라. 당신의 말하는 타이밍과 다른 사람의 들을 준비상태가 가지는 중요성을 인식하라.

5. **마음을 손상시키는 약을 하지 마라(Avoid drugs that impair the mind).** 마음을 취하게 하고 혼란스럽게 하는 물질을 피하라. 주의력을 감소시키고 부주의한 행동을 유발하는 물질을 피하라. 이 교훈은 종종 현재 미국에서 가장 해로운 약물인 알코올로부터 금주하는 것을 의미하는 것으로 해석된다. 하지만 어떤 사람들에게는 적당한 양의 술이 건강에 도움이 될 수 있다. 중도로 행하라.

전세계적으로, 그리고 수 세기 동안, 마음을 바꾸는 장치들은 영적 실천에서 중요한 역할을 해왔다(Smith, 2000). 이 길 자체는 결코 충분하지 않다. 그러나 어떤 사람들에게는, 이러한 '엔테오겐'(entheogen, 신이 가능하게 하는 것)이 장벽을 돌파하고, 더 깊은 길을 흘끗 들여다보거나, 더 넓은 '현실'을 방문하는 것을 도울 수 있다. 물론 핵심은 엔테오겐의 사용이 감각적인 추구나 탈출이 아닌 각성에 맞춰진 포괄적인 영적 실천의 일부여야 한다는 것이다.

마하야나(대승)

아시아에서 가이아의 두 번째 위대한 각성은 그녀의 마음을 여는 것이었다. 이것은 내가 박티 시대(bhakti period)라고 부르는 기원전 5000년경부터 일어났다. 박티(bhakti)는 사랑, 헌신, 이타적인 봉사를 말한다. 이 시기 동안 박티의 영향을 받은 것은 박티 요가, 기독교, 그리고 대승불교였다. 박티 요가는 신(神)의 사랑을 얻는 방법으로 신에 대한 사랑과 구루에 대한 사랑을 강조한다. 기독교는 하느님에 대한 사랑과 적에 대한 사랑을 포함한다.

박티 시대는 불교에 큰 영향을 끼쳤으며, 그 영향은 약 100년 동안, 기원 후 100년을 정점으로 한다. 이것은 자비(compassion, karuna)가 주요한 특징인 대승불교로 귀결되었다. 소승에서는 자비나 믿음보다 통찰(지혜)이 더 중요하다. 대승에서는 세 가지가 모두 동등하게 중요하다. 강한 예시로는 붓다가 윤리적 삶의 기본이라고 장려한 존재의 신성이다(Salzberg, 1995). 여기서 존재의 네 가지 신성, 즉 사무량심(四無量心, 四梵住)이란 자애(loving-kindness, metta, 慈), 연민(compassion, 悲), 기쁨(sympathetic joy, 喜), 그리고 평정

(equanimity, 捨)이다. 이것들을 가지고 일하는 것은 개인 수행과 부부 상담의 일부가 될 수 있다. 이러한 상태를 개발하는 것은 사회 화합을 증진시키고 이기주의를 감소시킬 것이다. 그것들은 대승불교에서 가장 높은 덕목들 중 하나이다.

그러나 위의 소승과 대승의 구별은 그리 명확하지 않다. 예를 들어, 현재 매우 인기 있는 자애 명상을 생각해보자. 이것들은 상좌부 불교에서 가장 인기 있는 문헌 중 하나인 『자애경(Metta Sutta)』에 기초한다. 출가자나 재가자나 매일 이 경전을 암송한다. 자애 명상은 공격성, 악감정, 쾌락을 극복하고 평온한 마음과 더 나은 수면을 발달시키는데 도움이 된다고 여겨진다.

또한 붓다는 정기적으로 마음을 여는 다양한 예를 그의 가르침에 포함시켰다. 마음을 여는 요소는 사람이 팔정도와 다섯 가지 계문(오계), 예를 들어, 자비(연민), 자애, 동정적 기쁨, 개방성, 무조건적 수용, 용서, 보시(관대)에 접근하는 방식으로 통합되어야 한다. 또한 올바른 견해(정견)는 마음을 여는 데 도움이 될 것이다. 예를 들어, 자신과 타인의 고통에 대한 더 큰 이해(첫 번째 고귀한 진리)는 자비(연민)를 낳는다.

소승의 길은 충분하지만 필수적인 길도, 유일한 길도 아니다. 명상을 실천하는 것과 같이 많은 사람들에게 또한 너무 어렵다. 대승에서는 믿음과 보시(헌신)의 필요를 말한다. 그리고 많은 사람들에게 믿음은 명상보다 더 좋을 수 있다. 대승은 평신도들, 여성들, 그리고 근기가 낮은 사람들을 위한 더 느슨한 규율과 영적 기회를 제공하고 있다. '대승'은 '큰 수레'라는 뜻으로 '소승'(Hinayana,

작은 수레)보다 더 많은 사람을 수용할 수 있다.

많은 대승주의자에게 '소승(Hinayana)'은 더 작은 열등한 수레라는 의미의 경멸적인 용어이다. 따라서 적절한 경우 대개 테라와다(Theravada)라는 용어를 사용하는 것이 좋다. 그러나 많은 소승주의자에게 붓다의 수행과 교리에 가장 가까운 접근법인 '소승'은 완벽한 용어이다. "모든 차량은 소유주 부담으로 견인된다."는 동시대 시인 톰 새비지(Tom Savage)의 말에 동의한다.

승(乘)의 도덕성

많은 대승주의자들에게 소승의 길은 비윤리적 길이다. 소승에서는 사람이 타인을 돕기 위해 일하기보다는 자신의 깨달음을 위해 이기적으로 일한다는 주장이다. 예를 들어, 승려는 세상을 떠나 승가로 가고, 다른 사람들의 기부로 살아가며, 이기적인 길로 보이는 열반을 추구한다. 소승에서는 이상적인 것이 아라한(깨달은 개인)인 반면, 대승에서는 이상적인 것이 다른 사람들을 깨우치는 것을 돕는 성숙한 수행자인 보살이다.

하지만 매우 자주, 누군가는 다른 사람들을 돕기 전에 자신의 삶을 어느 정도 정리하는 것이 더 낫다. 심리학 분야에서는 상담이나 임상심리학 분야로 향하는 사람들이 보인다. 이 사람들 중 다수는 다른 사람들을 돕는 그들의 능력을 손상시키거나 제한하거나 편향시키는 중대한 심리적 문제를 가지고 있다. 그들이 먼저 그들 자신을 위해 더 열심히 노력했다면, 더 좋았을 것이다.

오늘날, 마음챙김의 큰 인기와 관련된 주요 관심사는 마음챙김을 가르치는 많은 사람들이 그들 자신의 마음챙김을 적절하게 또는 전혀 발달시키지 못했다는 것이다. 그들은 단지 다른 사람들이 했던 것을 반복할 뿐이다. 여기에는 많은 문제가 있다. 첫째, 만약 사람들이 그들의 실천을 통해 마음챙김을 안다면, 그들은 그들의 가르침을 사람들이나 상황에 더 잘 개별화할 수 있을 것이다. 이렇게 하면 대부분의 보고된 연구, 치료법 및 비즈니스 애플리케이션을 크게 개선할 수 있다. 둘째, 많은 자격이 없는 지도자들이 학생들의 학습을 크게 손상시키는 오류를 범한다. 미국에서 매우 흔한 예는 마음챙김에는 수용이 필요하다는 주장이다. 이것은 거짓일 뿐 아니라 학생들의 마음챙김의 계발과 그것의 수용 여부를 마음챙김으로 인지할 수 있는 능력을 손상시킨다(Mikulas, 2011). 자신이 무엇을 하고 있는지 모르면서 마음챙김을 가르치는 것은 비윤리적이라 할 수 있는데, 이는 상당한 자기 계발을 필요로 한다.

고타마는 붓다가 되기 전까지 오랜 세월 수행했다. 그리고 나서야 비로소 그는 지도자가 되었다. 정신수양에 관한 저서(Mikulas, 2014) 말미에서 나는 독자들이 자녀양육, 교육, 스포츠, 예술 등 자신들이 배운 것을 다른 사람들도 배울 수 있게 돕기를 강력히 권한다.

종종 개인 수준의 변화가 사회 변화를 만들어 내는 가장 좋은 방법이다. 미국에서 두 가지 극적인 사례를 들자면, 베트남 전쟁과 중국의 티베트 침공과 관련된 심오한 정치적 변화이다. 두 경우 모두 정치적 변화는 깨달은 리더십에 의한 것이 아니었다. 오히려 정치적 가치를 이끌어낸 개인의 자각과 관심의 변화가 주효했다.

마지막으로, 사물은 겉으로 보이는 것보다 더 상호 연관되어 있다. 따라서 개인의 변화는 예상했던 것보다 다른 사람들에게 더 광범위한 영향을 미칠 수 있다. 이는 불교에서 연기(緣起)에 대한 폭넓은 이해로 분명해진다. 그것은 또한 물리학의 혼돈 이론과 양자 이론과 같은 이론에 의해서 지지된다.

물론 우리는 다른 사람들을 돕기 위해 많은 일을 하고 싶어 한다. 그러나 이것을 가장 잘 하기 위해서는 우리 자신의 개인적·정신적 성장에도 신경을 써야 한다. 윤리적으로, 우리는 어느 한 극단이 아닌 중도(middle way)로 해야 한다.

와즈라야나(금강승)

아시아에서 가이아가 세 번째로 깨달은 것은 모든 것이 신성하다는 것이다. 신성(sacred)과 세속(profane)을 구별하는 것은 잘못된 이분법이다. 이는 훨씬 더 넓은 활동 영역에서 영적 실천이자 각성의 방법으로 접근할 수 있다는 것을 의미한다. 특히 매력적이었던 것은 한 사람이 영적으로 성숙함과 동시에 세상에서도 성공할 수 있다는 생각이다.

가이아의 세 번째 각성은 딴뜨라 시대에 일어났다. 이는 북인도에서 기원후 0년부터 시작하여 8세기에서 11세기 사이에 절정에 달했다. 이것은 힌두교, 도교, 자이나교, 그리고 불교에 밀교(密敎) 종파를 낳았다. 불교에서 대승은 약 500년에서 600년 동안 탄뜨라를 주입받았으며, 오늘날 티베트 불교와 일본 진언종(眞言宗)이 대표하는 세 번째 수레인 와즈라야나, 즉 금강승을 만들었다. 'Vajra'는 '다이아몬드 같고 맑고 단단하다' 뜻이다.

딴뜨라

불교에서 '딴뜨라'는 '연속'과 '확장'을 의미하는데, 전통 직조법으로 천을 이어가는 실인 '우프(woof)'가 그것이다. '딴뜨라'는 특수한 텍스트와 수행을 말한다.

딴뜨라는 경험의 모든 측면이 깨달음으로 활용될 수 있다고 인식한다. 섹스를 고려해보라. 소승과 대승에서는 금욕을 택할 것이다. 이것은 삶을 단순화하며, 아마도 한 사람의 영적 수행을 용이하게 할 것이다. 하지만 딴뜨라에서는 그 모든 복잡성이 지닌 경험적 기회를 낭비하는 것으로 여길 것이다.

딴뜨라에서는 경험을 외면하지 않고 포용한다. 삶의 장애물은 집착과 그에 따른 애착을 위해 일하는 시간과 같은 개인적·정신적 성장의 기회가 된다. 감정의 에너지를 깨달음을 위한 에너지로 바꾸는 법을 배운다. 수행자는 인식과 감정에 영향을 받지 않고 직접적으로 경험하여 알아가는 것을 실습한다.

금강승의 가르침은 여러 생애에 걸친 게 아닌 한 생애에서의 깨달음, 더 짧은 길이라고 종종 주장된다. 그리고 쵸감 트룽빠[1]와 같은 일부 티베트 불교 지도자들은 이 세 가지 야나(乘)가 또한 개인의 영적 실천의 본보기가 될 것이라고 주장한다. 하나는 소승의

1) 쵸감 트룽빠 린포체(Chogyam Trungpa Rinpoche, 1939–1987)

수행(예 집중, 마음챙김, 규율)으로 시작하고, 하나는 대승의 요소(예 자비심, 공성)를 추가하고, 그리고 나서 금강승(와즈라야나)을 통해 완전히 세상 속으로 돌아온다.

윤리적 관심

딴뜨라(Tantra)는 다수의 의심스럽고 비윤리적인 행동이 영적 수행에서 전해지도록 개방하였다. 힌두교에는 방탕한 의식과 성적 타락을 포함하는 좌도(左道) 수행이 있었다. 미국에서 큰 인기를 끌었던 동시대의 인도 지도자가 한때 '딴뜨라적 프로이트주의(tantric Freudianism)'로 묘사된 프로그램을 제공했다. 이것은 금지되거나 비도덕적이거나 억압된 욕망, 충동, 성적 공격성에서 비롯된 행동을 포함했다. 여기서 오해되는 것은 딴뜨라가 진정한 영적 실천으로서 그러한 욕망에 대한 인식의 금지를 없애는 것이지, 그러한 욕망에 대한 행동의 금지를 없애는 것이 아니라는 점이다. 딴뜨라 수행은 마음챙김을 증가시키는 것이지, 마음챙김이 없는 행동을 증가시키는 것이 아니다.

물론, 미국의 많은 사람들은 성을 영적 수행으로 보는 아이디어에 끌렸다. 그리고 대부분의 미국 사람들에게 '딴뜨라(Tantra)'라는 단어와 연관된 의미는 섹스이다. 이로 인해 일부 불교 지도자들은 높은 단계의 딴뜨라 수행을 빙자하여 학생들과 부적절한 성관계를 가질 수 있게 되었다. 비록 성적 행동이 두 개인을 하나로 합치는 것과 같은 유효한 딴뜨라적 영적 수행일 수 있지만, 이것은 예외적인 일이다.

열성적 지지자들

더 복잡한 것은 많은 전통에서 발견되는 열성적 지지자들(crazy adepts)의 존재이다. 열성적 지지자는 매우 파격적이고 종종 충격적인 방식으로 나타나거나 행동하는 영적으로 성숙한 사람이다. 이것은 엽기적인 복장이나 벌거벗기, 취하는 물질의 사용, 저속한 언어 표현, 관습적인 사회적 행동에 대한 도전을 포함할 수 있다.

열성적 지지자들은 사람들이 합의된 현실에 의문을 품게끔 충격을 줄 수 있다. 그들은 사람들이 깨달은 사람이 어떻게 나타나거나 행동해야 하는지에 대한 가정을 재평가하게 할 수 있다. 그들은 사람들이 기본적인 딴뜨라 교리와 직면하도록 강요할 수도 있다.

하지만 열성적 지지자라는 생각은 비윤리적 행동의 빌미가 될 수 있다. 그러므로 현대의 불교 지도자들 사이에서 우리는 많은 종류의 부적절한 성적 행동, 알코올 중독, 그리고 많은 수의 사람들을 몇 시간 동안 기다리게 하는 일들을 발견한다. 지도자는 숙련자로 가정되기 때문에 학생들은 종종 그러한 행동에는 틀림없이 영적 이유가 있을 것이라며 용서해주곤 한다. 나에게 비윤리적인 행동으로 보일지라도, 그것은 아마도 나의 영적 이해의 부족 때문일 것이다.

보편적 수행

이 장에서는 세 가지 야나(乘)를 통해 마음챙김, 영적 수행, 그리고 불교 윤리를 서로 연결시켰다. 각 승(乘)의 역사적 발전을 보다 넓은 시각으로 보고자 아시아의 3대 주요 영적 성숙기를 가이아의 각성 차원에서 간략히 논했다. 이제 세계의 모든 주요 영적·종교적 전통의 수행을 고려하여 훨씬 더 넓은 시각에서 논의를 진행하고자 한다. 이 글의 초점은 행위적 수행에 있다. 또한 나는 신앙과 믿음, 헌신의 위력과 중요성을 인식하고 있지만, 이것들은 현재 논의에서 벗어난다.

내가 세계의 위대한 영적·종교적 전통을 조사했을 때, 나는 철학과 우주론의 측면에서 상당한 차이를 발견한다. 예를 들어, 어떤 종교는 신이 없고, 어떤 종교는 신이 있고, 어떤 종교는 신이 많다. 어떤 사람들은 각자 하나의 생명을 가지고 있는데, 그 뒤에 어떤 종류의 사후세계가 뒤따른다고 믿는다. 어떤 사람들은 그들의 영혼이 다양한 생을 살 것이라고 믿는다.

하지만 나는 수행의 측면에서 전통들 사이의 공감대를 발견한다. 영적 수행으로서 무엇을 '할' 것인가 묻는다면, 보편적인 수행들을 떠올릴 수 있다. 즉 도덕적이고 실천적인 지침에 따르는 삶을 요구하며, 마음을 고요히 하고, 알아차림을 증가시키며, 마음을 열고 집착을 줄인다(Mikulas, 1987, 2014). 이 일련의 과정을 실천함으로써, 우리는 모든 주요한 전통의 핵심 수행을 행하는 것이다. 물론, 다른 전통과 전통의 하부에서는 다른 수행을 강조한다. 그러나 다양성의 정도 차이는 있지만, 모든 수행이 모든 주요 전통에서 발견된다.

구체적인 사례를 자세히 설명하기 전에 몇 가지 메타 수준의 역학을 고려하자. 첫째, 모든 수행은 서로에게 영향을 주고, 하나에서의 변화는 다른 것들에 영향을 준다. 예를 들어, 마음을 고요하게 하는 것은 인식을 높이는데 도움이 되고, 마음을 여는 것은 집착을 줄이는데 도움이 된다. 따라서 한 가지 수행이 특정 시간에 강조되더라도 최적의 프로그램은 모든 수행이 동시에 실천되도록 하는 것을 포함한다.

둘째, 이것들은 몸/마음/정신의 건강을 향상시키기 위한 세계에서 가장 강력하고 적용 가능한 수행들이다. 각각의 수행은 생물학적 건강, 심리적 효과, 주관적 안녕과 평화, 개인적/영적 성장을 상당히 향상시킬 수 있다. 그러므로 이러한 수행을 나는 '보편적인 신체-심리-영성 수행(universal somato-psycho-spiritual practices)'이라고 부른다.

그리고 세 번째로, 비록 영적 성장과 깨달음과 같은 것들에 관심이 없더라도, 우리는 더 행복하고, 더 건강하고, 더 효과적인 삶을 살기 위해 이러한 실천들을 활용할 수 있다. 실습을 하면 점차적으로 깨닫게 된다. 그런 상황에서는 깨달음을 '목표'로 수행하는 것보다 종종 깨달음이 더 부드럽고 더 간단한 일이 될 것이다.

마음챙김에 대한 서구의 세속적 접근은 심리치료에 수행을 사용한 사례가 된다. 수행의 원래 그리고 주된 목표는 깨달음이었다. 어떻게 깨달음을 극대화하는가의 방식으로 물론 이것은 이해는 되지만, 세속적 이유로 마음챙김을 가르칠 것인지에 대해서는 여전히 충분히 이해되거나 논의되지는 못하고 있다.

도덕과 실천

보편적 가르침의 첫 번째 부분은 도덕적이고 실천적인 지침에 따라 자신의 삶을 다스리는 것이다. 모든 주요 전통은 윤리적이고 효과적인 삶을 위한 일반적인 지침을 가지고 있다. 여기에는 살인, 절도, 탐욕, 거짓말, 부적절한 성관계와 같이 하지 말아야 할 행동들이 포함된다. 지침에는 육체를 돌보고 영적인 일을 수행하며 부모를 공경하고 신(神)이나 궁극적인 진리에 복종하는 것과 같은 행동도 포함된다. 불교 윤리는 이 장 전반에 걸쳐 논의되었다.

개인적·영적 성장을 위한 종합적인 프로그램은 우리의 삶을 청결히 하는데, 주의를 기울일 것을 필요로 한다. 이것은 이웃과의 어려움을 해결하거나, 분노 조절을 배우거나, 일부 약물로부터 해방되는 것을 포함할 수 있다. 물론 자신의 삶이 모두 정리될 때까지 기다려서 다른 수행을 시작할 필요는 없다. 이것은 효과적이지 않다. 오히려, 모든 수행을 동시에 한다.

흔한 오해와 함정은 삶의 혼란을 어떻게든 정리할 수 있는 어떤 종류의 영적 경험을 할 수 있다는 믿음이다. 그런 일은 거의 없다. 오히려, 더 마음챙김을 하거나 깨어날수록, 더 명확하게 그 혼란을 볼 수 있고, 이러한 명확한 인식이 혼란의 해결에 도움이 될 수 있다.

마음 고요히 하기

마음을 고요히 하는 것은 심신을 안정시키고, 마음의 평화를 찾고, 생각을 통제하는 것과 같은 수많은 심리적 이점을 가지고 있다. 깨달음과 관련하여, 마음을 조용하게 하는 것은 통찰(력)에 의한 지식(prajna)을 얻기 위한 공간을 만든다. 마음이 항상 통제 불능이고 술 취한 원숭이처럼 날뛰어 다니면, 기본적으로 알게 되는 것은 마음의 개념적 지식뿐이다. 그러면 쉽게 생각에 빠져들 것이고 (잠자는 동안의 꿈과 같은) 마음의 구성물과 '현실(reality)'을 동일시 하게 된다.

생활방식과 환경의 변화로 마음의 안정을 도울 수 있다. 불교 수행과 일반적인 명상에서 마음을 고요히 하는 주요한 방법은 집중(력)을 계발하는 것이다.

알아차림의 향상

개인적/영적 성장을 위한 매개체로서 더 많이 알아차리는(깨어있는) 힘은 오랫동안 서구 철학, 심리학, 그리고 영성의 중요한 부분이었다. 소크라테스(Socrates)의 '너 자신을 알라(know thyself)', 펄스(Perls)의 '게슈탈트 치료(Gestalt therapy)', 구르지에프(Gurdjieff)의 '자기 기억(self-remembering)', 1960년대 의식운동 등이 대표적이다.

동양에서 붓다가 강조한 마음챙김은 궁극적으로 알아차림을 극대화하는 것이라고 나는 뒤에서 주장할 것이다. 불교가 세계의 심리학과 영성에 기여한 주요인은 알아차림/마음챙김에 대한 이해이다. 즉 그것이 무엇인지, 그것을 어떻게 계발해야 하는지, 그리고 육체/마음/영성에 미치는 그것의 영향이다.

불교적 통찰의 길은 심신의 상호작용, 조건성(연기성), 그리고 세 가지 존재의 특징(불만족, 무상, 무아)에 대한 인식을 발전시키는 것을 포함한다. 이러한 역학을 개념적으로만 이해하기보다는 자신의 존재를 변화시키는 방식으로 경험적으로 보게 된다. 무상을 통찰력 있게 보면 집착이 줄어든다. 무아를 통찰력 있게 보는 것은 개인 수준의 자아와 집착된 동일시에서 벗어나는 데 도움이 된다.

마음챙김?

집중과 알아차림은 매우 분명히 구분되는 서로 다른 마음작용이다. 둘 사이에는 각각의 계발 방법, 계발의 결과, 그리고 신경생리학적인 상관관계에서 극적으로 다르다. 불교에서는 집중력(定)과 마음챙김(念)이 확연히 다르다. 그것들은 팔정도의 별개의 부분이고 칠각지의 별개의 요소들이다. 통찰을 위한 마음챙김의 경로는 집중과 몰입의 경로와는 확연히 다르다. 나는 마음챙김이 결국 알아차림과 같다고 제안한다. 그리고 나는 알아차림/마음챙김의 행동을 알아차림의 폭과 명확성을 적극적으로 최대화하는 것이라고 정의한다.

집중력 또는 알아차림의 계발은 보통, 의도하지 않게 자주 일어나는 것처럼, 둘을 동시에 적용하는 것이 가장 좋다. 앞서 언급했듯이, 하나의 발전은 다른 하나의 발전을 촉진한다. 랍가이(Rapgay, 2010)는 불교적 마음챙김은 집중력과 알아차림의 실천적 혼합이며, 주의의 대상을 직접 경험할 수 있는 능력으로 이어진다고 주장했다.

지금까지 요약하면, 집중력과 알아차림은 확연히 다르다. 궁극적으로 '마음챙김'은 '알아차림'과 같은 마음작용이다. 그러나 붓다와 다른 이들에 의해, 마음챙김을 계발하는 초기의 가르침은 집중력과 알아차림의 혼합이다. 비록 이 혼합이 실천적이고 강력하지만, 그것은 정확히 마음챙김이 무엇인지에 대한 약간의 혼란을 허용한다.

현재 마음챙김에 대한 서양의 접근법의 주요 문제는 집중과 알아차림의 혼동과 혼합이다.[2] 이러한 혼동은 서양의 마음챙김에 기반을 둔 이론, 치료법, 조치의 효과와 타당성을 심각하게 제한한다.

또한 티베트 불교에 어느 정도 경험이 있는 사람들은 불교의 마음챙김에 '회상(recollection)'의 구성요소가 포함된다고 주기적으로 지적한다.[3] 이것은 마음챙김의 계발을 위한 이전의 지시들을 기억하는 것을 포함한다. 나는 알아차림의 폭과 명확성을 '실행적으로 극대화(active maximizing)'하는 것으로서 알아차림이라는 마음작용을 정의할 때 이것을 포함한다.

마음 열기

개인적/영적 성장의 실천으로서 마음을 여는 것은 기꺼이 받아들이는 개방성(welcoming openness)과 조건없는 수용의 태도(unconditional acceptance)의 계발을 포함한다. 기꺼이 받아들이는 개방성을 계발한다는 것은 경험, 느낌, 기억, 사람 등 더 많은 다양한 자

2) 정진(elaboration)에 대해서는 Mikulas, 2011 참조.

3) 예를 들어, Batchelor, 2015, 239쪽

극들이 우리의 의식에 접근할 수 있도록 점차 허용하는 것을 의미한다. 이것은 장벽을 허물고 알아차림의 폭을 넓히는 문제이다.

무조건적 수용은 현실(reality)을 있는 그대로 조건 없이 받아들이는 것을 의미한다. 심지어 그 현실을 바꾸기 위해 적극적으로 노력하고 있을 때조차도 그렇다. 그것은 수동적이라거나 어떠한 바람이 없다는 것을 의미하지 않는다. 행동, 환경, 작업 조건, 정치적 과정, 또는 중요하다고 생각하는 무엇이든지 변화시키기 위해 여전히 작용하고 있다. 그러나 현실이 현재 자신이 원하는 방식이 아닐 때라도 불필요하게 자신을 화나게 하지는 않는다.

다른 사람에 대한 무조건적 수용은 특히 중요하다. 다른 사람의 행동이 싫거나 이 사람과 떨어져 있고 싶어도 다른 사람들은 무조건적으로 사랑하는 법을 배운다. 사람은 사람을 사랑할 수도 있고 그 사람의 행동을 싫어할 수도 있다. 모든 사람은 그들의 유전적 특성, 과거 경험, 상황, 이해를 고려하여 그들이 할 수 있는 최선을 다하고 있다. 사람은 모든 사람의 영적 요소를 인정하는 법을 배운다. '나마스떼(Namaste)'는 인도와 네팔에서 흔히 볼 수 있는 힌두교 인사말로, "당신 안에 있는 신에게 경배한다."라는 뜻이다. 티베트 불교 수행에서는 모든 사람을 전생에 자신의 어머니였던 것으로 본다.

마음을 여는 것은 무조건적으로 자신을 사랑하는 것을 포함한다. 자신의 행동을 바꾸고 개인적·영적 성장을 지속하기 위해 노력하는 동안에도 그렇다. 이것은 특히 티베트 문화와 대조적으로 미국 문화에서 어려운 일이다. 따라서 모든 사람들, 특히 미국 사람들에게 '자신과 친구가 되는' 태도는 최적의 명상 실습과 마음챙김의 발달에 매우 중요하다.

앞서 논의한 바와 같이, 대승은 붓다에 의해 명확히 토대를 다지는 마음 열기(예 사무량심)를 특히 강조하는 불교 흐름이다. 추가적인 관련 수행은 공감(empathy), 관대함(generosity), 그리고 용서(forgiveness)를 배양하는 것을 포함한다.

티베트어로 '똥렌(tonglen)'이라고 불리는, 대승의 (자타상환으로) 주고받는 명상 수행은 와즈라야나(금강승)에서 매우 중요하다. 통렌에서 좋은 것을 내쉬고 나쁜 것을 들이쉰다. 예를 들어, 상대방의 고통과 괴로움은 들이마시고 상대방에게 안도감과 행복을 불어넣어 줄 수 있다. 집중력과 마음챙김의 좋은 토대는 받아들여진 괴로움이 막히지 않고 지나갈 수 있게 해준다.

집착 줄이기

매달림(clinging)[4]은 집중력과 알아차림에 더하여 세 번째 마음 작용이다. 마음의 특정 내용을 파악하고 매달리는 마음의 경향, 자아와 현실에 대한 가정, 그리고 개인적인 참조의 틀을 말한다. 이러한 매달림은 감각, 지각, 믿음, 기대, 의견, 의례, 자아 이미지, 그리고 실재에 대한 모델에 대한 것일 수 있다. 이러한 매달림의 결과는 불교심리학(yogic psychology)에서 '집착(attachment)'이라고 불린다. 이 의미는 '중독(addiction)'이라는 용어와 유사하지만 어

4) 역자주: 'clinging'은 집착, 의존 고착 등의 의미를 담고 있는데 'attachment(집착)'와 구별하기 위해 '매달림'으로 번역했다.

릴 적 대인관계 유대를 일컫는 '애착'의 정신역학(psychodynamic) 용법과는 다르다.

집착의 일반적인 결과는 변화에 대한 저항, 인식과 기억의 왜곡, 사고력 저하, 에너지 낭비, 원치 않는 감정과 고통이다. 어떤 식으로든 집착의 대상이 바람직할지라도 집착은 항상 문제다. 집착의 결과를 알아차리는 것은 종종 집착의 존재를 인식하는 가장 쉬운 방법이다.

집착을 감소시키는 일은 개인적·영적 성장에 있어 방앗간에서 매일 곡물을 빻는 것과 같다(Mikulas, 2004). 마음챙김은 집착의 감소를 최적화하는데 중요하다. 관건은 사건의 연쇄 속에서도 점점 더 일찍 마음챙김으로 옮겨가는 것이다. 분노를 고려해보자. 만약 사람이 분노에 완전히 사로잡혀 있을 때는 단지 알아차림만으로는 빠져나오기가 매우 어렵다. 게다가, 마음은 이제 화가 나는 것을 정당화하고 있다. 그러나 만약 마음챙김이 완전한 분노(예 마음의 속도가 증가하고, 분노와 관련된 생각과 기억이 만들어지고, 호흡이 변화된 상태)로 이행하기 이전에 앞선 신호로 옮겨간다면, 분노의 예방이 훨씬 더 쉽다. 이 전략은 분노, 불안, 질투와 같이 반사적으로 유발되는 모든 감정과 약물, 담배 또는 초콜릿 조각을 향한 무의식적인 행동과 같은 모든 문제적 움직임 행동에 적용된다. 마음챙김은 자유와 선택을 가져다준다. 초콜릿을 더 먹을지 말지 결정할 수 있다.

그러나 마음챙김만으로 충분한 경우는 매우 드물다. 호흡 조절, 근육 이완, 인식 변화, 자애의 발현, 집중력 증가 및 방향 전환 등을 적용할 수 있는 수행법(practical skill)이 필요하다(Mikulas, 2014). 불교심리학과 서양심리학의 결합이 그 자체보다 훨씬 더 강력하다는 극적인 사례가 여기에 있다. 나는 마음챙김과 행동 자기절제 기법(behavioral self-control skills)의 결합이 행동 수준의 집착을 다루는 세상에서 가장 강력한 치료법이라고 제안한다.

불교의 사성제는 집착을 줄이는 방법으로 갈애(craving)를 목표로 삼는다. 하지만 실용적인 관점으로 볼 때, 이것이 항상 최선의 개입 지점은 아니다. 때로는 인과의 고리에서 나중이나 더 일찍 시작하는 것이 더 낫다. 갈애에 대한 두 번째 집성제와 세 번째 멸성제의 상세한 설명은 연기에 의해 이루어지며(Mahathera Narada, 1993), 아마도 이것이 붓다의 가르침 중 가장 심오하고 이해하기 어려운 부분일 것이다.

'연기(patica-samuppada)'는 '상호의존적 발생(codependent origination)', '상호의존적 인과(causal interdependence)'로도 번역되며 경험하는 모든 것이 다른 것에 의존하여 발생한다는 사실에 근거한다. '올바른 견해(正見)'는 붓다가 다르마(法)의 이해와 동일시하는 연기의 과정에 대한 마음챙김을 포함한다.

연기는 종종 시간을 거슬러가는 12개의 고리로 된 원형 사슬로 묘사된다. 모든 링크는 다음 링크에 영향을 미친다. 붓다는 "이것이 있을 때, 저것이 있다. 이것이 일어나면, 저것이 일어난다." 비록 그것이 인과적 연쇄이지만 완전히 결정되지는 않는다. 오히려, 그것은 때때로 경향, 성향, 확률의 문제이다. 마음챙김은 여러 다른 연결고리에서 사슬을 끊을 수 있는 기회를 제공할 수 있다.

보통 연기에 대한 논의는 삼세(三世)의 생애에 걸친 업보와 재생의 과정에 초점을 맞추고 있다. 그러나 연기는 일상생활 동안 주기적으로 발생하는 많은 순환에도 적용될 수 있다(Buddhadasa Bikkhu, 1992). 한 주기의 길이는 밀리초, 초, 분, 시간, 일 또는 년일 수 있다. 순환은 신체의 감각, 감정, 생각, 행동, 의식의 내용, 구성하는 현실, 집착에 영향을 미친다. 집착에 대한 설명과 관련하여, 괄호 안에 전통적 시각이미지를 포함한 사슬의 5가지 연속된 고리를 고려해보자.

접촉(觸) (만남). 감각의 대상과 감각 기관은 함께 모여 의식적 감각(conscious sensing), 감정(passion) 그리고 생각을 이끌어낸다. 세상이 생겨난다.

이 시점에서 개입은 아마도 윤리적 이유로 특정 자극을 피하는 것을 포함할 수 있다. 행동 수정 전략에는 다른 길로 운전해서 집에 가거나, 술을 집 밖으로 내보내는 것, 또는 포르노에 대한 인터넷 접속을 차단하는 것이 포함될 수 있다.

느낌(受) (눈의 화살). 감각의 즉각적 특성으로 긍정, 부정 또는 중립이다. 사슬을 끊을 수 있는 가능성 있는 지점이다. 마음챙김은 위빠사나 명상에서처럼 사슬의 이 연결고리까지 이어질 수 있다.

갈애(愛) (우유 마시기). 접근하거나 피하는 경향. 욕망, 안정감, 그리고 달래기의 경험. 사성제의 두 번째 진리(집성제)는 이 연결고리에 초점을 맞추고 있다.

취착(取) (과일 모으기). 매달리거나 밀어낸다. 집착. 갈애와 취착의 연결고리에서의 개입은 집착을 줄이는데 있어 흔한 일이다.

생성(有) (복제). 집착의 동적 결과이다. 어떤 행동에 대한 성향이 있다. '나는 ~ 이다'라는 자아존재감이 발생한다.

마지막으로, 많은 사람들이 집착을 줄이려는 생각에 대해 근심·걱정하고 있다는 것을 강조할 필요가 있다. 이것은 그들을 무관심하거나 지루하게 만들고, 아마도 삶에 대한 열정을 감소시킬 것으로 보인다. 어떤 사람들은 고통 없이 행복이나 창의성이 있을 수 없다고 믿는다. 하지만 이 모든 것은 극적으로 사실이 아니다. 집착을 줄이면 삶의 활동에 더 완전하고 효과적으로 참여할 수 있고 동시에 기쁨과 에너지를 높일 수 있다. 또한, 밀교 수행(tantric practices)은 집착으로부터 '부정적인' 에너지를 취하여 그것을 개인적·영적 성장을 위한 에너지로 변화시킬 수 있게 한다.

마음챙김

이 장에서는 불교 윤리의 기본 원리와 현대 문제에 대해 알아보았다. 이 논의는 세 가지 야나(乘)를 이끈 깨달음의 역사적 관점에 투영되었다. 윤리를 포함한 불교 영적 실천은 개인적/영적 성장의 세계적 실천이라는 맥락에서 검토되었다. 이 모든 것을 통해 마음챙김은 매우 다양한 방법으로 끊임없이 떠올랐다. 그러므로 마음챙김에 대한 몇 가지 요점을 복습하면서 마무리하는 것이 유용하다고 생각한다.

현재 서구에서는 '마음챙김'이 정확히 무엇인지에 관한 어느 정도 논의가 이루어지고 있는데, 상당한 혼란과 많은 논란이 있다. 불교 문헌에서 우리가 아는 것은 무엇인가? 첫째, 마음챙김은 '집중(concentration)'과 분명히 다르다. 그것들은 팔정도에서 뚜렷하게 다른 부분이다. 마음챙김은 7번째이고, 집중은 8번째이다. 그것들은 깨달음의 7가지 요소(七覺支)[5], 즉 마음챙김(念), 법에 대한 고찰(擇法), 정진(精進), 기쁨(喜), 집중(定), 평안(輕安), 그리고 평정(捨) 중에서도 뚜렷하게 다른 요소들이다(Pandita, 1992). 마음챙김은 다른 모든 요소들을 깨우고 강화시키며 균형을 유지시키기 때문에 첫 번째이자 주요한 요소이다.

고전적인 불교나 요가 문헌(Buddhaghosa, 1975)에서 집중/삼매의 경로와 마음챙김/통찰의 경로는 뚜렷하게 다르다. 그가 깨달음을 얻기 전에, 고타마 싯다르타는 집중/삼매의 경로를 수행했고, 8단계의 선정(jhanas)을 마스터했다. 그는 이러한 집중이 오욕과 고통을 억제할 수는 있지만 제거하지는 못한다는 것을 발견했다. 붓다로서, 후일에 그 치료법으로서 마음챙김/통찰의 경로를 강조했다.

나의 심리학에서는 순수한 불교의 마음챙김이 '마음작용(behav-

5) 역자주: 깨달음에 이르게 하는 일곱 가지 요소(P. 'satta-bojjhaṅgā', S. 'sapta-bodhy-aṅga'), 즉 ① 마음챙김(念覺支, sati-sambojjhaṅga), ② 법에 대한 고찰(擇法覺支, dhamma-vicaya-sambojjhaṅga), ③ 정진(精進覺支, viriya-sambojjhaṅga), ④ 기쁨(喜覺支, pīti-sambojjhaṅga) ⑤ 평안(輕安覺支, passaddhi-sambojjhaṅga), ⑥ 집중(定覺支, samādhi-sambojjhaṅga), ⑦ 평정(捨覺支, upekkhā-sambojjhaṅga)이다.

ior of the mind)'으로서 알아차림과 동일하다고 제안하며, 이는 알아차림(awareness)의 명확성과 폭을 실행적으로 극대화하는 것으로 정의된다. 이 정의의 '실행적(active)' 부분은 알아차림을 향상시킬 수 있는 상황의 인식과 자신이 기억하는 지시사항의 사용을 포함한다. 이러한 실행은 불교 '마음챙김'의 일부라고 언급되는 '회상(recollection)'과 유사하다.

알아차림과 집중의 본질은 이것들의 개발 방식, 효과, 신경학적 상관관계 측면에서 매우 다르다. 이러한 차이점을 이해하게 되면 개인적/영적 성장, 치유, 연구 또는 이론 구축을 위한 '마음챙김' 프로그램을 더 잘 구상할 수 있다. 알아차림과 집중의 계발을 개인이나 상황에 가장 적합하게 개별화할 수 있다. 마음챙김을 가르치는 교사는 자신 스스로 알아차림과 집중을 계발하는 데 상당한 개인적 경험이 있어야 한다.

실제로 알아차림과 집중은 동시에 계발되지만, 강조점은 하나에만 있을 수 있다. 예를들어, 위빠사나와 좌선과 같은 전통적인 불교의 호흡 기반 명상을 연습할 때 항상 알아차림과 집중을 함께 배양하고 있어야 한다. 하지만 특정 시간에는 알아차림이나 집중 중 하나가 강조될 수 있다. 현명한 교사는 종종 어떤 것을 강조하고 어떻게 해야 할지 제안할 수 있다. 붓다의 '마음챙김'에 대한 지침은 알아차림과 집중을 결합한다.

일부 사람들은 윤리를 포함하는 불교의 팔정도 전체 맥락에서 마음챙김을 가르쳐야 한다고 주장한다. 윤리적 행동은 마음챙김의 발달을 촉진하며, 마음챙김의 발달은 윤리적이고 적절한 행동을 하는데 도움을 준다.

변화를 위한 근본적인 전략은 사건의 순서에서 마음챙김을 점점 더 일찍 가져가는 것이다. 만약 업보가 의도에 기반한다면, 의도에 대한 마음챙김은 중요하다. 고통과 집착을 줄이고자 한다면, 연기의 사슬에서 마음챙김을 일찍 가져올수록 그 사슬을 끊기가 대개 더 쉬워진다. 심리치료는 원치 않는 행동 유발이나 계기 설정의 초기 단서로서 마음챙김을 가져올 때 더 효과적이다.

깨달음에 대한 불도(佛道)의 정수는 마음챙김의 체계적 계발로부터 나오는 통찰(prajna)에 기반한다. 알아차림을 증가시키는 것은 세계의 보편적인 신체-심리-영성 수행(universal somato-psycho-spiritual practices) 중 하나이다. 그리고 세계의 심리학과 영성에 대한 불교의 위대한 기여는 마음챙김에 대한 이해이다. 이는 마음챙김이 무엇인지, 그것이 어떻게 계발되는지, 그리고 그 계발의 결과가 어떠한지에 대한 것이다.

그러니, 친구들이여, 마음을 챙기길 바란다.

| 참고문헌 |

Aitken, R. (1984). *The mind of clover: Essays in Zen Buddhist ethics*. San Francisco, CA: North Point Press.

Batchelor, S. (2015). *After Buddhism*. New Haven, CT: Yale University Press.

Bhikkhu Bodhi. (2005). *In the Buddha's words: An anthology of discourses from the Pali Canon*. Boston, MA: Wisdom Publications.

Buddhadasa Bhikkhu. (1992). *Paticcasamuppada: Practical dependent origination*. Nonthaburi, Thailand: Vuddhishamma Fund.

Buddhaghosa, B. (1975). *The path of purification (Vissuddhimagga)*. Kandy, Sri Lanka: Buddhist Publication Society.

Fronsdal, G. (2008). *The Dhammapada*. Boston, MA: Shambhala.

Mahathera Narada. (1993). *A comprehensive manual of abhidhamma*. Kandy, Sri Lanka: Buddhist Publication Society.

Mikulas, W. L. (1987). *The way beyond: An overview of spiritual practices*. Wheaton, IL: Theosophical Publishing House.

Mikulas, W. L. (2004). Working with the clinging mind. In M. Blows, S. Srinivasan, J. Blows, P. Bankart, M. DelMonte, & Y. Haruki (Eds.), *The relevance of the wisdom traditions in contemporary society: The challenge to psychology*. Delft, The Netherlands: Uburon Publishers.

Mikulas, W. L. (2007). Buddhism and Western psychology: Fundamentals of integration. *Journal of Consciousness Studies, 14*(4), 4-49.

Mikulas, W. L. (2011). Mindfulness: Significant common confusions. *Mindfulness, 2*, 1-7.

Mikulas, W. L. (2014). *Taming the drunken monkey: The path to mindfulness, meditation, and increased concentration*. Woodbury, MN: Llewellyn.

Mikulas, W. L. (2015). Cultivating mindfulness: A comprehensive approach. *Mindfulness*, 6, 398-401.

Pandita, S. U. (1992). *In this very life*. Boston, MA: Wisdom Publications.

Rahula, W. (1974). *What the Buddha taught* (2nd ed.). New York, NY: Grove Press.

Rapgay, L. (2010). Classical mindfulness: Its theory and potential for clinical application. In M. G. T. Kwee (Ed.), *New horizons in Buddhist psychology*. Chagrin Falls, OH: Taos Institute Publications.

Salzberg, S. (1995). *Lovingkindness*. Boston, MA: Shambhala.

Smith, H. (2000). *Cleansing the doors of perception*. New York, NY: Tarcher/Putnam.

제 7 장

윤리, 마음챙김 그리고 방편

도입

용어

전통 요가

고따마 싯다르타: 붓다

나가르주나(용수)

사람과 자아의식

마음챙김과 현대의 자아들

선한 행동으로서의 도덕적 행동

결론

데보라 오르(Deborah Orr)
York University, Division of Humanities, McLaughlin College,
Toronto, ON, Canada
e-mail: dorr@yorku.ca

제7장

윤리, 마음챙김 그리고 방편

Ethics, Mindfulness, and Skillfulness

도입

이 장에서는 현대 서양 담론에서 이해되는 불교가 윤리적 토대를 가지고 있다는 주장에 문제를 제기할 것이다. 그럼에도 불구하고, 전통적인 형태의 '마음챙김(mindfulness)'의 실천을 통해, 심오한 도덕적 존재 방식을 조성한다고 주장한다. 이 주제를 충분히 다루는 것은 큰 프로젝트가 될 것이고 많은 챕터뿐만 아니라 많은 책들이 필요할 것이다. 그 많은 책들은 제 능력 밖의 방대한 자료들을 다룰 것이므로, 이 글은 실제 논쟁의 개요에 불과한 것이다.

앞으로 이어질 내용에 대한 오리엔테이션으로 종교, 영성, 윤리,

도덕이라는 단어의 어원을 미리 살펴보는 것부터 시작하고자 한다. 먼저, 불교의 마음챙김과 불교의 모태가 되었던 전통 요가에서 시작된 마음챙김의 역사에 대해 아주 간략하게 설명하고자 한다. 우리는 전통적인 마음챙김의 실천에 대한 방향성을 얻기 위해 붓다와 그의 관련 가르침들, 그리고 2세기 철학자로서 중관불교(Madhyamaka) 창시자인 나가르주나(Nagarjuna, 龍樹)의 중요한 문헌들을 살펴볼 것이다. 나가르주나의 철학적 연구는 경험적으로 실현되었을 때, 도덕적 행동을 기반으로 하는 지혜(prajna)와 자비(karuna)로 귀결되는 공성(sunyata)과 연기(pratitya samutpada)의 개념을 명확히 하는데 도움을 줄 것이다. 우리는 길리건(Gilligan, 1982)이 공동자아(communal ego) 유형과 함께 기능하고 공감(empathy)에 기반을 둔 '돌봄과 책임의 윤리(Ethic of Care and Responsibility)'라고 불렀던 것에 주목할 것이다. 전체적으로 우리는 불교의 마음챙김을 뒷받침하는 자연적 본성(naturalness)을 알게 될 것이다.

용어

일반적인 원칙으로서, 도덕이나 그 밖에 우리의 관심 개념들의 언어지형(linguistic terrain)은 단어의 사용방식을 통해 살펴보라는 비트겐슈타인(Wittgenstein)의 조언에 의해 유용하게 제한될 것이다. 그러나 많은 경우에 우리는 이러한 영어 단어로 정확하게 번역될 수 있는 단어나 밀접한 동의어가 존재하지 않는다는 것을 고려할 필요가 있다. 따라서 나는 원어를 자주 사용할 것이다. 이 글에서는 논의할 용어에 대한 최종적인 정의는 제시하지 않을 것이다. 그것은 확실히 본질이 아니다. 오히려 고유의 맥락에서, 특히 다른 핵심 용어와 관련시킴으로써 용도를 끌어내고자 노력할 것이다. 이것은 현대 서양의 범주와 정의에 의해 부과된 것보다 더 명확한 표현을 제공할 것이다.

서유럽 문화가 더 넓은 세상과 접촉하면서, 그들은 이단적이고 우상숭배적이며 따라서 이교도로 분류된 광범위한 영적 전통과 수행에 직면했다. 스미스(Smith, 1998)는 '종교(religion)'라는 단어의 어원과 역사에 대한 상세한 연구에서 그것이 식민지화 용어임을 보여주었다. 그것은 16세기에 현대적 의미에서 '신학이 아닌 인류학의 범주(an anthropological, not a theological category)'(269쪽)로 나타났고, 토착적 범주가 아니라 '서유럽의 타자(Western European Other)'로서 강제되었다. 그것은 종교의 필수적 특성(아브라함 전통, 특히 기독교주의)의 결핍이었고, 이것은 토착적 관습에 대한 평가절하를 초래했다. 현재, 종교는 스미스가 검토하는 용어의 다양한 정의가 시도되면서 배제되었던 관습을 이해하는 방식으로 널리 사용되고 있다. 우리는 힌두교나 불교 신앙을 흔히 볼 수 있다. 비록 이것들이 수행자들에 의해 사용되지 않고 있더라도 그들의 전통은 (서양의) 종교라는 용어의 정의나 신앙, 수행과 거의 공통점이 없다. 그것은 요가와 불교의 주요 특징을 살펴보면 분명해질 것이다.

정신과 영성은 많은 전통을 기반으로 하는 생명의 근본적 신비와의 만남, 자아의 좁은 관심을 넘어 의미와 가치를 찾는 것, 초월적인 것을 향한 믿음, 그리고 '뉴에이지(new age)'나 '영적이지만 종교적이지 않은(spiritual but not religious, SBNR)' 실천으로 불리는 것에 이르기까지 훨씬 더 광범위한 용어로 사용된다. 종교라는 용어의 의미는 다양한 용도로 사용되므로 특정 수행에 참여하거나 이미지(상징)나 텍스트(경전)를 숙고해야만 충분히 포착할 수 있다. 이 문제를 학생들과 토론할 때, 나는 종종 폴 고갱(Paul Gauguin)이 그의 '가장 철학적인 그림'이라고 불렀던 "우리는 어디에서 왔는가? 우리는 무엇인가? 우리는 어디로 가는가?"[1]를 제시한다. 이 작품은 이러한 물음을 제기하되 그에 답하지 않음으로써 많은 영적 전통에 기초를 둔 근본적인 미스터리를 묘사하고 있다. 그래서 불교는 스미스가 제시한 종교의 기준을 충족시키지는 못하지만, 이러한 물음들을 다루는데 있어서 영적인 것에 부합한다.

종교와 마찬가지로, 윤리학도 보편화되었으며, 종종 그 기준에 맞지 않는 신앙이나 수행을 언급하기 위해 가정된 것이었다. 툴민(Toulmin, 1990)은 철학, 예술, 기술, 정치, 그 너머에 이르기까지 모든 서구 문화 영역에서 빠르게 지배적 위치를 차지하고 있는 과학적 합리성(scientific rationality)에 대한 현대적 관념의 발달을 추적했다. 과학적 합리성은 객관적이고 비인격적이며 반복 가능한 합리적인 절차에 의해 안내되도록 가정된 기본적인 보편 원칙에 근거한다는 특징을 가진다. 칸트(Kant)의 의무주의(Deontology)와 밀(Mill)의 공리주의(Utilitarianism)는 이러한 윤리적 접근의 두드러

1) "Where Do We Come From? What Are We? Where Are We Going?" (Rewald, n.d., 26–30쪽)

진 예이다. 이러한 의미에서 윤리는 합리적인 해결책에 도달하기 위해 사건의 관련 요소와 도덕적 사고의 관련 전통을 고려한다. 이로써 서양의 전근대적 양식에 따른 교회의 입장과 세속적 추론은 형식적으로 구별된다. 나는 다른 곳에서 툴민(Toulmin)이 제시한 정당성(reasonableness)과 합리성(rationality)에 대한 구분을 로런스 콜버그(Lawrence Kohlberg)의 '도덕 발달 척도(Moral Development Scale)'와 함께 논의했다(Orr, 2014). 도덕 발달 척도는 제2 수준인 '관습(Conventional)', 즉 합리적 결과에 이르기 위해 적용되어야 할 '해롭지 않은 원인(cause no harm)'과 같은 규칙에 기초한 도덕적 결정과 더 높은 제3 수준인 '관습 이전(Post-Conventional)'에 칸트의 의무주의와 밀의 공리주의와 같은 원칙에 기초한 윤리적 결정 사이에서 도출된 것이다. 우리는 전통적인 마음챙김 명상의 역사와 발전에 대한 개요를 얻어 아래에 있는 이러한 구분으로 돌아갈 것이다.

전통 요가

요가는 불교 전통의 모태이기 때문에 나는 요가에 대해 좀 더 자세히 설명하고자 한다. 역사적 붓다는 종종 가장 위대한 요기(수행자)로 일컬어진다. 요가의 기원은 알려져 있지 않다. 요가는 기원전 3000년경부터 인더스 강 유역에 존재했다고 믿어지며, 이원론적인 샹키야 존재론(saṃkhyā ontology)으로 빠딴잘리(Patanjali)의 『요가수뜨라』(Hartranft, 2003)에 영향을 미쳤던 현자 까삘라

(Kapila) 시대 이전부터 잘 수행되었다. 까삘라의 존재론은 존재하는 사물의 근본 유형에 대한 이론이다. 쁘라끄리띠(prakṛti)는 비록 자연(nature)에 대한 근대 서구의 개념이나 이론에서의 물질적이라는 의미에서 물질적 존재론은 아니라 할지라도, 우리가 광범위하게 자연이라고 부르는 모든 것으로 진화하는 물질적이고 변화 가능한 '재료(stuff)'이다. 이 수준에서 영원하거나 변하지 않는 것은 없고, 오히려 인간을 포함한 모든 것이 존재했다가 없어지고 시간이 흐르면서 변화한다. 까삘라의 이론에서 인간은 전적으로 쁘라끄리띠로 구성되어 있는데, 단 한 가지 예외는 뿌루샤(purusa), 즉 순수한 알아차림(pure awareness)이라고 부르는 초월적 실재(transcendent entity)가 있다. 그의 이론에서 뿌루사는 각 사람과 어떤 식으로든 연관되어 있고, 요가 수행의 역할은 뿌루샤의 알아차림(purusa's awareness)과는 구별되는 인간의 일상적인 알아차림(ordinary human awareness)의 움직임이나 혼란을 해결하여 뿌루샤가 사물이 실제로 어떤 것인지를 명확히 볼 수 있도록 하는 것이다. 비록 쁘라끄리띠가 사물에 대한 뿌루샤의 관점을 모호하게 할 수 있지만, 뿌루샤는 결코 쁘라끄리띠에 영향을 받지 않는다. 불교 사상이 요가 전통에서 발전하는 동안, 붓다는 까삘라의 뿌루샤 개념을 버렸으니, 여기서 더 이상 고민하지 않겠다.

까삘라의 뿌루샤에 대한 이원론을 제외하고 요가가 최초로 알려진 날부터 요가의 인간 이해와 요가 수행은 급진적 구성주의에 기초했다. 이 구성주의는 두 가지 의미가 있다. 하나는 시간이 지남에 따라 인간처럼 자연과 만물도 변화하고 진화한다는 점이며,

다른 하나는 오늘날 서구 사상이 주관성의 형성에 있어서 사회적 구성주의를 고려한다는 것과 밀접하다는 점이다. 끊임없이 변화하는 쁘라끄리띠는 마음(citta), 의식(consciousness), 또는 일상적인 알아차림(ordinary awareness)을 형성했다. 마음(citta)은 지성인 붓디(buddhi)에 의한 분석적 인식이며, 의식(manas)은 몸이나 바깥세상에서 유래한 감각적 지각이며, 그리고 아항까라(ahamkara)는 '자아의 창조자(I-maker)' 혹은 자아의식(sense-of-self)의 원천이라고 할 수 있다. 우리의 현상적 경험(phenomenal experience)은 각자의 유전(inheritance)적 요인과 무엇보다도 끌레사(klcshas, 고통)의 영향에 의한 개인적 경험 둘 다로 구성된다. 끌레샤는 뿌루샤의 시야를 가로막아 마음(citta)에 혼란을 야기한다. 따라서 요가의 8가지는 그 혼란을 진정시키기 위해 함께 행해진다. 이 여덟 개의 가지(astanga)는 다음과 같다. (1) 외적 혹은 사회적 수행인 야마스(yamas, 禁戒), 예를 들어 비폭력 또는 해를 끼치지 않는 아힘사(ahimsa), (2) 개인적 수행인 니야마(niyamas, 勸戒), 예를 들어 자아 연구(self-study), (3) 명상을 위한 자세와 같은 좌법인 아사나(asana, 坐法), (4) 에너지(prana)를 제어하는 쁘라나야마(pranayama, 調息), (5) 내면적 몰입인 쁘라뜨야하라(pratyahara, 制感), (6) 집중인 다라나(dharana, 凝念), (7) 선정(몰입)인 드야나(dhyana, 禪定), 그리고 (8) 모든 것과의 통합인 사마디(samadha, 三昧)이다. 파도가 심한 바다가 고요해지는 은유는 종종 마음에 대한 요가의 영향을 묘사하는데 사용된다. 일단 마음(citta)이 안정되면, 즉, 사람이 더 이상 욕망이나 분노, 망상적 자아의식 같은 것들로 인해 요란하거나 어리석어지지 않는다면, 우리는 사물의 실상, 특히 참 자아나 참된 본성을 분명히 이해하게 된다. 우리가 요가의 8가지를 고려할 때, 우리는 그것이 한 사람의 삶의 모든 측면을 다루는 총체적인 시스템이라는 것을 알 수 있다.

앞에서 언급한 바와 같이 끌레샤(kleshas)는 괴로움이나 둑카(dukkha)를 야기하는 것이다. 둑카에는 신체적 요소가 있겠지만, 요가와 불교의 주된 관심은 심리-정신적 경험이다. 요가와 불교 모두에 있어 가장 중요한 끌레샤는 아위드야(avidya), 즉 무지 또는 사물을 있는 그대로 보지 않는 것이다. 우리가 가장 분명히 알아야 하고, 더 정확히 경험해야 할 것은 우리 자신의 존재에 대한 본질이다. 아위드야는 다른 네 가지 요가의 끌레샤의 원인이자 악화시키는 요인이다. 요가와 불교 모두에서 인간의 고통의 근본 원인은 자신의 본성에 대한 무지와 망상이며, 고통을 야기하고 악화시키는 행동이다. 자아의식, 즉 '나(asmita)'는 그 자체로 끌레샤이다. 이는 아래 불교 사상에 대한 논의에서 좀 더 자세히 설명하겠다. 다른 세 가지 요가의 끌레샤는 첫째, 라자(raga), 즉 우리가 원하는 것이나 즐거움에 대한 애착, 둘째, 드웨사(dvesa), 즉 불쾌하거나 고통스러운 것에 대한 거부감 또는 회피이다. 불교학자 데이비드 로이(David Loy, 2008)의 『돈, 섹스, 그리고 전쟁(money, sex, and war)』이라는 책 제목처럼 오늘날 사람들이 원하고 기피하는 많은 것들은 고대와는 다르고 더 광범위하여 낭만적인 사랑, 명성, 권력, 재화를 포함한다. 그리고 그들이 피하려는 것들은 동의하지 않는 생각들이나 문제점, 신체적 불편, 좋지 않은 신체조건, 노화, 죽음

등에서 발견한다. 마지막 끌레샤는 아비니웨사(abhinivesa), 즉 생명에 대한 집착이다.

'찟따(citta)'는 보통 '마음'으로 번역되지만, 우리가 앞에서 보았듯이, 알아차림(awareness)의 모든 측면을 언급하는 것이다. 일부 학자들과 지도자들은 몸-마음(bodymind)과 같은 완전한 의미를 포착하기 위한 시도를 시작했다(Hartranft, 2003). 근본 클레샤는 산스끄리뜨어로 '아위드야(avidya)'로서, 비록 이 역시 찟따(citta)의 완전한 의미를 포착하기 위하여 좀 더 전체적으로 이해되어야 하겠지만, 종종 망상적 관점(delusional view)이나 관념 작용(ideation)으로 이해된다. 예를 들어, 어떤 사람은 거미를 두려워할 수도 있지만, 그 감정적 반응은 거미에 대한 생각뿐만 아니라 그것에 대한 신체적 반응과 행동도 수반한다. 요가와 불교에 대한 현대 서양의 연구들 중 상당 부분에는 오직 인지적인 측면만을 언급하는 용어로 찟따(citta)를 번역해 왔다. 그리고 그 자체가 비인지적 측면을 배제하는 경향이 있다는 점에서 마음챙김이 실제로 무엇인지에 대한 오해의 원천이 되었다. 빠딴잘리의 『요가수뜨라』 제2절에서 요가의 목적인 "요가 찟따위르띠 니로다(yogah cittavrtti nirodhah)."를 제시함으로써 이 문제를 명확히 하는 데 도움을 준다. 아이엥가(Iyengar, 1993)는 이것을 "요가는 의식의 작용을 멈추는 것이다."라고 간결하게 번역했다. 독자들에게 각 용어의 모든 의미를 제공하면서, 이것이 무엇을 의미하는지 더 자세히 설명한다. 여기서 요가를 다음과 같이 말한다. "요가: 가장 바깥쪽 층에서 가장 안쪽의 자아, 즉 피부에서 근육, 뼈, 신경, 마음, 지성, 의지, 의식, 그리고 자아에 이르기까지 결합 또는 통합"(45쪽).[2] 이것으로 그는 요가가 자아를 전체적으로 다루고 각 부분을 통합하고 있음을 나타낸다.

찟따(Citta): "찟따는 감각적 인식(manas), 지성(buddhi), 자아(ahamkara)의 세 가지 요소로 이루어져 있는 의식(consciousness)을 말한다. 찟따는 관찰, 주의, 목적(뜻), 이성의 매개체이다. 그것은 인지(cognition), 의지(conation or volition), 그리고 움직임(motion)의 세 가지 기능을 가진다."(45쪽). 이것에서 우리는 요가가 다루는 자아의 모든 측면을 이해하기 때문에 찟따(citta) 또는 의식이 데카르트식 'cogito'보다 훨씬 더 많은 함의를 지닌다는 것을 알 수 있다.

위르띠(Vrtti): "위르띠는 마음의 상태, 마음의 변동, 행동 과정, 행위, 존재 상태, 행동 방식, 움직임, 기능, 작동을 말한다."(46쪽). 따라서 의식의 붕괴는 자기 존재의 다른 측면으로부터 분리된 내면의 장소로 이해될 때 '마음속에서 일어나는' 일들의 붕괴일 뿐만 아니라, 인간의 경험과 행동의 전체 스펙트럼에 대한 의도된 혹은 습관화된 반응을 포함한다.

니로다(Nirodhah): "니로다는 장애, 정지, 반대, 소멸, 구속, 통제, 중단을 뜻한다."(46쪽). 아이엥가는 다음과 같이 설명했다. "사다까(구도자)는 한편 자아의 영향을 받고 다른 한편 지각된 물체의 영향을 받는다. 그(sic)는 사물에 몰두하면 그의 마음이 요동친다. 이것이 위르띠(vrtti)이다. 그의 목표는 눈에 보이는 대상과 자아를 구별하여 자아가 그 안에 끼이지 않도록 하는 것이어야 한다. 요가를 통해, 그는 그러한 사

---

2) Yogah: union or integration from the outermost layer to the innermost self, that is, from the skin to the muscles, bones, nerves, mind, intellect, will, consciousness and self. (p. 45)

물들의 유혹으로부터 그의 의식을 해방시키고, 그것을 관찰자(뿌루샤)에게 가까이 다가가도록 노력해야 한다. 마음의 변동을 억제하는 것은 결국 사마디(깊은 명상)로 이끄는 과정이다. 처음에, 요가는 구속의 수단으로 작용한다. 사다까(sadhaka)가 완전한 구속 상태에 이르면, 요가 수련이 이루어지고, 의식은 순수하게 남는다. 따라서 요가는 수단이자 목적이다."(48쪽).

위에서 언급했듯이, 초월적 관찰자인 뿌루샤에 관한 이론은 붓다에 의해 거부되었다. 특히 우리의 관심, 망상된 자아의식, 끌레샤의 역할, 명상의 중요성을 위해 전통 요가의 많은 부분을 계승하고 있기 때문에, 만약 불교 사상이 끌어안은 것처럼, 괴로움(dukkha)의 극복 과정에 대한 아이엥가의 묘사가 어떻게 '작용'할 수 있을지를 명확히 해야 할 과제가 불교 사상에 부과될 것이다. 그것으로부터 이익을 얻는 관찰자(뿌루샤, seer)는 없다. 이제 그 일로 되돌아가자.

고따마 싯다르타: 붓다

고따마 싯다르타는 까삘라와스뚜라는 지방 수도의 인근 도시인 룸비니에서 태어났다. 그의 출생 연대는 기원전 563년으로 추정되지만, 일부 학자들은 기원전 485년까지 거슬러 올라간다(Skilton, 1994, 19쪽). 까삘라와스뚜는 빠딴잘리의 저작에 영향을 준 까삘라의 이름을 따서 지어졌다. 그래서 우리는 처음에 수행자 싯다르타의 모습이 쁘라끄리띠와 뿌루샤에 관한 까삘라의 이원론적 관점에 영향을 받았다고 어느 정도 확신에 찬 추정을 할 수 있었다. 그의 생애와 깨달음에 대한 탐구에 대한 잘 알려진 이야기가 있다. 아마도 신화화된 것일 가능성이 높지만, 적어도 그에게서 유래된 단어들 중 일부를 말한 역사적 인물의 이야기로 보인다(Armstrong, 2001, 18쪽).

싯다르타는 삭까(Sakya) 족의 통치자 숫도다나(Suddhodana)의 아들로 호화로운 삶을 살았다. 그가 태어났을 때, 예언자는 그가 위대한 통치자이거나 위대한 정신적 지도자가 될 것이라고 예언했다. 아들을 위한 정치적 권력을 선호한 그의 아버지는 그가 외부 세계, 특히 영적 사상에 노출되지 않는 폐쇄된 영지에서 그를 키웠다. 그럼에도 불구하고, 여러 사건들이 그를 명상적 삶으로 이끌었다. 첫 번째는 그가 어린 아이였을 때 잠부나무 아래에 남겨져 봄 밭갈이 행사를 지켜봤을 때였다. 봄 들판이 갈리는 것을 보면서, 그는 이 과정으로 인해 파괴된 모든 것들, 즉 어린 풀, 곤충, 작은 동물(설치류) 등을 보고 깊은 연민(compassion)에 빠졌다.

연민[3]이라는 단어에서 알 수 있듯이, 이것은 괴로움(suffering) 속에서 풀과 곤충과 설치류와 하나가 되는 경험이다. 분리된 자아(asmita)가 '잊혀진(forgotten)' 상태에서 공감된 경험이었지만 동시에 그는 큰 기쁨을 느꼈다(암스트롱, 2001, 66쪽). 이것이 일본불교에서 견성(見性, kensho) 체험, 즉 최초의 깨달음(awakening) 체험이라고 불리는 것이다. 그것은 몇 가지 이유로 그의 삶의 이야기에서 중요

3) 라틴어 'cum-'은 'with together'의 뜻이고, 'patoir'는 경험적 감각에서 괴로움을 겪거나 받는 것으로 이는 'passive'와 'passion' 둘 모두의 어원이다.

하다. 첫째는 그가 어린아이에 불과하고 깨달음을 위한 훈련을 받지 않았을 때 일어난 일이었으며, 실제로 그것이 무엇인지를 알지 못했다는 점이다. 그것은 완전히 자연스럽고 자발적인 경험이었다. 둘째는 그것이 '본성(nature)'에서 일어난 일이라는 점이다. 본성은 인간 사회와 관습의 산물도 아니며, 그로부터 육성된 것도 아니다. 게다가 싯다르타가 느낀 연민은 가장 천한 생물들이나 풀들조차도 그 어떤 것 못지않게 반응할 만한 가치가 있었다. 마지막은 성장한 싯다르타가 다른 나무 아래에서 깨달음을 얻고자 명상에 잠겼을 때, 마침내 그의 성취를 촉발시킨 것이 바로 이 사건에 대한 기억이었다.

그러나 먼저 싯다르타는 성장해야 했고, 결혼해야 했고, 아들을 낳아야 했다. 그 후 일련의 만남, 즉 병든 자, 늙은 자, 죽은 자에 대한 만남을 계기로 출가하여 그의 구도과정을 이끌어 줄 요가 스승을 찾았다. 각각의 만남에 대해, 그는 마부 찬나(Channa)에게 이 사람들에게 무슨 일이 일어났는지 물었고, 찬나는 그들이 대부분이 겪을 인간의 고통을 경험하고 있다고 설명했다. 그러던 중 한 수행자를 보고 찬나가 이 사람이 고난을 이겨내기 위해 금욕과 해탈의 길을 따르는 사람이라고 말하자 싯다르타는 삭발하고 노란 예복을 입고 집을 나섰다. 그는 당대의 위대한 요기들 밑에서 수행을 했지만, 그는 자신이 원하는 것을 찾았다고 느끼지 못했다. 그 후 그는 숲에서 극도의 금욕주의 시기에 접어들었고 굶어 죽을 지경까지 금식했다. 그러던 어느 날, 다른 나무 밑에 앉아서 다음과 같이 생각했다.

> 나는 사끼야 족 부왕이 농경제 의식을 진행할 때, 잠부나무 그늘에 앉아 있을 때를 생각했다. 감각적 욕망을 떨쳐버리고, 불선(不善)한 것을 떨쳐버린 뒤 생각(尋)과 고찰(伺)이 있고, 떨쳐버림으로 생긴 기쁨(喜)과 즐거움(樂)이 있는 첫 번째 명상에 들어가 머물렀다. '그것이 깨달음으로 가는 길인가?'라고 생각했다. 그러던 중 그 기억을 따라 이것이 깨달음의 길이라는 인식이 생겼다.
> 그리고 나는 생각했다. '왜 나는 그런 즐거움을 두려워했을까? 감각적 욕망과 불선한 것을 행하지 않는 것이 바로 즐거움이다.' 그러다가 '나는 그런 즐거움이 두렵지 않다. 왜냐하면 그것은 감각적 욕망과 불선한 것과 무관하기 때문이다.'라고 생각했다.
> 나는 생각했다. '너무 지나치게 쇠약해진 몸으로는 그런 즐거움을 얻을 수 없다. 만약 내가 딱딱한 음식, 삶은 밥과 빵을 좀 먹었다면 어땠을까?'[4]

이 시점에서 그는 쾌락과 금욕(고행)의 극단 사이에 '중도(middle way)'가 있다는 것을 깨달았다. 쾌락과 금욕 둘 다 건강에 좋지 않았다. 그는 마라(Mara)의 매력적인 세 딸, 즉 유혹, 불선, 죽음을 상징하는 이들을 모두 물리치며 명상을 계속했다. 마라는 깨달음을 얻자마자 직접 붓다를 찾아가 누가 그의 성도(成道)를 확인해 줄 것인지 물었다. 이 때 붓다는 손가락으로 땅을 만졌고 땅이 우레와 같은 소리로 확인했다. 마라는 자신의 패배를 인정했다. 이 순간은 붓다의 무드라(항마촉지인)가 땅에 닿은 모습의 수많은 붓다의 성상을 통해 기념되고 있다. 암스트롱(Armstrong, 2001)은 이 순간에 대해 "그것은 고따마가 마라의 유혹을 거부한 것을 상징할

4) Majjhima-nikaya 36, 85, 100; 나나몰리, 1992, 21쪽.

뿐만 아니라 붓다가 이 세상에 속한다는 심오한 주장이 담겨있다고 말했다. 다르마(Dhamma)는 정확하지만 자연을 거스르지는 않는다. 고따마가 잠부나무 아래서 자신의 무아지경을 떠올릴 때 감지했던 것은 땅과 무욕한 인간 사이에는 깊은 유대가 있다는 점이다. 깨달음을 추구하는 사람은 우주의 기본 구조와 조화를 이룬다. 비록 세상은 마라와 그의 군대의 폭력에 의해 지배되는 것처럼 보일지라도, 진정으로 존재의 기본 법칙에 가장 동조하는 것은 자비로운 붓다이다."(92쪽).

『맛지마니까야』에서는 붓다의 깨달음이 사성제의 형태로 정리될 때까지 더 깊은 수준의 명상으로 이어진다. "나의 집중된 마음이 이렇게 청정해졌을 때 …. 나는 '이것이 괴로움이다', '이것이 괴로움의 근원이다', '이것이 괴로움의 소멸이다', '이것이 괴로움의 소멸로 가는 길이다'라는 직접적인 앎을 실제로 갖게 되었다".[5)]

사성제는 괴로움이 죄에 의해서가 아니라 심리-정신적 기능장애나 질병에 의해 야기되는 인간의 조건에 대한 치료 모델(medical model)을 우리에게 제공한다. 첫 번째 고귀한 진리(고성제)는 '진단(diagnosis)'이다. 그것은 인간의 삶이 고통 받고 있다고 말한다. 이것은 육체적 질병이 아니라 오히려 육체적인 징후가 있을 수 있는 심리-정신적 괴로움이다. 두 번째 고귀한 진리(집성제)는 괴로움(dukkha)의 '원인(etiology)'이다. 괴로움은 삼독(三毒)이나 끌레샤에 의해 야기된다. 즉 탐욕이나 집착(raga), 분노나 혐오(dvesa), 그리고

5) Majjhima-nikāya 36. in Nanamoli, 1992, 24쪽.

망상이나 무지(avidya)이다. 괴로움의 근본 원인은 분리된, 실체화된, 추상화된 자아(self)에 대한 망상을 동일시하는 것이다. 세 번째 고귀한 진리(멸성제)는 괴로움이 극복될지도 모른다는 예후(prognosis)이다. 그리고 네 번째 진리(도성제)는 '치료법(treatment)'이다. 성스러운 팔정도에 따라 삶을 사는 것이다. 팔정도는 올바른 견해, 올바른 의도, 올바른 말, 올바른 행동, 올바른 생계, 올바른 노력, 올바른 마음챙김, 올바른 집중이다.[6] 팔정도의 단계를 연속적으로 이해할 필요는 없다. 요가의 여덟 가지처럼, 그것들은 한 사람의 삶의 통합된 구성 요소로서 이해되고 실천되어야 한다.

빠알리어와 이후의 산스끄리뜨어 문헌을 번역할 때, 내내 '올바른'이라는 단어를 사용하는 것은 어떤 형태의 윤리적이거나 신성한 법칙이 이 모든 것을 지배한다는 느낌을 남길 수 있다. 그것은 사실이 아니다. 무상성과 상호연관성에 관한 불교 사상과 일관되게, 우리 행동의 옳음을 보장할 신성한 법칙이나 보편적인 원칙은 없다. 아래에서는 마음챙김이 붓다에게 무엇이었는지를 간략히 살펴보도록 하겠다.

마음챙김은 『아나빠나사띠 숫따』에 자세히 설명되어 있다(Namamoli and Boddhi, 2009, 941–948쪽). 나는 요가와 불교 전통 모두의 관심이 인간에 대한 전인적 이해에 있음을 강조해왔다. 이 경전을 보면 이런 점이 충분히 드러난다. 그것은 서양의 의미에서의 '마음'이나 단순히 호흡을 다루는 것이 아니라 우리가 분석적으로

---

6) SN 12:65 in Nanamoli, 1992, 27쪽

사람의 네 가지 측면을 분석하는 것을 다룬다. '호흡에 대한 마음챙김(Mindfulness of Breathing)' 부분에서는 붓다는 '마음챙김의 네 가지 토대(Four Foundations of Mindfulness)' 중 하나에 집중하는 각각의 네 번의 마음챙김을 통해 제자들을 인도한다. 네 가지 마음챙김의 토대는 신체(身), 감각이나 느낌(受), 마음(心), 그리고 무상함(法)이다. 이 과정은 각 토대를 인지적으로 다루는 것이 아니라 단지 토대에 대한 집중적이고 지속적인 알아차림을 발전시키는 것이다. 존 카밧진(Kabat-Zinn, 1994)의 유용한 공식은 잘 알려져 있다. 즉 "마음챙김은 특별한 방식으로 주의를 기울이는 것을 의미한다. 의도적으로, 현재 순간에, 그리고 판단하지 않고."(4쪽)[7] 서양의 마음챙김은 종종 단지 호흡에 초점을 맞추지만, 이것은 단지 첫 단계일 뿐이고, 네 가지의 토대로 진행되어야 한다. 붓다는 "호흡에 대한 마음챙김을 기르면, 그것은 큰 결실을 맺으며, 크게 이로운 것이다. …. 그것은 마음챙김의 네 가지 토대를 충족한다. … (그리고 그것은) … 일곱 가지 깨달음의 요소(칠각지)를 성취하며, … (그리고 그것은) … 진정한 앎과 해방을 성취한다."(Nanamoli and Boddhi, 2009, 943쪽). 일곱 가지 깨달음의 요소는 마음챙김, 지혜, 에너지(정진), 기쁨(喜), 평온, 집중(定), 평정(捨)이다(946-947쪽).

우리는 마음챙김의 최종 결과인 '진정한 앎과 해방'을 좀 더 자세히 살펴볼 필요가 있지만, 먼저 제자들과의 문답에서 붓다가 설명할 때, "자애(mattta), … 연민(karuna) … 이타적 기쁨(mudita) …

7) "Mindfulness means paying attention in a particular way: on purpose, in the present moment, and non-judgmentally" (p. 4).

(943쪽)의 발달에 헌신했다"라고 말한다. 이러한 태도는 불교의 모든 학파의 중심이며 도덕적 행동에 대한 이해에 핵심이기 때문에 설령 붓다의 직설이 아니더라도 오늘날 테라와다(상좌부)로 알려진 최초의 학파인 소승(Hinayana)에서 발견된다는 것을 강조할 필요가 있다. 이 학파의 이상은 자신의 해탈을 추구한 사람으로 이해되는 아라한(arhat)이었다. 아라한은 대승(Mahayana)의 보살과 대조되는데, 보살은 모든 중생이 해탈을 얻을 때까지 (자신의) 해탈을 받아들이지 않고자 서원한 이들이다. 불행하게도, 이러한 이상적 인간상의 대조는 아라한이 단지 자기중심적이고 다른 이들을 배려하지 않는다는 판단을 자주하게 하였다. 하지만 위에 인용된 문구에서는 분명히 그렇지 않다. 자애(metta)와 연민(karuna)은 초기 경전에 가장 잘 알려져 있고 가장 자주 낭송되는 저술 중 하나인 『자애경(Metta Sutta)』의 핵심이다. 이하에서 '어머니는 그녀의 삶을 걸고서 그녀의 자식, 그녀의 아이들만을 지켜주도록' '살아있는 모든 존재'를 사랑하도록 사다까(sadhaka), 즉 구도자(seeker)에게 요구하는 경전의 한 구절이다. 이것은 아라한을 비롯한 불교도들을 위한 토대로서 자애와 연민을 분명히 확립해준다. 이는 '진정한 앎과 해방'의 본질을 이해하는 데 중요할 것이다. 그리고 우리가 이 문구 이전에라도, 붓다가 그의 제자들에게 연꽃좌(padmasana, 결가부좌)로 앉아서 명상하고, 자애, 그리고 사실상 마음챙김을 지도할 때, '서 있든, 앉아 있든, 걷고 있든, 혹은 (아직 잠들지 않았을 때) 누워 있든' 어느 때든지 수행하게 한 점을 주목할 필요가 있다.

그러므로 어머니가 자기의 삶을 걸고서
자신의 아들, 그 유일한 아이를 지키듯이,
모든 생명체에게 향하는 그의 마음이
무한히 펼쳐지게 하라.
그리하여 온 세상에 대한 사랑으로
위로, 아래로, 주위로 그의 마음이
무한히 펼쳐지게 하라.
악의나 증오가 없게 점검하면서.

그가 서 있건, 앉아 있건, 걷고 있건,
혹은 누워 있건(아직 잠들지 않았다면),
그가 그러한 마음챙김을 수구하게 하라.
말하길, 이곳이 바로 성스러운 처소(梵住)이니라.
(Nanamoli, 1992, 180-181쪽)

나가르주나(용수)

나가르주나와 그의 생애에 대해서는 거의 알려진 바가 없다. 그는 기원후 2-3세기경에 살았던 것으로 추정되며, 빠딴잘리가 『요가수뜨라』를 집필할 무렵에 저술했을 것으로 추정된다. 그는 대승불교의 발전과 확산에 영향을 준 중관학파(Madhyamika)의 창시자로 알려져 있다. 대승의 지파는 기원후 1세기 무렵부터 출가승이 아닌 불교도들을 위한 경로로서 발전하기 시작했다. 나가르주나의 『근본중론송』(MMK, 1995)은 세계 철학의 위대한 작품 중 하나이며 테라와다(상좌부)와 와즈라야나인 딴뜨라 불교(밀교)에서도 받아들여진다.

나가르주나의 저작이 가지는 장점은 매우 독특한 것이지만, 그 또한 붓다의 열반 직후 발전된 학문 전통 안에서 저술된 것이다. 붓다의 제자들은 그의 열반 후 얼마 되지 않아 새롭게 발전하는 승가에서 그의 가르침에 대한 기억과 이해를 기록하기 시작했다. 이는 경전과 승가의 계율, 그리고 학술 저작인 후대의 논쟁을 담은 아비달마(Abhidharma)를 포함한 빠알리어 경전 삼장, 즉 세 개의 '바구니(baskets)'를 말한다. 어느 학자가 지적했듯이, "많은 승가는 한적한 정신문화를 위한 단순한 은신처로서 기능하기 시작했고(Dutt, 1959, 181쪽), '대화기법과 논쟁능력에 대한 교육'(182쪽)이 특별히 강조되었다. 승가가 발전함에 따라, 그들의 교육과정은 다른 지역들 사이에 영적 전통, 철학, 농업, 그리고 건축을 포함한 저작으로 확장되었다. 기원전 1세기 이후, 그들은 도서관을 개설하기 시작했다. 그리하여 대학도 발전시켰다. 날란다(Nalanda)는 5세기경부터 13세기까지 약 1,500명의 교사와 10,000명의 학생들로 번성했다. 그러므로 우리는 나가르주나에 대해 개인적으로 아는 것이 거의 없지만, 우리는 그가 고도의 지적 문화 안에서 저술을 하였음을 자신 있게 말할 수 있다.

나가르주나의 철학 저술은 소크라테스나 비트겐슈타인과 같은 서양 철학자들과 많은 공통점이 있다. 세 사람 모두 언어에 대한 잘못된 이해, 결과적으로 자신의 본성을 포함한 현실에 대한 왜곡된 이해로 인해 사람들의 삶이 심각하게 훼손될 수 있기 때문에 이러한 오해의 극복이 이로운 결과를 가져올 것이라고 생각했다. 그것은 한 사람의 인생을 바꿀 수 있다. 따라서 세 사람 모두의 저술에서 '부정적인 철학(negative philosophy)'이라고 여겨지는 것이 있다. 즉, 그들의 초점은 자신의 긍정적인 입장을 발전시키기보다는 오해의 소지가 있는 구성물을 드러냄으로써 분명한 이해를 얻도록 하는데 있었다. 그러나 소크라테스와 비트겐슈타인과 달리, 나가르주나는 이러한 철학적 저술은 단지 인지적 측면을 넘어서 완전한 효과를 얻기 위해 명상 수행이 보완되어야 한다고 주장하는 문화 안에서 이루어졌다(MMK XXVI: 11). 그러므로 나가르주나의 사상에 대한 이 논의에서 명심해야 할 것은 그가 분명히 지적인 형태의 저술이나 철학을 하는 동안, 사실 마음챙김과 다른 수행이나 의례의 맥락에서만 오직 진정한 의미와 (깨달음으로의) 전환 효과를 가질 뿐이라고 이해되어야 한다는 점이다. 지적인 측면에서 그의 저술은 사물의 실존방식, 특히 최초기 요가 시대부터 추구되어 온 자기고유성(自性)을 가진 사물의 실존방식에 대한 설명을 해체하여 밝혀내는 것이다. 그러나 이러한 지적인 앎은 명상, 특히 자신의 존재와 관련이 있기 때문에 그것을 조성하는 경험적 이해 없이는 무의미하다.

여기서는 불교사상의 두 가지 핵심용어인 공성(空性, sunyata)과 연기(緣起, pratitya samutpada)를 수행자(sadhaka)에게 적용하는데, 주로 초점을 맞출 것이다. 순야따는 종종 영어로 'emptiness'로 번역되지만, 가필드(Garfield, 1995)는 "무엇이 비었는가?(empty of what?)"라고 물었고, 그것의 의미 중 이러한 측면에 보다 친숙한 영어 용어인 'essence'에 의해 포착될 수 있다고 주장한다. 논리적으로 반대되는 산스끄리뜨 용어는 '자기고유성(own being)'으로 번역되는 '자성(自性, svabhava)'이며, 이는 'essence'와 매우 유사하다. 그래서 그 사람이 '순야(sunya)/텅 비다'는 것은 실체(essence)가 없다는 것, 즉 어떤 덕목(virtue)에서도 사람에게 고정되고 불변하는 알맹이 같은 것은 없다는 것이다. 결과적으로, 그 사람은 구체화된 실체(reified entity)로 이해되거나 완전히 자율적이고 독립적인 존재로 이해될 수 없다. 오히려, 그 사람은 의존적인 연기(pratitya samutpada)로 이해되어야 하며, 업보, 진화적 변화, 사회적 구조의 측면 등 몇 가지 방식에서 매우 근본적으로 재구성되어야 한다. 다음에서, 우리는 주로 후자의 두 가지 방법에 관심을 가질 것이다. 우리는 공(sunya)한 그 사람이다. 사물이 그것을 지칭하는 단어의 일반적 의미에서 존재하지 않는다는 점에 주목해야 한다.

나가르주나는 그의 저술 전반에 걸쳐 공성(emptiness)과 연기(緣起, dependent co-origination)의 관계를 탐구했다. 우리는 다음 구절에서 그것의 의미와 중요성, 특히 언어와 그것의 관계를 볼 수 있다.

의존하여 일어난 것(緣起)은 무엇이든지
그것은 공(emptiness)으로 설명된다.
그것은 가명(假名, dependent designation)이며,
그 자체가 중도(middle way)이다.
(MMK XXIV: 18)

여기서 우리는 의존하여 일어난 것(연기), 즉 다른 것들과의 관계 때문에 존재하는 것은 공하다는 주장을 볼 수 있다. 마찬가지로 나가르주나는 '공한 것은 의존하여 일어난다'(MMK XXIV: 19)라고 한다. 공성(sunyata/emptiness)과 연기(pratitya samutpada, 의존하여 일

어난 것)의 개념 사이에는 상호 수반의 관계가 있다. 따라서 공성은 구상화될 수 없다. 그것은 실체적인 것(자성, svabhava)을 지칭할 수 없다. 이것은 그가 이 저술에서 주장해 온 두 극단 사이의 중도(中道)이다. 한편으로는 사물이 '실체(essence)' 또는 자성(svabhava/self-existence)을 가지고 있거나, 다른 한편으로는 실체의 부재가 존재 없음(nonexistence)과 허무주의(nihilism)를 초래한다는 것이다. 이러한 용어들을 '설명'하는 '의존적 명칭(假名, a dependent designation)'이라는 말은 이것이 관습적으로 사용된 언어라는 것이다. 일상적 화법과 상호작용의 언어인 관습적 언어는 그 자체가 맥락에서 사용되며, 언어의 공성을 의미할 수 있다. 따라서 이 모든 면에서 의존하여 일어나는 것이며, 공하고 연기된 세계와 그것을 사용하는 공하고 연기된 사람의 관계만이 존재한다. 실재(reality)와 실재 아닌 것(unreality)에 대한 앎을 통해 나가르주나는 이것이 본질주의(essentialism)와 허무주의(nihilism) 사이의 중도(the middle way)인 붓다의 입장이라고 주장했다.

이하 제24장 '사성제 고찰'에서 볼 수 있듯이, 나가르주나는 '세속적 진리(a truth of worldly conventions)'와 '궁극적 진리(ultimate truth)'를 제시한다.

> 불법(Dharma)에 대한 붓다(Buddha)의 가르침은
> 두 가지 진리에 기반을 두고 있다.
> 세속적 진리
> 그리고 궁극적인 진리.
> (MMK XXIV: 8)

세속적 진리의 근거가 없다면,

> 궁극의 중요성을 가르칠 수 없다.
> 궁극의 중요성을 이해하지 못하면
> 해탈은 이루어지지 않는다.
> (MMK XXIV: 10)

첫 번째 유형의 진리인 세속적 진리를 '파악(이해)'하지 않고서는, 우리가 방금 본 모든 것은 공성이며 연기라는 궁극적 진리는 '성취(증득)'될 수 없다. 여기에는 중요한 차이가 있다. 첫째, 세속적 진리는 지적으로 알 수 있고, 이것들을 '파악'해야 한다. 우리가 방금 본 것처럼, 우리는 나가르주나의 저술을 읽음으로써 공성과 연기라는 중요한 진리, 즉 사물이 실존 방식에 대한 진리를 파악할 수 있다. 하지만 이것이 그것의 전부는 아니다. 거기에 두 번째 진리(궁극적 진리)가 있는데, 10게송에는 이 진리가 '성취'되어야 한다는 점, 거기에 단순한 지적 인식이나 '파악' 이상의 것이 있다는 점을 나타낸다.

나가르주나는 "무지(無明)의 종식은 명상과 지혜를 통해 일어난다."(MMK XXVI: 11)고 명시하였고, 그 결과 "괴로움의 전체는 실로 완전히 멈춘다"(MMMK XXVI: 12)고 하였다. 즉, 두 번째 유형의 진리인 궁극적 진리는 수행자(sadhaka)의 삶과 체험에 놓여있다. 그것을 달성한 사람은 변화하고, 그들의 괴로움은 멈춘다. 이 진리를 이해하는 것은 단순히 개념적인 지식을 얻는 것보다 그것을 체험하는 것이 그들을 괴로움으로부터 해방시켜준다. 이제 그 과정으로 돌아가자.

사람과 자아의식

그렇다면 무엇이 사람을 구성하는가? 물론, 우리가 지적할 수 있는 본질(자성)은 단 한 가지도 없다. (『근본중론송』) 제24장에서 나가르주나는 연기(pratitya samutpada)의 12가지 연결 고리로 그 인물을 묘사했다. 이것은 시작과 끝이 있는 연속물이 아니라, 윤회하는(주기적인) 존재(samsara)에 대한 설명으로, 다른 모든 것과 관련된 사람의 연기에 대한 분석적 설명이다. 가필드(1995)는 이것들이 두 가지 방법으로 이해될 수 있다고 지적했다. 우주론(cosmology)과 영혼구원론(soteriology)이 중요한데, 이 중 첫 번째는 (성주괴공의) 이주론(theory of transmigration)이고, 두 번째는 불교 심리학에 중요한 현상학적 분석(336-337쪽)이다. 이 시점에서 우리의 목적을 위해서 중요한 것은 두 번째이다.

그 순환과 그것을 묘사하는 12개의 링크들 안에서, 육체가 생산된다. 세상을 지각하고 사물을 갈망하게 될 수 있는 몸이 생기면서 '집착하는 자(意)'가 생겨난다. 집착하는 자는 물질(色), 감각(受), 지각(想), 지성(識), 그리고 경험적 자아의식(sense-of-self, asmita)을 구성하는 성향(行)이라는 다섯 가지 집합체(五蘊)로 분석된다. 무지(무명)로 행동하는 것, 특히 자아의식이 실체적이라는 망상적 믿음으로 행동하는 것이 바로 이 집착하는 자이다. 이것에 의해 그들은 그들만의 괴로움(dukkha)을 생산한다.

하지만 어떻게 심리적이고 경험적인 차원에서 인간의 출현을 이해할 수 있을까요? 이를 위해 우리는 인간 유아의 정상적인 발달과 출산을 바라봐야 한다. 수정란(zygote)의 개념부터 배아(embryo)와 태아(fetus)의 단계를 거쳐, 정상적인 상황에서, 성장하는 존재는 어떤 것도 파악하거나 바라지 않는다. 실제로 그것은 다른 것과 분리된 자아라는 개념이 없다. 그것은 편안함과 안전함 속에 존재하며, 동시에 그것의 필요를 완전히 충족시키는 환경을 가지고 있다. 그것은 (엄마의 포태 속에서) 온도가 조절되는(temperature-controlled) 유체 속에 떠다니며 세상의 모든 충격으로부터 완충된다. 이러한 환경에서는 자아나 타인, 존재나 비존재에 대한 경험이나 개념도 없고, 행복이나 고통도 없다. 자아나 세계를 실체로서 조직할 만한 이원론적 구조는 그 세계 어디에도 없다. 탄생은 그 존재의 모든 측면에 충격이다. 편안하고 안전한 포태의 수조는 사라지고, 온도는 변동하며, 아기는 곧 배고픔과 불편함을 경험한다. 엄마가 아무리 자애와 주의를 기울인다 하여도 자궁 속 경험을 그대로 재현하는 방식으로 모든 욕구를 충족시킬 수는 없다. 이제 막 시작 단계이지만, 아기는 가지고 있지 않은 것을 원하고, 다시는 가질 수 없는 것을 갈망한다. 따라서 불교 이론에 따르면, 세계와의 접촉이 집착하는 자(grasper)를 탄생시키는 것이다. 이 접촉과 그것의 필연적인 결과인 다른 것에 대한 욕망의 경험으로 인해 집착하는 자아가 다른 모든 것들과 분리되어 있다는 근원적 망상이 생겨난다. 따라서 집착하는 자에게 영원성과 전체성의 보장을 가져다 줄 무언가를 위한 노력이 시작된다.

현상학적 차원에서, 새로운 존재는 다른 모든 존재와 별개임을 경험하기 시작한다. 그것은 더 이상 자궁에 있던 전체성의 느낌을 가지지 않고, 무언가가 부족하다고 느낀다. 위에서 나가르주나의 저작에 대한 논의에서 보았듯이, 이러한 경험은 망상적이다. 왜냐하면 단지 음식이나 따뜻함의 필요를 넘어 지니고 있는 것과는 분리된 것으로서 집착하는 자아의식(grasping sense-of-self)을 만들어 내기 때문이다. 이 경험을 통해 아기는 결핍의 관점에서 자아의식을 형성하기 시작한다. 단지 배고픈 것이 아니라 온전함을 느끼고, 안정감을 느끼며, 진짜 현실감을 느끼기 위해 필요한 것이 부족하기 때문이다. 이것을 이루기 위해서, 나는 단지 배고픔을 채우기 위해서가 아니라 나 자신을 강화하거나 안정시키기 위해 나 자신이 아닌 다른 것을 갖기를 원한다. 우리가 볼 수 있듯이, 이 시점에서 아이의 삶에 불교의 '삼독' 즉 끌레샤(klesha)가 기능한다. 즉 분리된 원자적인 자아의식이라는 근원적 망상(asmita), 자아가 아닌 다른 것에 대한 욕망이나 탐욕(raga), 그리고 원하지 않는 것에 대한 분노와 회피(dvesha)가 작용하고 있다.

이 경험은 아이가 '언어와 그것으로 조직된 행동으로 구성된 전체'(Wittgenstein, 1968, §7)인 모국어 게임을 배우면서 개념적이고 경험적으로 인코딩된다. 이것들을 통해 욕망과 욕망을 충족시키기 위한 행동을 경험하고 생각하고 말한다. 영어가 속한 인도유럽어족의 언어들은 워렌(Warren, 1988)이 '지배의 논리(logic of domination)'라고 부른 이원론적 구조를 따라 강하게 조직되어 있다. 이 개념 구조는 절대이분법이라는 상호배타적 A/~A 구조 위에 구성되어 있다. 여기서 ~A의 측면은 A로부터 분리될 뿐만 아니라 또한 상대적 결핍과 부족의 측면에서 정의된다. 심리학적으로 A는 자아를 나타내며, ~A의 부족은 A가 지배하고 빼앗기고 이용하는 것을 정당화한다. 예를 들어, 초월적 자아보다 '자연(nature)' 또는 '자연에 더 가까운 것(closer to nature)'으로 지정됨으로써, 자신으로부터 분리된 것으로 이해되는 다른 모든 인간들을 포함할 수 있다.

로이(Loy, 2002)는 서구문화의 발전사를 결핍으로 만들어진 '공허함'을 채우기 위한 자아의 성취와 탐닉의 확산으로 보았다. 즉 "나는 실제가 아니다(I am not real)"라는 자아의 일시적으로 구성된 본성에서 비롯된 억압된 감각을 채우고자 하는 것이다. 이러한 것들은 물질적 상품들뿐만 아니라 그가 『돈, 섹스, 전쟁, 카르마』(2008)에서 상세히 설명한 다른 것들도 포함한다. 자아의식의 그림자인 그러한 결핍감은 서구 문화의 극단적인 개인주의에 의해 훨씬 악화된다. 재탄생된 자아의 망상 그리고 타자(the Other)를 지배하거나 소비함으로써 그 자아를 확보하고 검증하려는 시도는 자신뿐만 아니라 타자화된 ~A로 된 모든 것에 대해 괴로움(dukkha)을 생산한다.

결핍감의 경험인 공허함을 채우려는 시도는 검증하고 개발할 구체화된 자아(reified self)가 없기 때문에 모두 헛수고다. 다른 모든 것과 마찬가지로 자아는 공(sunya)이다. 자아는 구체화된 것이 아니며 하나로 변할 수 있는 것도 아니다. 그러나 로이(Loy, 1992)는 "자아가 있는 대상으로 인식하기 위해 이름을 사용하는 것은 우리의 자아의식(sense-of-self)(내면/A)과 '객관적인(objective)' 일상세계(외부/~A) 사이의 자동화된 이원주의(automatized inside-outside dualism)를 해체할 수 있기 때문에 우리의 괴로움(dukkha)을 끝내는 것이 가능하다"(171쪽)라고 주장했다. 괴로움을 극복하기 위해서, 반드시 해체되어야 하는 원칙적인 이름은 자아의 이름이다. "그 두려움을 해결하는 가장 좋은 방법은 (자신이 '실체(thing)'가 아닌) 무(無)가 되는 것이다."(173쪽) '실체'가 아닌 것, 그리고 '괴로움의 전체'를 해체하는 방법은 붓다가 밝혔고, 나가르주나가 설명하였듯이 그것은 "명상과 지혜를 통해 일어난다."(MMK XXVI: 11).

『아나빠나사띠 숫따』의 수행처럼, 사람은 '마음챙김의 네 가지 토대', 즉 신체, 감각이나 느낌, 마음, 그리고 무상함에 초점을 맞춘다. 여기서 무상함은 다른 토대들인 몸, 마음, 그리고 감각과 느낌 외에 구체화할 수 없는 본질(non-reified nature)에 대한 경험이다. 즉, 공(sunya)과 같은 존재이다. 말하자면, 무상함을 암시하는 공성(sunyata)의 다른 면은 연기(pratitya samutpada)이다. 공한 모든 것이 상호의존적이거나 의존하여 발생한다. 명상이 조성한 깨달음은 '나'는 실체(thing)가 아니라 오히려 아무 것도 아니며, 그래서 모든 것과 관계된다는 것이다. 로이(1992)에 따르면, "전혀 근거 없는 것이 된다는 것은 또한 특정한 어떤 것이 아니라, 세계를 구성하는 상호의존적 관계의 전체 망에 온전히 근거한다는 것이다. 자신의 근거를 위한 자신의 투쟁이라는 가장 큰 모순은 자신이 이미 전체성에 기반을 두고 있기 때문에 성공할 수 없다는 것이다."(174쪽) 이 경험적 통찰은 지혜(prajna), 그리고 도덕적 행동(선한 방편, upaya kasula)에 수반되는 자비(karuna)의 토대가 된다.

마음챙김과 현대의 자아들

마음챙김 명상은 명상가의 존재, 그들의 몸, 마음 등으로부터 시작된다는 것이 중요하다. 불교와 불교 이전의 요가 둘 다 추구했던 것들이 실제로 어떤 것인지를 이해하는 것은 무엇보다도 자신의 본성에 대한 이해였다. 이를 통해 우리는 육체와 분리된 데카르트적 정신이 아니며, 또한 서양의 두 주요 관점이 가지고 있는 것처럼 다른 모든 것과 전쟁 중인 홉스식의 고립된 사회적 원자(isolated social atom)도 아니라는 것을 알게 된다. 명상 체험에서, 새롭게 알게 된 것은 궁극적으로 모든 것과 상호 연관되어 있다. 그리고 기본적인 상식 수준에서 보면, 인간이 홉스적 존재였다면, 인류는 결코 시작될 수 없었을 것이 분명하다. 연결과 돌봄은 우리의 존재에 필수적이다. 우리는 단지 생존하기 위해 오랜 기간의 돌봄을 필요로 하는 포유류이다. 관습적인 삶이나 진리적 차원에서 볼 때, 자신의 일부분으로 여겨지거나 자신과 긴밀하게 연결된 것을 돌보는 것은 당연하다. 개인주의적인 서양인들에게, 그것은 종종 가까운 관계로 제한된다. 그녀의 아이에 대한 어머니의 돌봄이 가장 일반적인 예시가 될 것이다. 그러나 많은 다른 문화권에서 그 관계는 지구와 우리와 지구를 공유하는 다른 존재들에게까지 확장된다.

모호크족(Mohawk) 조산사 케이치 쿡(Katsi Cook)은 우리에게 "저 여성이 첫 번째 환경이다. 임신 중에 우리 몸은 생명을 유지한다. … 여성의 모유에서, 세대들은 영양분을 섭취한다. 여성의 몸으로부터 그 세대들의 관계가 사회와 자연 세계로 흘러간다. 이런 식으로 지구는 어머니, 노인들, 그리고 우리에게 말한다. 우리 여성들은 지구이다"(Klein, 2014, 417쪽). 쿡의 기억은 불교지도자인 틱낫한(Thich Nhat Hanh, 2013)이 했던 다음의 설법에 그대로 드러난다. "우리는 종종 우리가 살고 있는 행성이 우리 몸을 구성하는 모든 요소들을 우리에게 주었다는 것을 잊는다. 우리 살에 있는 물, 뼈, 그리고 우리 몸 안에 있는 모든 미세한 세포들은 모두 지구로부터 왔고 지구의 일부이다. 지구는 단지 우리가 사는 환경이 아니다. 우리는 땅이니 우리는 언제나 그녀를 품는다."(8쪽)

『자애경(Metta Sutta)』은 남성 대명사로 수행자(비구)를 지칭하며 "어머니가 그녀의 삶으로 그녀의 아들, 그 유일한 아이를 지키듯이 "세상과 그 안의 모든 존재들에게 행동하도록 권한다. 하지만 현대의 서양 남성이 특히 모성애의 태도와 행동을 모방할 수 있는 가능성이 얼마나 될까? 현대 서양 여성들의 도덕적 발달과 도덕적 추론 스타일에 관한 캐롤 길리건(Carol Gilligan)의 1982년 연구는 자신의 아이에 대한 어머니의 양육이 자연스러운 것이라는 점을 강조한다. 그러나 그녀는 분명히 남성과 달리 모성 양육과 돌봄 사고의 발달은 경험적이라고 하였다. 그녀의 저작에서는 두 성별 사이에 구별되는 두 가지 도덕적 목소리(moral voice)의 상호작용을 보여준다.(1~2쪽). 다른 연구[8]는 길리건이 여성과 관련하여 발견한 도덕적 목소리가 서양 남성에게도 적용이 가능하며 근대화되지 않

---

8) Orr, 2016; Stack, 1993; Johnson, 1988.

은 문화권에도 널리 퍼져 있음을 발견했다. 존슨의 연구(1988)는 도덕적 목소리-성별의 연관성이 사회화의 기능임을 보여준다. 길리건처럼 그녀는 대상자들에게 도덕적 딜레마를 제시했고 그들의 도덕적 사고방식이 성별에 따라 다르다는 것을 발견했다. 그러나 그녀가 이 딜레마를 해결할 다른 방법이 있느냐고 물었을 때, 각각의 피험자들은 전형적으로 다른 성별과 연관된 '도덕적 목소리(moral voice)'를 만들어 낸다.

길리건은 다른 도덕적 목소리들의 형성을 설명하기 위해, 초도로우(Chodorow, 1978)의 연구를 활용했다. 그의 연구는 두 가지 도덕적 목소리를 뒷받침하는 서로 다른 자아 스타일의 발달이 어떤 부모가 주된 부모인지 여부와 아이의 성별에 따라 다른 양육 스타일에 달려 있음을 보여주었다. 전형적으로 여성의 공동자아(female communal ego)는 엄마와 여자 아이의 더 가까운 연관성에서 비롯되는 반면, 남자 아이는 일반적으로 에이전트 자아(agentic ego)를 분리하고 발달시키도록 장려된다. 따라서 길리건(Gilligan, 1982)은 여자 아이가 '남자 아이와 달리 자아의 주된 정의에 내재된 공감의 기초'(8쪽)를 발전시킨다고 주장했다. 하지만 남자의 사회화라는 표면 바로 아래에는, 이 공감능력이 남자 아이에게도 존재한다. 지면 관계상 여기서는 완전한 논의가 제약되지만, 우리가 다른 영장류뿐만 아니라 코끼리, 고래류, 그리고 다른 사람들(De Waal, 2013, 2009)과도 공유하는 인간 고유의 능력인 공감에 대한 발전적인 연구는 연기(pratitya samutpada), 즉 상호작용(연관성)의 중요한 측면뿐만 아니라 친사회적, 도덕적 행동의 근거에 관해 새로운 빛을 제시한다.

여성의 '돌봄과 책임의 윤리(the Ethic of Care and Responsibility)'라는 특성의 연관성은 타인과의 관계에서 자아의식에 근거한 공동체적 자아스타일에 의해 매개된다는 데 의의가 있다. 이 도덕적 추론자(moral reasoner)는 협력적이고 개방적인 경향이 있으며 공동체 의식 관련성의 보존에 효과가 있다. 이 지향은 서술 논리를 사용하고 관련된 모든 사람들의 번영을 지원하기 위한 시도로 관계를 보존하고 해악을 피하는 해결책을 찾는다. 따라서 여자 아이들과 여성들이 도덕적 발달에 대한 테스트를 받았을 때, 그들은 일반적으로 콜버그(Kohlberg)의 도덕발달척도(moral development scale)에서 더 낮은 점수를 받았다. 도입부에서 언급했던 윤리적(도덕적) 구분 측면에서, 그들은 '단지' 사전 조사로 윤리적 도덕적 추론을 활용하여 테스트했다.

반면에, '권리와 정의의 윤리(the Ethic of Right and Justice)'는 전형적으로 남성적 에이전트 자아(agentic ego)와 관련이 있다. 이것은 고도로 개인주의적이고 타인으로부터 소외되는 경향이 있는 과학적 스타일의 추론자(scientific-style reasoner)이다. 자신이 A의 위치에 있는 지배의 논리(logic of domination)가 그의 사고를 조직한다. 따라서 그의 윤리적 사고에서 그는 비감정적이고 비인격적이며 (과학의 요구로서 객관적이고 비인격적인) 길리건(Gilligan, 1982)의 젊은 남성 피험자의 말에 따르면 도덕적인 문제를 '인간에 관한 수학 문제처럼(like a math problem with humans)'(26쪽) 본다. 콜버그에 의해 남자아이와 성인들은 칸트나 밀의 이론에서 발견되는 것과 같은 과학적 원리를 이용하는 가장 높은 수준의 윤리적 추론에 속하거나 그 방향으로 나아가는 것으로 제시된다. 이 윤리적 단계와 그것의 추론 방식이 이 문화권에서는 가치 있는 일이지만, 그것은 돌봄의 윤리와는 정반대이다. 돌봄과 책임의 '윤리(Ethic)'는 인간의 타고난 공감능력에 근거한다는 것이다. 그것은 바로 명상에 의해 촉진되는 돌봄과 연결의 실현과는 질적으로 다르지만, 그것은 인간의 문화적 표현 중 하나임에 틀림없다.

선한 행동으로서의 도덕적 행동

마음챙김 명상이 지혜(prajna)와 돌봄 혹은 자비(karuna)의 개발을 촉진하지만, 그것이 현재 우리가 직면하고 있는 많은 복잡한 문제들에 대한 도덕적 지침을 제공할 수 있을까? 그것이 어떻게 팔정도(Noble Eightfold Path)로 우리의 삶의 모든 면을 형성하는데 도움을 줄 수 있을까? 우리가 다른 사람들과 어떻게 상호작용할 것인가에 대한 개인적인 질문에서부터, 어떤 상품을 소비할 것인가, 혹은 우리가 할 일의 형태에 이르기까지, 환경 위기, 빈곤, 증가하는 빈부 격차, 인구 과잉, 전쟁과 같은 벅찬 도전들에 이르기까지 우리가 현재 직면하고 있는 광범위한 문제들을 가장 잘 처리할 수 있는 방법을 결정할 수 있을까? 아라한과 보살에서 보았듯이, 불가능하거나 논리적이지 않은 모든 것의 상호연관을 고려할 때 지혜와 자비의 통찰은 이기주의적인 한 개인의 성취에 한정되지 않는다. 오히려, 깊은 지혜와 자비의 계발은 자신의 통찰을 이끌고, 영향 받는 모든 이들의 이익을 위해 행동하는 결단력과 강인함의 개발을 촉진한다. 하지만 이걸 어떻게 해야 할까?

반야(쁘라즈냐, prajna), 실제로 사물이 어떤지를 보는 지혜는 특히 이것을 하는데 필요한 통찰력을 길러준다. 슈뢰더(Schroeder, 2001)는 붓다의 말과 행동이 종종 일관성이 없어 보인다고 지적했다. 그 이유는 그는 사람들이 영적으로, 지적으로, 그리고 다른 여러 면에서 다르다는 것을 깨달았기 때문이다. "붓다는 보편적으로 설교하거나 모두가 똑같은 것처럼 말하는 것이 쓸모없다는 것을 알고 있다. 그는 다른 사람들을 돕고 싶다면 인간의 카르마적 차이에 민감하게 반응하고 자신의 가르침을 그들의 수준에 맞게 제시할 필요가 있음을 알고 있다."(2쪽) 예를 들어, 화가 나거나 방어적인 누군가를 대할 때, 그는 그들의 공공연한 행동 아래에 놓여 있는 고통과 불안을 보고 그에 따라 대응할 수 있었다. 이런 식으로, 그 실습은 우리가 다른 사람들을 이해하는 지혜와 자비, 그리고 선한 방편(upayakausalya or skillful means)을 계발하도록 도울 수 있고, 그래서 그들을 다루는 데 있어서 가장 효과적인 행동 경로를 찾을 수 있다.

그러나 우리는 또한 우리가 현재 직면하고 있는 많은 문제들을 분석하고 그것들을 해결하기 위한 도구와 기술을 개발하기 위한 지식과 비판적인 방법들이 필요하다. 우리가 위에서 언급했듯이, 불교는 지적인 환경에서 발전했고 인류 역사의 초기에 가장 큰 학문의 중심지를 형성했다. 써먼(Thurman, 2006)과 같은 현대 학자들은 오늘날 교육에서 단순히 집중력을 억제하고 개발하는 것이 아니라 도덕적 행동이 발달하는 지혜와 자비를 발전시키고 우리의 사회적, 세계적 문제에 대한 능숙한 해결책(skillful solutions)을 개발하기 위해 우리의 지식을 기반으로 하는 마음챙김의 역할을 주장해왔다. 이와 관련하여, 아베(Abe, 1985)는 불교의 한 형태인 선(Zen)의 철학을 이해하는 것이 실천에 필수적이라고 주장한다. 선불교는 "선악에 대한 생각 없이 동물처럼 욕망이나 본능에서 흘러나오는 것, 즉 도덕관념이 없는 것"이 아니다. 이어서 그는 "실천이 없는 지적 이해는 무력하지만, 배움이 없는 실천은 맹목적이 되기 쉽다"(2쪽)고 했다. 드문 경우를 제외하고, 이것은 확실히 맞다. 예를 들어 나가르주나 철학에 관한 연구는 강력하며 잘못되고 해로운 생각의 집착을 줄이는 데 도움을 줄 수 있다. 하지만 여기에 우리가 더해야 할 것은 세상에서 효과적으로 행동하기 위해서는 지적 이해, 지식, 비판적 방법 또한 필요하다는 것이다. 마음챙김의 결실과 지적 연구의 결실이 모두 팔정도에 필요하다. 이것은 우리가 일상에서 취하는 도덕적 행동의 유형 둘 다 진리이며, 확실히 우리의 현재 사회, 정치, 그리고 환경 문제의 해결을 위해 취할 수 있는 도덕적인 행동을 위해서도 진실되고 필요한 일이다.

결론

현대 서양적 의미에서 불교에는 '윤리적 기반'이 없다고 나는 앞에서 주장했다. 불교의 주요한 철학적 관점을 제시한 나가르주나에 따르면, 그것은 역사적 붓다의 말과 실천에서 찾을 수 없을 뿐만 아니라, 불교의 살아있는 체험과 철학, 논리에 전적으로 반하는 것이다. 대신 우리가 발견한 것은 심리-정신적(psycho-spiritual) 실천인데, 이것은 수행자(sadhaka)의 깊은 자기이해(self-understanding)를 촉진한다. 이러한 실천의 잠재적 결과는 근대 서구에서 우리들이 방상석 자기이해를 키울 수 있는 사회적 구성물(social construction)인 자아에 대한 체험적 깨달음이다. 한 사람의 자아의식에 기초한 근본 망상은 비록 이것이 결코 명시적으로 공식화되지 않을 수 있지만, 이는 홉스식의 고립된 사회적 원자와 다르지 않다. 그러나 마음챙김 명상을 통해 이러한 근본 망상과 그 외의 끌레샤를 내려놓은 사람은 로이(1992)가 강조했던 것처럼 "전혀 근거가 없는 것(無住, 空性)이 된다. 또한 어떤 특별한 것이 아니라 상호의존적인 관계의 전체 네트워크에 완전히 근거한 것이 된다. 그리고 이 세상에 스스로 근거하려는 투쟁의 가장 큰 아이러니인 내가 이미 전체성에 기반을 두고 있기 때문에 그것이 성공할 수 없다는 점에 대한 깨달음에 이르게 된다."(174쪽).

로이가 묘사한 깨달음은 종종 모든 것 혹은 없는 것(all-or-nothing)에 관한 체험으로 받아들여진다. 우리는 진실의 현현(epiphany)을 체험하고 영원히 변하거나 혹은 그렇지 않거나, 여전히 괴로움(dukkha)의 결과이거나 원인으로 남아있다. 그러나 이것은 붓다의 체험이 아니었다. 깨달음을 찾던 그는 어린 시절 잠부나무 아래에서 겪었던 경험이 생각났다. 하지만 그 기억 이전에, 그리고 분명히 그것을 잊어버린 듯, 그는 고통에 대한 구원을 찾을 수 있다고 믿었기에 집을 떠나 수행자가 되었다. 그래서 그것은 우리 모두를 위한 일이 되었다. 우리는 잠깐 훑어보며, 연구하고 수행할 수 있다. 그리고 우리가 이해한 것을 우리 삶의 팔정도로 끌어들이고자 시도할 수 있다. 우리가 이것을 할 수 있는 가장 좋은 방법, 우리가 필요로 하는 선한 방편(좋은 수단)을 찾기 위해 노력할 때, 우리의 삶은 점점 더 도덕적이 될 수 있다. 하지만 위에서 보았듯이, 우리의 문화는 우리의 여정에 많은 장애물을 던져준다. 붓다의 시대에 마라(Mara)의 여러 딸들처럼 돈, 성, 전쟁, 명예, 권력의 유혹, 그리고 소비와 경쟁의 유인 등에 전방위적으로 노출되어 있다. 하지만 더 근본적인 것은 우리의 사회화 과정이다. 이는 우리에게 여성적이 되거나 남성적이 되도록 가르친다. 여성적인 것은 전통적으로 우리에게 수동적이고 현재 상황을 받아들이는 것을 의미하며, 남성적인 것은 초개인주의적(hyper-individualistic)이고 많은 형태의 폭력에 노출되기 쉽다. 이것들은 다른 사람들을 학대하는 일상적인 형태에서부터 전쟁의 극단에 이르기까지 다양하다. 데이비드 로이(David Loy, 2008)는 「우리는 왜 전쟁을 좋아하는가?(Why We Love War)」라는 제목의 장에서 이것이 병사들에게 흥분과 목적을 줄 뿐만 아니라 영적이거나 성스러운 전쟁일 경우, "하나님의 대리인일 때, 죽음이 체크메이트(궁지에 몰린 상황)가 아니며, 거기에 죽음을 초월하는 영웅적 정체성을 제공할 수 있다"(133쪽)라고 주장했다. 밥 딜런이 노래했듯, 우리 모두는 싸움(battle)을 할 때 '신은 우리 편'이라고 생각한다.

길리건(Gilligan), 초도로우(Chodorow), 그리고 그 외의 저작에서 팔정도 중 하나의 필수적인 자질로서 공감능력(empathy)이 어린 남녀나 성인 남녀 모두에게 있다는 점을 보여주었다. 상대방의 괴로움과 동일시 할 수 있는 이러한 자질은 비록 아주 작은 방법일지라도 행동에 대한 주요한 자극제이다. 이는 단순히 그들의 기분을 아는 것이 아니라, 자비(compassion)라는 단어가 라틴어 어원으로 '체험하다' 혹은 '함께 경험하다'는 의미를 나타내듯이 그들과 함께 느끼는 것이다. 우리 모두는 유니세프 TV 광고에서 배고프고 우는 아기를 봤을 때 이런 경험을 한 적이 있다. 그러나 지식이 행동에 자극을 주기도 한다. 예를 들어, 2010년에 전 세계 무기 지출은 1조 6천억 달러였지만, 삭스(Sachs, 2015)가 주장했듯이, "이 중 매년 10%를 사용하면 전 세계에 걸쳐 극심한 빈곤과 기아를 없앨 수 있다."(Macy and Johnstone, 2012, 107쪽). 이것은 가장 추상적인 형태의 정보이며 우는 아기의 움직이는 모습과 정반대의 자극이다. 하지만 이 경우에도, 틱낫한(Thich Nhat Hanh)이 말한 상호연결성(interconnectedness), 또는 상즉성(interbeing)은 우리가 자연스러운 반응에 접근할 때 우리가 행동할 수 있게 해준다. 마음챙김은 여자 아이들에게 그들의 느낌에 따라 행동할 용기를 열어주는 것처럼 남자 아이들에게 그러한 가능성을 열어준다. 그것이 주는 것은 평화와 안전에 대한 로드맵이지만, 그것을 찾고 일하는데 인센티브(동기)를 부여한다. 나는 마음챙김 명상이 우리에게 윤리적 토대를 제공하지는 않지만, 우리의 타고난 자비와 지혜에 접근할 수 있게 해준다고 주장해왔다. 그러므로 도덕적 행동은 우리의 본성에 기초한 것이다.

| 참고문헌 |

Abe, M. (1985). Zen is not a philosophy, but. … In W. R. LaFleur (Ed.), *Zen and western thought* (pp. 3-24). Honolulu, HI: University of Hawaii.

Armstrong, K. (2001). Buddha. New York, NY: Penguin.

Chodorow, N. (1978). *The reproduction of mothering: Psychoanalysis and the sociology of gender.* Berkeley, CA: University of California Press.

De Waal, F. (2013). *The bonobo and the atheist: In search of humanism among the primates.* New York, NY: W.W. Norton.

De Waal, F. (2009). *The age of empathy: Nature's lessons for a kinder society.* Toronto, Canada: McClelland & Stewart.

Dutt, S. (1959). Buddhist education. In F. V. Bapat (Ed.), *2500 years of Buddhism* (pp. 176-194). New Delhi, India: Government of India, Ministry of Information and Broadcasting, The Publications Division.

Garfield, J. L. (1995). (Trans. and Comm.). *The fundamental wisdom of the middle way: Nagarjuna's Mulamadhyamakakarika.* New York, NY: Oxford.

Gilligan, C. (1982). *In a different voice: Psychological theory and women's development.* Cambridge, UK: Harvard University.

Hartranft, C. (2003). (Trans.) *The Yoga Sutra of Patanjali.* Boston, MA: Shambhala.

Iyengar, B. K. S. (1993). *Light on the yoga sutras of Patanjali.* Hammarsmith, London: Thorsons.

Johnson, K. (1988). Adolescents'solutions to dilemmas in fables: Two moral orientations—wo problem solving strategies. In C. Gilligan, J. V. Ward, J. McLean Taylor with B. Bardige (Eds.), *Mapping the moral domain: A contribution of women's thinking to psychological theory and education* (pp. 49-71). Cambridge, MA: Center for the Study of Gender, Education and Human Development, Harvard University Graduate School.

Kabat-Zinn, J. (1994). *Wherever you go, there you are: Mindfulness meditation in everyday life.* New York, NY: Hyperion.

Klein, N. (2014). *This Changes Everything: Capilalism vs. the climate.* Toronto: Alfred A. Knoff Canada

Loy, D. R. (2008). *Money, sex, war, karma: Notes for a Buddhist revolution.* Boston,MA: Wisdom Publications.

Loy, D. R. (2002). *A Buddhist history of the west: Studies in lack.* New York, NY: State University of New York Press.

Loy, D. (1992). Avoiding the void: The lack of self in psychotherapy and Buddhism. *The Journal of Transpersonal Psychology,* 24(2), 151-179.

Macy, J., & Johnson, C. (2012). *Active hope: How to face the mess we're in without going crazy.* Novato, CA: New World Library.

Nanamoli and Bodhi. (2009). *The middle length discourse of the Buddha: A Translation of the Majjhima Nikaya.* Boston: Wisdom

Nanamoli (1992). (Trans.). The life of the Buddha according to the Pali canon. Onalaska, WI: BPE Pariyatti Editions.

Nhat Hanh, T. (2013). *Love letter to the earth.* Berkeley, CA: Parallax Press.

Orr, D. (2016). Meditating with Wittgenstein. In M. A. Peters & J. Stickney (Eds.), *A companion to Wittgenstein on education: Pedagogical investigations.* New York, NY: Springer.

Orr, D. (2014). In a mindful moral voice: Mindful compassion, the ethic of care and education. *Paideusis,* 21(2), 42-54.

Orr, D. (2012). Thinking outside the academic box: An introduction to mindfulness meditation for education. *Other Education,* 1(1), 79-91.

Rewald, J. (n.d.). *Paul Gaugin.* New York, NY: Harry N. Abrams.

Sachs, J. D. (2015). *The age of sustainable development.* New Yor, NYk: Columbia University Press.

Schroder, J. W. (2001). *Skillful means: The heart of Buddhist compassion.* Honolulu, HI: University of Hawai'i Press.

Skilton, A. (1994). *A concise history of Buddhism.* Birmingham, UK: Windhorse Publications.

Smith, J. Z. (1998). Religion, religions, religious. In M. C. Taylor (Ed.), *Critical terms for religious studies* (pp. 269-284). Chicago, IL: The University of Chicago Press.

Stack, C. B. (1993). The culture of gender: Women and men of color. In M. J. Larrabee (Ed.), *An ethic of care: Feminist and interdisciplinary per-*

spectives (pp. 108–111). New York, NY: Routledge.

Thurman, R. A. F. (2006). Meditation and education: India, Tibet and modern America. *Teachers College Record, 108*, 1765–1774.

Toulmin, S. (1990). *Cosmopolis: The hidden agenda of modernity*. Chicago, IL: The University of Chicago.

Warren, K. (1988). Critical thinking and feminism. *Informal Logic, 10*(1), 31–44.

Wittgenstein, L. (1968). *Philosophical investigations*. Oxford, UK: Basil Blackwell.

제2부

교육과 교수법

Education and Pedagogy

제 8 장

마음챙김 기반 개입에서 윤리적 공간 공동 창조

도널드 맥카운(Donald McCown)
Center for Contemplative Studies, West Chester University of Pennsylvania,
West Chester, PA, USA
e-mail: dmccown@wcupa.edu

제8장

마음챙김 기반 개입에서 윤리적 공간 공동 창조

Co-creating the Ethical Space of Mindfulness-Based Interventions

도입

이 장은 마음챙김의 적용에서 윤리에 대한 비판적 논의를 피하고, 대신 함께 마음챙김을 배우고 실천하는 사람들의 행동을 직접 살펴보고 어떤 일이 일어나는지 설명하려는 시도이다. 당연히, (주제 전환이 아닌) 이러한 전술의 전환은 '철학적으로', '실제적으로', '교육학적으로' 이루어져야 하는 작업에 초점을 맞추기 위해 약간의 설명이 필요하다. 이렇게 하여 추후 응용에 유용한 이해를 도출할 수 있다.

철학적으로, 이 장은 루드비히 비트겐슈타인의 저술에 담긴 비토대주의적 입장(non-foundational stance)[1]으로 시작한다.[2] 우리는 윤리에 해당하는 특정한 삶의 부분이나 말하는 방식을 식별할 수 없고 오히려 윤리적인 것은 우리의 일상 세계에 완전히 녹아있다는 것이다. 확실히 우리는 윤리에 관한 강의나 논의를 할 수 있지만, 그러한 활동 자체가 반드시 윤리적인 것은 아니며, 그로 인해 필연적으로 윤리적 행동을 생성하지도 않을 것이다. 윤리란 우리가 말하는(talk) 것이 아니라 우리가 행하는(do) 것이다.

실제적으로 이 장에서는 마음챙김 학습과 적용에 따른 특정한 형태의 행동, 즉 참여자와 교사가 함께 하는 것을 면밀하게 살펴보아야 한다. 여기서 선택한 것은 마음챙김 기반 스트레스 감소(MBSR)와 마음챙김 기반 인지치료(MBCT)로 대표되는 '1세대' 마음챙김 기반 개입(Mindfulness-Based Interventions; MBIs)[3]을 살펴보는 것이다. 이들은 동일한 교육과정 골격을 기반으로 하고 있으며 현대 과학적 증거 기반의 대부분을 생성하는 데 사용되었다(Crane et al., 2017).

이러한 MBIs는 공식적인(formal) 마음챙김 실천과 비공식적인(informal) 마음챙김 실천의 훈련을 강조하는 특징을 공유하며 불

---

1) 역자주: 비토대적 입장 또는 비토대주의적 입장은 지식이나 의미가 단일 토대에서 비롯된다는 전통적 견해에 도전하면서, 오히려 다양한 사회적 또는 문화적 맥락에서 지식이나 의미가 계속하여 협상되는 것으로 본다.

2) Diamond, 2000; Wittgenstein, 1922.

3) 역자주: 원문에서는 복수는 MBIs, 단수는 MBI로 표기하였는데, 여기에서는 MBIs로 통일한다.

교에서 유래한 것으로 설명되지만 서양의 대중 담론에서 과학적이고 치료적인 세계관에 어느 정도 부합하는 언어로 전환된 실천을 포함한다. MBIs는 이들 커뮤니티 안팎에서 마음챙김 적용에 따른 현재의 윤리적 비판[4]으로부터 자신을 보호하기 위해 교사의 실천 자체에서 나타나는 내재적 윤리(implicit ethic)가 있고 참여자들에게 내재되어 발현된다고 주장한다(Grossman, 2015). 또한 MBIs 교사들은 '본래' 직업의 임상 윤리 강령을 통해 구속되고 보호받는다고 주장한다(Baer, 2015). 그러나 이러한 시도들은 교사의 윤리적 언어와 특권에 기반한 윤리적 행위자(ethical agent)로서의 역할이 전체 그룹과 그 순간에서만 일어날 수 있는 특정한 행동(unique actions)을 간과할 수 있기에 이 장의 관점에서 만족스럽지 않다.

교육학적으로 MBIs는 아직 상당히 이론화되지 않았다. 교실에서 일어나는 일에 대한 가정들은 MBIs에 적용되는 연구 형태와 일치한다고 여겨지며 이에 따라 형성된다. 40년간의 MBIs 연구는 참여자들의 개인적 결과에 대한 양적 분석에 거의 전적으로 초점을 맞추었으며, 이는 자기보고, 생리학적 검사 또는 신경과학 이미징으로 측정되었다. 이 개인주의적 관점은 집단에서 개입이 제공된다는 사실과 참여자와 교사 간의 관계와 공명의 네트워크가 수업 몇 주 동안 조용한 상태에서도 더욱 탄탄해진다는 사실을 거의 가려놓았다. 이렇게 복잡한 상황에서 다양한 행동이 일어난다면, 각 개인의 병리학적 증상을 완화하는 것뿐만 아니라 집단 전

4) 예를 들어 Monteiro, Musten, & Compson, 2015; Purser & Loy, 2013.

체가 서로를 지지하고 함께 할 수 있는 능력에도 영향을 미쳐야 하지만 이를 설명하는 문헌은 매우 희박하다.

개인주의는 MBIs 연구와 교육 모두에서 무조건 받아들여지고 있어서, '집단에 속해 있으니' 집단에서 일어나는 일을 측정하려는 드문 시도가 있더라도 개인별 결과의 측면에서만 보고되었다.[5] 이 연구에서는 심리치료 연구에서 집단 효과가 결과의 가변성 중 7%를 차지한다는 점에 주목했는데, 이는 우수한 수치로써, 심리치료 연구에서 치료동맹[6]에 기인하는 능력의 가변성 5%와 비교하여 유의미한 결과였다. 강력한 영향이 확인되었지만, 이러한 연구 방향은 추구되지 않았다.

그래서 개인주의가 고수되고 있으며, 데이터나 성찰 없이 교사는 집단에 가장 강력한 영향을 미친다고 (과장되어) 평가된다. MBCT에서 교사 역할에 대한 질적 연구를 한 반 알데런(van Aalderen) 등은 현재 교사들이 참여자가 동료(또래)의 지지를 얼마나 중요하게 평가하는지를 거의 고려하지 않는다고 파악한다.[7] 참여자들은 더 많은 격려를 받는 것뿐만 아니라 동료 관계가 성장함에 따라 교사에게 덜 의존하게 된다. 연구 저자들은 일부 교사들이 집단 상황 자체가 가치가 있다고 생각하지만, 실제 가치는 과소평가될 수 있으며 집단의 중요성이 공식적인 교사 훈련 프로그램에서 더 많은

---

5) Imel, Baldwin, Bonus, & Maccoon, 2008.

6) 역자주: 치료동맹(therapeutic alliance)은 치료자와 환자 간에 적극적이고 의식적인 협력 관계를 의미하며 작업동맹(working alliance)라고도 한다.

7) van Aalderen, Breukers, Ruzel, & Speckens, 2014.

주목을 받을 필요가 있다고 제안했다.

나와 동료들은 MBIs 연구 및 교육 문제가 서로 영향을 주지 않아도 될 다른 담론에 위치하고 있고, 관계적 차원을 강조하는 사회 구성주의적 관점(social constructionist view)을 채택했다.[8] 비록 다른 연구자들은 관계적 맥락에 대해 동의했으나[9] 그들은 여전히 참여자에 대한 개인주의적 생각을 유지하고 교사를 중요하게 평가한다.

이제 우리는 MBIs에서 윤리를 고려할 수 있는 입장을 가지게 되었다. 윤리적 언어에는 초점을 맞추지 않을 것이다. 우리는 MBSR을 대표적인 개입으로 채택할 것이다. 그리고 교육학적 관점에서 집단의 행동을 고려하고 비토대주의적 윤리의 추구를 지지하는 방식으로 고찰할 것이다.

공동 창조에서 합류로

우리는 관계에서 출발한다. 사실 인간은 관계 속에 태어난다. 우리가 누구와 함께 있냐가 우리의 행동을 규정한다. 즉, 우리는 우리 자신을 발견하는 상황을 공동 창조(co-creation)하고 있기에 우리는 종종 다르게 '우리 자신을 발견하게' 된다. 각 공동 창조의

8) Gergen, 2009; McCown, 2013; McCown, Reibel, & Micozzi, 2010; McCown & Wiley, 2008.

9) Crane et al., 2015; Crane, Kuyken, Hastings, Rothwell, & Williams, 2010; Crane et al., 2017.

사례는 고유하므로 반복되지 않는다. 이러한 방식에서 고려해 보면, 집단에서 (심지어 둘이서) 마음챙김을 가르치고 배우는 활동은 교사와 참여자가 동등하게 참여하며 영향을 주고받는 지속적인 공동 창조이다.

거겐(Gergen, 2009)은 공동 창조에서 그것의 함축적 의미를 완전히 고려하는 방법을 제시했다. 그는 MBIs 교실의 상황을 '합류(confluence)'[10)]로 묘사한다. 그는 구분된 정체성(bounded identities)과 자율적인 행위력(autonomous agency)을 가진 개인이 모인 집단으로 보는 지배적인 해석과 대비하여, 사람들이 함께 모인 다른 사람들을 책임지는 것을 선택한다는 의미에서 '합류'를 정의한다. 합류 묘사에서 참여자들은 자신을 발견하는 상황에 의해 자신이 정의되고, 집단 활동이 전개되는 순간마다 자신이 누구인지 (더 분명하게는 자신이 무엇을 하고 있는지) 알게 된다. 즉, 명상 실습에서 행위는 명상가를 조용히 앉아 있는 존재로 정의하고 교사를 소리내어 지시하는 존재로 정의한다. 모든 것은 나중에 서로 말을 주고받는 한 쌍의 파트너로 바뀌고 다시 전체 대화에 참여하려고 모인다. 합류에 대한 설명에는 내부 행위력(inner agency)이나 외부 통제(outside control)가 포함되지 않고, 오히려 지금 일어나고 있는 일에 대한 관계 속에서 암묵적 이해가 포함된다.

10) 역자주: confluence는 '합일', '융합', '합류' 등 여러 의미가 있고, 여기에서는 '하나의 공간(분위기)으로 젖어든다', '하나로 만난다'라는 의미를 살려 '합류'로 번역했다. 이는 이 장의 뒤에서 언급되는 '이탈(step out)'이라는 용어를 고려한 것이기도 하며, 앤서니 기든스의 『현대사회의 성, 사랑, 에로티시즘』에서 언급한 '합류적 사랑(confluent love)'과도 관계된다.

이러한 공동 창조의 느낌을 표현할 방법을 찾기 어려운 이유는 영어라는 언어가 상대적으로 불투과성의 경계를 가진 개별 행위자(individaul agents)라는 생각으로 지배되기 때문이다. 거겐(Gergen, 2009)은 이러한 언어적 구속에서 벗어나는 방법을 찾지 못했지만, 대신 교사나 참여자와 같은 용어를 관계적 존재를 지칭하는 것으로 다시 상상해보자고 제안했다. 우리는 한국과 같은 좀 더 집단적인 문화에서의 서술적 자원(descriptive resources)을 원할 수도 있다(McCown & Ahn, 2016). 한국에서는 둘 이상이 참여적 화합으로 모였을 때 그 상황을 '어울림(ahwoolim)'이라는 말로 표현할 수 있는데 이는 자기 경계(self-boundaries)의 부드러움이 단합의 즐거움을 허락한다는 의미이다. 다른 용어인 '신명(shinmyung)'은 순간적으로 집단의 삶의 충만함에 함께 참여하는 황홀한 상태로, 말 그대로 신성한 밝아짐(divine brightening)을 나타낸다. 합류(confluence)는 아마도 이상한 단어일 수 있지만, 이러한 용어 중 어느 것도 단순히 사색적이거나 철학적이지 않다. 경험은 생리학적으로도 묘사될 수 있으며, 그러한 서술은 이 장이 나아가려는 윤리적 이해에 신빙성을 제공할 수 있다.

사회적 참여 발생

이러한 생리학적 설명의 핵심이 되는 것은 뇌의 거울 뉴런(mirror neurons)으로, 다른 사람의 행동과 의도를 감지하고, 묘사하고, 추적하는 데 도움이 된다(Gallese et al., 1996). 간단히 말해서 인간은 서로에게 조율(attune)하고 공명(resonate)하는 능력을 지니고 있다. 우리는 다른 사람의 고통이나 기쁨을 목격하며, 뇌가 그 감정을 체험하려고 시도하며, 동시에 몸에서 그 감정을 반영한다. 이러한 방식으로 타인에게 접근하는 것은 순간적이다. 칼(Carr)과 동료 연구자들은 거울 뉴런 시스템에서 타인의 표현과 자세에 대한 첫 감각을 상측두엽 피질(superior temporal cortex)로 전달하여 몸의 느낌을 처리하고, 그 다음 감정의 내용을 얻기 위해 섬엽(insula)을 거쳐 변연계(limbic system)로, 그리고 다시 상대방이 어떻게 느끼는지를 정의하기 위해 섬엽을 통해 전전두엽 피질(prefrontal cortex)로 전달되는 뇌 회로를 설명했다.[11] 시겔(Siegel, 2007)은 이것을 공명회로(resonance circuit)라고 불렀고, 비록 이 회로는 대인 상호간의(interpersonal) 방식으로 묘사되지만, 명상을 실천하는 사람에게는 개인 내적인(intrapersonal) 방식으로도 작용한다고 제안했다. 명상 중에는 전전두엽 피질이 활성화되고 변연계, 특히 편도체(amygdala)의 활동을 억제시켜(downregulate) 불안과 공포와 같은 부정적 감정을 줄인다.[12]

자, 이제 명상을 하고 있는 MBIs 집단을 떠올려 보자. (그들의 합류를 상상하면서) 참여자들과 교사는 대내적으로 (그리고 아마도 대인적으로) 공명하고 있으며, 즐거운 감정과 때론 어느 정도의 평정심이 그룹 다수의 얼굴과 몸에 영향을 미쳤을 것이다. 그들은 눈

11) Carr, Iacoboni, Dubeau, Mazziotta, and Lenzi, 2003.

12) Creswell, Way, Eisenberger, & Lieberman, 2007; Lieberman, Eisenberger, Crockett, Tom, Pfeifer, & Way, 2007.

을 뜨고 주변 환경을 전체적으로 인식한다. 이제, 합류의 힘에 대한 객관적인 기반을 이해하기 위해, 우리는 한발 더 나아가 자율신경계(autonomic nervous system)의 조절에 대한 포지스(Porges, 2011)의 다미주 이론(polyvagal theory)을 포함시킬 필요가 있다.

자율신경계, 특히 미주신경계(vagus nerves)의 진화를 바탕으로 하는 다미주 이론은 인간이 삶에서 위협의 상황, 도전의 상황 및 (놀랍게도) 안전과 보살핌의 상황에 적응하기 위해 사용할 수 있는 세 가지 행동 전략을 설명한다. 이 전략은 순서대로 '경직(freeze)', '투쟁·도피(fight/flight)' 그리고 세 번째 다소 놀라운 전략인 '사회적 참여(social engagement)'이다. 이 세 번째 반응은 환경이 안전하다고 느낄 때 촉발되며, 새로운 미주 신경은 심박수를 늦추고 투쟁·도피 반응을 억제하며 최적의 의사소통을 통해 긍정적인 사회적 만남을 준비한다. 그것은 필요한 행동을 위해 얼굴과 머리의 근육을 조절하고, 다른 사람을 더 잘 볼 수 있도록 눈을 더 크게 뜨고, 사람들의 목소리 범위로 귀를 맞춘다.[13] 또한 섬세한 표현과 몸짓이 가능하도록 얼굴과 목의 근육을 조절하고, 명료하게 발음할 수 있도록 말하는 데 사용하는 근육을 조절한다. 이러한 변화의 근간을 두고 있는 중요한 이것은 옥시토신(oxytocin)이라는 '사랑' 호르몬의 방출인데, 옥시토신은 출산, 양육 및 커플 유대 형성(pair bonding)과 관련된다. 이 반응이 시작되면, 참여자들이 모여 있는 사이에 평온과 안전의 분위기가 조성되고, 자신들의 거울 뉴

---

13) 안전하지 않은 공간에서는 위험한 움직임이 될 수 있다. 포식자들은 더 낮거나 더 높은 소리를 내기 때문이다.

런 시스템이 우리가 우정(friendship)이라고 부를 수 있는 반응의 표정과 자세와 동작을 시도하면서 서로 강화된다. 우정에 대해서는 이 글의 후반부에서 언급할 것이다.

먼저 우리는 퀘이커(Quakers)로 잘 알려진 친우회(Society of Friends)[14]의 언어와 관습에서 도출된 설명을 고려해 볼 수 있다. 예배 모임에서 그 그룹은 성령(Holy Spirit)의 움직임을 기다리며 침묵 속에 머문다. 여기서 기다림(waiting)이라는 용어는 현대적 정의가 아니라 여전히 뒤에서 침묵하고 있지만 왕실의 어떤 요구나 조언에 즉각 반응할 수 있도록 '대기 중인 시녀나 신하'와 같은 오래된 의미로 사용된다. 예배 모임에서 영적 영감(prompts of the spirit)이 참여자들을 이끌게 된다. 그 상황은 '결집된 또는 뒤덮인(gathered or covered)' 모임으로 알려져 있다. 켈리(Kelly, 1947)는 이를 다음과 같이 기술했다.

> 신성한 장막이 방을 뒤덮고, 고요함의 느낌으로 모든 것을 덮으며, 예배자들은 삶의 단결과 통합으로 모여진다. 정말 놀라운 일이다. 생명의 존재는 우리에게 스며들어 그동안 잠들어 있던 깊은 곳에서 우리를 깨운다. 우리 가운데에서 불타는 덤불(burning bush)이 타오르고, 우리는 함께 성스러운 땅 위에 서 있다(3쪽).

마음챙김 수행의 고요함으로 모일 때 사람들에게는 어떤 일이 일어난다. 합류는 참여자들과 교사가 함께 마음챙김의 수행을 배

14) 역자주: 프렌즈 교회, 프렌즈 소사이어티라고도 알려진 기독교 단체로 17세기 중반 영국에서 발생하였다.

우는 교실이고, 종종 우리가 묘사한 상황과 관련된 특정한 성격을 띠는데, 이것은 윤리적 함의를 가질 수 있다. 이를 명확하게 이해하기 위해서는 MBIs의 교수법(pedagory)에서의 공유 활동에 대한 분석이 필요하다. 이러한 분석은 다음에 이어진다.

교수법에서의 윤리적 자질

만약 MBIs 수업이 마음챙김을 공동 창조한다면, 그 활동은 공식적인 명상을 성취할 뿐만 아니라 집단의 모든 행동들을 달성한다. 따라서 그것(MBIs 수업)은 합류에서 이러한 교수법의 종합적인 실천이며, 이는 '윤리'가 그것에 스며들어 있는지에 대한 이해로 나아가기 위해 분석을 필요로 한다. 이러한 분석은 당연히 교육 이론의 지배적인 모델보다는 합류의 개념에 초점을 맞추어야 한다. 마음챙김의 교수법(pedagogy)은 MBIs 교사들만의 것이 아니라, 모든 참여자와 함께 공유되는 지속적으로 진화하는 과정이다.

공식적이거나 비공식적 실천으로 생성된 마음챙김의 순간은 참여자들이 대화에 참여하기로 선택함으로써(주로 교사에 의해 조정됨) 자신의 경험을 설명하고, 성찰을 통해 그 경험을 명확히 함으로써 공유될 수 있다. 이러한 경험은 몇몇 참여자에게 강력하게 일어난다. 다른 참여자들의 경우 침묵 속에서 그들 사고 속 '미완성된 대화(unfinished dialogue)'[15]에서 발생하는데, 이것은 집단이 마음챙김

15) 거겐(Gergen, 2009)이 관계주의 언어로서 '미완성된 대화'를 명명한다.

에 대한 새롭고 더 미묘한 이해와 능력으로 나아가게 할 수 있다.

마음챙김은 참여자들이 홀로 공식적인 연습(formal practice)으로 '과제'를 할 때도 공동 창조된다. 관계적 관점에서는, 교사와 다른 참여자들의 목소리가 여전히 존재하며 상황에 기여하고 있다. 이것은 말 그대로 사실인데, 참여자들은 집에서 교사가 만든 녹음을 들으면서 연습한다. 또한 수업 시간에 소리를 내어 나누는 대화의 '텍스트'가 참여자들이 혼자 있을 때 진행되는 미완성된 대화에 영향을 주는 데 항상 사용할 수 있어서 '말 그대로' 참이다.

함께든 혼자든, 참여자와 교사는 마음챙김 실천을 끊임없이 배우면서 교수법에 의한 행동을 수행한다. 마음챙김의 순간들은 독특한 경험이다. 그것들은 그 순간에 사용할 수 있는 문맥과 텍스트에서 비롯된다. 따라서 마음챙김에 대한 고정된, 한번 하고 끝나는 경험이나 정의는 없다. 오히려 살아있는 순간에 형성되는 무한한 수의 정의가 있는데, 이는 단지 새로운 텍스트뿐만 아니라 그 순간의 합류에 있는 모든 목소리, 표정, 몸짓, 그리고 신체적 태도의 표현력에 의해서도 결정된다. 이러한 순간과 정의들은 MBIs 과정을 거치면서 여러 차례 나타날 것이다. 이들은 카밧진(Kabat-Zinn, 1994)의 유명한 "의도적으로, 현재 순간에, 그리고 비판단적으로 특정 방식으로 주의를 기울이는 것"(4쪽)[16]과 같은 단어에서 시작될 수도 있고, 또는 마음챙김 건포도 먹기라는 상징적인 활동의 경험에 관한 대화로부터 시작될 수도 있다. 차례로 이어지는 수

16) "paying attention in a particular way: on purpose, in the present moment, and non-judgmentally"

업을 통해 완성된(spoken) 대화와 미완성된 대화가 발생하고 또 발생하면서, 이러한 빈약한 정의는 더욱 두터워지고, 깊어지고, 더 세밀하고 정교해져서 참여자들에게 점점 더 도움이 된다.

따라서 특정 수업에서의 마음챙김은 특별한 것이다. 그것은 교사가 사용하는 일상 언어에 의해 형성되었기 때문에 확실히 인식할 수 있다. 그러나 그것은 완성된 대화나 미완성된 대화에서 시시각각 펼쳐지는 참여자들의 매우 구체적인 경험에 의해서 미묘한 차이를 보인다. 다시 말하지만, 정해진(defined) 마음챙김을 배우고 실천하는 것이 아니라, 오히려 마음챙김은 독특한 방식으로 공동 창조된다. 이것은 MBIs에서 윤리의 개념을 조사하려면 교수법 자체를 분석해야 함을 의미한다.

윤리적 분석

이 분석은 관계성과 윤리적 측면에 동등한 초점을 맞추어, 수업 행동으로 만들어지는 인간 환경의 특성(qualities)을 식별한다. 찾아낼 수 있는 특성은 방법이나 수단이 아니며, 교사나 참여자의 윤리적 행동에 대한 원칙이나 규칙도 아니다. 우리는 언어 중심의 개념을 버리고 단순히 서술적인(descrptive) 것을 선호한다는 점을 기억해라. 진정으로 성공적인 서술(description)에서 존재하는 특성들은 환경과 동일할 것이다. 반대로 서술하자면, 어떠한 특성이라도 제외되면 환경이 급격하게 변화할 것이다. 즉, 모여 있는 느낌에서 파편화된 개별적 경계의 느낌으로 변화할 것이다. 이러한 특성에 관한 서술은 각각이 분리되어 있으면서 상호 연관되어 있으며,

겹치지 않으면서도 서로 지지하는 것으로 보일 것이다. 이러한 서술은 윤리적 공간으로 공동 창조한 환경 자체에 대한 윤리적 탐구(ethical inquries)를 하는 데 유용한 지도(map)나 모델(model) 역할을 할 것이다(McCown, 2013).

MBSR 모델에서 파생된 MBIs 간에는 대상 모집단과 상관없이 상당한 유사성이 있다(Crane et al., 2017). 『마음챙김 교육하기: 임상의와 교육가를 위한 실용 가이드(Teaching Mindfulness: A Practical Guide for Clinicians and Educators)』라는 책은 이러한 메타 구조를 분석하여 MBIs 교수법의 논리를 인정하고 교육과정 전반에 걸친 '교수의도(teaching intentions)'를 밝히고 있다(McCown et al., 2010). 교수의도라는 용어는 학습목표(learning objectives)와 반대로 적용되며, 교사는 교수의도를 가볍게 유지하며 공동 창조된 수업 공간에서 교육과정을 유연하게 전개할 수 있도록 한다. 학습목표라는 용어에 제시되는 교육과정의 강요와는 다르다. 이것은 생동감 있는 교육의 순간뿐만 아니라 교육과정 설계와 개발의 비판과 혁신에 대한 성찰적 작업에서도 유용하게 사용되었다.

교수의도는 활용 순서를 고려하면 (1) 새로운 가능성 체험, (2) 연민 기르기, (3) 신체성(corporeality)[17] 발견, (4) 관찰력 함양, (5) 수용으로 나아가기로 나열된다. 이들은 구별되고 번호가 매겨지지만, 그 순서에 있어서 동시적이고 유동적인 것으로 간주하는 것이 더

17) 역자주: corporeality는 '실체성', '현실성', '신체성'을 뜻하며, 구체적으로는 실체적, 신체적 존재 또는 현실성의 상태 또는 특성을 의미한다. 그래서 영적이나 추상적인 존재와 대조적으로 이해된다.

유용하며, 이는 교과과정 전체에 걸쳐 절대 반복되지 않는 공동 창조의 경험이 가능하게 한다. 예를 들어, '재인식(re-perceiving)'(Shapiro et al., 2006) 또는 '탈중심화(decentering)'[18]와 관련된 역량인 관찰력 함양은 교수법의 핵심 움직임으로 볼 수 있는데, 이는 수용으로 나아가기를 촉진하고 새로운 가능성 체험, 신체성 발견 및 연민 성장과 같은 즉각적이고 지속적인 의도에 의해 지지받고 강화된다.

새로운 가능성 체험(Experiencing New Possibilities)

건포도를 생각해 보자. 교육과정 초기에 참여자들은 세상과 상호 작용하는 습관적인 방식에서 벗어나 건포도 한 알을 만지고, 냄새를 맡고, 보고, 심지어 소리를 들어보며 그것을 낯설고 새로운 것으로 만들도록 요청받는다. 이 수업에서 참여자들은 종종 많은 의학 및 정신적 건강 진단의 (또는 자가 진단의) 리스트를 가지고 있으며, 카밧진(Kabat-Zinn, 1990)의 자주 인용되는 다음의 진술과 (또는 유사한 표현과) 직면한다. "당신이 숨을 쉬고 있다면, 아무리 아프거나 절망으로 느껴져도 당신은 잘못된 것보다 옳은 것이 더 많다."(2쪽). 자신의 진단과 밀접한 연관이 있는 사람들은 그러한 정체성에 관심이 없고 누구도 감시하지 않는 환경에 던져진다. 그리고 그들은 자기 감시에서 벗어나 휴식을 취할 수 있다. 그 순간과 그 이후 교육과정의 모든 순간에서 새로운 삶을 갖게 되어 얼마나 흥분되고, 얼마나 자유로운가. 여기서 구별되는 관계적 특성

---

18) Segal, Williams, & Taesdale, 2002.

중 하나는 실제로 부재라는 것이다. 즉 병적으로 인식하는 감각이 없다는 것이다.

연민 기르기(Growing Compassion)

이 의도는 과정이 시작될 때와 끝날 때를 비교하면 서로 다른 성격(character)을 가진다. 처음에는 중심지향적 움직임(centripetal movement)[19]이 있는데, 많은 참여자가 교사와 다른 사람들로부터 자신을 향한 연민을 끌어와 고통에서 벗어나려고 한다. 반면 다른 참여자들은 자신을 향한 연민은 수용하기 어려워하지만 다른 사람들에게 연민을 제공하며(그들을 '고치려고(fix)' 노력하기에) 외부지향적 움직임(centrifugal movement)은 초기형태로 존재한다. 교육과정 후반에 자애 명상(loving-kindness)의 공식적인 실습이 도입되는데, 이는 참여자 대부분이 오랜 침묵과 실습을 경험한 후에 진행되는 1일 훈련[20]에서 이루어져 개인 내적 및 대인 간 공명이 실습의 가능성을 촉진하는 데 도움을 준다. 참여자들은 관계적 차원에서 공식적인 연결(formal link)을 경험하게 되는데, 이는 수업에서 자기 연결(self-connection)의 성장이 그들이 사랑하고 함께 시간을 보내는 사람들, 서로 그리고 전체 세상에 어떤 영향을 미치는지를 보여준다. 이것은 또한 많은 사람이 자신의 수행과 실천을 영적이고

19) 역자주: 다른 사람들의 연민이나 지지를 자기의 중심으로 끌어들이려는 움직임을 뜻한다.

20) 역자주: MBSR은 보통 매주 2.5시간씩 8주 과정으로 진행되며, 과정 후반부에 별도의 1일 훈련을 가진다.

종교적인 헌신과 연결하는 순간이기도 하다. 참여자들은 연민의 특성에 대한 중심지향적 움직임과 외부지향적 움직임을 동시에 경험하고 교육과정 동안 연민에 대한 다양한 이해를 경험한다.

신체성 발견(Discovering Corporeality)

서양 문화에서는 인지적인 것을 중시한다. 몸으로 느끼는 경험은 햄릿의 말로 하자면 "어렴풋한 생각의 흐름에 가려져 있다." MBIs 과정에서 참여자들은 매 순간 발생하는 감각, 감정, 생각에 집중하도록 안내받는다. 일반적으로 교육과정의 첫 번째 공식 실습은 바디스캔(body scan)으로 참여자들은 이를 통해 현재의 즉각적인 경험을 몸의 경험에 대한 의견, 이야기, 기대, 기억과 분리하는 방법을 체험하고, 이후 대화를 통해 더욱 분명하게 이해하게 된다. 이 경험은 서로 간에 매우 다를 수 있다. 각 수업 시간마다 참여자들은 몸에 주의를 기울임으로써 이미 알려진 것에서부터 미지의 경계로 탐색할 수 있는 기회를 가진다. 몸이 어떻게 생각에 반응하는가에 대해 탐구할 수 있다. 감정은 그 기원이 되는 이야기에서 벗어나 몸의 감각으로 표현될 수 있다. 예를 들어, 분노라는 몸의 감각도 기분 좋은 에너지의 모습으로 나타날 수 있다. 교사가 대화를 통해 이런 탐색을 시도해 볼 의향이 있는지 참여자에게 물어볼 때 다른 참여자들(그리고 교사)도 각자의 방식으로 참여하게 된다. 이 과정에서 모두가 실습을 통해 점점 더 분명해지는 몸 감각의 순간적인 변화를 추적할 기회를 얻는다. MBIs 교수법에서는 이와같이 우연성을 고려한 특징이 나타난다.

관찰력 함양(Cultivating Observation)

이것이 교육학(pedagogy)의 핵심 행동(key move)이다. 많은 참여자에게, 몸 감각, 생각, 감정과 같은 경험을 관찰하는 능력이 나타나기까지 한두 수업 정도의 시간이 필요하다. 바디스캔과 좌선과 같은 초기의 공식적인 실습에서 참여자들은 마음이 주의의 대상(the object of attention)인 몸의 부위나 호흡으로부터 멀어질 때 그것을 알아차리고 다시 돌아오도록 안내받는다. 참여자들은 주의(attention)가 표류하는 것을 알아차리는 순간(a moment of awareness)이 인식의 순간임을 발견하게 되며, 마침내 그 순간의 광활함이 자신의 온 세계만큼이나 광대한 것을 깨닫게 된다. 이러한 관점에서 실습에 관한 핵심 특성이 드러난다. 실습은 (과정에서 기대되는 것처럼) 무언가를 바꾸고 고치거나 특정 목표에 도달하거나 교훈을 배우는 것이 아니다. 이러한 결과는 실습하는 중에 나타나는 부수적인 효과일 뿐이다. 실습은 무언가를 얻으려는 도구적인 것이 아니라 탐색 자체에 목적이 있다.

수용으로 나아가기(Moving Toward Acceptance)

이것은 참여자 개인의 성취로 해석하기 쉽고 MBIs가 연구된 방향 때문에 이러한 해석이 강화된다. 그러나 다른 해석은 관계적 방향에서 나온다. 이는 집단의 공동 창조된 마음챙김이 참여자가 완성된 또는 미완성된 대화를 통해, 즉 자신의 탐구(explorations)를 통해 불쾌한 감각, 생각, 감정을 만날 때 반응하지 않는(non-reactivity) 수준을 유지할 수 있도록 돕는 것으로 해석된다. 마음챙김의 공동 창조된 정의에서 비판단(non-judgement)의 요소는 '애정 어린, 연민의 특성 … 개방적이고 친절한 존재감 및 관심의 느낌'(Kabat-Zinn, 2003, 145쪽)으로 발전할 수 있다. 그 특성은 친근함(friendliness)으로 불리기도 하며, 집단 내에서 집단에 대한 고려로 우정(friendship)이라고도 불릴 수 있다.

교사의 기술(The Skills of the Teacher)

MBIs 집단의 공동 창조 내에서 교사의 행동과 태도는 또한 공간의 특성에 기여하는 요소로 분석될 수도 있다. 교사의 네 가지 기술 세트(McCown et al., 2010)인 관리(stewardship), 강의(homiletics), 지도(guidance), 탐구(inquiry)는 이러한 분석에 도움이 될 수 있다.

관리(Stewardship)

MBIs 과정의 참여자들은 종종 특정한 고통을 겪으며 그들의 경험을 탐색하기 위해 모인다. 그들은 몇몇 기본적인 방법으로 보살필 필요가 있다. 관리(stewardship) 기술은 이런 일이 가능하게 하는 방법이다. 스튜어드(steward)는 말 그대로 공간의 수호자이다. 따라서 교사가 온도와 조명을 조절하는 것에서부터 의자를 원형으로 배치하는 것에 이르기까지 물리적 공간(환경)을 세팅하고 유지하는 행동들은 중요하고 상징적이다. 아서왕의 둥근 테이블과 같이 원형으로 배치된 의자들은 모든 좌석이 동등하도록 위계를 없앤다. 게다가 참여자들은 모두 마주 보며 있게 되기에, 교사가 강조하는 태도는 삶의 소중한 경험을 공유할 사람이 많고 또한 정해진 답이 없다는 것을 인식하도록 하는 것이다.

관리는 마음챙김의 공동 창조에 집중함으로써 윤리적 공간을 돌보는 행위를 포함한다. 그 공간은 완전히 튼튼한 것은 아니다. 물리적 또는 대인 관계 환경에서 심각한 방해 요소가 그 공간을 위협하거나 붕괴시킬 수 있다. 이러한 순간에는 공식적이거나 비공식적 마음챙김 실습이 관리자의 도구가 된다. 예를 들어, 소방차들이 방 밖에서 크고 불쾌한 소리를 내며 건물을 지나가는 움직임은 짧고 공식적인 마음챙김 연습에 몰두하고 그 소리들과 함께 하는 것일 수 있다. 마음챙김의 공동 창조는 집단을 하나로 묶고 사건을 통해 지탱하기 때문에 교사의 노력으로 볼 필요는 없다. 그것이 끝났을 때, 대화는 그 경험의 산만함, 이야기와 걱정에 대한 마음의 경향, 그리고 강력한 사건의 소멸에 대한 알아차림으로 바꾸는 데 도움이 될 수 있다. 교사는 중심이 아니다. 그 집단의 스스로를 규제하는 능력은 모두에게 속한다. 이를 통해 나타나는 특성은 위계질서의 파괴이다.

강의(Homiletics)

이 단어의 그리스어 어근은 함께 대화하는 것을 의미하기 때문에, 이 기술은 참여자들과 함께 관계를 맺고 반응하는 것이다. 교사는 전문가의 입장을 피하고 가능한 한 많은 가르침을 담은 자료를 그룹에서 끌어내어 공동 창조의 성격을 두텁게 하는데 기여한다. 심지어 '텍스트(texts)'를 사용하는 것도 윤리적 공간을 공동 창조하는 비계층적인 특성을 더한다. 참여자들이 마음챙김에 대한 자신의 경험에 관해 대화를 나누며 기억에 남는 사건들은 '텍스트(texts)'로 남는다. 그래서 교육적인 자료는 참여자를 존중하는 본질적으로 민주적인 성격을 지니며, 참여자들은 존경받는 작가라 할 수 있다. 비슷한 움직임으로, MBIs 교육학에서 주목할 만큼 시와 이야기를 많이 사용하는 것은(Baer & Krietemeyer, 2006; Segal et al., 2002), 그 '지혜'가 시나 아이들이 읽을 수 있는 책 속에 존재하기 때문에 교사의 전문성을 뒤엎는 역할을 한다. 이러한 기술은 위계 없는 분위기와 친근함(friendliness)을 고무시키는 데 기여한다.

안내(Guidance)

교육학에 스며드는 말하기 방법이 있다. 이는 공식적인 실천을 이끄는 데 사용되는 언어에서 가장 분명하게 드러난다. 카밧진(2004)이 개발한 특정한 스타일은 참여자들이 '저항을 유발하거나' 또는 '생각 구조에 더 많은 파동을 일으킬 수 있는' 의사소통 방법을 피함으로써 마음챙김을 가능하게 하는 데에 목적이 있다. 능숙한 언어는 "이것을 충분히 오랫동안 하면 더 나아질 것이다"라는 연습의 의미를 무력화한다. 대신, 연습의 비도구적인 특성을 강조한다. 또한 "나는 이것을 알고 있고 당신에게 가르쳐 줄 것이다"라는 위계 구조와 태도를 버린다. 마음챙김이 "당신의 부족한 점을 바꿔놓을 수 있다"라는 접근법을 거부하면서 비도구적인 특성을 재차 강조한다. 그리고 '관찰자와 관찰대상'이 설정될 수 있는 이

원론적인 상황을 만들지 않으며, 참여자들을 친근감의 특성으로 더 깊게 끌어들인다.

따라서 언어는 초대적이고 제안적이며 외교적 대화의 영역에 있다(Moss, Reibel, & McCown, 2016). "이렇게 하세요."라고 말하기보다는 "이것을 시도해 볼 수 있을까요?" 또는 "당신이라면 어떨까요?"와 같다. 카밧진(2004)의 접근법에서 명령형의 표현은 현재 분사 형태로 대체된다. 즉 "숨을 들이마셔라(breathe in)."가 아니라 "숨을 들이마십니다(breathing in)"라고 한다.

이 기술은 초월적이며, 가능한 한 교사의 개입을 최소화하여 참여자들이 자신의 경험을 할 수 있는 기회를 제공한다. 교사는 병리적으로 대하지 않고, 위계적이지 않으며, 비도구적인 방식으로 윤리적 공간의 공동 창조를 유지하면서 합류의 관계에 대한 자신의 직접적인 경험으로 가이드하고 말한다.

탐구(Inquiry)

이것은 그룹과의 일반적인 대화가 아니다. 그것은 교사와 참여자가 함께 참여자의 주관적 경험을 탐색하는 순간이다. 탐구는 그 순간의 암묵적인 이해를 언어로 가져와 더 자세히 조사할 수 있는 상황을 만든다.

교사의 태도는 우정, 호기심, 그리고 '모르는 것'에 바탕을 두고 있다. 교사는 방향성이나 계획을 두지 않고 탐구 대화에서 나오는 모든 것에 개방적이다. 이는 가장 인간적인 만남의 순간인 것이다. 이것은 탐구를 생성하는 질문의 개방성에서 분명하게 드러난다.

그것은 단순히 (참여자에게) "어땠나요?"로 시작할 수 있으며, 그 질문에 반응하여 답변을 하면 "그것에 대해 더 말해줄 수 있나요?"라고 질문을 이어갈 수 있다. 참여자, 교사, 그리고 대화를 지켜보는 집단 내 다른 사람들의 깊이 있는 성찰과 참여는 (각자의 미완성된 대화를 수행해가면서) 모두를 새로운 이해로 이끈다. 결국, 탐구는 공유 작업이다. 이 작업의 핵심은 결과를 개방적으로 수용하는 것, 즉, 일종의 세계시민주의(cosmopolitanism)적 태도에 있다. 즉, 모든 참여자는 특정 사상이나 영성의 전통 안팎에서 자유롭게 자신의 경험에 자신만의 의미를 부여할 수 있다.

교육학에서 드러난 자질

위의 분석을 통해 교사의 구체적인 교육과정 의도 및 특정 기술과 관련된 7가지 자질이 확인되었다. 나타난 순서대로, 이러한 자질들은 (1) 병리적인 것에 라벨을 붙이지 않는 것, 즉 '비병리화(non-pathologizing)', (2) 순간적 경험으로 향하는 것, 즉 '신체성(corporeality)', (3) 순간의 지속적인 상황 변화를 추적하는 것, 즉 '우연성(contingency)' 알아차림, (4) 자신과 타인에 대한 전반적 친근감, 즉 '우정(friendship)', (5) 참여자의 경험에 대해 알지 못하고 진정한 호기심을 갖는 교사의 태도, 즉 아마도 '비계층성(non-hierarchy)', (6) 고치거나 치료하는 것이 아닌 미지의 결과에 대한 탐구로 실습을 구성하는 태도, 즉 비도구성'(non-instrumentality)', (7) 참여자들이 자신의 경험에 부여하는 의미에 대한 개방성 또는 '세계시민주의(cosmopolitanism)'이다. 이러한 자질들은 표면적으로나 미묘한 방식에서 서로 관련되어 있는 것처럼 보이지만 각각의 자질들은 서로 구별될 수 있다. 따라서 남은 과제는 이러한 특성들의 관련성을 이해하는 것이다. 이것은 MBIs를 특징짓는 윤리적 공간을 창조하는 데에 있어 효과를 가진 구조 또는 모델을 나타낼 수 있을 것이다.

윤리적 공간의 모델

이제 윤리적 공간의 모델을 제시할 시간이다(McCown, 2013). 이 모형은 교육학에서 발견된 특성을 명시화하여 윤리적 딜레마를 해결하기 위해 활용하려는 시도가 아니라, 참여자와 교사의 행동, 즉 합류를 묘사하는 것이다. 따라서 이는 그룹마다 다를 수 있고, 심지어 각 수업 세션마다 다를 수 있다. 그러나 상황은 충분히 일치하여 유연한 경계를 가진 관대한 모델로 설명할 수 있다.

경계를 부드럽게 유지하기 위해 모델은 〈그림 8-1〉과 같이 3차원으로 제시된다. 이는 명확하지만 잠재적으로 무한한 무언가를 암시하는 단어이다. 교육학에서 발견된 7가지 자질은 논리적으로 '행동(doing)', '비행동(non-doing)', '우정(friendship)'의 세 가지 차원으로 나뉜다.

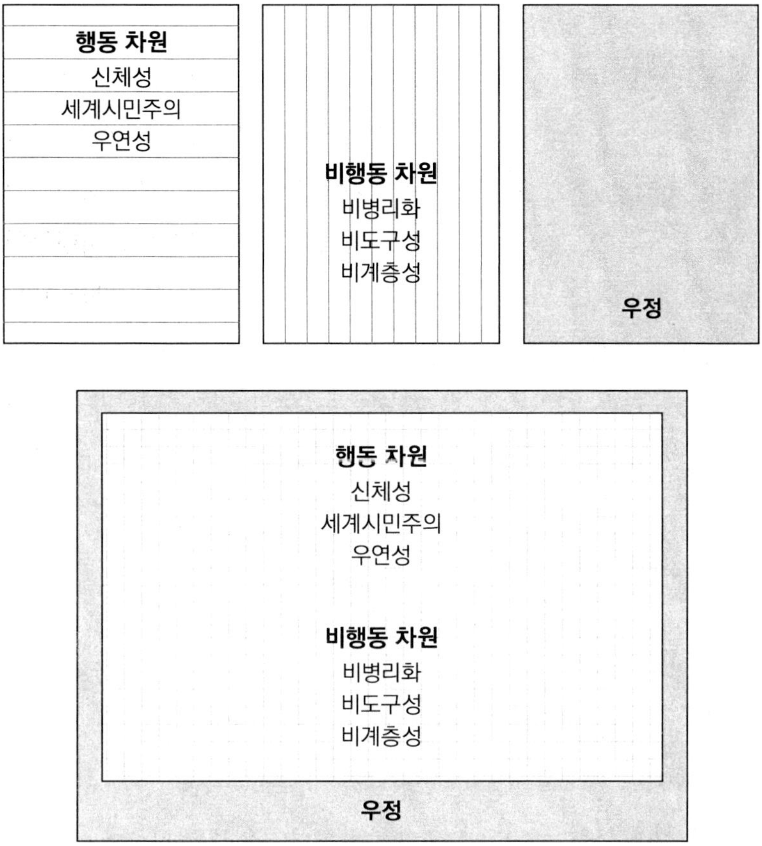

| **그림 8-1** | 행동 차원과 비행동 차원이 함께 마음챙김 집단이 행동하는 윤리적 공간을 형성한다. 이 공간은 세 번째 차원, 즉 MBIs 내에서 마음챙김의 개념을 특징짓는 우정의 특성으로 가득 차 있다.

행동 차원(doing dimension)에는 (연상하기 쉽도록) 'C'로 시작되는 세 가지 특징, 신체성(Corporeality), 우연성(Contingency), 세계시민주의(Cosmopolitanism)가 포함된다. 이러한 자질은 합류의 흐름, 순

간의 행동과 경험 안에 위치한다.

비행동 차원(non-doing dimension)에는 (연상하기 쉽도록) 접두사 '비(非, non-)'가 붙어 비병리화, 비계층성, 비도구성의 특성을 포함한다. 이들은 교사의 행동으로 형성된 것으로 가장 쉽게 볼 수 있으며, 서로를 지지하는 것으로 보인다. 즉, 전체적으로 비행동의 차원은 하나의 자질이 손상됨으로써 전체적인 차원이 붕괴될 수 있다. 병리화는 교사가 ('모르는 상태'에 머물지 않고) '알고 있다'라고 가정하는 높은 지위를 가질 때 발생할 수 있으며, 이렇게 지위가 높아지면 처방의 권한이 생기면서 교육과정의 행동이 도구로 바뀔 수 있다. 이러한 붕괴는 해당 차원의 세 가지 특성 중 어느 하나에서도 시작될 수 있다.

세 번째 차원은 무한하지만 침투적이다. 우정은 다른 여섯 가지 특성에 스며들어 서로 묶이고 서로 지지한다. 우정은 교육학의 완전한 특성이다.

차원 간 관계 (Relationships between the Dimensions)

그래픽적 표현의 한계로 인해 윤리적 공간의 모델이 종이에 평면으로 그려져 있지만, 평면성을 넘어서 생각하는 것이 유익하다. 모든 차원은 동시에 참여되며 따라서 특정한 순서가 없다. 여기서 제시된 순서는 순전히 설명의 편의를 위한 것이다. 각 자질이 자신의 차원과 다른 차원 간에 상호 작용하는 섬세한 방식이 설명에 있어 매우 중요하다. 다음은 〈그림 8-1〉에서 제시된 가로와 세로의 그물망의 특수성을 포착하기 위한 것이다.

행동 차원 (The Doing Dimension)

교사의 관점이든 참여자의 관점이든, 이 차원은 교실에서 구체적인 행동을 통해 드러난다. 세 가지 'C'의 특성 각각은 교사가 제공하는 실습 안내에서 명백하게 드러나며, 이어지는 대화에서 더욱 강화된다. 이는 MBSR의 첫 수업에서 바로 시작되며, 이 과정의 대표적인 예시인 첫 번째 공식적인 마음챙김 실습인 바디스캔에서 명확하게 나타난다. 인지치료에 영향을 받은 시각에서, 마음챙김 기반 인치치료 개발자들은 그들의 시야가 확장된 것을 알게 되었다.

> 몸의 각 부위에 차례로 주의를 집중하는 바디스캔 실습과 스트레칭, 마음챙김 걷기, 요가 등 몸에 집중하는 알아차림 실습을 MBSR에서 사용하는 이유를 더 명확하게 알 수 있다. 이러한 실습은 단순히 보조적으로 추가된 것이 아니라 중심적인 방법이며, 이 방법을 통해 자신의 경험과 다르게 관계를 맺는 방법을 배울 수 있다. MBSR 접근법은 참여자가 부정적인 생각과 감정이 종종 몸으로 표현된다는 것을 이해할 수 있도록 한다. 또한 이러한 감각은 알아차림으로 인식되고 관찰될 수 있으며, 밀어내지 않아도 된다. 몸에서 부정적인 생각과 감정이 미치는 영향에 관한 알아차림은 참여자들에게 다른 입장에 서서, 상황을 바라볼 수 있는 또 다른 관점의 기회를 제공한다. 이러한 인식은 어렵거나 고통스러운 생각, 감정 또는 몸 감각을 회피하는 것을 방지한다. 대신, 이러한 경험을 '향하도록(turning toward)' 하면서 '들여다보는(looking into)' 신뢰할만하고 측정가능한 방법을 제안했다 (Segal et al., 2002, 60-61쪽).

바디스캔의 안내에서, 이는 교사의 현재 말하는 순간 자신의 실제 수행 경험에서 생성된다(Kabat-Zinn, 2004). 이때 신체성의 특성이 적극적으로 표현된다. 이러한 느낌은 예를 들어 바디스캔 스크립트(가이드 대본)의 단순한 안내 문구에서도 빛을 발할 수 있다.

> 이제 어깨로 이동하여, 지금 이 순간 어깨의 상태를 확인하고, 어느 정도의 굳어짐이나 부드러움을 확인하고, 이것이 지금의 상태임을 인식합니다 … 그것은 다른 방식을 필요로 하지 않다는 것을 알면서, 이를 받아들입니다 … 그리고 또한 상태가 변화한다는 것을 알고 … 어깨에서 호흡이 느껴지는지를 알아차립니다 … 호흡은 몸에 어느 정도의 영향을 미치나요? (McCown et al., 2010, 189쪽)

바디스캔의 안내는 참여자들에게 이 순간 경험하는 어깨의 상태를 확인하도록 이끌고 뒤따르는 다음 호흡에서 그것의 무상함(transience)을 안내함으로써, 우연성의 특성이 지닌 동시성(simultaneity)이 여기서 명확하게 드러난다. MBSR 수업에서 사용되는 언어는 변화가 진행 중임을 전제로 한다. 예를 들어 "이제는 …로 이동하여(Moving now to...)"와 같은 현재 분사(동사+ing)의 표현은 참여자를 경험의 흐름 속으로 직접 끌어들인다. "무엇을 알아차리고 있나요(What are you noticing)?", "그것은 어떤가요(How is it for you)?"라는 기본적인 질문은 그것을 향하는 참여자들의 흐름과 전환을 강조한다. 이러한 간단한 탐구에서 교육학의 중요한 기능인 그 순간에 함께 하며 친근하게 느끼는 것이 촉진된다. 이와 같은 간단한 질문과 언어 사용이 교사와의 대화에서 사용되고, 둘 이상의 소그룹에서 사용되고, 그리고 참여자들의 미완성된 대화에서 사용되면서, 그 순간의 일시적인 성질과 그것에 대한 어떤 설명도 일시적이라는 것이 점점 더 분명해진다.

MBSR 과정의 시작 순간과 경험에서, 세계시민주의(cosmopolitanism)의 질적인 특성은 신체성(corporeality)과 우연성(contingency)에 뒤처지는 것처럼 보일 수 있다. 참여자들은 교사가 전문가이고 '올바른' 해석을 제공하는 전형적인 강의실 실습에 대한 기대에서 비롯된, 자신의 경험에 의미를 부여할 수 있을지 여부조차 확신하지 못하는 불확실한 과정을 시작한다. 교사가 "어떻게 생각하세요?"라는 응수(riposte)로 질문을 던지게 되면, 그러한 기대는 순식간에 허물어진다. 교사는 개방적이고 모르는 자세(an open, not-knowing stance)를 취하면서, 교실의 모든 의사소통 수준에서 대화를 통해 나타나는 의미를 허용함으로써 세계시민주의의 정신을 보여준다.

신체성과 우연성에 초점을 맞추면 참여자의 경험에 영향을 미치기 때문에, 세계시민주의는 종교적이거나 영적인 것으로 인식될 수 있는 질문에 대한 특정한 종류의 명확성을 제공한다. 예를 들어 MBSR에서 자아의 본질에 대한 인식은 강요되지 않고 매우 모호하게 유지된다. 사키 산토렐리(Saki Santorelli)는 "우리 동료들과 저는 결코 이에 대해 강의하거나 사람들에게 말을 하지 않습니다. 그들은 우리에게 말합니다. 그들은 '내가 지금 이것들을 관찰하고 있다면 나는 누구인가?'와 같은 말을 합니다."라고 언급했다(Horrigan, 2007, 140쪽). 시적인 텍스트를 소리내어 읽는 것과 같은 수업 활동을 통해 의미를 발견하는 기회가 종종 제공된다. MBIs의 대표적인 작품인 메리 올리버(Mary Oliver)의 시 여름날(The Summer Day)

은 "당신의 계획이 무엇인지, 당신의 하나뿐인 이 야생의 소중한 삶을 걸고 당신이 하려는 것이 무엇인지 말해 보세요."라는 질문으로 끝난다. 이 오프닝 질문으로 참여자들은 각자의 세계관에 따라 편안하게 대답할 수 있다. 교실에서는 자아의 연약한 경계, 감정의 극단, 고통과 죽음의 환기, 행복의 소멸 등과 같이 완성되거나 미완성된 모든 무거운 주제를 가볍게 담아낸다.

비(非)행동 차원 (The Non-doing Dimension)

비행동 차원에서 '비(非)'의 특성들은 교실에서 교사와 참여자의 행동에서 부족한 것, 즉 부재(abscence)로 정의된다. 첫 수업이 시작되는 순간에는 이 특성들(비병리화·비도구화·비계층성)이 교사와 교육과정과 함께 확인될 수 있지만, 'C'의 특성들(신체성·우연성·세계시민주의)과 마찬가지로 금새 합류(confluence)되어 분리할 수 없는 특성들이 된다. 그들 간의 상호 관계에 대한 설명은 행동 차원에 대한 논의에서 설명한 바디스캔을 끝 마친 후 바로 시작될 수 있다.

> 교사가 참여자들에게 "지금 어떠세요?"라는 기본적인 질문을 던지자 한 여성이 바로 말을 꺼낸다.
> "이걸 제대로 할 수 없어요."라고 그녀가 말한다. 교사는 의아한 표정으로 그녀를 바라본다. 그녀는 계속 말한다. "마음이 온통 이리저리 돌아다녀요. 전혀 집중할 수가 없어요."
> 교사는 "저도 그래요, 제 마음도 그래요. 참여자님의 마음, 제 마음, 모든 사람의 마음이 그래요."라고 대답한다.
> 교사는 고개를 돌려 참여자 전체를 향해 손을 들었다. 둥글게 그룹을 이룬 참여자들의 손이 다들 올라간다.

참여자들이 서로를 둘러보고 교사가 다시 질문을 이어간다. "그럼, 어디선가 여러분의 마음이 떠올랐을 때 어떻게 했나요?"

"귀에서 들리는 교사의 목소리와 주의를 기울여야 할 것에 또 주의를 기울였어요."라고 그녀가 말한다.

"그럼 어떻게 해야 할지 알고 나서 실행에 옮긴 거죠?" "그런 것 같아요."

교사가 "그럼 마음이 어딘가로 가는 것을 몇 번 정도 눈치챘나요?"라고 묻는다.

"오, 세상에, 수백 번은 되겠어요."

"지금 순간의 경험으로 돌아오는 것을 수백 번 했네요. 수백 번을 올바르게 연습한 거네요."

이 장면에서는 위계적이지 않고, 병리화하지 않으며, 도구적이지 않은 세 가지 '비(Non)'의 특성이 동시에 나타난다. 이들의 상호작용에 대한 설명은 어디에서나 시작할 수 있다.

비계층성에서부터 시작해 보자. 둥글게 자리를 배치해 수업한다는 사실은 선호되는 특정 자리가 없다는 것을 나타낸다. 모두가 참여자이며 모두가 서로 마주 보고 있다. 초기의 교육적 움직임 중 하나는 참여자들이 교사뿐만 아니라 그룹 전체와 대화하도록 요청한다. 이것은 교사가 둥근 형태의 반원으로 학생들을 둘러보며 더 큰 연결을 보여주기 위해 비언어적인 단서를 통해 강화된다. 또 다른 움직임은 참여자가 마지막에 교사에게 보고할 필요가 없는 2명 이상의 소그룹을 통해 함께 이야기하도록 하는 것이다. 무엇을 말하든 그 내용은 참여자에게만 귀속되므로 교사를 선호하는 경향, 즉 교사와 참여자 간의 위계성을 방지한다.

교실 언어 역시 카밧진(2004)이 '이상화(idealizing)'라고 지칭한 것의 부재의 의미가 있다. 이상화란 교사는 알고 있고 참여자는 배운다는 학습 구조를 말한다. 대신, 이들은 건포도 먹기, 바디스캔, 대화 참여와 같은 활동을 할 때 "함께 체험하면서 일어나는 것을 보자."라며 모험을 나누고 있다. 교실 안에 있는 누구도 무슨 일이 일어날지 모른다. 하지만 모두가 그 순간의 경험을 향해 몸을 돌리고 함께함으로써 교육학의 핵심 움직임에 참여하고 있다. 이는 치료적 맥락에서 좀처럼 권장되지 않는 '자기 노출(self-disclosure)'로 이어진다. 그러나 MBSR 그룹에서는 교사가 상황에 포함된다. 모든 순간이 모두의 자기 노출의 순간이다. 경험에 대한 가치 위계는 존재하지 않는다.

여기서 주목할 점은 심리학 분야와 관련된 영국의 MBSR 및 MBCT 교사를 위한 전문 교육 프로그램으로 훈련을 받는 사람들을 '치료사(therapist)'가 아닌 '교사(teacher)'라는 용어를 사용하기로 했다는 점이다(Crane et al., 2010). 이 두 가지 정체성은 상호 배타적이다. 교사의 전문적 정체성에 내재된 긴장은 아래 별도의 섹션에서 탐구될 것이다. 여기서 요점은 비계층적인 특성(그리고 그것들의 동시성으로 인해 다른 두 가지 '비병리화', '비도구성'도 마찬가지)이 역할 변화(shifting roles)로 위험에 빠진다는 것이다.

위의 그림에서 비병리화도 두드러진다. MBSR 참여자의 특성을 살펴보면 이를 알 수 있다. 그것들은 모두 다른 이유로 모여있다. 사키 산토렐리는 다음과 같이 설명했다.

> 지난 120년간 의학은 다양한 진단의 엄청난 통찰력을 발전시켰다. 우리는 단일 진단을 내리고 그 진단 조건에 맞는 단일의 치료 방식을 개발한다. 스트레스 감소 클리닉에서는 그 반대의 방식으로 진행했다. 우리는 그룹을 동질적으로 만드는 대신 이질적으로 만들기로 했다. 왜 그럴까? 모두가 같은 이유로 참여하면, 예를 들어 심장 질환이라는 같은 이유로 참여한다면, 그것이 공통점이 되어 대화가 자연스레 그쪽으로 기울게 된다. 때로는 이것이 매우 유용할 수도 있고 그렇지 않을 수도 있다. 반면, 25가지 다른 이유로 사람들이 한 방에 모여 있다면, 그들의 공통점은 자신들의 내면적 자원을 발전시키는 것으로, 그들이 직면하고 있는 어떤 문제든지 도움이 되도록 하는 것이다 (Horrigan, 2007, 142쪽).

이질성(heterogeneity)은 교사가 참여자들의 진단에 초점을 두지 않는 것뿐만 아니라 참여자들도 자신의 상태에 대한 자기 감시(self-surveillance)에서 벗어나 초점을 이동함에 따라 참여자를 재정의한다. 마음챙김은 자기 감시라는 부정적 특성이 있지만(Gold, 2011), MBIs에서는 경험이 발생할 때 발생하는 경험으로 향하고 그 경험과 함께 하는 것이 교육학의 핵심 움직임이며, 이것은 자기 암시와 반대의 모습을 보여준다. 우연성(그리고 신체성)을 통해, 참여자들은 어떤 상태나 증상도 고정되어 있지 않다는 것을 인식하게 된다. 따라서 합류의 윤리적 공간은 참여자들이 변화에 공감하고 자신의 삶을 경험하는 새로운 방식과 새로운 존재 방식을 인식할 수 있는 저항의 현장이 된다.

마음챙김의 교육학은 카밧진(2010, xi쪽)이 제안한 바와 같이 "우리가 한 분야 또는 다른 분야에서 도구적이고 효과적이라고 생각하는 어느 익숙한 기법이나 전략과 유사한 또 하나의 방법이나 기법"이 아니다. 이것은 오히려 비도구적이라는 것으로 더 잘 설명될 수 있다. 이 교육학은 우리가 어떤 것을 향해 인식을 전환할 수 있다고 주장하는데, 우리가 현재 순간에 있으며, 우리가 그 순간과 함께 하며 그 안에 있다는 것이다. 이것은 있는 그대로의 모습을 이상적으로 '수용(acceptance)'하는 것이 아니다. 그것보다 더 급진적이다. 두려움 없는 수준에서, 바라보는 방향으로 심오한 호기심이 있다. 참여자는 변경 가능한 것을 변경할지에 대한 선택에 직면하게 된다. 교사는 선택하지 않으며 변화의 방식에 영향을 미치지 않는다. 오직 참여자만이 결정하고 의미를 만들어간다. 따라서 세계시민주의도 작용한다.

비도구적 특성은 질문의 기술이 작동하는 방식으로 가장 잘 나타난다. 이는 교사가 주도하는 경우(Santorelli, 2016) 또는 참여자가 말하거나 미완성된 대화로 진행하는 경우이다. 이 수업에서 계속 반복되는 필수적인 기본 규칙은 '고치지 않음(no fixing)'이다. 비계층적, 비병리화 및 비도구적 특성은 이 규칙에 의존한다. 신체적 또는 정서적 고통이 있는 어려운 상황에서는 그 순간에 일어나는 경험에 그대로 함께 하는 것이 어려울 수 있다. 그러나 탐구가 교육학의 핵심적인 움직임에 머물 수 있다면 그것은 가능하다.

이는 특정 (때로는 상당히 고정된) 종류의 개선이나 어려움의 해결을 찾는 강한 내적 및 외적 경향을 뒤엎는 데 도움이 될 수 있다. 이러한 경향은 치료 및 정신 건강 맥락에서 때때로 실무자와 내담자 모두에게 친숙하고 건강하지 않은 방식으로 나타날 수 있다. 이에 비해, '괜찮지 않은(not-OKness)' 상황 속에서 '괜찮음(OKness)'을 경험할 수 있는 가능성은 명상 전통이 제공하는 더 광범위한 영향력으로, 단순한 과정뿐만 아니라 잠재적으로 다른 접근 방식에 대한 정보를 제공할 수 있다(Crane & Elias, 2006, 32쪽).

'괜찮지 않음 속의 괜찮음(OKness in not-OKness)'의 가능성은 합류를 구성하는 마음챙김을 공동 창조하는 기초이다. 이는 단순히 질문 대화 파트너만의 작업이 아니라 모두의 작업이다. 모든 'C'(신체성·세계시민주의·우연성)와 '非'(비병리화·비도구성·비계층성)의 자질이 모두 존재해야 가능하며, 이를 시행하는 것은 마지막 차원이자 하나의 자질이다.

우정의 차원 (The Friendship Dimension)

앞에서 논의된 사회적 참여 반응(social engagement response)으로 설명되는 포지스(Porges, 2011)의 연구를 요약하면 도움이 될 수 있다. 이 반응은 투쟁이나 도피의 기분을 반전시키고 친밀한 수준의 의사소통을 위해 몸과 마음을 준비하는 것으로, 침착하고 고요한 태도, 경청하고 이해하는 능력, 타인에게 정보를 명확하게 전달하는 능력을 특징으로 한다. '사랑 호르몬'인 옥시토신이 분비되는 것도 이러한 반응의 일부라는 점을 기억하면 MBIs 그룹 내 분위기의 강도를 짐작할 수 있다. 공식적인 마음챙김 실천은 이러한 반응을 불러일으킬 수 있으며, 이는 윤리적 공간의 공동 창조를 위한 배경이 된다. 이것은 우정에 대해 생각하는 한 가지 방법이다.

하지만 우정은 분명히 더 복잡하고 다양한 차원을 가지며, 적어도 2명에서부터 많게는 30명 이상의 참여자의 다양한 고통과 탐구 상황이 포함된다. 수업에서 수행되는 교육적 행동은 'C'와 '非'의 모든 자질에 의존하여 전체 그룹에 강력한 영향을 미친다. 신체적 고통과 그것이 정서에 미치는 영향을 탐구하는 교사–참여자 간 탐구를 상상해보라. 대화는 몸 감각을 중심으로 이루어진다. 그룹 전체가 주의를 기울이고, 말하는 참여자에게 무슨 일이 일어나고 있는지 추적하거나, 미완성된 대화로써 자신의 탐구에 참여하고 있다. 강의실에서 공동 창조한 마음챙김이 이 모든 것을 뒷받침하고 있다. 그리고 상황은 반복적이며 상호작용한다. 완성된 대화가 경험에 닿으면 언어는 더욱 풍부하고 표현력이 높아지며 참여자들로부터 생생한 반응을 이끌어낸다. 이 모든 것은 공간의 고요함, 정서, 친근함을 더욱 깊게 만들어 준다.

참여자들이 그룹 안팎에서 느끼는 지원은 단순히 이론적이거나 물리적인 것만이 아니다. 오히려 관계적인 것이다. 그룹과 함께 또는 혼자서 '내 안의 그룹'과 함께 있을 때 이전보다 더 많은 것이 가능하다. 윤리적 공간의 우정은 그 안에 있는 사람들에게 살아 있는 분위기이다. 에머슨(Emerson, 1841/1983)은 에세이 '우정'의 첫 문단에서 이를 아름답게 표현했다.

> 우리는 말로 표현되지 않은 훨씬 더 많은 친절함을 가지고 있습니다. 세상을 동쪽 바람처럼 차갑게 만드는 모든 이기심에도 불구하고, 온 인류는 미세한 에테르(ether)와 같은 사랑의 원소로 목욕을 합니다. 우리가 집에서 만나는 사람이 얼마나 많은지, 우리가 거의 말하지 않지만, 우리가 존중하고 우리를 존중하는 사람들! 길거리에서 보거나

교회에서 함께 앉아 조용히, 그러나 따뜻하게 함께 있는 것을 기뻐하는 사람들이 얼마나 많은가! 이 방황하는 눈빛의 언어를 읽어 보십시오. 마음은 알고 있습니다(331쪽).

더 간결하게 말하자면, 윤리적 공간은 스스로 생성되고 유지된다. 교육학을 통해 마음챙김을 공동 창조하는 동안, 그룹과 참여자들은 특별한 노하우를 갖게 된다. 그들은 순간의 질이 어떻든 함께 그 순간에 있을 수 있다.

공간을 초월한 윤리?

MBIs 합류의 윤리적 공간에서 참여자들이 계속해서 마음챙김을 공동 창조함에 따라, 그들은 특별한 분위기 속에서 특별한 가능성에 빠져들고 있다. 이것이 그들에게 어떻게 변화를 가져오는지 파악할 수 있는 방법은 무엇인가? 관계적 담론에서 '결과'를 어떻게 설명할 수 있을까?

거겐(2009)은 이를 명확히 설명하는 개념을 제시했다. 그는 우리가 인생을 살아가면서 여러 가지 다양한 합류를 경험한다는 점에 주목했다. 그 속에서 우리는 잠재적인 존재 방식(거겐은 이를 잠재력이라고 불렀다)의 레퍼토리를 개발하며, 따라서 우리는 다중 존재(multi–being)로 묘사될 수 있다. 우리는 계속 상황에서 상황으로 이동하고 새롭고 다양한 관계를 맺으면서 다중 존재의 잠재력을 필요에 따라 적절하게 사용할 수 있다. 거겐의 말을 빌리자면 "요약하자면, 모든 의미 있고 충실한 관계는 우리에게 다른 사람의 존재 방식, 관계를 통해 우리가 되는 자아, 그리고 공동 행동의 춤사위(choreography)를 남깁니다. 이 세 가지 원천으로부터 우리는 존재에 대한 엄청난 가능성을 얻게 됩니다."(137쪽).

그룹이 몸소 체험하는 분위기는 비유적인 표현이 아니다. 오히려 그것은 자신과 타인 사이의 분리되지 않은 관계 속에서 인식되는 객관적이고 주관적인 경험이며(Bohme, 1993; Bollnow, 2011; Ingold, 2013), 이는 합류에 대한 유용한 재표현이다. 분위기가 넓게 공유되고 있음은 "지금 방 안의 분위기는 어떤가요?"와 같은 질문을 통해 알 수 있다. 대화가 이어질 수 있고, 참여자들은 대부분 설명에 대해 깊게 동의하게 될 때가 많다.

이 장에서 계속 살펴본 바디스캔 실습 후에 교사와 참여자 간의 탐구를 통해 조성되는 분위기를 생각해 보라. 만성 통증 환자인 루이즈는 "이 경험에 대해 하고 싶은 말이 있나요?"라는 질문에 답한다.

> 그녀는 소심하게 "힘들었어요."라고 말하며 조용히 자리에 앉는다. 교사는 "더 말씀해 주실 수 있나요?"라고 묻는다.
> "아주 많이, 진짜 많이 고통스러웠어요. 계속 그랬어요."
> "그래서 어떻게 하셨나요? 스스로 도울 수 있는 방법을 찾았나요?"
> 루이즈는 잠시 생각에 잠기더니 "움직여 보았는데 통증이 완화되지 않았어요. 결국 그냥 선생님 말씀을 듣고 바디스캔을 따라 하려고 했어요. 허리 통증에 계속 끌려다녔어요."
> 교사가 "그래서 무슨 일이 있었나요?"라고 묻는다.
> "별일 없었어요. 아무것도 달라진 건 없었지만 견뎌냈어요. 선생님 말씀에 집중하려고 노력하다 보니 정신이 분산되어서 도움이 된 것 같

아요."

"지금은 어떤지 궁금해요, 루이스." 교사가 물었다. "체크를 해보면서 어떤 점이 달라졌나요?"

"똑같아요. 여전히 아파요. 너무 답답하고. 그리고 슬퍼요."

"한 번만 더 살펴볼 수 있을까요? 지금 어떤 상태인지 주의를 기울이고 어떤 일이 일어나는지 볼까요?"

"글쎄요, 해볼게요."

"우리 모두 함께 할 수 있습니다."라고 교사가 말하며 둥글게 앉아 있는 참여자들을 둘러보고 조용히 가만히 있거나 아래를 보거나 멀리 떨어져 있는 다른 참여자들을 바라본 다음 일반적으로 "괜찮다면 눈을 감고 지금 이 순간 자신의 몸에 주의를 기울여 보세요."라고 말한다. 15초가 지났다. 긴 시간이다. "루이스, 뭐가 느껴져요?"

"음, 아파요, 전과 똑같아요."

"좋아요, 뭔가 해봅시다. 아픈 부위 한 곳에 주의를 집중할 수 있겠어요? 꼭 가장 아픈 곳일 필요는 없어요." 잠시 멈춘다. "그리고 거기에 집중할 수 있는 친근한 방법을 찾을 수 있을까요? 자신의 호흡을 알아차리고 그 감각을 조금 더 부드럽게 받아들이는 데 도움이 되는지 알아볼 수 있을 거예요. 그래서 함께 있기로 선택한 장소에서 몸을 부드럽게 하는 것입니다."

30초가 지났다. 아주 긴 시간이 흘렀다. 교사가 "루이스, 이제 뭐가 느껴지나요?"라고 묻는다.

"여전히 아파요."라고 루이즈가 대답한다. "하지만 달라졌어요. 전처럼 날카롭지는 않아요." "계속 견딜 수 있겠어요? 계속 숨을 쉬고 부드러워질 수 있을까요?"

또 한 번 긴 시간이 흘렀다. 조용한 방. "다시 확인해보죠. 이제 뭐가 느껴지나요?"

"한동안 둔해졌었는데, 물어보시니까 다시 선명해졌어요. 하지만 더 좋은 순간도 있었던 것 같아요."

교사가 잠시 멈칫한다. "그러니까 똑같은 옛날, 똑같은 옛날이 있었고, 잠시 동안은 더 좋았거나 적어도 다른 무언가가 있었어요. 그건 알 만한 가치가 있지 않을까요, 루이스?"

"네, 그런 것 같아요."

교사는 조용히 둥글게 앉아 있는 그룹을 둘러본다. 아직 다음 단계로 나아가기에는 준비가 되지 않았다. 그룹은 마음챙김의 공동 창조에서 생성되는 우정의 분위기, 윤리적 공간에 푹 젖어 있다. 모두는 (또는 거의 모두가) 대화로 또는 어쩌면 자신들만의 병행적인 미완성된 대화로 나름의 방식으로 감동을 받는다. 그들은 이런 공간을 만들고, 다른 사람들과 함께 커뮤니티를 창조할 수 있는 잠재력에 흠뻑 빠져 있는 상태이다.

이러한 가능성은 분위기의 힘에 있다. 이것은 숭고함(sublime; McCown, 2016)으로 설명되는데, 미학 이론(Burke, 1759/2008)에서 가져온 개념이다. 숭고함은 '공포'의 순간에 직면하는 것과 관련이 있으며, 버크에게는 바다의 폭풍이나 산을 오르는 것과 같은 것들이 이에 해당한다. 이러한 대면은 관객을 이성적인 것을 넘어, 제한된 자아를 넘어, 타인과 연결될 수 있는 공간으로 안내한다. 마음챙김에 기반한 이론에 적용된 숭고함은 불쾌한 감정을 경험하면서 그것을 향해 돌아보고, 그 안에 있으며, 그것과 함께 있는 강력한 순간들을 식별한다. 죽음이나 광기와 같이 다가오는 극단적인 상황들을 말한다. 위의 루이스와의 대화에는 이러한 실존적 불안을 어느 정도 담고 있으며, 그로 인해 만들어진 분위기는 숭고함과 연관될 수 있다.

우리가 심금을 울리는 분위기를 윤리적 질문과 연결할 때, 비극적 드라마라는 다른 미학적 묘사를 불러일으킬 수 있다. 우리는 아테네의 디오니소스 축제와 같은 구조화된 전례의 틀 안에서 비극적 사건과의 만남을 고려할 수 있다. 이 축제에서 비극적인 내러티브는 폴리스에 모인 시민들 앞에서 연기되는데, 그 목표는 도시의 연대, 즉 모두의 이익을 위해 함께할 수 있는 능력을 재확인하는 것이다(Williams, 2016).

MBIs 교육학의 핵심 움직임인 '그 순간에 일어나는 것에 가만히 앉아 있기'는 비극적 드라마의 관객이 감동을 경험하면서 가만히 앉아 있는 모습을 반영하거나 재연한다는 느낌이 든다. 케벨(Cavell, 1987)은 지정된 좌석에 앉아 관조적인 정지 상태로 있음으로써 관객은 드라마가 진행되는 동안 소리를 지르거나 행동하지 못하게 되고, 이로 인해 각 구성원은 자신의 분리성(separateness)과 비극을 겪는 사람의 타자성(otherness)을 인식하게 된다고 지적했다. 이 특이한 위치에서 관객은 상대방의 온전한 인간성을 명확하게 바라보게 되고, 이를 통해 자신과 마주하게 된다. 역설적이게도 상대방의 경험을 가질 수 없다는 상호 분리성의 인식은 실제로 연대를 형성하며, 윤리적 공동체를 생성하고 참여자가 침투할 수 있는 공간을 만든다.

드라마 연출의 전통에서는 구성된 텍스트가 연기된다. 하지만 MBIs에서 참여자는 교사와의 탐구를 통해 그 순간 자신에게 닥쳐오는 고통을 공개적으로 표현하며, 그 고통은 교육학의 핵심 움직임에서 아마도 완화될 수 있으며, 그 경험은 그룹에게 고유한 텍스트가 된다(McCown & Billington, 심사 중). 이러한 텍스트는 소리 내어 언급되거나 미완성된 대화에서 회상되면서 계속해서 교실 분위기에 영향을 미친다. 이러한 텍스트는 몰입하는 과정에서 강렬함(intensity)을 더한다.

분위기의 강렬함은 MBIs에서 교사에게 유용하다. 왜냐하면 교실에서 비극적인 상황을 직면했을 때 윤리적 공간이 작동하고 있고 참여자들이 윤리적 공동체에서 함께 할 수 있는 잠재력을 얻고 있다고 가정할 수 있기 때문이다. 반대로 비극적인 상황을 회피하거나 전혀 언급되지 않았을 경우 윤리적 공간은 약해지고 잠재력이 덜 발달할 수 있다.

강렬함은 윤리의 관점에서 제기되는 것처럼 보이는 현재의 질문들, 즉 비임상적 환경에서의 마음챙김의 효과적인 적용에 관한 질문에 답한다. 많은 프로그램이 약속하는 스트레스 감소와 행복감 증가와 같은 유쾌한 경험을 기본 설정으로 하면, 비극적 차원을 접할 기회가 제한되어 강렬함이 낮게 유지되고 윤리적 공간의 이점을 약화시킨다. 잘 교육받고 고도로 숙련된 교사의 경우, 마음챙김의 임상적 적용은 계속해서 비극과의 대면을 유도하고 윤리적 공간의 공동체의 충만함을 보장하고 그 안에 스며들면서 개발되는 잠재력을 보장한다.

윤리적 공간이 무너질 때

교사는 의지의 행동이나 어떤 기법을 적용해서 윤리적 공간을 만들어내거나 유지할 수 없다. 그것은 단순히 그룹의 마음챙김을 성공적으로 공동 창조하고, 교육학의 핵심 움직임에 참여하는 것이다. 즉 현재 순간의 경험에서 발생하는 어떤 것이더라도 그것에 주목하고 그것과 함께 그 안에서 존재하는 것이다. 참여자와 교사 관계의 합류 속에서, 일곱 가지 고유한 자질이 확인되어 모델에 적용되었다. 물론 더 많은 다양한 특성이 발견되어 다른 모델을 만드는 데 사용될 수도 있다. 그러나 진정으로 중요한 것은 이러한 자질은 관계 속 행동에서 나온다는 것이다. 이 모델은 MBIs 그룹이 무엇을 하는지만을 설명하며, 다른 상황에서 '적용' 가능한 '암묵적인' 윤리적 원칙들을 설명하는 것은 아니다.

이 모델은 교육과정, 교수법 및 교사 훈련의 개선에 대해 생각하는 데 유용할 수 있다. 또한, 이는 교사들과 참여자들 사이의 긴장감을 더 잘 이해하는데 사용될 수 있으며, 이러한 긴장은 마음챙김 교육학의 포기와 윤리적 공간의 붕괴로 이어질 수 있다. 거겐(2009)의 '1차 도덕(first-order moralities)' 개념은 이를 쉽게 이해하게 해준다. 그는 합류 안에서, 모든 관련자들이 그룹에게 좋은 삶이 무엇인지에 대한 이해를 공유하며 따라서 무엇을 해야 할지 알고 있다고 지적했다. 좋은 것(the good)에 반하는 행동을 하려면, 현재의 이러한 방식의 공동체에서 '이탈하여(steping out)' 자신의 다중 존재성 속에서 가능한 또 다른 존재의 방식, 즉 또 다른 1차 도덕에 부합하도록 조정해야 한다.

이를 고려할 때, 최적의 수업은 수업 시간 내내 경험에 대해 향하고 그 경험과 함께 그 안에 머물도록 하는 교육학을 유지하는 것이다. 참여자들은 함께 마음챙김의 공동 창조를 '계속하는' 방법을 찾는다. 그러나 만일 참여자 한 명이 계속 진행할 수 없다고 느끼고 그룹의 1차 도덕에서 '이탈하여' 의료 치료나 가족의 생활 방식과 같은 다른 패턴이나 가치관을 따르려고 한다면, 교사는 도전을 받게 된다. 교사는 그룹을 다시 마음챙김의 교육학으로 되돌려서, 경험으로 향하고 그 경험에 있으며 그것과 함께 하는 1차 도덕을 강화하려고 시도할 수 있다. 반대로, 교사는 참여자의 행동이 교육학에 도움이 되지 않는다고 판단하고 대신 좋은 삶에 대한 다른 관점(예를 들어 임상 심리학, 직업 윤리 강령 및 법적 고려 사항 포함)에 따라 행동하는 다른 1차 도덕에 따르기로 선택할 수 있다.

물론 MBIs의 장점은 윤리적 공간으로 알려진 1차 도덕을 유지하는 것이다. 이 공간을 유지하는 데 세 가지 고려 사항이 있다. 첫째, 그룹이 서로를 향하고 함께하며 경험할 수 있는 역량을 확장하는 것이 중요하다. 이는 당연히 지속적인 교육법 실습을 통해 이루어진다. 그룹이 더 많이 실습할수록 윤리적 공간에서 생성되는 좋은 것들을 더 많이 보고 이해하게 되며, 참여자가 '이탈할' 가능성은 줄어든다. 즉, 참여자는 분위기에 흠뻑 젖어 들어야 한다. 두 번째는 교사 버전의 1차 도덕이다. 교사가 불쾌하고 위협적인 경험을 포함하여 어떤 일이 발생하더라도 참여자가 그쪽으로 향하고 함께할 수 있도록 도울 수 있다는 것을 알기 때문에 교사에 대한 신뢰가 높아지면 참여자는 이탈할 가능성이 줄어든다. 따라서 참여자와 교사 모두에게 가장 중요한 것은 교실에서 마음챙김을 공동 창조하고 윤리적 공간에 몰입하는 시간이다. 세 번째는 조금 더 기술적인 부분이다. 이는 참여자나 교사가 이탈하게 되면 선택할 수 있는 다른 1차 도덕과 관련이 있다. 교사와 참여자는 모두 다중 존재인 만큼 선택할 수 있는 레퍼토리는 매우 다양하다. 기대되는 것은 참여자들이 그 순간에 접근 가능한 가장 도움이 되는 1차 도덕에 따라서 일시적으로 이탈할 때가 많다는 것이다. 이러한 행동은 그룹에서 무해할 수 있으며, 참여자가 사고의 '미완성된 대화'에서 이탈하여 자신의 긴장을 해소하고, 어떤 행동도 취하지 않고 합류하여 교육학의 실습으로 다시 그룹에 참여할 수 있다. 그러나 참여자가 이탈하는 것에 대해 표현할 수 있고, 교사는 이를 다시 교육법에 참여시킬 수 있으며 그룹은 모두 함께 계속 실천할 수도 있다.

참여자의 이탈이 다른 참여자들에게 잠재적 위협이 되면, 교사는 다른 1차 도덕과 일치하는 쪽으로 이탈할 필요가 있다. 다시 말하지만, 이 경우 대부분은 교사의 직업적 정체성에 따라 윤리 강령과 직업 원칙이 작용한다. 예를 들어 관계는 사회복지사와 클라이언트 또는 클라이언트들 간의 것일 수 있다. 상담실 내 모든 것이 사회복지사의 책임이므로, 사회복지사는 모든 클라이언트에 대한 책임을 진다. MBIs 교사들은 전문 분야별로 재조정이 가능하기에 정신 건강 분야에서만 185개 이상의 다른 분야와 조직이 각각의 윤리 강령을 가지고 있다(Pope, 2012). 정신 건강, 의학 또는 관련 보건 전문직에서든지, MBIs 교사는 긴급 상황에서 가장 자주 전환할 1차 도덕이 될 확률이 높으므로, 자신의 '전문' 분야를 잘 알아야 한다.

한 참여자와 그룹을 만나기 위한 이탈의 필요성은 원칙을 버리는 것이 아니라 행동을 바꾸는 것이다. 이는 매일 여러 번 우리가 하는 일종의 이동이며, 하나의 도덕에서 다른 도덕으로 옮겨가는 것이다. 긴급 상황에서는 관계보다는 법이 구속력이 있는 관계라는 것을 인정하는 것일 뿐이다. 이는 책임이 분담되어 있고 책임을 계산하는 것이 현실인 사회에서 살아가는 것이다.

결론

이 장에서는 임상 적용에서 MBIs의 윤리에 대한 비토대주의적 접근 방식을 취했다. 교사와 참여자의 행동을 함께 분석한 결과, 그룹에서 마음챙김의 성공적인 공동 창조는 윤리적 공간인 1차 도덕과 함께 그룹에서 마음챙김을 성공적으로 공동 창조했으며, 이를 통해 관련된 모든 사람이 주어진 순간에 함께 나아갈 수 있도록 했다.

분석 결과 윤리적 공간의 모델은 세 가지 차원으로 구성된다. 즉 신체성, 우연성, 세계시민주의의 시각을 특징으로 하는 행동 차원과 위계, 병리화, 마음챙김의 도구적 사용의 부재를 특징으로 하는 비행동 차원, 그리고 모델 전체를 관통하는 우정 차원이다. 참여자와 교사는 이 윤리적 공간을 유지하면서 그 안에 몰입하기에, 다른 사람들과 함께 다른 상황에서도 이를 재창조 할 수 있는 잠재력이 주어진다. 그룹이 함께 마음챙김의 교육학을 실천할 수 있고, 그 순간의 경험을 향하고 그 안에 함께 할 수 있는 한에서 윤리적 공간은 유지된다.

참여자나 교사가 교육학에 관여할 수 없는 상황에서는 윤리적 공간에서 '이탈'하여 다른 1차 도덕을 따라야 한다. 교사는 기본적으로 의료 또는 정신 건강 관리 분야의 전문적 정체성을 대안적인 1차 도덕으로 활용하여, 현재의 논쟁 상황에서 요구되는 보호와 책임을 제공할 수 있다.

| 참고문헌 |

Baer, R. A. (2015). Ethics, values, virtues, and character strengths in mindfulness-based interventions: A psychological science perspective. *Mindfulness,* 6(4), 956-969.

Baer, R. A., & Krietemeyer, J. (2006). Overview of mindfulness- and acceptance-based treatment approaches. In R. A. Baer (Ed.), *Mindfulness-based treatment approaches: Clinician's guide to evidence base and applications.* Burlington, MA: Academic Press.

Bohme, G. (1993). Atmosphere as the fundamental concept of a new aesthetics. *Thesis Eleven,* 36, 113-126.

Bollnow, O. F. (2011). *Human space.* London, UK: Hyphen Press.

Burke, E. (1759/2008). *A philosophical enquiry into the origin of our ideas of the sublime and beautiful.* Mineola, NY: Dover Publications.

Carr, L., Iacoboni, M., Dubeau, M.-C., Mazziotta, J., & Lenzi, G. (2003). Neural mechanisms of empathy in humans: A relay from neural systems for imitation to limbic areas. *Proceedings of the National Academy of Sciences,* 100, 5497-5502.

Cavell, S. (1987). *Disowning knowledge: In six plays of Shakespeare.* Cambridge, UK: Cambridge University Press.

Crane, R. S., Brewer, J., Feldman, C., Kabat-Zinn, J., Santorelli, S., Williams, J. M. G., & Kuyken, W. (2017). What defines mindfulness-based programs? The warp and the weft. *Psychological Medicine,* 47, 990-999.

Crane, R. S., & Elias, D. (2006). Being with what is. *Therapy Today,* 17(10), 31-33.

Crane, R. S., Kuyken, W., Hastings, R., Rothwell, N., & Williams, J. M. G. (2010). Training in the UK for clinicians delivering mindfulness-based interventions: Learning from the UK experience. *Mindfulness,* 1, 74-86.

Crane, R. S., Stanley, S., Rooney, M., Bartley, T., Cooper, L., & Mardula, J. (2015). Disciplined improvisation: Characteristics of inquiry in mindfulness-based teaching. *Mindfulness,* 6(5), 1104-1114.

Creswell, J. D., Way, B. M., Eisenberger, N. I., & Lieberman, M. D.

(2007). Neural correlates of dispositional mindfulness during affect labeling. *Psychosomatic Medicine*, 69, 560–565.

Diamond, C. (2000). Ethics, imagination and the method of Wittgenstein's Tractatus. In A. Crary & R. J. Read (Eds.), *The new Wittgenstein* (pp. 149–173). London, UK: Routledge.

Emerson, R. W. (1841/1983). *Essays and lectures*. New York, NY: Library of America.

Gergen, K. (2009). *Relational being: Beyond self and community*. Oxford, UK: Oxford University Press.

Gallese, V., Fadiga, L., Fogassi, L., & Rizzolatti, G. (1996). Action recognition in the premotor cortex. *Brain*, 119, 593–609.

Gold, J. B. (2011). A critical glimpse at the American appropriation of Asian meditative traditions: Confessions of an unsuccessful meditator. *International Journal of Religion and Spirituality in Society*, 1(2), 139–148.

Grossman, P. (2015). Mindfulness: Awareness informed by an embodied ethic. *Mindfulness*, 6(1), 17–22.

Horrigan, B. J. (2007). Saki Santorelli, EdD, MA: Mindfulness and medicine. *EXPLORE*, 3(2), 137–144.

Imel, Z., Baldwin, S., Bonus, K., & MacCoon, D. (2008). Beyond the individual: Group effects in mindfulness-based stress reduction. *Psychotherapy Research*, 18(6), 735–742.

Ingold, T. (2013). *Making: Anthropology, archeology, art and architecture*. New York, NY: Routledge.

Kabat-Zinn, J. (1990). *Full catastrophe living*. New York, NY: Delacorte.

Kabat-Zinn, J. (1994). *Wherever you go, there you are*. New York, NY: Hyperion.

Kabat-Zinn, J. (2003). Mindfulness-based interventions in context: Past, present and future. Clinical Psychology: *Science and Practice*, 10, 144–156.

Kabat-Zinn, J. (2004). [audio recording] The uses of language and images in guiding meditation practices in MBSR. Second Annual Conference sponsored by the Center for Mindfulness in Medicine, Health Care, and Society at the University of Massachusetts Medical School, March 26.

Kabat-Zinn, J. (2010). Foreword. In D. McCown, D. Reibel, & M. Micozzi (Eds.), *Teaching indfulness: A practical guide for clinicians and educators* (pp. ix-xxii). New York, NY: Springer.

Kelly, T. R. (1947). *The gathered meeting.* Philadelphia, PA: Tract Association of Friends.

Lieberman, M. D., Eisenberger, N. I., Crockett, M. J., Tom, S. M., Pfeifer, J. H., & Way, B. M. (2007). Putting feelings into words: Affect labeling disrupts amygdala activity in response to affective stimuli. *Psychological Science,* 18(5), 421-428.

McCown, D. (2013). *The ethical space of mindfulness in clinical practice.* London, UK: Jessica Kingsley.

McCown, D. (2016). Being is relational: Considerations for using mindfulness in clinician-patient settings. In E. Shonin, W. Van Gordon, & M. Griffiths (Eds.), *Mindfulness and Buddhist-derived approaches in mental health and addiction.* New York, NY: Springer.

McCown, D., & Ahn, H. (2016). Dialogical and eastern perspectives on the self in practice: Teaching mindfulness-based stress reduction in Philadelphia and Seoul. I*nternational Journal of Dialogical Science,* 9, 39-80.

McCown, D. & Billington, J. (under review). Correspondence: Sitting and reading as two routes to community.

McCown, D., Reibel, D., & Micozzi, M. (2010). *Teaching mindfulness: A practical guide for clinicians and educators.* New York, NY: Springer.

McCown, D. & Wiley, S. (2008). Emergent issues in MBSR research and pedagogy: Integrity, fidelity, and how do we decide? *Presented at the 6th Annual Conference: Integrating Mindfulness-Based Interventions into Medicine, Health Care, and Society,* Worcester, MA, April 10-12.

McCown, D. & Wiley, S. (2009). Thinking the world together: seeking accord and interdependence in the discourses of mindfulness teaching and research. *Presented at the 7th Annual Conference: Integrating Mindfulness Based Interventions into Medicine, Health Care, and Society,* Worcester, MA, March 18-22.

Monteiro, L., Musten, R. F., & Compson, J. (2015). Traditional and contemporary mindfulness: Finding the middle path in the tangle of concerns. *Mindfulness,* 6(1), 1-13.

Moss, A., Reibel, D., & McCown, D. (2016). Guidance: Refining the details. In D. McCown, D. Reibel, & M. Micozzi (Eds.), *Resources for teaching mindfulness: An international handbook*. New York, NY: Springer.

Pope, K. S. (2012). Ethical standards and practice guidelines for assessment, therapy, counseling, and forensic practice. Available at http://kspope.com/ethcodes/index.php, Accessed on March 5, 2017.

Porges, S. W. (2011). *The polyvagal theory: Neurophysiological foundations of emotions, attachment, communication, and self-regulation*. New York, NY: Norton.

Purser, R., & Loy, D. (2013). Beyond McMindfulness. Huffington Post. Retrieved from http://www.huffingtonpost.com/ron-purser/beyond-mcmindfulness_b_3519289.html

Santorelli, S. (2016). Remembrance: Dialogue and inquiry in the MBSR classroom. In D. McCown, D. Reibel, & M. Micozzi (Eds.), *Resources for teaching mindfulness: An international handbook*. New York, NY: Springer.

Segal, Z. V., Williams, J. M. G., & Teasdale, J. D. (2002). *Mindfulness-based cognitive therapy for depression: A new approach to preventing relapse.* New York, NY: Guilford Press.

Shapiro, S., Carlson, L., Astin, J., & Freedman, B. (2006). Mechanisms of mindfulness. *Journal of Clinical Psychology*, 62(3), 373-386.

Siegel. (2007). *The mindful brain*. New York, NY: W. W. Norton.

Van Aalderen, J. R., Breukers, W. J., Reuzel, R. P. B., & Speckens, A. E. M. (2014). The role of the teacher in mindfulness-based approaches: A qualitative study. *Mindfulness*, 5, 170-178.

Williams, R. (2016). *The tragic imagination*. Oxford, UK: Oxford University Press.

Wittgenstein, L. (1922). *Tractatus logico-philosophicus*. New York, NY: Harcourt, Brace & Company.

제9장

조작을 넘어서:

마음챙김 교육에 대한 급진적 인본주의와 돌봄 윤리의 관점

제임스 리블리(James Reveley)
School of Management, Operations and Marketing, Faculty of Business,
University of Wollongong, Wollongong, NSW, Australia
e-mail: jreveley@uow.edu.au

제9장

조작을 넘어서:
마음챙김 교육에 대한 급진적 인본주의와 돌봄 윤리의 관점

Beyond Manipulation: Radical Humanist and Care Ethics Perspectives on Mindfulness Education

도입

최근 학교에서 학생들에게 마음챙김을 가르치는 것이 유행이 되었다. 지난 10년 동안 영국, 호주, 이스라엘, 홍콩 및 미국의 학교에는 마음챙김 명상 프로그램이 도입되었다.[1] 교사 교육 매뉴얼(예 Broderick, 2013) 덕에 교실에서의 비공식적인 마음챙김(informal mindfulness)[2] 운영이 점차 확산되었다. 초등학교에서 학생들에게

1) Fluke et al., 2010; Huppert & Johnson, 2010; Joyce, Ety-Leal, Zazryn, & Hamilton, 2010; Kuyken et al., 2013; Lau & Hue, 2011; Meiklejohn et al., 2012.

2) 역자주: 비공식적인 마음챙김(informal mindfulness)은 일상에서 적용되는 마음챙김을 뜻한다.

마음챙김 호흡을 안내하는 것이 좋은 예이다. 매 수업이 시작될 때마다 교사는 학생들에게 1분 정도 멈춤의 시간으로 호흡을 알아차리며 현재의 순간에 집중하도록 한다. 최근 연구에서는 '멈춤·호흡·미소(pause, breathe, smile)'라는 실천 방법도 제안되고 있다.[3)]

실증적으로, 마음챙김은 우울증과 같은 아이들의 정서적 장애(affective disorders) 발생을 예방할 수 있다.[4)] 비록 치료교육(therapeutic education)[5)]이라는 점에서 사회학적 비판을 받기도 하지만(Ecclestone & Hayes, 2009), 교육에서 마음챙김의 요소를 간과하기는 어렵다. 최근의 메타 분석 연구에 따르면, 우울증을 겪는 아동과 청소년을 위한 약물치료는 실효보다는 위험성이 더 높다(Cipriani et al., 2016). 이에 대한 대안으로 치료적 마음챙김 교육을 제공할 수 있다. 마음챙김 훈련은 아이들에게 자기감정조절(self-regulating emotion)이라는 핵심 역량을 기르도록 한다.[6)] 마음챙김의 목표는 개인적으로 자신의 감정을 성찰(reflect)하고 조절(adjust)하는 방법을 배우는 데 있다. 이러한 성찰적 태도는 학교에서 호흡 알아차림과 같은 간단한 마음챙김 기법을 교육하는 것으

3) Bernay, Graham, Devcich, Rix, & Rubie-Davies, 2016.

4) Raes, Griffith, Van der Gucht, & Williams, 2014.

5) 역자주: '치료교육'에는 두 가지 개념이 있다. 하나는 주로 장애아를 다루는 교육학의 한 분야인 치료교육학 또는 특수교육학이며, 다른 하나는 의학과 교육학과의 경계에 있는 생물학적 기초에 입각한 교육학이다. 본문에서는 후자를 의미한다.

6) Galla, Kaiser-Greenland, & Black, 2016; Huppert & Johnson, 2010.

로 함양될 수 있다(Hyland, 2014).

그러나 마음챙김 훈련이 질병을 예방하고 웰니스(wellness)[7]를 증진시킨다고 해도, 종교-이념적 관점(religio-ideological standpoint)에서 본다면 마음챙김을 K-12 교육과정[8]에 통합하는 것은 논란의 여지가 있다. 과학적이고 세속적인 심리치료나 교육의 관점에서조차 마음챙김이 불교적 가치를 전달하는 매개체가 된다는 점은 분명하다.[9] 일반인들이 인지할 수 있는 세속적 교육에 대한 위협은 지젝(Žižek, 2006)이 '서양 불교(Western Buddhism)'를 자본주의의 최면적 페티시(hypnotic fetish)라고 비판하면서 더욱 악화되었다. 그러나 묄가드(Møllgaard, 2008)는 지젝이 문제를 지나치게 단순화했다며 비판하였는데, 우리는 이 점에 주목할 필요가 있다. 불교적 수행과 자본주의의 관계에 대해서는 일치된 견해가 없다. 실제로, 마음챙김 명상과 같은 심신 수련의 확산은 저항하는 주체(resistant subjectivities)가 성장하도록 의식을 변화시키는 방법을 제공했다는 점에서 찬사를 받기도 했지만, 정치적으로는 침묵하는 주체(quiescent subjectivities)를 만든다는 비판을 받기도 했다.[10] 한 가지 분명한 점은, 마음챙김을 교육과정에 포함하는 것이 도덕적 비판에서 예외가 될 수 없다는 것이다.

마음챙김이 널리 시행되고 일부 좋은 효과를 보였다고 해서 그

7) 역자주: 웰빙(wellbeing)과 피트니스(fitness)의 합성어이다.

8) 역자주: 유치원에서 고등학교에 이르는 정규교육과정을 말한다.

9) McMahan, 2008; Wilson, 2014.

10) Critchley, 2007; Orr, 2002 참조.

것이 도덕적으로 정당화되지는(morally justifiable) 않는다. 사실, 최근 마음챙김의 치료적 적용에 대해 검토한 연구자들은 상당한 '윤리적 의문(ethical qualms)'을 제기하고 있다(Harrington & Dunne, 2015). 이러한 우려를 해소하기 위해서는 마음챙김이 갖는 긍정적인 면에만 초점을 맞추지 않고 부정적인 면도 고려해야 한다. 부정적인 내용에 대한 주된 비판은 교육과정에 포함된 마음챙김이 도덕적 동의(moral consent) 없이 청소년들을 조작할(manipulate) 수 있다는 것이다. 이 장에서는 그러한 논쟁 중 하나를 평가하고 대안을 제시하고자 한다.

나는 세데르스트룀과 스파이서(Cederström & Spicer, 2015)가 주장한 '조작된 마음챙김(Mindfulness-As-Manipulation; MAM)' 개념에 대한 논쟁을 인용하는 것으로 논의를 시작하고자 한다. 저자들은 학교 청소년이 아닌 기업 근로자에게 제공되는 마음챙김 훈련에 대해 다루고 있지만, 이들 연구는 명확한 교육적 함의를 지니고 있다. 이후 논의에서는 이러한 주장에 대한 분석을 토대로 학교 기반 마음챙김 훈련이 '조작된 마음챙김(MAM)'이 아닌 '해방교육(emancipatory education)'의 방법이 될 수 있음을 살펴볼 것이다(Biesta, 2014, 77쪽). 마음챙김 활동이 청소년들에게 행동주의가 요구하는 감정적인 요구와 도전에 충분히 대비할 수 있도록 도움을 준다는 파급효과(spillover effect)는 이러한 주장에 대한 긍정적 타당성을 제공한다. 또한 마음챙김 훈련이 근본적인 사회 변화(transformational social change)의 목표를 추구한다면, 그 규범적 기반은 와일드(Wilde, 2015)가 주장한 (신-아리스토텔레스주의와 누스바움식의)[11] 급진적 인본주의 윤리 이론에서 찾을 수 있다. 이후 돌봄 윤리를 통해 나의 주장에 대한 몇 가지 논리–도덕적 추론들을 검토한 후 간단한 결론을 맺고자 한다.

도덕·문화적 피해자로서 마음챙김의 주체

세데르스트룀과 스파이서는 '조작된 마음챙김(MAM)' 논의에서 마음챙김 명상이 교육과정에 은근슬쩍 포함되는 것을 도덕적인 이유에서 반대한다. 이런 결론에 도달하게 된 데에는 두 가지 이유가 있다. 첫째, 저자들은 마음챙김이 개인에게 자본주의에 유용한 윤리적 규범(ethical norms)을 주입하고 그렇지 않은 도덕적 직관력(intuitions)과 성향(predispositions)은 무시한다고 보았다. 둘째, 마음챙김은 개인이 자신의 웰니스에만 몰두하게 만들어 현실적인 저항의 정치(practical politics of resistance)를 방해하는 결과를 가져온다는 것이다. 이런 측면에서, 학교의 마음챙김 교육은 윤리적 정당성(ethical justification)이 결여된다. 나는 각각의 논의를 차례로 고찰할 것이다.

마음챙김에 대한 저자들의 비판은 "웰니스는 하나의 이데올로기로 전락했다."(Cederström & Spicer, 2015, 3쪽)라는 주장에 근거한다. 이들은 웰니스에 대한 이데올로기적 포섭(ideological sub-

11) 역자주: 신–아리스토텔레스주의(neo–Aristotlenian)를 따르고, 마사 누스바움(Nussbaumian)의 사상을 따르는 방식을 말한다.

sumption)[12]이 건강하고 '생산적인 신체(productive bodies)'를 필요로 하는 자본주의의 요구에서 비롯되었다고 주장한다(4쪽). 또한 이데올로기로서의 웰니스가 구속적 윤리(binding ethic)[13], 즉 '생명도덕(biomorality)'을 포함한다고 본다(5쪽). 자신의 웰니스를 향상시켜야 하는 도덕적 의무가 있다는 것이다. 이러한 이데올로기에서 나오는 것이 '웰니스 명령(a wellness command)'인데, 이것은 신체를 중심으로 끝없는 자기개선을 요청하는 '불가능한 요구'로 여겨진다(6쪽).

만약 웰니스 명령이 세데르스트룀과 스파이서가 주장하는 만큼 강력하다면 그 원인은 무엇일까? 왜 우리는 그 명령에 복종하려고 하는가? 그들은 이 질문에 대한 직접적인 대답을 제공하지 않지만, 그들의 저술을 통해 건강과 자기책임을 중요시하는 문화 속에서 우리가 웰니스 명령에 복종한다는 사실을 추론할 수 있다. 문화적인 문제에 대해서, 저자들은 크리스토퍼 라쉬(Christopher Lasch)와 슬라보예 지젝(Slavoj zizek)을 언급한다. 라쉬로부터 우리가 '치료적 문화(a therapeutic culture)'[14]에 살고 있다는 아이디어를

---

12) 역자주: 특정 사상이나 이데올로기가 다른 개념, 생각, 실천 등에 포섭되거나 흡수되는 과정. 여기에서는 개인적인 '웰니스(wellness)'가 자본주의에 포섭되어 자본주의의 요구사항인 '생산적인 신체', 즉 생산성 향상을 위한 이데올로기적 도구가 되었다고 볼 수 있다.

13) 역자주: 특정 집단, 사회, 이데올로기 내에서 구성원들에게 강력하게 적용되는 윤리적 규범이나 원칙으로 강한 구속력을 바탕으로 구성원의 행동을 제한하고 특정한 행동을 의무화한다.

14) 역자주: 라쉬가 『나르시시즘의 문화(The Culture of Narcissism)』에서 제시한 '치료적(치유적) 문화'는 개인의 문제나 갈등을 사회나 정치적 문맥이

얻고(14쪽), 지젝으로부터 이 문화의 이상향이 '탈근대적 초자아(a postmodern superego)'[15]를 통해 정신(psyche)에 침투한다는 아이디어를 얻는다. 초자아는 "더 많이 하고, 더 나아지고, 당신 자신이 돼라."라는 메시지를 주지만, 결국 "당신은 훨씬 더 잘했을 수 있었다."며 지속적인 실망감을 드러낸다.(15쪽).

이데올로기로서 웰니스는 "사람들이 매혹적이고 바람직하다고 생각할 수 있는 이상향(ideas)과 믿음(beliefs)을 제공한다."(3쪽). 중의적인 표현을 제쳐두고 본다면, 이데올로기는 문화적 용어로 널리 받아들여지는 신념 체계로 해석될 수 있다. 이것은 근본적으로 사회학적인 문제가 아니다(Swidler, 1986). 그렇다면 웰니스 이데올로기와 관련한 문화적 전달 메커니즘은 정확히 무엇일가? 세데르스트룀과 스파이서의 연구는 기업의 웰니스 및 피트니스 프로그램을 통해, 특히 다이어트 프로그램을 통해 웰니스 명령이 어떻게 직장에 전달되는지에 대한 예시로 가득하다. 사실 그들이 마음챙김 훈련에 대한 논의를 시작하는 지점은 구글(Google)과 같은 기업이다. 그러나 이러한 요구가 단지 직장에만 국한되는 것은 아니다(Cederström & Spicer, 2015, 132쪽). 음식과 요리에 대한 TV 프로그램, 다이어트에 대한 자기계발 서적과 상품, 건강 기기 등 대

아닌 개인의 심리적 이슈로 보는 경향으로 사회의 더 큰 구조적 문제는 간과하면서 개인의 심리치료와 같은 모습으로 나타난다.

15) 역자주: 탈근대적 초자아는 기존의 억압적이고 금지하는 방식에서 벗어나 더욱 미묘한 방식으로 우리의 행동과 감정을 규제하는데, 단순히 '하지 말라'라고 명령하는 대신 '즐겨라'라는 메시지를 통해 우리에게 끊임없는 즐거움을 추구하도록 요구한다.

중문화와 미디어를 통해 자연스럽게 우리의 일상 생활에 스며들어 왔다.

저자들의 관점을 요약하면, 웰니스 이데올로기는 직장에서의 훈련 프로그램과 대중문화에 대한 몰입을 통해 수용된다. 그들이 문화적으로 파생된 규범과 신념에 중점을 두고 있으므로, 웰니스 규범이 내재화되는 전달 메커니즘은 합리적으로 추정컨대 사회화(socialization), 특히 2차 사회화(second socialization)로 여겨진다. 이들을 이러한 방식으로 해석하는 것은 라쉬(Lasch, 1991)가 저술한 『나르시시즘의 문화(The Culture of Narcissism)』와 부합한다. 이 책에서 그는 기본적인 사회화의 주요 도구인 가족의 역할이 감소하고 있는 것에 주목하면서, 사회화의 중요성을 더욱 부각시켰다. 특히 자신이 글을 쓰고 있던 1970년대는 "가족이 문화의 전달에 있어 더 이상 중요한 역할을 수행하지 않았다"라고 강조했다(239쪽).

2차 사회화에 대한 이해는 웰니스 신드롬(wellness syndrome)에 대한 학교의 위치를 결정하는 방법을 제공한다. 학교에서 마음챙김 프로그램이 급증하고 있는 상황에서, 웰니스가 실제로 이데올로기라면 학교는 웰니스가 우리 정신에 스며드는 중요한 장소 중 하나가 된다. 제도적으로 보면, 2차 사회화와 주체 형성(subject creation)[16]은 교육 체계 내에서 동시에 일어나기 때문이다.[17] 세데

16) 역자주: 개인이나 집단이 사회적 규범, 가치, 기대를 받아들이면서 자신들의 역할과 정체성을 형성하는 과정. 이는 개인의 사고방식과 행동을 결정하는 데 큰 영향을 준다.

17) Besley & Peters, 2007; Willis, 1977.

르스트룀과 스파이서의 논거를 논리적 결론까지 따라가 보면, 웰니스 명령에 호응하는 주체를 형성하는 데 있어 학교는 기업의 웰니스 프로그램, TV, 소셜 미디어만큼 중요하다. 아니 그보다 더 중요하다. 이런 시각에서 보면 학교에서의 마음챙김 교육은 주체들이 평생동안 웰니스 명령의 영향에 취약해지는 과정의 시작 메커니즘으로 볼 수 있다.

논의를 확장해 보면, 이들의 접근법은 분명한 교육적 시사점을 갖는다. 가장 명확한 점은 학교에서 학생들을 마음챙김 명상에 노출시키는 행위가 웰니스 신드롬을 어린이들에게 전달하는 매개체로 작용할 수 있다는 것이다. 더 들어가 보면, 마음챙김에 대한 논의는 청소년들의 감정에 작용하여 그들이 완전한 마음챙김의 상태에 도달하지 못할 경우 죄책감을 유발시키며, 동시에 그들에게 감정관리 전략을 배우도록 촉구하는 방식으로 웰니스 신드롬에 기여할 수 있다. 그 결과 학교는 학생들의 정서적 건강(emotional wellbeing)이 피해를 입을 수 있는 장소가 된다. 나는 이런 결과를 정당화할 수 있는 도덕적 체계가 존재하지 않는다고 본다.

그럼에도 불구하고, 나는 두 저자의 주장을 너무 그대로 받아들이거나 교육을 논의에 끼워 넣으려는 지나친 진행에 대해서는 주의를 당부하고 싶다. 왜냐하면 그들의 주장이 1950년대 구조주의 및 기능주의 사회학의 기존 견해와 별반 다르지 않기 때문이다. 그들은 탤컷 파슨스(Talcott Parsons)의 이름을 언급하지 않지만, 그들이 논의하는 질병과 웰니스 명령 간의 관계는 이 미국의 기득권 사회학자가 제시한 '병자 역할(sick role)'에 대한 구조주의 및 기능주의적 분석을 현대화한 것으로 보인다. 파슨스는 질병이 사회적 역할(social role)을 하며, 모든 역할이 그렇듯 내면화되어 행동에 대한 공유된 기대를 설정하는 일련의 사회적 규범을 통해 관리된다고 주장한다(Parsons, 1985, 149쪽). 신체적 질병과 개인에 대한 심리적 부담감은 일부 사람들을 병자 역할로 진입시키고, 이는 그들을 '일상적인 사회적 의무(normal social obligations)', 예를 들어 노동을 수행하는 책임에서 면제시키며(149쪽), 건강을 회복하는 과정에 대한 책임 또한 면제한다(150쪽). 대신 그 책임은 서양의학 기관 내에 확립된 치료적 규범에 의해 정의되는 사회적 역할을 가진 의사–치료사(physician–therapist)에게 넘어간다.

세데르스트룀과 스파이서의 주장은 병든 사람의 경우 일과 일상의 의무에서 면제받을 수 있다는 것이다. 하지만 파슨스가 질병에 대해 글을 쓰기 시작했던 1950년대와 달리, 그동안 병든 사람의 역할에 큰 변화가 있었다. 질병에 걸린 사람들(incumbents)은 이제 "질병에 걸린 개인이 다시 스스로 건강을 회복해야 한다는 책임에 직면하게 되어"(Cederström & Spicer, 2015, 122쪽), 건강 회복과 관련해서 더 이상 면제를 받지 못한다. 세데르스트룀과 스파이서가 지적하지 못한 또 다른 변화도 있다. 파슨스는 의사의 역할이 본질적으로 심리치료의 요소를 포함하고 있음을 보여주려 했으며, "의료 기술과 의도적인 심리치료 사이에는 본질적인 연속성"이 있다고 주장했다(Parsons, 1985, 153쪽). 그가 글을 쓰고 있던 당시 미국에서 의학과 심리학 전문직의 지위는 독보적이었다. 그러나 현재는 자기 관리를 통한 웰빙을 장려하는 책임론적인 담론이 전문가의 권위에 도전하고 있다. 마음챙김 명상과 같은 이른바 DIY 치료법은 심리학 전문가와 일반인 사이의 지식 계층 구조를 무너뜨린다(Barker, 2014).

질병의 역할에 대한 설명을 암묵적으로 수정했더라도, 세데르스트룀과 스파이서는 사회학자 파슨스의 유명한 문화 결정론(cultural determinism)을 계승하고 있다. 롱(Wrong, 1966)은 파슨스식 사회학(Parsonsian sociology)에서 '과도하게 사회화된 개인 개념'을 비판한 것으로 잘 알려져 있다. 확실히, 세데르스트룀과 스파이서가 지젝의 아이디어와 일부 라캉의 아이디어를 통한 프로이트의 초자아 개념을 사용한 것은 파슨스식 비율만큼이나 사회학적 오류를 피하는 데 도움이 된다. 롱(Wrong, 1966)이 자신의 고전 논문에서 언급한 대로, "정신분석학적 용어로서 규범이 내면화되었다거나 초자아의 일부가 되어 내면화되었다고 말하는 것은, 그 규범에 부응하지 못하면 그 사람이 죄책감을 느낄 것이라는 의미이지 실제로 그 사람의 행동이 그 규범을 따를 것이라는 의미는 아니다."(89쪽). 무엇보다 세데르스트룀과 스파이서는 자신들을 비밀스런 파슨스주의자(closet Parsonians)라고 비난하는 사람들에게 실제 행동을 형성하는 것보다는 내면화된 규범이 내적 갈등을 유발하고 죄책감을 불러일으킨다는 프로이트적 요소를 강조할 것은 의심의 여지가 없다.

세데르스트룀과 스파이서가 내면화된 문화적 규범에 부여하는 권력은 그들이 딘(Dean)의 '베어백커(barebackers)' 연구(2009)를 활용할 때 명확해진다. 베어백커라는 용어는 항문 섹스를 할 때 고의로 콘돔을 착용하지 않아 자신과 다른 사람을 HIV에 노출시키려는 게이 남성들을 가리킨다. 세데르스트룀과 스파이서는 딘(Dean, 2009)의 '베어백킹(barebacking)'을 하위문화(subculture)로 설명하는 준-사회학적 서술(quasi-sociological description)에 대해 이해하고 있으며, 그들은 하위문화의 베어백커 규범이 주류의 웰니스 규범과 상충한다는 점에 동의한다. 그러나 딘이 상세하게 문서화한 베어백커의 행동에서 세데르스트룀과 스파이서는 베어백커들이 순응하는 다른 문화적 규범을 찾아낸다: "진정성(authenticity)을 추구하고, 자신만의 개성(individuality)을 표현하며, 타인과 자신을 차별화하고(distingusing), 자신의 네트워킹(networking) 능력을 개발하는 것이 모두 웰니스 신드롬에서 찾아볼 수 있는 자기개발(self-work)[18]의 핵심 요소이다. 이것은 스스로에 대한 노력이며 웰니스에 반대되는 것처럼 제시되지만, 우리가 벗어나려는 이데올로기에 더욱 깊게 묶일 위험성이 있다. 그럼에도 불구하고 흥미롭게도 베어백커들은 건강에 대한 강요(health imperatives)에 대해 저항하는 반면, 자아를 실현하라는 요구에서 벗어나기 위해 노력하는 중일 수 있다. 이러한 요구는 어느 날 우리가 진정한, 본질적인 자아를 깨닫게 될 것이라는 해로운 착각에 기반한다." (Cederström & Spicer, 2015, 127쪽).

다시 말해 베어백커들은 지배적인 규범(웰니스)에서 벗어나면서, 웰니스 신드롬을 특징짓는 또 다른 규범(진정성)에 순응한다. 위의

18) 역자주: '자기개발(self-work')은 개인이 자신의 성장과 발전에 대해 적극적으로 노력하는 행동을 말한다.

인용에서 저자들이 자주 사용하는 모호한 표현['위험(risks)' 및 '가능성(may)']에도 불구하고, 독자들은 웰니스 신드롬을 피할 수 없다는 인상을 받는다. 딘[19]이 "벌레 잡기(bug chasing)는 초자아의 명령에서 벗어나는 방법을 제시한다."라고 명확히 언급하고 있는 것을 감안하면, 베어백커들이 어떻게 사회적 요구에 따르고 있는지 이해하는 것은 쉽지 않다. 만약 딘의 증거가 웰니스 신드롬의 강도(strength)와 침투성(pervasiveness)에 대한 도전이 되지 않는다면, 그 대안이 무엇인지 의문이다. 그리고 세데르스트룀과 스파이서는 자기 완결적 주장(self-sealing argument)[20]을 구축하려는 위험성을 보인다.

그럼에도 불구하고, 그들의 추론을 조금 더 탐구해보고자 한다. 만약 웰니스 신드롬이 실제라면, 학교에서의 마음챙김 교육은 학생들이 저항적 주체성(resistant subjectivities)을 형성하는 것에 대한 예방접종과 같은 효과를 가져올 수 있다. 이러한 함축적인 주장은 백신효과(vaccination effect)라고 부를 수 있는데, 이는 저자들이 웰니스 이데올로기가 사회 변화를 목표로 하는 정치적 행동이나 더 나아가 급진적인 정치 지향을 차단한다는 주장 때문에 생겨났다. 그들이 그린 현실은 암울하다. "권력자들은 구조적 개혁에 대한 희망을 잃게 되면, 소규모 행동 개입에 더 많은 관심을 갖게

19) Dean, 2009, 69쪽, 강조 추가.

20) 역자주: "너 술 취했네. 아니라고 하는 것 보니까 술 취한 거 맞네. 자꾸 아니라고 하는 건 네가 술 취한 증거야!"처럼 상대방이 제시하는 어떤 증거나 논리도 무시하고 자기주장을 고집하는 것을 '자기 완결적 주장'이라고 한다.

된다. 그러면 정치의 자리를 대신해, 우리는 육체적인 잡담과 점점 강도 높은 생활 방식의 개선에 몰두하게 되고,[21] 결과적으로 정치적 요구를 포기하게 된다. 시민들은 자신의 삶에 영향을 미치는 결정에 참여할 기회를 갖지 못하고, 대신 마음챙김 수업을 받는다."(Cederström & Spicer, 2015, 133-134쪽).

저자들이 마음챙김에 대해 언급한 것은 대충 던진 말이 아니다. 이들에게 있어 마음챙김 명상의 인기는 시민들의 정치적 감각을 약화시키고 정치 전반을 둔화시키는, 몸에 대한 강박적인 집중의 한 증상이다. 이 부분을 마무리하며 당부하고 싶다. 나는 목욕물을 버리다가 아기를 함께 버리는 우를 범하지 않길 바란다. 만약 세데르스트룀과 스파이서가 웰니스 신드롬에 대한 반례의 가능성을 인정하지 않는다면, 그들의 주장은 반박 불가능한 논리적 오류에 빠질 것이다. 나는 이 부분에 대한 비판에 있어서는 그들에게 의심의 여지를 둔다. 왜냐하면 그들은 신자유주의적 자본주의에 의해 왜곡되었다는 웰니스에 대한 어떤 것을 발견한 것 같기 때문이다.

이것이 '증후군(신드롬)'에 해당하는지는 의료 전문가가 결정해야 할 문제이다. 나는 세데르스트룀과 스파이서가 만든 개념적 창작물이 아닌, 현실에 대한 발견으로 이 왜곡을 다룰 것이다. 따라서 이 글의 다른 부분은 학교에서의 마음챙김 훈련이 청소년들에게

21) 역자주: 건강, 운동, 영양 등 웰니스와 관련된 이야기가 많아지고 실제 생활에서도 웰니스 이데올로기에 따라 생활 방식의 향상에 계속해서 몰두하는 것을 말한다.

웰니스의 문화적 규범과 그로 인한 정치적 무감각화(political stultification)를 전파하는 위험성을 가정하고 진행될 것이다.

마음챙김에 대한 급진적 인본주의 윤리

'레디컬(radical)'[22]이라는 단어는 발달이 정지된 혹은 과도하게 단순화된 정치의 반대 개념으로 들린다. 그러나 급진적 인본주의 윤리(radical humanist ethics)는 얼마나 '레디컬'한가? 만약 '레디컬'이 와일드(Wilde, 1998)가 초기 연구에서 하려고 했던 것처럼 카를 마르크스(Karl Marx)의 아이디어를 충실하게 정교화 하는 것을 의미한다면, 이 시각은 마르크스주의의 순수한 광맥을 채굴하는 현대 마르크스주의자들의 시각보다는 덜 레디컬하다.[23] 차이점은 와일드(Wilde, 2015)가 마르크스의 1844년 『경제학-철학 초고(Economic and Philosophic Manuscripts)』(Marx, 1982)에 대한 아리스토텔레스적 해석을 옹호한다는 점이다. 이로 인해 만들어진 급진적 인본주의 윤리는 마르크스적이라기보다 아리스토텔레스적이다. 선택된 텍스트 역시 논란이 없는 것은 아니다. 마르크스의 작품 내에서 단편화된 (그리고 1932년까지 출판되지 않았던) 『경제학-철학 초고』의 위치가 오랫동안 논쟁거리가 되었기 때문이다(Reveley, 2013).

---

22) 역자주: radical은 근본적 차이(radical difference), 급진적 변화(radical change), 완전한 수용(radical acceptance)처럼 사용된다. 여기에서는 '급진적 인본주의'의 경우를 제외하고는 radical을 '레디컬'로 표기했다.

23) 예를 들어, Hobsbawm, 2011; Laibman, 2015.

아리스토텔레스적 요소는 아리스토텔레스 철학에 관심이 깊은 고전학자 데이비드 루치닉(David Roochnik)과 앞서 언급한 로렌스 와일드(Lawrence Wilde) 사이의 두 가지 공통점을 통해 도출된다. 첫 번째는 합리성(rationality)에 관한 것이다. 루치닉(Roochnik, 2013)은 아리스토텔레스에게서 현대인들이 기술관료주의 합리성(technocratic rationality)에 도전할 수 있는 의미의 원천을 찾는다. 글로벌 금융위기 이후 마르크스주의자들이 경고한 금융 자본주의(financialised capitalism)의 순전한(sheer) 사회적 비합리성에 대한 반응으로(Foster & McChesney, 2012), 와일드는 마르크스를 통해 "도구적 합리성(instrumental rationality)의 근시안에서 아리스토텔레스의 실천적 지혜(practical wisdom)와 같은 개인과 사회 모두를 위한 무언가로의 전환"을 주장한다(Wilde, 2015, 19쪽). 아리스토텔레스(Aristotle, 2004)는 『니코마코스 윤리학(Nicomachean Ethics)』에서 실천적 지혜가 바로 윤리의 본질이라고 설명한다. 선(the dood)을 따르는 방법을 알고 실제로 그 방식을 따라 행동하는 것이 핵심이다. 윤리적이라는 것은 '도덕적 미덕(moral virtues)'을 강화하는 습관을 형성하는 것이며, 그것의 '완전한 발전(full development)'은 '습관에 의한 것(due to habit)'이다(EN, 1103a.26). 그리스어로 번영(flourishing, Gk. eudaimonia)이라는 의미의 행복은 이러한 습관들을 시민들 사이에서 가르치고 익히는 것을 필요로 한다. 아리스토텔레스 윤리학은 "덕행(virtuous activity)이 우리의 행복을 결정한다."라는 그의 말처럼 실천적 활동을 중요하게 평가한다(EN, 1100b. 10-11).

와일드와 루치닉 사이의 두 번째 공통점은 번영(flourishing)이 객관적이라는 것이다. 그들이 동의할 수밖에 없는 이유는, 페서(Feser, 2008)가 확인한 것처럼, 이것이 논쟁의 여지 없는 아리스토텔레스 자신의 견해이기 때문이다. 번영은 단지 특정 시점의 감정 상태의 작용, 즉 순전히 주관적인 안녕(subjective wellbeing)의 문제가 아니라 오히려 '객관적인 상태(an objective condition)'라는 것이다(Roochnik, 2013, 157쪽). 이것이 루치닉이 '행복'이 그리스어 'eudaimonia'의 서투른 번역이라고 주장하는 이유이다(157쪽). 번영한다는 것은 인간만이 가진 능력, 특히 합리성(rationality)을 사용하는 것이다. 습관적인 행동은 이성(reason)을 사용하는 것과 거리가 먼 것이 아니라 이성을 '가지는(have)' 것과 이성을 '따르는(obey)' 것의 양면을 지닐 수 있다는 의미에서 이성을 표현한 것이다. 습관의 발달은 우리의 이성적 능력 중 '복종하는(obeying)' 요소의 실현이다. 따라서 습관적으로 행동하는 것은 이성적 활동의 저차원적인 표현이다(161쪽).

사람은 자신이 행복하다고 생각할 수 있지만, 만약 그들이 "인간이 독특하고 자연스럽게 해낼 수 있는 일에 몰두하지 못하면" 실제로는 행복하지 않다(158쪽). 와일드에 따르면 아리스토텔레스는 최고선(the highest good)으로서의 합리성에 대한 강조를 마르크스의 유물론과 결합하여 "계획적이고 사회적인 생산에 대한 경향성(propensity for planned, social production)"을 의미하는 '합리적 계획(rational planning)'이 인간의 본질이며, 이것이 충족되어야 인간의 번영이 객관적으로 이루어질 수 있다고 제안하였다(Wilde,

2015, 14쪽). 이는 사람들이 번영할 수 있도록 사회를 변화시키고, 그 과정에서 이윤 추구의 도구적 합리성을 초월하는 '사회적 합리성(social rationality)'을 갖는 사회를 만들자는 주장을 뒷받침한다(20쪽).

이 시점에서 와일드는 아리스토텔레스의 덕목에서 객관적인 인간 잠재력으로 흥미로운 전환을 보여준다. 더욱 흥미로운 점은 그가 이를 통해 아리스토텔레스의 최종 원인(final causes)[24]에 대한 접근법으로 되돌아가지 않는다는 것이다. 이에 대한 윤리적 함의를 페서(Feser, 2013)는 아리스토텔레스-토미즘적 자연법 전통에서 상세하게 설명한다. 와일드는 이러한 형태의 신-아리스토텔레스주의를 인지하지 못한 것 같다. 대신 그는 10가지 '인간의 중심 역량'(Nussbaum, 2007, 76쪽, 대문자 생략)[25]의 목록을 구성하는 뛰어난 현대 철학자 마사 뉴스바움의 궤도로 이동하는 우회로를 택한다. 뉴스바움(74쪽)은 사회적 정의 달성을 목표로 하는 역량 개발에 대한 정치적 요구의 근거를 명시적으로 마르크스의 『경제학-철학 초고』에 근거하고 있는데, 이는 와일드가 뉴스바움의 롤스식 자유주의(Rawlsian liberalism)에 동의하지 않고 '중심 역량(central capabili-

---

24) 역자주: 아리스토텔레스는 질료인(hyle), 형상인(eidos/morphe), 작용인(kinoun), 목적인(telos)의 4대 원인론을 주장했다. 여기서 최종 원인은 목적인을 뜻한다.

25) 역자주: 마사 누스바움이 제시한 인간의 10가지 중심 역량은 생명(life), 신체건강(bodily health), 신체보전(bodily integrity), 감각·상상·사고(senses/imagination/thought), 감정(emotions), 실천이성(practical reason), 관계(affilation), 인간 이외의 종(other species), 놀이(play), 환경 통제(control over one's environmnet)이다.

ties)' 개념을 '핵심 잠재력(core potentials)'으로 대체했음에도 불구하고 그가 제시한 10가지 목록이 본질적으로 뉴스바움적이기 때문이다.

객관적인 번영을 이루기 위해 충족해야 하는 잠재력은 "합리성(rationality), 연민(compassion), 생산성(productiveness) 및 협력(cooperation)"(Wilde, 2013, 118쪽)의 네 가지로 구성된다. 합리성에 대해서는 이미 언급했으므로, 이제 생산성과 연민에 초점을 맞춰보자. 이 둘은 감정적 요소를 포함하고 있어, 마음챙김 명상이 개입할 수 있다. 실제로 누스바움(Nussbaum, 1996)은 연민을 가장 '기본적인 사회적 감정(basic social emotion)'으로 지칭하였다. 나는 다음과 같은 질문에 답하고자 한다. 학교에서의 마음챙김 훈련은 젊은 세대 구성원들이 (1) 생산성과 연민과 일치하는 감정의 레퍼토리(emotional repertoire)[26]를 발전시키는 데 도움이 될 수 있는가? 그리고 (2) 사회적 합리성과 협력이 충족될 수 있는 사회를 만드는 데 목표를 두는 저항적 정치 행동을 지원하는 데 도움이 될 수 있는가? 만약 그렇다면, 마음챙김 훈련은 느슨한 의미에서 윤리적인 기반을 갖추고 있다.

로렌스 와일드의 어휘에서 독특한 의미를 가진 생산성 개념부터 시작하자. "생산성은 기술적, 경제학적 의미에서의 생산성과 전혀 관련이 없다. 생산성은 잠재력으로서 우리의 사회성(sociability)

26) 역자주: 개인이 경험하거나 표현할 수 있는 감정의 범위나 다양성을 말한다.

을 긍정하는 방식으로 기술과 관심을 발전시키는 능력을 가리키며, 이는 다른 사람들에게 손을 내밀며 공감을 촉진하는 것을 의미한다."(Wilde, 2015, 26쪽). 공감은 학교에서의 마음챙김 훈련을 통해 끌어낼 수 있다(Hyland, 2016). 솔로몬의 철학적(실존주의적) 감정 이해를 보완함으로써, 하일랜드의 마음챙김 교육에 관한 연구는 그 해방적 잠재력(emanicipatory potential)을 더욱 분명히 보여준다. 감정을 불러내고 성찰적으로 그 감정을 다루는 것을 배워서 다른 사람과 공감하게 될 수 있다는 아이디어는 솔로몬이 수정한 사르트르 방식의 핵심이며, 그것의 핵심 원리를 이해하기는 그리 어렵지 않다. 감정은 머릿속에서 일시적으로 느껴지는 감각이나 무의식 깊은 곳에서 샘솟는 통제할 수 없는 에너지가 아니라, 세상과 세상 속 사람들에 대해 지적인 판단을 내리고 의도적으로 그들과 상호작용하는 지속적이고 전략적인 방법이다(Solomon, 2007). 실존주의적으로 표현하면[27], 감정은 선택이며 우리는 그에 대한 책임을 져야 한다(Solomon, 2003).

감정 자체가 판단의 형태로서 지성을 내포하고 있다는 생각은 솔로몬을 감정 철학(philosophy of emotion) 내에서 자칭 '인지론자(cognitivist)' 그룹에 위치시키며, 이 행렬에는 누스바움도 포함되어

27) 역자주: 실존주의(existentialism)는 20세기 프랑스 철학자 장폴 사르트르(Jean-Paul Sartre, 1905-1980)가 처음 사용한 개념이다. 그는 '존재가 본질에 앞선다.'라며 존재를 통해 본질을 스스로 결정한다고 주장했다. 또한 '인간은 자유로움에 대해 선고받았다.'라는 주장을 통해 자유는 우리 존재에 필연적이며 모든 개인은 자신의 행동과 삶에 대해 완전히 책임을 져야 한다고 보았다.

있다(Solomon, 2006, 225쪽). 누스바움(Nussbaum, 2008)의 『감정의 격동(Upheavals of Thought)』은 인지주의적 역작이다. 솔로몬과 누스바움은 감정에는 지능이 있으며, 우리가 감정에 대해 성찰하는 능력이 감정 내부에 탑재된 형태의 합리성을 의미한다는 공통의 견해를 지니고 있다. 누스바움(Nussbaum, 2013)과 마찬가지로 다른 측면에서도 솔로몬은 감정이 정치의 중심이라고 본다. 감정에 대한 성찰(reflecting), 평가(evaluating), 재지향(redirecting)은 단순히 가능한 것이 아니라 자기 이해(self-understanding)를 위해 필요하다. 이런 이해는 근본적인 사회적 변화를 위한 필수조건(prerequisite)이다. 이런 시각은 "사회를 변화시키기 전에 우리 자신을 변화시켜야 한다."(Solomon, 1977, 8쪽)라는 다소 진부해 보이는 격언에 철학적인 심오함과 방향성을 부여한다.

하이랜드(Hyland, 2014)는 학교 환경에서 청소년들에게 감정 관리 전략을 가르치는 효과적인 방법으로 마음챙김 훈련을 소개한다. 마음챙김 훈련은 모든 종류의 감정을 탐색하고(probe), 평가하고(assess), 성찰하고(reflect), 이름 붙이는(label) 능력을 함양하는 방법이다(Hyland, 2016). 솔로몬에 따르면(Solomon, 2007, 168쪽) "감정을 관리하는 것은 통제(control)의 문제가 아니라 진정으로 지능(intelligence)과 감각(good sense)의 문제이다." 이 감각은 항상 자연스럽게 나타나는 것은 아니다. 솔로몬은 교육에 대해 많이 언급하지는 않지만, 좋은 (감정적) 감각과 공감은 자신의 감정에 대해 성찰하는 법을 배우면서 얻을 수 있다. 학교는 이러한 개인적 학습을 위한 최고의 장소이다. 마음챙김 실습에는 본질적으로 성찰의 요소가 포함되어 있으며, 이는 학교 환경에서 쉽게 배울 수 있는 기술을 통해 개발하고 더욱 정교하게 다듬어질 수 있다. "마음챙김 전략, 즉 정적 명상, 호흡 명상 또는 마음챙김 움직임을 통해 발전된, 우리의 마음 상태에 대한 비판단적, 현재 순간의 알아차림은 자기인식(self-knowledge)과 공감이 교육과정에 내재화되는 성찰적 기술(reflective skills)을 발전시키는 데 도움을 줄 수 있다."(Hyland, 2016, 113쪽). 간단히 말하면, 인간의 잠재력으로서의 생산력은 공감을 필요로 하며, 이는 마음챙김을 통해 향상시킬 수 있다. 이제 연민에 대해 고려해 보자.

최근의 연구에서는 학교에서 실시하는 마음챙김 기반 스트레스 감소 프로그램이 모든 사람이 가진 '자연스러운 공감 능력'을 활성화하는 데 도움이 된다는 것을 보여주었다(Lavelle Heineberg, 2016, 286쪽). 당연히, 사회 정의를 이루는 방법으로서, 연민은 매우 유용한 정치적 감정[28]이다(Nussbaum, 2013). 그러나 이에는 단점도 있다. 루소(Rousseau)의 연민은 '망설이는 구경꾼(reluctant spectator)'의 동정심(pity)으로 바뀔 수 있고, 그래서 불행한 다른 사람의 상황을 개선하려는 의지보다는 그들의 상황에 서 있지 않음을 다행스럽게 여길 수 있다(Boyd, 2004). 하나의 감정이 다른 감정으로 변화할 수 있으므로, 이러한 미끄러짐(slippage)[29]은 감정 전략에 내재하

28) 역자주: 마사 누스바움의 저작에 『정치적 감정(Political Emotions)』이 있다.

29) 역자주: 슬리피지(slippage)는 원하는 가격과 실제 가격 사이의 차이를 뜻하는 용어로, 감정의 관점에서도 변화나 차이가 있을 수 있다.

고 있는 위험이다. 예를 들어, 사회적 불평등에 대한 정의로운 분노(righteous anger)는 본질적으로 성급하거나 부서지기 쉽지 않으며, 이는 비합리적이지 않다. 그리고 이는 세상을 변화시키는 데 중요하다(Solomon, 2007).

그러나 정의로운 분노를 이성적으로 유지하기 위해서는, 이 분노가 무고한 권위자들에게 향하는 맹목적으로 파괴적인 분노(destructive rage)로 흩어지거나 타락하는 것을 허용해서는 안 된다. 마찬가지로 연민이 사회 변화의 힘으로 유용하게 작용하려면, 연민이 동정심으로 넘어가고 그 결과 수동적인 태도로 전환되는 것을 피해야 한다. 적극적이고 정치적으로 유용한 감정이 정치적으로 불리하거나 수동적인 감정으로 미끄러지는(slippage) 것을 막는 것은 바로 활동가들이 의도적으로 선택한 '감정 전략'(Solomon, 1977, 420쪽)에 대한 의식적인 성찰을 높이는 부분에서 중요하다. 이러한 성찰은 마음챙김 훈련을 통해 얻을 수 있다.

마음챙김 훈련은 일종의 '초보 수련(beginner practices)'이라고 볼 수 있다(O'Donnell, 2015, 196쪽). 이것은 행동주의로 전환하는 이들에게 유용한 감정의 레퍼토리를 개발하는 과정의 시작이다. 행동주의의 정서적 요구와 도전에 대한 준비를 통해, 마음챙김 훈련은 학교의 문을 넘어서 저항의 행동을 지원하는 정서적 자기성찰(emotional self—reflection)과 자기 알아차림(self—awareness)을 가르치는 방법론으로 작용한다. 나는 이것을 파급효과라고 부른다. 학창 시절에 마음챙김 훈련을 받은 젊은이들은 이미 갖추고 있는 감정의 자기성찰(emotional self-reflection) 능력에 대해 재평가하거나 변화를 주도하는 능력을 갖추게 된다. 즉, 그들은 자신의 감정 전략을 성찰하고, 필요하다면 수정하거나 그대로 유지하는 데 필요한 준비를 갖추고 있다. 이러한 준비는 바커 등(Barker et al., 2008)이 지적한 문제를 해결하는 데 도움이 된다. 한편으로는, "활동가들이 자신의 감정을 능숙하게 다루는 것은 중요하다."(423쪽). 그러나 다른 한편으로는, 활동가들이 감정 관리 전략의 중요성을 인지하고 있음에도 불구하고, 그들은 종종 "감정에 대한 이론, 공식적인 실천 또는 훈련이 거의 부재하다."(433쪽).

저자들은 "더 나은 행동주의를 위한 도구이자 그 자체의 목적으로서 바람직한 감정을 기르기 위한" 마음챙김 기법을 배우는 것에 대해 설득력 있는 논증을 제시한다(433쪽). 변혁적인 자기개발(self-work)의 핵심 요소 중 하나는 활동가들이 행동주의를 지속하기 위해 적절한 감정 전략을 식별하는 것이다. 목표는 단순히 주관적인 웰빙을 증가시키는 것이 아니라 와일드의 의미에서 번영이 일어날 수 있는 객관적 조건을 설정하기 위해 사회를 변환시키는(transform) 것이다. 이런 방식에서 보면, 학교에서의 마음챙김 실천은 "주관적 재구성과 사회적 재구성 간의 호혜적 관계"를 위한 중심축이다(Pinar, 2011, 100쪽). 만약 사회 변혁이 급진적 인본주의 윤리에 의해 지지되고 파급효과가 이론보다는 실제에서 일어난다면, 마음챙김 훈련을 교육과정에 삽입하는 것은 급진적 인본주의 윤리에 부합한다.

마음챙김의 교육과정 편입에 따른 윤리

이제 이 장의 배경에 숨어 있던 딜레마를 명확히 드러내고자 한다. 해방적 사회 변혁을 촉진하는 급진적 인본주의 윤리와 마음챙김 명상의 교육적 활용에서 생기는 파급효과 사이에는 상호보완성이 있지만, 이는 의도적인(deliberate) 것보다는 우연적인(coincidental) 것이다. 마음챙김 교육은 신자유주의 자본주의에 도전할 수 있도록 젊은이들을 정서적으로 무장시키는 것을 목표로 할 수 있고, 일부 교사들은 이것을 염두에 두고 있을지도 모른다. 그러나 교육 실천에 대한 심리학적 담론의 영향력은 다른 동기들(other motives)이 우선적으로 나타날 가능성이 크다는 것을 뜻한다. 결국, 억압에 대한 도전은 경험심리학(empirical psychology)이 일반적으로 마음챙김을 가르치기 위해 제공하는 논리가 아니다. 그 결과로, 웰니스 신드롬에서 파생된 백신효과와 같이, 파급효과는 학교기반 마음챙김 훈련의 뜻밖의 결과라고 할 수 있다. 마음챙김 훈련의 의도된 좋은 결과 즉, 자기감정조절(emotional self-regulation) 능력 향상과 의도되지 않은 좋은 결과인 파생적이고 이차적인 해방적 결과가 의도되지 않은 나쁜 결과(즉, 웰니스 신드롬에 대한 이데올로기적 종속)를 상회하는가? 이 부분에서는 이에 대한 답을 찾기 위해 다양한 윤리적 경로를 탐색하고자 한다.

추가로 질문이 더 있다. 마음챙김 훈련의 긍정적 효과가 도덕적으로 정당하다고(morally justifiable) 평가받기 위해서는 반드시 그것이 의도된(intended) 것이어야 하는가? 좀 더 정확히 말하면, 하나의 행동이 좋은 결과와 나쁜 결과를 가져올 수 있을 때, 좋은 결과는 반드시 의도되어야만 하는가? 마음챙김 교육의 결과에 대한 도덕적 판단을 내릴 때, 교육 정책 입안자나 교사들의 의도는 고려되어야 하는가? 결과론적 입장에서 보면 그렇지 않다. 결과론자에게는 선호(preferences)나 규칙(rules)을 강조하든 말든 무엇보다도 결과가 중요하다(Malik, 2014, 12장). 결과론적 관점에서는 도덕 행위자(moral agent)로서 교사의 의도는 중요하지 않다. 앞서 본 바와 같이, 교실에서 마음챙김을 가르치는 것은 교사가 의도하지 않은(inadvertently) 상태에서 학생들에게 급진적 인본주의 윤리에 부합하는 감정 기술을 제공할 수 있게 하며, 이를 통해 학생들이 미래에 사회 변화를 이끌 수 있게 된다. 결과론(consequentialism)에서는 사회 변혁이 바람직한 결과로 판단되면 교사가 좋은 결과를 의도하지 않았더라도 그들의 행동은 도덕적으로 허용될 수 있다. 그러나 그 행동들이 도덕적으로 칭찬받을 만한가는 또 다른 문제이다.

공리주의적 결과론(utilitarian consequentialism)은 긍정적 결과와 부정적 결과를 상대적으로 따져보는(weigh) 방식이다.[30] 만약 마음챙김 훈련의 긍정적 결과가 부정적 결과를 상회하면(outweigh) 그리고 이 훈련을 제공하지 않는 대안보다 더 우수하면, 이 행동은 선으로 간주할 수 있다. 이 장의 도움을 받아 마음챙김 명상 교

30) 강경노선의 선호 공리주의(preference utilitarianism)에 대해서는 Singer, 2011 참조.

육의 결과를 예측할 수 있다고 해도, 마음챙김 훈련의 해방적 효과를 평가하는 데 장기간의 시간이 소요되므로 결과를 평가하는 것은 어려운 작업이다. 마음챙김 훈련의 해방적 효과가 장기적 효과에 해당한다면, (긍정적인) 자기감정조절의 효과와 (부정적인) 웰니스 신드롬의 효과는 보다 즉각적이다. 이러한 장기적 효과와 단기적 효과를 공리주의적 계산에 결합하려면 굉장히 복잡한 수학식을 구성해야 하며, 이는 이 논의의 범위를 크게 벗어나는 작업이다.

어쨌든 나는 교사가 선택의 기회가 있을 때 마음챙김 훈련을 제공하도록 동기 부여하는 것을 무시하는 것은 잘못이라고 생각한다. 결과(outcomes)도 중요하지만 동기(motives)도 중요하다. 슬리와(Sliwa, 2016, 398쪽)의 추정에 따르면 '도덕적으로 가치 있는 행동(morally worthy actions)'은 '단지 우연히 옳은 것(not merely accidentally right)'이 아니다. 비유하자면, 어떤 사람이 우연히 친구가 보스턴 마라톤에서 우승하는 것을 돕게 된다면, 그 사람은 우승에 직접적인 책임이 없으며, 도덕적인 공로를 인정받을 수 없다. 그들이 제공한 도움의 행동은 최대한으로 보아도 도덕적으로 중립적일(morally neutral) 뿐이다.

칸트주의의 관점에서, 행동이 도덕적인지 비도덕적인지를 판단하는 가장 중요한 요소는 동기이다. 명령은 도덕적 의무를 따를 필요성을 명확히 하고, 그런 의무를 자발적으로 따르는 것이다(Korsgaard, 1986). 이 경우 교사가 학생들을 돕고자 하는 욕구(desire)로 동기부여가 되고 그 욕구가 보편적으로 적용 가능한 교사의 도덕적 의무와 일치한다면, 마음챙김 훈련의 결과는 중요하지 않다. 교사들은 자신의 목표를 달성하지 못할 수 있지만 결과에 상관없이 여전히 도덕적인 방식으로 행동할 수 있다. 윌킨스(Wilkens, 1995)의 말처럼 "우리가 예상치 못한 사건의 반전으로 목표에 도달하지 못하더라도, 우리의 의무(duties)나 선의(good will)를 이행하려는 의도로 행동한다면, 우리는 윤리적 의무(ethical obligation)를 충족한 것이다."(198쪽).

이에 따라, 칸트주의 도덕론자(Kantian moralist)의 시각에서는 나쁜 결과조차도 특정 상황에서는 도덕적으로 정당화될 수 있다. 만약 교사가 선한 의도를 가지고 있지만 무심코 학생들에게 해를 끼쳤다면, 이로 인해 발생한 해로움은 자동적이고 명백하게 비도덕적인 것이 아니다. 이런 경우, 동기를 계산에 반영해야 한다. 반대로, 교사들이 해를 끼치려고 의도했지만 오히려 좋은 결과를 가져왔다면, 칸트주의 도덕론자는 그들의 행동을 비도덕적이라고 판단할 가능성이 높다. 그러나 우리는 교사들이 사이코패스가 아니라고 가정하므로, 그들이 학생들에게 고의로 해를 끼치려고 하는 것은 아닐 것이다. 따라서, 계속해서 선의의 행동을 가정해 나가겠다.

만약 교사들이 마음챙김 훈련을 제공하면 학생들이 웰니스 신드롬에 빠질 위험성이 있음을 미리 알고 있다면 어떨까? 즉, 그들은 선한 의도를 가지고 있지만 해를 입힐 수도 있다는 것을 알고 있는 상황이다. 이러한 해로움의 예측 가능성이 중요한 차이를 만드는 것일까? 이 질문은 이중효과(double effect)의 도덕적 추론 영역에 속한다. 이중효과 원칙[31]은 깊은 기독교 문화적 뿌리를 가지고 있으며, 스콜라 신학자이자 철학자인 토마스 아퀴나스(St. Thomas Aquinas)가 『신학대전(Summa Theologica)』에서 '자기방어에 의한 살인(killing in self-defense)'을 논의한 데서 비롯되었다(Mangan, 1949, 49쪽). 현대의 도덕 원칙으로서 이중효과는 많은 현대적인 세속적 변형을 가지고 있다(Nelkin & Rickless, 2014). 이에 대한 도움이 될 요약은 다음과 같다. "예측 가능한 해를 초래하는 것은 … 악한 결과가 뜻하지 않았을 때, 그리고 그것이 좋은 결과를 이루기 위한 원인이 되지 않았을 때만 허용된다. 더불어, 의도한 선은 뜻하지 않은, 예측 가능한 해를 초래하는 것을 정당화하는 합리적인 중요성을 가져야 한다."(Lyon, 2005, 455쪽).

결과는 이중효과 추론에서 중요하다. 도덕 행위자는 오직 다음 상황에서만 선과 악을 초래하는 행동을 할 수 있다. " … 행위자는 행위에 상응하는 중대한 이유를 가져야 하며, 자신과 관련된 의무를 처리하고, 그 결과를 비교하며, 악의 필요성(necessity of the evil)을 고려하여 악을 제거하거나 축소하기 위해 적절한 주의를 기울여야 한다."(Cavanaugh, 2006, 36쪽).

---

31) 역자주: 이중효과 원칙(Doctrine of Double Effect)은 도덕적으로 좋은 결과와 나쁜 결과가 동시에 발생하는 특수한 상황을 염두에 두고 관련된 행위의 도덕성을 설명하는 원리이다. 해당 행위가 다음의 네 가지 조건에 해당하면 결과가 나쁘더라도 정당한 것으로 판단한다. ① 행위 그 자체가 선해야 한다. ② 의도가 선해야 한다. ③ 나쁜 결과가 좋은 결과의 수단이 되어서는 안 된다. ④ 좋은 효과가 나쁜 효과보다 앞서야 한다.

분명히 말하지만, 이것은 단순히 결과론의 또 다른 형태가 아니다. "결과를 평가하고 최대의 선(the greatest good)을 선택하는" 과정은 초기 조건들(즉, 행동이 본질적으로 도덕적으로 잘못되어서는 안 되며 악한 결과는 의도하지 않아야 하는 등)이 충족된 후에만 적용된다(31쪽). 이것이 이중효과 추론이 "예외 없는 도덕적 기준(exceptionless moral norms)을 특징으로 하는 반-결과론[32]적 이론에 근거를 두는" 이유이다(40쪽). 나는 반-결과론에 익숙하지만, 카바노프가 주안점을 두는 예외 없는 도덕적 기준(예 무고한 사람을 죽이는 것)에 대한 강조는 마음챙김 사례에 이중효과 추론을 적용하는 것이 다소 부적절하게 보일 수 있게 만든다.

이중효과 추론은 일반적으로 생명과 죽음 또는 중대한 삶의 문제가 제기될 때 사용된다. 이것이 선의의 행동이 사람의 생명을 앗아갈 수 있는 의료적 상황이나 위기 상황에서 이중효과 사례가 자주 발생하는 이유이다(Boyle, 2004). 그래서 허리케인 카트리나가 발생했을 때, 뉴올리언스의 메모리얼 병원에서 환자 사망을 초래한 의료적 결정에 대한 핑크(Fink, 2014)의 논의에서 이중효과 원칙이 특징적으로 나타나는 것은 놀라운 일이 아니다. 그러나 이것은 비응급 의료 또는 치료 환경에서 원칙이 적용되지 않는다는 것을 의미하지는 않는다. 후자의 경우(즉 비응급 의료 및 치료 환경에서), 이중효과 추론 아래 의도하지 않은 예측 가능한 해로운 결과

---

32) 역자주: 반-결과론(anti-consequentialism)은 행위의 결과가 아닌 행위 자체의 도덕적 가치를 중시한다.

를 유발하는 것이 도덕적으로 허용될 수 있지만, 이는 피해를 입는 사람들이 소수이고 모두가 위험에 대해 알고 있는 경우에만 가능하다. 그러므로 소아마비 백신 접종이 일부 어린이에게 해를 끼치더라도, 소아마비의 부정적인 결과가 너무나 크기 때문에 위험을 감수하는 것이 가치있을 수 있다. (이것은 무작위적인 예가 아니다. 나의 삼촌은 어릴 때 소아마비를 겪었고 아직도 다리를 절며 걷는다.) 아이들은 마음챙김을 배우지 않고도 충분히 편안하게 살 수 있고 괜찮은 삶의 질을 유지하기 때문에, 긍정적인 측면이 부정적인 측면을 압도한다는 주장을 할 수 없다. 솔직하게 말해서, 학교에서 마음챙김 교육을 놓친다고 해도 아무도 죽거나 무능력해지지 않을 것이다.

결과에 대한 불확실성이라는 문제도 있다. 젊은이들에게 마음챙김을 주입하는 데 따른 좋은 결과와 나쁜 결과는 아직 확실하지 않다. 이중효과 추론을 통해서는 '상대적 확률'을 고려해야 한다(Cavanaugh, 2006, 37쪽). 이중효과 추론이 결과론적이지 않지만, 가능성에 대한 고려는 우리를 원점으로 되돌아가게 한다. 우리는 결국 결과를 측정하려고 하며, 이는 공리주의(utilitarianism)와 많이 다르지 않다. 이러한 어려움을 고려할 때, 학교에서 마음챙김을 가르치는 것이 윤리적으로 타당한지 평가하기 위한 보편적인 도덕 원칙을 계속 찾기보다는, 그러한 일반적 원칙을 추구하지 않는 윤리 형태인 돌봄 윤리(care ethics)로 돌아서고자 한다. 노딩스(Noddings, 2013)는 이 돌봄 윤리를 교육 영역에 적용시키면서, 사회적 맥락에서 도덕성을 조사한다. 그는 '원칙의 윤리(ethics of principle)'를 피하면서, 도덕적 행동이 보편적으로 적용 가능한 도덕적 규칙(universalisable moral rules)을 내면화(internalisation)하는 것을 요구하는 것이라는 도덕 윤리의 전체적인 아이디어를 버린다(5쪽). 나는 마음챙김 명상이 사회 변화를 촉진하는 데 도움이 될 수 있는 연민과 같은 감정을 끌어낼 수 있다는 주장을 강화하는 와일드의 방식으로 돌봄 윤리를 교육에 적용하려는 것은 아니다. 대신, 가르치려는 사람들에게 예상 가능한 좋은 효과와 나쁜 효과를 고려하여 마음챙김 교육을 지속하는 것의 윤리성을 판단하기 위해 돌봄 윤리를 사용하려 한다.

학교에서 돌봄 윤리를 실현하는 방법에 대한 논의에서, 노딩스는 교사들이 윤리적 이상(ethical ideal)을 키워야 한다고 주장한다. 칸트주의에 반대하여, 이것은 '도덕적 신용(moral credit)'을 얻거나 도덕적으로 칭찬받을 만한 도덕적 의무를 이행하는 것이 아니라, 학생들과의 관계에서 모성적으로 '우리가 돌보고 돌봄을 받았던 기억(our memories of caring and being cared for)'에서 비롯된 돌봄의 이상(caring ideal)을 실현하려는 선택이다(Noddings, 2013, xvi쪽). 돌봄 윤리는 돌봄의 관계에서 외부의 다른 사람들로부터 칭찬을 얻으려는 것이 아닌, 교실의 일상생활에서 본래의 돌봄의 이상을 실제로 실현하는 것이다. 돌봄 윤리에서 도덕의 중심은 '돌보는 사람의 행동 전(前) 의식(the pre-act consciousness)'에 있다(28쪽). 도덕적 칭찬은 관찰자인 제3자에게 구하는 것이 아니며, 단지 돌보는 사람(one-caring; 즉, 돌봄을 받는 대상과 구분되는 돌봄 제공자)은 자신의 동기를 그들에게 설명할 수 있어야 한다. 간단히 말해서, 교사들은 "우리가 돌봄을 받는 사람(the cared-for)을 위해 행동했다는 것을 합리적이고 공정한 관찰자들에게 설득력 있게 말할 수 있는" 돌보는 사람들(ones-caring)로서 자신을 설명할 수 있어야 한다(23쪽).

따라서 돌봄 윤리에서는 돌보는 사람의 지향(orientation), 헌신(commitment) 및 태도(attitude)가 매우 중요하다. 단순하고 우연한 윤리적인 방식으로 돌볼 수는 없다. 우리는 윤리적인 돌봄의 이상(ethical caring ideal)에 가까워지려고 노력할 때 항상 동기를 자세히 들여다보아야 한다. 자기 성찰이 가장 중요하며 그런 의미에서, 다음의 조언이 적절하다. "윤리적 돌봄은 돌봄 제공자(carers)의 지속적인 성찰을 요구하는 힘든 작업이다. 내 앞에 있는 이를 최선으로 돌보면서, 돌봄 네트워크(the web of care) 내의 다른 관계를 손상시키지 않고, 결국은 미래의 만남을 위협할 수 있는 기만행위(deceptions)에 휘말리지 않는 방법은 무엇일까?"(xvii쪽).

이러한 기만행위 중 가장 중요한 것은 자기기만(self-deception)이다. 모든 돌봄 제공자와 마찬가지로 교사들은 자신들의 동기를 분명히 인식하여 자기기만을 피해야 한다. 그렇지 않으면 사르트르의 나쁜 믿음(bad faith)[33]에 빠져 돌봄의 이상을 훼손하는 위험을 감수하게 될 것이다.

---

33) 역자주: 나쁜 믿음은 실존주의 철학의 주요 개념으로 사회의 외부 압력에 굴복하여 거짓된 가치를 채택하고, 자각하는 인간으로서의 본질적인 자유를 부인하는 것을 말한다.

> “참과 거짓, 옳고 그름에 관한 궁극적인 결정의 중심이 돌보는 사람의 내적 대화(internal dialogue)에 있다는 점에서, 자기기만은 윤리적 이상을 파괴할 수 있다. 그러므로 돌보는 사람은 반드시 자신의 내면에 있는 것을 명확하게 이해하고 받아들여야 한다. 하지만 이것이 돌보는 사람이 다른 사람들에게 다가가기 전에 자기 자신을 ‘알아가는 데(getting to know)’ 과도하게 시간을 투자해야 한다는 것을 의미하는 것은 아니다. 그보다는, 돌보는 사람이 다른 사람들과의 관계 속에서 자신의 내면에 대해 성찰해야 함을 의미한다.”(108쪽).

이 논의는 다음과 같은 질문에 대한 대략적인 답변을 제공한다. 공리주의의 관점에서 교사들이 좋은 결과와 나쁜 결과를 철저히 검토할 때까지 학생들에게 마음챙김을 권장하는 것을 중단해야 하는가? 이 장에서 제안하는 바와 같이, 이러한 결과들을 신중하게 그리고 균형감 있게 비교하는 것은 쉬운 일이 아니다. 노딩스의 주장은 돌봄의 이상을 방해할 때 마음챙김 교육의 실행을 미루어야 한다는 것이다. 세데르스트룀과 스파이서의 웰니스 신드롬 분석을 통해 마음챙김이 교육과정에 포함되면 해로운 결과를 초래할 수 있다는 의심을 제기할 수 있지만, 나의 견해는 마음챙김을 단순히 간과해서는 안 된다는 것이다. 돌봄의 이상을 유지하면서 실질적으로 마음챙김 교육을 구현할 수 있다. 돌봄 윤리에서 얻을 수 있는 조언은 다음과 같다. 교사들은 왜 마음챙김을 가르치는지에 대해 끊임없이 성찰해야 하며, 그 이유를 내면적으로 명확하게 이해하고, 그 동기를 타인에게 설명할 수 있어야 한다. 또한 이 교육의 좋은 효과와 나쁜 효과를 명확하게 인식해야 한다. 교사들은 마음챙김의 과대광고에 휩쓸리지 않고 그 효과를 직접 조사해야 한다. 마음챙김 훈련의 긍정적이고 부정적인 측면을 모두 드러내는 이 장은 그런 조사를 시작하는 데 좋은 출발점이 될 것이다.

결론

이 장은 마음챙김 교육이 아이들을 웰니스 신드롬에 빠뜨려 고통을 겪게 한다는 조작된 마음챙김(MAM) 주장을 조건적으로 수용하며 시작했다. 그러나 이것은 결코 당연한 결론은 아니다. 마음챙김 교육의 해방적 잠재력(emancipatory potential)은 이를 상쇄하는 효과가 있다. 이에 대한 윤리적 근거는 급진적 인본주의 윤리를 통해 검토되었다. 이 두 가지 입장을 비교하면서 문제가 더욱 분명하게 대두되었다. 만약 아이들이 마음챙김 교육의 결과로 이익과 고통을 동시에 겪을 수 있다면 교사들은 어떻게 행동해야 하는가? 교사들은 마음챙김을 계속 가르칠 것인가, 아니면 이 교육의 미묘한 결과들이 모두 평가될 때까지 마음챙김 교육을 중단해야 하는가? 나는 돌봄 윤리를 이용하여, 교사들이 단지 이 교육을 중단하는 것이 아니라, 자신들의 동기를 반성하고, 왜 교실에서 마음챙김을 실시하는지에 대해 명확하게 생각하고, 그들 행동의 잠재적 결과를 고려한 결정을 내려야 한다고 주장하고 있다. 이 장이 교사들에게 어느 정도 도움이 될 수 있기를 바란다.

감사의 말

저자는 리처드 콕스(Richard Cocks)의 유익한 조언에 고마움을 전한다.

| 참고문헌 |

Aristotle. (2004). *The Nichomachean ethics*. London, UK: Penguin Books.

Barker, C., Martin, B., & Zournazi, M. (2008). Emotional self-management for activists. *Reflective Practice, 9*, 423-435.

Barker, K. K. (2014). Mindfulness meditation: Do-it-yourself medicalization of every moment. *Social Science & Medicine, 106*, 168-176.

Bernay, R., Graham, E., Devcich, D. A., Rix, G., & Rubie-Davies, C. M. (2016). Pause, breath, smile: A mixed-methods study of student well-being following participation in an eight-week, locally developed mindfulness program in three New Zealand schools. *Advances in School Mental Health Promotion*, 9(2), 90-106.

Besley, T., & Peters, M. A. (2007). *Subjectivity and truth: Foucault, education, and the culture of self*. New York, NY: Peter Lang.

Biesta, G. (2014). *The beautiful risk of education*. Boulder, CO: Paradigm Publishers.

Boyd, R. (2004). Pity's pathologies portrayed: Rousseau and the limits of democratic compassion. *Political Theory, 32*, 519-546.

Boyle, J. (2004). Medical ethics and double effect: The case of terminal sedation. *Theoretical Medicine and Bioethics*, 25, 51-60.

Broderick, P. C. (2013). *Learning to breathe: A mindfulness curriculum for adolescents to cultivate emotional regulation, attention, and performance*. Oakland, CA: New Harbinger Publications.

Cavanaugh, T. A. (2006). *Double-effect reasoning: Doing good and avoiding evil*. Oxford, UK: Clarendon Press.

Cederstrom, C., & Spicer, A. (2015). *The wellness syndrome*. Cambridge, UK: Polity Press.

Cipriani, A., Zhou, X., Del Giovane, C., Hetrick, S. E., Qin, B., Whittington, C., … Xie, P. (2016). Comparative efficacy and tolerability of antidepressants for major depressive disorder in children and adolescents: A network meta-analysis. The Lancet. Advance online publication. https://doi.org/10.1016/S0140-6736(16)30385-3.

Critchley, S. (2007). *Infinitely demanding: Ethics of commitment, politics of resistance*. London, UK: Verso.

Dean, T. (2009). *Unlimited intimacy: Reflections on the subculture of barebacking.* Chicago, IL: The University of Chicago Press.

Ecclestone, K., & Hayes, D. (2009). *The dangerous rise of therapeutic education.* New York, NY: Routledge.

Feser, E. (2008). *The last superstition: A refutation of the new atheism.* South Bend, IN: St. Augustine's Press.

Feser, E. (2013). *Aquinas.* London, UK: Oneworld Publications.

Fink, S. (2014). *Five days at memorial: Life and death in a storm-ravaged hospital.* London, UK: Atlantic Books.

Flook, L., Smalley, S. L., Kitil, J., Galla, B. M., Kaiser-Greenland, S., Locke, J., … Kasari, C. (2010). Effects of mindful awareness practices on executive functions in elementary school children. *Journal of Applied School Psychology,* 26, 70-95.

Foster, J. B., & McChesney, R. W. (2012). *The endless crisis: How monopoly-finance capital produces stagnation and upheaval from the USA to China.* New York, NY: Monthly Review Press.

Galla, B. M., Kaiser-Greenland, S., & Black, D. S. (2016). Mindfulness training to promote self-regulation in youth: Effects of the inner kids program. In K. A. Schonert-Reichl & R. W. Roeser (Eds.), *Handbook of mindfulness education: Integrating theory and research into practice* (pp. 295-311). New York, NY: Springer.

Harrington, A., & Dunne, J. D. (2015). When mindfulness is therapy: Ethical qualms, historical perspectives. *American Psychologist,* 70, 621-631.

Hobsbawm, E. (2011). *How to change the world: Reflections on Marx and Marxism.* New Haven, CT: Yale University Press.

Huppert, F. A., & Johnson, D. M. (2010). A controlled trial of mindfulness training in schools: The importance of practice for an impact on well-being. *The Journal of Positive Psychology,* 5, 264-274.

Hyland, T. (2014). Mindfulness-based interventions and the affective domain of education. *Educational Studies,* 40, 277-291.

Hyland, T. (2016). The limits of mindfulness: Emerging issues for education. British Journal of *Educational Studies,* 64, 97-117.

Joyce, A., Etty-Leal, J., Zazryn, T., & Hamilton, A. (2010). Exploring a mindfulness meditation program on the mental health of upper primary children: A pilot study. *Advances in School Mental Health Promotion*, 3, 17–25.

Korsgaard, C. M. (1986). The right to lie: Kant on dealing with evil. *Philosophy and Public Affairs,* 15, 325–349.

Kuyken, W., Weare, K., Ukoumunne, O. C., Vicary, R., Motton, N., Burnett, R., … Huppert, F. (2013). Effectiveness of the mindfulness in schools programme: Non–randomised controlled feasibility study. *The British Journal of Psychiatry*, 203, 126–131.

Laibman, D. (2015). *Passion and patience: Society, history, and revolutionary vision*. New York, NY: International Publishers.

Lasch, C. (1991). *The culture of narcissism: American life in an age of diminishing expectations.* New York, NY: Norton.

Lau, N., & Hue, M. (2011). Preliminary outcomes of a mindfulness–based programme for Hong Kong adolescents in schools: Well–being, stress and depressive symptoms. *International Journal of Children's Spirituality*, 16, 315–330.

Lavelle Heineberg, B. D. (2016). Promoting caring: Mindfulness– and compassion–based contemplative training for educators and students. In K. A. Schonert–Reichl & R. W. Roeser (Eds.), *Handbook of mindfulness in education: Integrating theory and research into practice* (pp. 285–294). New York, NY: Springer.

Lyon, E. C. (2005). Balancing acts: Intending good and foreseeing harm – The principle of double effect in the law of negligence. *The Georgetown Journal of Law and Public Policy*, 3, 453–500.

Malik, K. (2014). *The quest for a moral compass: A global history of ethics.* London, UK: Atlantic Books.

Mangan, J. T. (1949). An historical analysis of the principle of double effect. *Theological Studies,* 10, 41–61.

Marx, K. (1982). *Economic and philosophic manuscripts.* Moscow, Russia: Progress Publishers.

McMahan, D. L. (2008). *The making of Buddhist modernism*. Oxford, UK: Oxford University Press.

Meiklejohn, J., Phillips, C., Freedman, M. L., Griffin, M. L., Biegel, G., Roach, A., … Saltzman, A. (2012). Integrating mindfulness training into K–12 education: Fostering the resilience of teachers and students. *Mindfulness*, 3, 291–307.

Møllgaard, E. (2008). Slavoj Žižek's critique of Western Buddhism. *Contemporary Buddhism*, 9, 167–180.

Nelkin, D. K., & Rickless, S. C. (2014). Three cheers for double effect. *Philosophy and Phenomenological Research*, 89, 125–158.

Noddings, N. (2013). *Caring: A relational approach to ethics and moral education*. Berkeley, CA: University of California Press.

Nussbaum, M. (1996). Compassion: The basic social emotion, *Social Philosophy and Policy*, 13, 27–58.

Nussbaum, M. (2007). *Frontiers of justice: Disability, nationality, species membership*. Cambridge, MA: The Belknap Press of Harvard University Press.

Nussbaum, M. (2008). *Upheavals of thought: The intelligence of emotions*. Cambridge, UK:Cambridge University Press.

Nussbaum, M. (2013). *Political emotions: Why love matters for justice*. Cambridge, MA: The Belknap Press of Harvard University Press.

O'Donnell, A. (2015). Contemplative pedagogy and mindfulness: Developing creative attention in an age of distraction. *Journal of Philosophy of Education*, 49, 187–202.

Orr, D. (2002). The uses of mindfulness in anti–oppressive pedagogies: Philosophy and praxis. *Canadian Journal of Education*, 27, 477–490.

Parsons, T. (1985). Illness and the role of the physician: A sociological perspective. In P. Hamilton (Ed.), *Readings from Talcott Parsons* (pp. 145–155). Chichester, UK: Ellis Horwood Limited.

Pinar, W. F. (2011). *The character of curriculum studies: Bildung, currere, and the recurring question of the subject*. New York, NY: Palgrave Macmillan.

Raes, F., Griffith, J. W., Van der Gucht, K., & Williams, J. M. G. (2014). School–based prevention and reduction of depression in adolescents: A cluster–randomized controlled trial of a mindfulness group program. *Mindfulness*, 5, 477–486.

Reveley, J. (2013). Understanding social media use as alienation: A review and critique. *E-Learning and Digital Media*, 10, 83–94.

Roochnik, D. (2013). *Retrieving Aristotle in an age of crisis*. Albany, NY: State University of New York Press.

Singer, P. (2011). *Practical ethics*. Cambridge, UK: Cambridge University

Press.

Sliwa, P. (2016). Moral worth and moral knowledge. *Philosophy and Phenomenological Research*, 93(2), 393–418.

Solomon, R. C. (1977). *The passions: The myth and nature of human emotion*. Garden City, NY: Anchor Books.

Solomon, R. C. (2003). *Not passion's slave: Emotions and choice*. Oxford, UK: Oxford University Press.

Solomon, R. C. (2006). *Dark feelings, grim thoughts: Experience and reflection in Camus and Sartre*. Oxford, UK: Oxford University Press.

Solomon, R. C. (2007). *True to our feelings: What our emotions are really telling us*. Oxford, UK: Oxford University Press.

Swidler, A. (1986). Culture in action: Symbols and strategies. *American Sociological Review*, 51, 273–286.

Wilde, L. (1998). *Ethical Marxism and its radical critics*. Basingstoke, UK: Macmillan Press.

Wilde, L. (2013). *Global solidarity*. Edinburgh, UK: Edinburgh University Press.

Wilde, L. (2015). The Marxian roots of radical humanism. In M. J. Thompson (Ed.), *Constructing Marxist ethics: Critique, normativity, praxis* (pp. 9–32). Leiden, NL: Brill.

Wilkens, S. (1995). *Beyond bumper sticker ethics: An introduction to theories of right and wrong*. Downers Grove, IL: InterVarsity Press.

Willis, P. E. (1977). *Learning to labour: How working class kids get working class jobs*. Farnborough, UK: Saxon House.

Wilson, J. (2014). *Mindful America: The mutual transformation of Buddhist meditation and American Culture*. Oxford, UK: Oxford University Press.

Wrong, D. H. (1966). The over–socialized conception of man. In A. Inkeles (Ed.), *Readings on modern sociology* (pp. 88–96). Englewood Cliffs, NJ: Prentice–Hall.

Žižek, S. (2006). The prospects of radical politics today. In R. Butler & S. Stephens (Eds.), *Slavoj Žižek: The universal exception – Selected writings, volume two* (pp. 237–258). London, UK: Continuum.

| 엮은이 소개 |

스티븐 스탠리(Steven Stanley)는 영국 웨일스의 카디프 대학교(Cardiff University) 사회과학대학 조교수이다. 비판심리학자로 자본주의에서의 사회적 삶에 관한 질적 연구에 관심이 크며, 마음챙김과 명상의 의미에 대한 역사적 변천, 마음챙김 운동의 윤리와 정치, 심리사회 연구방법을 통한 마음챙김 명상 등을 연구했다. 그는『이론과 심리학(Theory & Psychology)』,『심리학 질적 연구(Qualitative Research in Psychology)』,『심리학의 새로운 이해(New Ideas in Psychology)』 등의 학술지에 논문을 게재했다. 현재 '마음챙김 주제의 구성: MBSR을 통한 경험 재구성(Constructing the Mindful Subject: Reshaping Experience Through Mindfulness-Based Stress Reduction)'를 주제로 마음챙김 과정에서 상호작용의 담론을 분석연구하고 있다. 또한 사회학, 사회심리학, 교육학, 사회복지학 학생에게 명상 및 비판적 탐구로써의 마음챙김을 가르친다. 그리고 영국 데본의 가이아 하우스(Gaia House)의 다르마 수행자 전념 프로그램(Committed Dharma Practitioner Programme)과 영국 옥스퍼드의 옥스퍼드 불교학센터(Oxford Centre for Buddhist Studies)의 빠알리 여름학교(Pali Summer School)를 이수했다.

로널드 퍼서(Ronald E. Purser)는 미국 샌프란시스코 주립대학교 경영학과 교수이다.『24/7: 네트워크 사회에서 시간과 무상(24/7: Time and Temporality in the Network Society)』(Stanford University Press, 2007)을 포함한 5권의 책의 공저자이며 60편이 넘는 학술논문과 북챕터의 저자이다. 최근 근대성, 자본주의, 개인주의와 불교의 만남과 관련한 비판 연구를 진행해 왔고, 특히 기업 환경에서 이를 검토했다. 그는 1981년 미국 캘리포니아주 버클리의 티베트

닝마 명상센터(Tibetan Nyingma Institute)에서 불교 수행을 시작했다. 1985년 클리브랜드 젠 센터(Cleveland Zen Center)에서 1960년대 초 스즈키 순류 선사의 시자였던 코신 오구이 법사의 지도를 받았다. 로널드 퍼서는 많은 선사와 티베트 승려와 함께 공부했고, 현재 한국 태고종의 계를 받은 지도법사이다. 최근 글로 「화이트 특권과 마음챙김 운동, 방황하는 MBSR 수련생의 고백: 사회적 기억상실, 전통과 현대 마음챙김에 관한 혼돈의 명료화(White Privilege and the Mindfulness Movement, Confessions of a Mind-wandering MBSR Student: Remembering Social Amnesia, Clearing the Muddled Path of Traditional and Contemporary Mindfulness)」, 밀릴로와 함께 쓴 「마음챙김 재검토: 불교 기반의 개념화(Revisiting Mindfulness: A Buddhist-Based Conceptualization)」, 「선(禪)과 조직 관리의 기술(Zen and the Art of Organizational Maintenance)」, 앨버트 로우와 함께 쓴 「선(禪)과 딜레마의 창조적 관리(Zen and the Creative Management of Dilemmas)」, 「결핍의 해체: 자기중심적 조직에 대한 불교적 관점(Deconstructing Lack: A Buddhist Perspective on Egocentric Organizations)」, 「결핍에 대한 불교-라캉주의의 관점(A Buddhist-Lacanian Perspective on Lack)」 등이 있다. 그리고 데이비드 로이와 함께 쓴 「맥마인드풀니스를 넘어서(Beyond McMindfulness)」, 앤드류 쿠퍼와 함께 쓴 「마음챙김의 진실성 문제(Mindfulness'Truthiness Problem)」, 에드윈 앵과 함께 쓴 「기업 마음챙김은 개소리(Corporate Mindfulness Is Bullsh*t)」는 2013년, 2014년, 2015년 허핑턴 포스트와 salon.com에서 크게 알려졌다. 그는 2017년 스프링거(Springer)에서 발행한 『마음챙김 핸드북: 문화, 콘텐츠 및 사회참여(Handbook of Mindfulness: Culture, Content and Social Engagement)』의 공동 편집자이다.

니르베이 싱(Nirbay N. Singh)은 미국 조지아주 오거스타 대학교(Augusta University) 조지아 의과대학에서 정신의학 및 건강행동학 임상교수이다. 버지니아 코먼웰스대학교 의과대학(Virginia Commonwealth University School of Medicine)에서 정신의학과, 소아과 및 심리학과 교수로 재직하였고, 버지니아주 리치먼드의 코먼웰스 가족학 연구소(Commonwealth Institute for Family Studies)의 소장을 역임했다. 관심 연구 분야는 마음챙김, 장애인의 행동 및 정신약리 치료, 중증·다중 장애인을 지원하는 보조기술을 포함한다. 그는 22권의 책을 포함하여 680편이 넘는 연구 출판물을 발행했다. 3종의 국제학술저널 『아동가족학 연구저널(Journal of Child and Family Studies)』, 『마인드풀니스(*Mindfulness*)』, 『신경발달 장애의 진전(Advances in Neurodevelopmental Disorders)』의 편집장이고, 3종의 학술총서 시리즈 『행동건강에 대한 마음챙김(Mindfulness in Behavioral Health)』, 『행동건강에 대한 증거기반 실천(Evidence-Based Practice in Behavioral Health)』, 『아이와 가족(Children and Families)』의 편집인이다. 그는 일생 조동종 전통의 명상을 수행해 왔으며, 힌두교와 불교의 다른 전통 수행도 배웠다. 『명상의 심리학(Psychology of Meditation)』의 편집자이고, 『마음챙김의 불교적 토대(Buddhist Foundations of Mindfulness)』의 공동 편집자이다.

| **저자 소개** |

비구 아날라요(Bhikkhu Analayo)는 독일 함부르크 대학교(University of Hamburg)의 불교학 교수이다. 스리랑카 페라데니아 대학교(University of Peradeniya)에서 『사띠빳따나 숫따(Satipathana-sutta)』에 관한 연구로 박사학위를 받았고, 독일 마르부르크 대학교(University of Marburg)에서 맛지마 니까야 비교 연구로 교수자격논문인 하빌리타치온을 통과했다. 그의 주요 연구 관심사는 『아함경』, 명상, 불교에서의 여성이다. 그는 초기불교 연구의 선도적인 학자로 300편이 넘는 저술이 있다. 학문적 연구 외에도 정기적으로 명상을 지도하고 스스로 명상을 하며 많은 시간을 보낸다.

데이비드 브레이저(David Brazier)는 불교 승려로 국제 선(禪)테라피 협회(Instituto Terapia Zen Internacional) 대표이며 아미타종(Order of Amida Buddha)의 수장이다. 9권의 책의 저자이며, 심리치료사이자 사회복지사이다. 그는 성인이 되면서 선도적인 불교 지도자들을 만난 것이 행운이고 그들의 가르침이 현재의 자신을 만들었다고 여긴다. 세계 곳곳을 여행해 왔고 유럽, 인도를 비롯한 여러 지역에서 원조, 교육 및 사회사업 프로젝트를 진행해 왔다. 또한 불교 심리학, 선테라피 및 불교 포교에 대한 훈련 프로그램을 창안했다.

아잔 아마로(Ajahn Amaro)는 영국 아마라와띠 불교사원(Amaravati Buddhist Monastery)의 수도원장이다. 1977년 런던대학교(University of London)에서 심리학 및 생리학으로 학사학위를 취득했다. 1978년 태국 북동부 아잔 차의 숲속 전통 사원에서 수행을 시작했고, 또한 아잔 수메도의 지도를 받았다. 처음에는 잉글랜드 웨스트서식스주의 치트허스트 사원(Chithurst Monastery)

에서 수행했고 이후 런던 외곽의 아마라와띠 사원에서 10년간 수행했다. 1996년 아비야기리 불교사원(Abhayagiri Monastery)의 설립을 위해 미국 캘리포니아로 자리를 옮겨 2010년 여름까지 이곳 사원에서 머물며, 아잔 파사노와 함께 공동 수도원장을 역임했다. 이후 큰 수행 공동체인 아마라와띠 사원으로 초대되어 수도원장을 맡게 되었다. 최근 출판물에는 설법과 명상 가이드인 『돌파구(The Breakthrough)』, 1991~2014년의 사설과 에세이를 엮은 『근원과 흐름(Roots and Currents)』, 일본 순례 포토저널 『삼나무 기르기(Feeding the Cedars)』가 있다.

크리스티안 크래겔로(Christian U. Krägeloh)는 뉴질랜드 오클랜드 공과대학교(Auckland University of Technology) 심리학과 부교수이다. 그는 오클랜드 대학교(University of Auckland)에서 심리학 박사학위를 받았다. 이후 리긴스 연구소(Liggins Institute)에서 박사 후 과정으로 행동과 라이프스타일 선택에 대한 초기 생활 사건의 영향을 조사했고, 오클랜드 공과대학교로 자리를 옮겨 심리측정 및 마음챙김 연구로 관심 분야를 넓혔다. 뉴질랜드 세계보건기구 삶의 질 협회(New Zealand World Health Organisation Quality of Life)의 창립회원이며, 폭넓은 보건·교육 환경 프로젝트에 참여하고 있다. 그는 국제 저널에 60편이 넘는 논문을 썼으며, 평판이 좋은 연구방법 교과서의 공저자이다. 또한 학생의 웰빙과 관련된 저서 2권의 공동 편집자이다.

윌리엄 미쿨라스(William L. Mikulas)는 웨스트 플로리다 대학교(University of West Florida)의 명예교수로 이 대학에서 불교 심리학을 강의했다. 그는 미시간 대학교(University of Michigan)에서 일반심리학으로 박사학위를 받았고, 서구의 심리학을 세계의 심리학, 건강 시스템, 지혜 전통들과 결합하는 데 중점을 두고 연구해 왔다. 그리고 저서로 『통합의 헬퍼: 동서양 전통의 융합(The Integrative Helper: Convergence of Eastern and Western Traditions)』(2002), 『술 취한 원숭이 길들이기: 마음챙김, 명상 그리고 선정(Taming the Drunken Monkey: The Path to Mindfulness, Meditation, and Increased Concentration)』(2014)을 출판했다.

데보라 오르(Deborah Orr)는 캐나다 토론토 요크 대학교(York University) 인문학부 철학과 부교수이다. 그는 요크 대학교에서 비트겐슈타인의 후기 철학의 자타 이해를 주제로 한 논문으로 철학 박사학위를 받았다. 그의 석사 논문은 딜타이의 '베르스테엔(Verstehen)'개념이 주제였다. 페미니스트 사상과 전인 교육에 관한 책의 편집자로 참여했으며, 다양한 저널과 책에 자신의 글을 게재했다. 그의 연구는 불교 사상, 특히 나가르주나의 철학에 더욱 집중하고 있다. 현재 근본적인 명상 수행, 나가르주나의 저술, 길리건의 배려 윤리, 현대의 세계적이고 다차원적인 지속가능성 위기 해결을 위한 실용적인 도덕성을 지향하는 데 있어 불교 방편의 현대적 이해에 기반한 공감을 주제로 최근의 연구를 종합하는 책을 집필 중에 있다.

도널드 맥카운(Donald McCown)은 미국 펜실베니아 웨스트 체스터 대학교(West Chester University of Pennsylvania)에서 보건학 부교수, 명상학 부전공 책임자, 명상학 센터 공동소장을 맡고 있다. 그는 원인스티튜트 대학원(Won

Institute of Graduate Studies)에서 응용명상학으로, 브린 모어 칼리지(Bryn Mawr College)에서 사회봉사학으로 각각 석사학위를 받았다. 그리고 네덜란드 틸뷔르흐 대학교(Tilburg University)에서 사회과학 박사학위를 받았다. 그의 주요 연구 관심 분야에는 임상응용 및 고등교육에서의 마음챙김 교육학, 지역사회에서 보완 및 통합 의학의 적용, 명상적 차원에서의 건강 인문학이 포함된다. 그는 『마음챙김 교육: 임상의와 교육자를 위한 실천 가이드(Teaching Mindfulness: A Practical Guide for Clinicians and Educators)』(2010)의 주저자, 『임상실습에서 마음챙김의 윤리적 공간(The Ethical Space of Mindfulness in Clinical Practice)』(2013)의 저자, 『마음챙김 교육을 위한 리소스: 국제 핸드북(Resources for Teaching Mindfulness: An International Handbook)』(2016)의 주편집자이다.

제임스 리블리(James Reveley)는 호주 울런공 대학교(University of Wollongong) 경영학과 부교수이다. 그의 연구 관심사는 비즈니스 윤리, 마음챙김 수행, 소셜미디어의 정치 경제, 신자유주의의 주체적 측면이다. 그는 이들 주제로 다양한 출판을 했는데, 특히 베르나르 스티글러, 루이스 알튀세르, 미셸 푸코와 같은 대륙 철학자들의 연구를 적용하는 데 관심을 두고 진행했다. 최근 연구로 교육 및 기업 마음챙김 개입과 관련된 윤리적 질문에 집중하고 있고, 현재 르네 지라르의 모방 욕망 이론과 기업 엘리트 희생양과의 관련성을 탐구 중이다.

| **역자 소개** |

조성훈은 원광대학교에서 일원상 법어를 주제로 박사학위를 받았고, 원광대학교 마음인문학연구소 HK연구교수로 재직 중이다. 미국 뉴욕주 원다르마 명상센터에서 명상과 마음공부를 지도했고, 대학에서 〈선과 인격수련〉, 〈생활명상〉, 〈심신통합치유〉 등을 강의하고 있다. 또한 원음방송 라디오 〈괜찮아, 마음이야〉에 출연 중이고, 월간 원광에 〈세상의 모든 마음공부 공동체〉를 연재하고 있다.

일상의 마음공부를 알리고자 『지금, 나의 길을 가는 중입니다』(2020)를 썼고, 유아 명상을 비롯해 좌선, 걷기 명상, 절 명상 등을 마음공부의 체화, 일상화, 사회화 관점에서 연구하여 국내외 학술지에 게재하거나 공동저서로 출판했다. 또한 『마음챙김, 미국을 깨우다』(2017), 『마음챙김의 불교적 토대』(2020), 『교육상황에서의 마음챙김 핸드북』(2020)을 공역하고, 마음인문학연구소 협동연구의 일환으로 세계의 여러 명상센터와 마음공부 공동체를 탐방한 후 『마음공부 공동체를 찾아서』 시리즈 3권을 공동 집필했다.

장진영은 동국대학교에서 불교학과에서 박사학위를 취득하였고, 원광대학교 원불교사상연구원 책임연구원, 도덕교육원 원장을 역임하였다. 현재 원광대학교 마음인문학연구소 소장(HK교수)으로 재직 중이며, 동양학대학원 선명상치유학과 주임교수, 한국불교학회 이사, 한국종교교육학회 이사, (사)한국명상심리상담학회 이사 등을 맡고 있다. 불교의 심성론 및 수행론, 원불교 마음공부, 마인드풀니스 명상, 마음의 구조와 작용원리, 치유의 과정, 마음공부의 모델, 마음공부 공동체 구현 등에 주로 관심을 가지고 연구하고 있으며, 케어마인드, 심심풀이M3 등 다수의 프로그램 개발과 현장적용, 그리고 마음

지도사 양성, 마음학교 개설 등 마음인문학의 사회적 확산에 기여하고 있다. 주요 논문으로는 「마음공부 통합모델: 마음챙김의 세 측면을 중심으로」(2023), 「사띠(Sati), 마인드풀니스(mindfulness), 그리고, 염(念)의 수행상 의미 변천」(2016) 등이 있으며, 저서로는 『마음인문학개론』(공저, 2018), 『마음챙김, 미국을 깨우다(불교명상과 미국문화의 융합)』(공역, 2017), 『마음챙김의 불교적 토대』(상·하)(공역, 2020) 등이 있다.

이은수는 숙명여자대학교에서 아동심리치료 전공으로 석·박사 학위를 취득하였고, 현재 원광대학교 마음인문학연구소 HK연구교수로 재직 중이다. 상담 전문가로서 학교·병원·법원·상담센터 등에서 아동과 청소년 및 부모를 위한 심리 상담을 하였고 임상과 이론을 통합하는 실천적 연구에 관심을 가지고 있다. 심리발달에 따른 개인과 가정의 건강한 성장과 관계를 지원하는 연구를 지속해왔으며, 이를 바탕으로 최근에는 마음챙김과 마음공부에 기반한 청소년 인성교육 및 부모교육 프로그램 개발과 실행에 관한 학술 활동을 진행 중이다.

주요 논문으로는 「자기돌봄 일상화에 관한 소고: 번아웃 회복을 중심으로」(2022), 「아버지 되어가기에 관한 현상학적 연구: 영유아 자녀를 양육하는 남성을 대상으로」(2020), 「대학생 연애 경험에 관한 질적연구」(2020)등이 있으며, 저서로는 『대학생 마음 다큐멘터리: 그는 왜 사랑이 아니라 하였나』(2020), 『매체별 마음치유방법론』(공저, 2019), 『마음공부 공동체를 찾아서: 미국편』(공저, 2020), 『마음산책: 서양 고전의 지혜』(공저, 2023), 역서 『디지털 놀이치료』(공역, 2023), 『영아 놀이치료』(공역, 2022) 등이 있다.

오지선은 서울시립대학교 사회복지학과에서 석·박사 학위 취득 후, 원광대학교 마음인문학연구소 HK연구교수로 재직 중이다. 그동안 사회서비스 및 노인장기요양보장체계에 관한 연구를 진행해왔으며, 최근에는 아동, 노인, 장애인 그리고 그들의 돌봄 종사자를 위한 마음 챙김 프로그램 개발과 교육에 관심을 갖고 연구와 학술활동을 하고 있다.

주요 논문으로는 「Effectiveness of the Mindfulness-based OpenMind-Korea(OM-K)」(공저, 2020), 「A Randomized Controlled Trial of a Telehealth Family-Delivered Mindfulness-Based Health Wellness (MBHW) Programfor for Self-Management of Weight by Adolescents with Intellectual and Developmental Disabilities」(공저, 2023), 「노인요양시설에 근무하는 요양보호사의 직무스트레스가 노인학대에 미치는 영향: 마음챙김과 정서조절곤란의 이중매개효과」(2021), 등이 있으며, 저서로는 『마음공부 기반 유아 인성교육Ⅱ: 오픈마인드-코리아 프로그램』(공저, 2020), 『마음산책: 서양 고전의 지혜』(공저, 2023) 등이 있다.

마음인문학 번역총서 11

마음챙김의 윤리적 토대(상)

| **편저** | 스티븐 스탠리 · 로널드 퍼서 · 니르베이 싱
| **옮김** | 조성훈 · 장진영 · 이은수 · 오지선

| **1판 1쇄** | 발행 2023년 4월 28일

| **발행인** | 김동훈
| **펴낸곳** | **공동체**

| **주소** | 경기도 고양시 일산동구 호수로 358-39, 동문타워 1차 905호(백석동)
| **전화** | 031)814-3000(대표)
| **팩스** | 031)814-3100
| **홈페이지** | www.compub.co.kr
| **전자우편** | compub@naver.com
| **출판등록** | 2005년 10월 6일
| **등록번호** | 제396-2005-36호

| **ISBN** | 979-11-6725-315-6
정가 30,000원